# 北大知识产权评论
Peking University Intellectual Property Review

## （2014/2015年卷）

刘银良◎主编

图书在版编目(CIP)数据

北大知识产权评论.2014、2015年卷/刘银良主编.—北京:北京大学出版社,2015.12
ISBN 978-7-301-26873-5

Ⅰ.①北… Ⅱ.①刘… Ⅲ.①知识产权—研究—文集 Ⅳ.①D913.04-53

中国版本图书馆CIP数据核字(2016)第016935号

| | |
|---|---|
| 书　　　名 | 北大知识产权评论（2014/2015年卷）<br>BEIDA ZHISHICHANQUAN PINGLUN |
| 著作责任者 | 刘银良　主编 |
| 责 任 编 辑 | 孙战营 |
| 标 准 书 号 | ISBN 978-7-301-26873-5 |
| 出 版 发 行 | 北京大学出版社 |
| 地　　　址 | 北京市海淀区成府路205号　100871 |
| 网　　　址 | http://www.pup.cn |
| 电 子 信 箱 | law@pup.pku.edu.cn |
| 新 浪 微 博 | @北京大学出版社　@北大出版社法律图书 |
| 电　　　话 | 邮购部 62752015　发行部 62750672　编辑部 62752027 |
| 印 刷 者 | 北京大学印刷厂 |
| 经 销 者 | 新华书店 |
| | 730毫米×980毫米　16开本　15.75印张　313千字<br>2015年12月第1版　2015年12月第1次印刷 |
| 定　　　价 | 35.00元 |

未经许可，不得以任何方式复制或抄袭本书之部分或全部内容。
版权所有，侵权必究
举报电话：010-62752024　电子信箱：fd@pup.pku.edu.cn
图书如有印装质量问题，请与出版部联系，电话：010-62756370

# 知识产权制度的艰难历程(代序)

在当前历史阶段,中国正致力于经济转型,希望从资源依赖型经济转向知识依赖型经济即知识经济。从财富体现方式和贸易交易对象看,知识经济就是知识产权经济(IP economy)。引领消费潮流且不断更新的 IT 产品、个性化的 APP 软件、方便的在线支付、各领风骚的影视作品、高效的生物医药、新鲜多样的蔬菜或水果、遍布世界的商标许可经营、无时不在发生的技术转移等,皆属当今国内贸易和国际贸易的重要客体和形式,其背后都少不了知识产权的支撑,其中包括专利、商标、著作权、植物新品种或集成电路布图设计等。美国知识经济发展历史表明,持续的科技创新、合理的专利等知识产权制度和良好的法治体系皆属必不可少的社会要素。但在当今时代,中国社会仍面临重重的经济与社会问题,不仅高水平的科技创新难以保障,良好的法治体系更是阙如,似乎仍处于历史的"三峡"穿越时期(参见刘银良:《美国专利制度演化掠影——1980 年纪略》,《北大法律评论》2013 年第 2 辑)。作为知识产权共同体的成员,我们需要关注知识产权制度的构建。这是重要的,因为如果没有合理且可行的知识产权制度作为基础,中国的经济仍可能长期在低端徘徊。

然而一个符合制度理性的知识产权制度的构建与运行却又谈何容易!众所周知,知识产权制度运行涉及知识产权的创造、运用、保护和管理等诸多方面,它们互为依存,而尤以知识产权运用为关键,因为只有知识产品(包括产品、作品、制品或服务等)进入市场,为消费者广泛接受,知识产权的财产及产业价值才能够得以体现,从而实现"从产权到产业"的转化。这继而有利于促进知识产权制度运行的良性循环,使知识产权创造更具动力,也使知识产权管理与保护具有明确目标。这意味着,只有通过市场交换,知识产权的财产价值与市场价值才能够得以体现和实现,知识产权制度才可能发挥有效的社会功能,成为现代社会不可缺少的无形财产权制度。否则,如果仅为拥有知识产权(专利、商标或其他)而拥有知识产权,就仅属制度、法律或"政绩"的游戏(如设定某区域将于某年达到每万人多少发明专利等规划目标,就基本属此类游戏),

因为此类行为不仅可能不创造社会价值，反而还可能带来严重的社会成本，并进而反噬知识产权制度的合理基础。

历史地看，自20世纪80年代初至今，历经30多年快速发展，中国的知识产权制度已成为现代社会的基本财产权制度，在今后它理应逐步走向成熟的理性发展时期，立法者、管理者、产业界和社会公众亦需要更为理性地对待知识产权及其制度建构。然而现阶段就知识产权制度涉及的众多环节而言，从微观到宏观，如下问题仍普遍存在：重数量而轻质量；重申请而轻管理；重"产权"而轻应用；重研发而轻产业；重"政绩"而轻市场；重"活动"（如各种专项活动）而轻制度；重宣传而轻法律。这些行为或可拔苗助长，造成知识产权产出量与拥有量中的泡沫，从而带来知识产权制度运行的低效率与高成本，知识产权制度的理性基础亦可被侵蚀。无论是在企业层次、产业层次、区域层次或国家层次，知识产权制度运行皆需较高成本，当知识产权不能与其产业价值或市场价值相关联时，其存在就不仅失去了合理性基础，还将带来畸形的社会成本。理性知识产权制度的运行，应该防止"为知识产权而知识产权"的功利主义政策，以保证知识产权的市场价值和知识产权制度的本来涵义。如果知识产权仅是温室植物，需要管理者格外照顾才可生存，那么它将不再有存在的价值，知识产权制度也会走向异化。

这意味着，当前中国知识产权制度建设已发展到需更为谨慎与理性的阶段，以免欲速不达，反而阻碍社会进步和经济发展。在促进创新与维护合理的知识产权保护中，不可避免地会有市场失灵现象，此时政府（此处为包括立法、执法和司法的广义政府）可以介入解决市场失灵问题，但如果政府走得太远，对于市场干预过多，就不仅难以有效促进知识产权制度的良性发展，还可能带来不利后果，须知在市场失灵处，政府也未必能够做得更好。如何合理把握政府和市场的边界因而是一个重要问题，对于转型期的社会而言尤为困难，因为这至少需要同时防止政府消极不作为和过度介入而致干扰市场两方面的问题。政府作为社会治理者应当树立市场经济的有效性理念，充分发挥市场在调整和解决经济与社会问题方面的功能。政府应依法行政，采取正当的经济和法律手段，维护知识产权制度的理性转型，而对看似能够产生快捷效果的行政干预手段可能损及知识产权制度目标的消极后果保持警醒。

由于知识产权制度建设和运行是复杂的社会工程，它需要立法机构、行政机构、司法机构、产业界和研究者等共同努力。应该认识到，无论是在科学研究领域，或是在高新技术研发和产业化方面，中国尽管已经取得非凡成就，但与世界主要发达国家如美国相比，总体而言仍处于"发展中阶段"，管理者尤其是高层管理者对此应有清醒认识，不应仅看到充满泡沫的知识产权拥有量已居世界领先地位就沾沾自喜，"以天下之美为尽在己"。认识到差距，找出问题所在，脚踏实地，通过理性的知识产权制度，才能够真正有助于高新技术产业发展和经济转型。

在此错综复杂的艰难历史进程中,中国知识产权共同体的价值与使命将得以显现。与知识产权制度运行相关的各界知识产权人士,包括发明人、作者、表演者、产业界人士、产业投资者、知识产权代理人、律师、专利或商标或植物新品种审查员、知识产权行政官员、法官、检察官、立法者、知识产权法学者等以及它们所属的机构,已构成广泛的知识产权共同体(IP community)。中国30多年知识产权制度的不断完善既见证了知识产权共同体的不断壮大,其理性发展和运行亦成为知识产权共同体新的历史使命。在此历史进程中,知识产权共同体尽管可能有不同的视角或认识,或有部门利益的局限或地方利益的束缚,亦或有不得不达成的暂时妥协,但其目标却应该是一致的,即构建中国理性的知识产权制度并维护其正当运行。

刘银良

2015.12.25

# 目 录

"知识产权合理性"语境下权利学说的适用与修正
　　——以"财产权劳动学说"与"自由意志学说"为中心
　　………………………………………………… 蔡元臻　001

"转换性使用"规则在版权法中的演变与启示
　　——由谷歌数字图书馆案引发的思考 ……… 邵　燕　018

手机视频聚合平台服务提供者侵犯著作权问题研究
　　——以预备合并诉讼及服务器标准的适用
　　为视角 ……………………………………… 张玲玲　031

我国延伸性著作权集体管理适用条件的立法
　　限定 ………………………………… 李颖怡　辛　野　044

商标法不良影响条款扩大适用的争议及其解决
　　………………………………………………… 钟　鸣　056

从"为为网诉苹果公司案"论 App 名称的商标侵权
　　及其赔偿 …………………………………… 王莲峰　066

论专利侵权的惩罚性赔偿制度 ………………… 黄雨婷　076

权利要求技术特征的字面范围支持问题研究 … 娄　宁　098

以方法特征限定的产品权利要求之侵权判定
　　——美国的规则及实践 …………………… 周　倩　110

论《专利法》第 65 条的序位问题
　　——以不当得利制度为视角 ……………… 盛星宇　120

美国商业方法专利适格性审查标准的发展
　　——基于 Alice v. CLS Bank 案 ………… 徐南楠　135

请求人选择权视角下专利复审程序改革研究 …… 刘　蕾　149

美国商业外观与外观设计专利的功能性判定
　　——以苹果公司诉三星公司的智能手机纠纷案
　　　为视角 ………………………………… 高　阳　159

专利默示许可：责任规则的新类型 ……………… 陈　瑜　171

技术调查官在知识产权审判中的职能定位与体系协调
　　——兼论"四位一体"技术事实调查认定体系的
　　　构建 …………………… 黎淑兰　陈惠珍　凌宗亮　180

美、日、韩知识产权法院比较研究 ……………… 金珉徹　190

贵州少数民族医药的知识产权保护研究 ………… 王　琳　210

东方人文精神与知识产权的社会功能 …………… 邵　科　235

编后语 ………………………………………………… 陈泽宇　244

# "知识产权合理性"语境下权利学说的适用与修正
## ——以"财产权劳动学说"与"自由意志学说"为中心

蔡元臻[*]

**【摘要】** 现代知识产权制度以客体类型化扩张与保护力度增强为主要发展趋势,但同时也引起了有关知识产权保护合理性的争议。知识产权制度的合理性可以从法哲学理论中挖掘,就自然权利学说来说,主要包括洛克的财产权劳动学说与黑格尔的自由意志学说。但是,知识产权客体在本质上与有体物存在差别,两种学说在无形产权语境中的适用也因此遭受诸多质疑。鉴于此,有必要针对二者的知识产权适用进行反思,并对此作出解释性的修正。

**【关键词】** 知识产权合理性;洛克;劳动学说;黑格尔;意志学说

自现代知识产权制度建立以降,其合理性基础便是学界关注的热点问题之一。关于该问题的研究,在追问知识产权源泉的过程中具有重要的理论意义,在知识产权相关立法和司法的过程中也有着巨大的影响和推动作用。从法哲学到经济学,再到人权与道德,多年来,学者尝试着从不同学科与理论出发,为知识产权制度寻找一个坚实的法理基础。本文的目的在于通过阐述自然权利学说之精神,来论证知识产权制度的合理性,同时,破除针对该学说的一些代表性批判和质疑,对二者在知识产权语境中的适用提出修正性意见。现代学者认为,知识产权制度蕴涵了高超的政治智慧[①],体现了一

---

[*] 蔡元臻,北京大学法学院2013级法学博士。
[①] 参见徐瑄:"视阈融合下的知识产权诠释",载《中国社会科学》2011年第5期,页46。

种"政治理想和目的",从某种程度上讲,它包含了更多市场经济方面的考量,而这个制度的生成,更是建立在以法治和政治手段来辅助市场运作的愿望上的。但是,今天的知识产权制度恰逢类型化持续扩张与保护力度不断增强的历史发展节点,日渐强势的知识产权似是时势发展之必然,但又不免使人困惑。此时,我们更应当回到制度及权利的本源,回顾其中的法哲学内涵,对知识产权保护的本质进行更为透彻的认识。这种源泉的探寻具有超出哲学本身的现实价值,因为"满足正当性条件的财产法才会被人们认可,否则就不会成为人们自觉遵守的行为规范"[②];而且,知识产权的合理性在整个知识产权的平衡机制中也能起到极为重要的调节作用。

## 一、"合理性"与"合法性"之区分

"合法性""合理性"以及"正当性"概念的整合与辨析,在学界早有研究。一种观点认为,"正当"的狭义理解即为"合法",二者虽然在现代法制体系中的表现基本趋同,但形式上的契合并不必然导致概念的等同。[③] 也有观点认为,法律信仰的本质包括正当性和权威性,二者构成了合法性法律基础的全部内涵。[④] 笔者认为,"正当性"与"合法性"在法律实践中往往存在一种转化关系,即"正当的就是合法的",反之亦然。但是在法理语境下并非如此。人们应当警惕将"正当性"与"合法性"等同的观念,作为颁布法律的主体,国家行为的正当性固然因为其向法律提供了必要的组织化保护而有所强化,但并不能仅因为国家是一个有效力的组织就必然拥有正当性。法律的正当与否,"必须首先被理解为伦理性的基本法律原则"[⑤]。因此,"正当性"与"合法性"的区分和串联,不能仅以国家权威为基础展开,而应当更多地考虑其"合道德性"(康德)和"实践理性"(哈贝马斯)。"合法性"至多只是"正当性"的充分条件,甚至如一些学者所说,二者之间可能会存在冲突。"正当性"作为一项法哲学上的上位概念,包含了"合理性"与"合法性",这一概念上的对立统一关系,同样可以运用到知识产权法学中。

除此以外,我们还需厘清"合理性"与"合法性"之间的区别。在近年来探讨知识产权合法性基础的文献中,上述两项概念在中国知识产权学界中并未得到足够清晰的

---

[②] 徐瑄:"知识产权的正当性——论知识产权法中的对价与衡平",载《中国社会科学》2003年第4期,页144。

[③] 参见刘杨:"正当性与合法性概念辨析",载《法制与社会发展》2008年第3期,页14—15。

[④] 参见严存生:"法的合法性问题研究",载《法律科学》2002年第3期。关于这些概念的有益探讨,参见孙国东:"基于合道德性的合法性",载《法学评论》2010年第4期;吴丙新:"司法的真相——在法律解释的合法性与妥当性之间",载《法制与社会发展》2006年第2期;唐丰鹤:"通过合法性的正当性——实证主义法学的正当性思想研究",载《北方法学》2013年第1期。

[⑤] 〔加〕大卫·戴岑豪斯:《合法性与正当性》,刘毅译,商务印书馆2013年版,页214。

界定,甚至出现了交替使用的现象。《现代汉语词典》对"合法"一词的定义是"符合法律规定",对"合法性"的定义是"合法的性质或状态";同时,对"合理"的定义是"合乎道理或事理",而"合理性"则为"合理的性质或状态"。"合理性"在《牛津英语词典》中为"Legitimacy",意为"The condition of being in accordance with law or principle; conformity to rule or principle";而"合法性"则为"legal basis"或"legality",意为"Attachment to or observance of law or rule; the quality of being legal or in conformity with the law"。

由此可见二者之区别:(1)二者起源不同:合法性主要来自于成文法中的法律规则,而合理性则更依赖于人类社会中普遍适用的道德准则和情理;(2)表现方式不同:合理性问题随着国家立法进程的推进,有可能上升到合法性层面。易言之,某个事实问题在成文确定前是合理性问题,在成文法确定后才是合法性问题了;(3)标准的不同:合法性的标准是现行法律规范,而合理性的标准则是道德和情理,当然也可以衍生到人权,这就与自然法更为契合。这就涉及一个疑问,即"合法性"中的"法"是否可以理解为自然法?

国外大多数有关法哲学的经典著作的中译本将"Legitimacy"译为"合法性",将"Legality"译为"合法律性"。前者的译法主要受到对国家权威性进行理论上正当化的影响,流露出一种"合法即合理"的价值倾向。但是从法律思想史的角度来考察,"Legitimacy 的概念大致是与所谓的自然法思想相始终的"⑥,这显然不仅仅是现行法律框架内的分析,而是对某种法律或者秩序的本源是否合理作出评价。有学者认为,知识产权作为私有财产,其创设并不是以国家法律的形式对受到自然法支持的私有财产权作出确认,而是完全通过立法创设的。知识产权没有自然法基础,其合法性也无从于自然法谈起。⑦ 这种理解是值得商榷的。自然法昭示的是物权天赋,其私有财产属性在成文法创立之前就已经存在,法律规范更多地是对其加以认可和规制。⑧ 事实上,从法理基础的视角去分析知识产权,我们很快会发现它能够同时涉及"法律规范"和"自然法"两个概念。对于"合法性"一词的分析,还是从"自然法"的定义入手更为恰当。

自然法一般指在自然状态中固有的正义法则,或者在解决冲突的自然过程中显现的规律(具体化为习惯法),泛指一切作为制定法基础的、关于正义的原则。自然法不是法律规范,而是正义、理性的法则或规则。若将"Legitimacy"译为"合法性",其"法"必定指自然法而非现行法律规定。但此译法显然与人们的一般理解路径相悖。近年

---

⑥ 刘毅:"'合法性'与'正当性'译词辨",载《博览群书》2007年第3期,页57;同上注,页215。

⑦ 参见栗源:"知识产权的哲学、经济学和法学分析",载《知识产权》2008年第5期,页9。

⑧ 参见〔美〕杰里米·瓦德荣:"洛克论'财产权'",翟小波译,http://www.iolaw.org.cn/shownews.aspx? id=2861,2015年4月4日最后访问。

来关于知识产权合法性的文章中,针对合法性问题的研究对象多以现行法律规范为主⑨,但是也存在着以法哲学理论和经济学理论作为研究对象的情况,这在一定程度上还是暴露了我国知识产权学界在概念上界定不清晰的问题。⑩

"Legality"是在现行法律规定下对某种制度进行确认,即其是否符合法律规定,因此译为"合法性"并无不妥。笔者认同一些学者提出的将"Legitimacy"译为"正当性"的建议,但如前文所述,"正当性"在法哲学中可以被视为"合法性"与"合理性"合并后的上位概念。结合辞书的理解,笔者在此将上述概念进行梳理和简化,将"Legitimacy"译为"合理性",仅从合道德性与自然法角度对某种制度展开分析,同时将"Legality"译为"合法性",考察制度是否符合具体的现行法律规定。本文拟从自然权利学说出发,论析知识产权制度的合理性,是对知识产权制度存在是否合理的法哲学探索,由此看来,上述译法与国外著述之间也不存在冲突。

## 二、洛克的财产权劳动学说

### (一)主要内容

近代法律思想史中出现了一系列的包含财产权法哲学分析的学说,从历史上看,早期的此类学说大都源自于自然法思想,其中最负盛名的就是洛克的财产权劳动学说。任何有关财产权的法哲学分析,几乎都会涉及该理论。约翰·洛克生于17世纪英国封建专制的时代之下,当时的市民阶级正处于上升时期,提倡追求私有财产的最大化和个人自由之需,洛克的学说是时代的产物,充满了对封建专制合理性的驳斥,蕴含了财产私有原则和自由主义原则的精神,这种蕴意在18、19世纪休谟和萨维尼等人的理论中得到了提升。⑪ 洛克在其学说中提出,个体的生存权和通过劳动获得私有财产的权利属于天赋人权,这一观点带有浓厚的自然法学理论色彩。他认为,上帝赐给人类地上的一切,由人类通过某种划拨私有的方式将原本属于全人类的共有物进行占有,并赖以生存。而划拨私有的正确方式就是劳动,洛克借助劳动,"完成了身体所有

---

⑨ 也有学者将历史中一些古代民法(如罗马法)作为研究对象,从中挖掘有关无形财产的规定,并以此来证明今天知识产权保护的合法性。我们可以将此类研究归于知识产权合法性研究,但事实上,该类研究也未跳出合理性的框架,因为罗马法中并没有知识产品的相关定义,也缺乏对知识产品的明确保护,知识产品的罗马法渊源,一般仅限于物的分类。

⑩ 参见梁志文:"反思知识产权之合法性基础——以正义论为视角的分析",载《电子知识产权》2007年第9期。诚然,在分析论证知识产权的合理性时,也可以考虑使用其他一些词汇,诸如"法理基础""本质"等等,皆无不可。

⑪ See David Hume, The Philosophical Works of David Hume 253—273 (1826); 又参见〔英〕弗里德里希·奥古斯特·哈耶克:《致命的自负》,冯克利、胡晋华等译,中国社会科学出版社2000年版,页35。

权到外界所有权的转变,从而使外界的万物都成为所有权的对象。"⑫洛克在《政府论》中对能够换来财产权的劳动行为的定义,也正是他劳动理论的内涵,即只要人使任何东西脱离自然所提供的和那个东西所处的状态,他就已经掺进他的劳动,在上面掺加了自己的某些东西,因而使物成为他的财产,并排斥了其他人的权利。⑬澳大利亚学者彼得·德霍斯对洛克劳动学说的核心立场进行了如下归纳:"(1) 上帝将世界赐予人类共有;(2) 每一个人都拥有对其自己人身的财产;(3) 每一个人的劳动属于他自己;(4) 当一个人把他的劳动掺入属于共有的某物时,他便使该物成为他的财产;(5) 财产权的条件是一个人将足够多且同样好的东西留给其他人所共有;(6) 一个人不能从共有物中取走超出其能够充分利用的那部分。"⑭该核心立场实际上就是学说中所有权的取得条件——进行有价值的劳动,而价值的评判标准,就是使物脱离原始状态。但与此同时,仍需要保证世界上仍然留有足量而同质的东西给他人,这是为了保证他人也能享有同样的生存机会。另外,每个人占有的物的量不能过多,因为过多会导致浪费,从而间接剥夺他人的生存权。上述六点也是对洛克劳动价值观的一个概括。

细究上述所有权取得条件,可知,虽然学说是以有体物作为主要对象,但是同样能适用于脑力劳动产生的知识产品。脑力劳动也属于劳动,只是更依赖于智慧而非体力。在此过程中,通过对"已知"信息转化、提升,使之脱离本来状态,从而创造出新的知识,便可以获得这项知识产品的所有权。引哲学家罗伯特·诺齐克所言:"对某物的劳动改善了它,使它更有价值;任何人都有权占有一个他创造了其价值的东西。"⑮洛克笔下的"物"并未受到有形框架的限制,其概念上的弹性赋予了它强大的解释力,使其在无形知识产品的体系中依然富有活力。

洛克学说倡导的是一种权利本位⑯,这和他所生活的时代背景有关,他呼唤的是一种"以人为本""以人民的权利为中心"的精神,这种价值追求也大量地体现在他的学说之中。"人将自己的某种东西和物混合在一起",指的就是人的意志和人格,劳动使人和客观的物质世界联系起来,使人获得了意志自由。他的学说扩张了人格权,使财产权拥有了人格基础。洛克"劳动产生权利"的逻辑不但普遍得到了人们的道德认同,也在今天的知识产权制度中得以体现——即对劳动的尊重。

(二) 对洛克学说的批判及反驳

因受时代所限,洛克学说在用于解释知识产权法律制度时,仅从自然权利出发,还

---

⑫ 李扬:"再评洛克财产权劳动理论——兼与易继明博士商榷",载《现代法学》2004 年第 1 期,页 171。
⑬ 参见〔英〕洛克:《政府论》,叶启芳、瞿菊农译,商务印书馆 1964 年版,页 18。
⑭ 〔澳〕彼得·德霍斯:《知识财产法哲学》,周林译,商务印书馆 2008 年版,页 54。
⑮ 〔美〕罗伯特·诺齐克:《无政府、国家与乌托邦》,何怀宏等译,中国社会科学出版社 1991 年版,页 179。
⑯ 参见易继明:"评财产权劳动学说",载《法学研究》2000 年第 3 期,页 104。

是存有一些缺憾,也引发了后世学者的一系列批判,直至今日也没有停止。但笔者认为,由于洛克学说在本质上几近完美地契合了自然法的精神,符合普世价值观和道德标准,因此便具备了顽强的生命力。此外,学说中的哲学化阐述又使其具备了强大的解释性。就目前看来,暂时还难有某种观点可以从根本上否定洛克"劳动产生权利"的逻辑——纵在将来也难以产生,因为观念一旦崩析,也就否定了劳动本身,亦即否定了我们生存之方式。劳动是整个人类生活的首要条件,正如恩格斯所说:"劳动创造了人本身"⑰。笔者在此列举出几项较为典型的批判观点,同时为洛克学说作出辩护,通过弹性解释,说明其在现代知识产权制度的语境中,仍然具有不可磨灭的适用性。

1. 劳动的价值

洛克学说中"劳动带来天赋权利"这一逻辑背后所倡导的,实为他的劳动价值理论。"既然劳动是劳动者的无可争议的所有物,那么对于这一有所增益的东西,除他以外就没有人能够享有权利"⑱,然而,劳动作为财产权的决定性因素这一理论在许多后世学者看来,缺乏足够的说服力。随着时代的前进,对劳动所产生的价值,也就是在产品价值判定这一问题上,产生了一系列的新的理论。"劳动根本不能成为一个决定性的或完整的论证财产合理性的基点"⑲,取而代之的是市场价值理论、剩余价值理论、物化劳动价值理论和综合各种因素的价值理论等。⑳ 上述理论在提出新的价值因素的同时,弱化了劳动作为价值来源所占的比重。作为呼应,德霍斯提出了知识的"历史继承性",认为"在一个相互依存、千差万别的社会中,任何个人的劳动必然要依赖于他人的劳动。如果我们要确定劳动的直接贡献,那种导致某一抽象物产生的贡献,就不得不承认这样一个事实:许多表面上看来由个人拥有的抽象物,实际上是因共同劳动而被集体拥有的"㉑。如此,就意味着知识是集体劳动的结果,因为我们难以对整个劳动队伍中最后一人的劳动价值予以评判,而且如果以劳动作为确权的唯一条件,那知识产权会演变为一种集体权利。然而,后世对于劳动价值的判断标准之所以不同,首先与时代背景和价值追求的巨变有关。为了倡导个人自由和财产权的私有化,洛克将个

---

⑰ 〔德〕恩格斯:《劳动在从猿到人转变过程中的作用》,曹葆华、于光远译,人民出版社1951年第4版,页1。

⑱ 〔英〕洛克,见前注⑬,页18。

⑲ 〔澳〕彼得·德霍斯,见前注⑭,页59。

⑳ 在新型价值理论中,产品价值的来源可以来自于产品在市场上的活跃期限(市场价值理论)、计算机软件、大型数据库、技术、资金、自然力等等。关于知识产权的市场价值理论,see Edwin C. Hettinger, Justifying Intellectual Property, 18 PHIL. & PUB. AFF. 31 (1989). 有关其他的价值理论,见〔法〕萨伊:《政治经济学概论》,陈福生、陈振骅译,商务印书馆1963年版;郭小鲁:"对马克思劳动价值论的再思考",载《经济学动态》2001年第7期。

㉑ 〔澳〕彼得·德霍斯,见前注⑭,页64。

人劳动的价值提升到了一个前所未有的高度,这显然糅合了他个人的政治理想在内。而后世学者在经历资产阶级革命以后,将劳动以外的贡献因素纳入考虑范围,并不足以为奇。况且,上述一切质疑并未对人为劳动的价值作出全盘否定,更多的,只是体现了知识产权"所包含的多元化价值目标"和"理论方面统和"的需要。㉒ 易言之,有关价值产生方式的新理论的探讨,应当被视为劳动价值的外部性因素,与"劳动创造了社会发展的核心价值"之阐述无悖,不会动摇学说之根本。事实上,这些修正性观点在现代知识产权制度中的体现也很有限。

2. 知识产权的无形性问题

有关无形知识的适用性问题,由于学说本身并非为知识产权所特设,因此当知识产品普及后,学说适用性确实存在某些不足。有学者继而提出"对物的绝对占有在无形的知识上很难实现"以及"洛克学说中的占有不需要申请、审查和公示"两种批判观点,试图借此否定学说的知识产权适用。应该说,该结论的引申过程稍显草率。首先,绝对占有的实现困难可以通过立法、司法和行政上的规制手段进行后期修正而得到保障,其具体表现便是知识产权保护。其次,有体物的占有通常不需要经过申请、审查或公示,因而在一些学者看来,对知识产品设定上述程序,不但违背洛克本人的思想㉓,而且有剥夺正当权利人权利之嫌㉔。但是,之所以对知识产品设定这些程序,是为了在其之上创造一个类似于有体物世界中的监管体系。审查程序旨在是为了更有效地识别权利人的脑力劳动的成果是否具有"摆脱自然状态"的先进性㉕,从而由行政机关决定是否授予知识产权;而公示的作用则是为了保证权利人能够顺利实现先占,私人途径的宣传和告知,绝非一些学者所臆想的,能够起到和公示同样的告知效果。这就表明,知识产品的无形性特征虽使得对其的占有和保护不如有形财产般绝对,但是通过后期修正,我们仍可以使用规制有形财产的方法来保障知识产品上的权利。

3. 劳动与物的边界

洛克对于劳动概念本身的内涵和外延,虽如德霍斯所总结的,作出了某种程度的界定,但如今再看,无论是在劳动的概念还是占有物的边界,在其著述中都缺少详尽的描述,从而导致其学说在实践上的某些困难。质疑随之产生——盗版、假冒和仿冒等

---

㉒ 参见易继明:"知识产权的观念:类型化及法律适用",载《法学研究》2005年第3期,页121。

㉓ 参见李扬,见前注⑫,页173。

㉔ 如一些学者所提出的,在专利制度中,先申请原则的设立使得某些先发明人由于申请程序上的滞后而最终失去专利权的保护,学者们由此认为洛克学说在现行知识产权制度中未能得到体现,更无法解释这些现象。参见粟源,见前注⑦,页8;〔日〕田村善之:"特许权的行使和独占禁止法",载《市场·自由·知的财产》,有斐阁2003年版,页143—144。

㉕ 易继明,见前注⑯,页100。

非法行为是否同样能够作为一种劳动而成为知识产权的合法借口？[26] 后世学者在批判黑格尔的自由意志学说时也持有相类似的观点。但事实上洛克学说中权利的取得条件并未纳入上述暴力取得行为，因为首先该行为不能改变行为对象的原有状态。以著作权为例，无论抄袭或是非法复制都不会改变他人创作成果中的内容。其次，洛克的学说是自然法理论的成果，也体现着自然法的精神。自然法语境中的理性人必须通过自身劳动正当地取得财产权。因此劳动产生权利也就意味着不劳动抑或不道德的、违法的劳动不能产生权利，这符合人们普遍认同的道德准则和情理。今天民法中的公序良俗原则，同样适用于知识产权领域，知识产权法中也有类似的规定，可将其视为对洛克学说的补充。

美国学者诺齐克针对学说中财产边界确认的不足作出了著名的"清扫火星"与"茄汁入海"的讽刺。[27] 如同德霍斯的疑问："劳动能够准确表明它所引发的权利客体吗？"[28]笔者认为，后人在重述洛克学说时，往往未能充分揣摩其真实财产观念，以至于过早地否定了整个学说。正如某学者所言，应该严格看待洛克所说的"使任何东西脱离自然所提供的和那个东西所处的状态，他就已经掺进他的劳动"这一要件，通过强调"自然状态"的改变来确定客体的边界。[29] 但同时我们也不得不承认，即使添加了这一考量因素，也未必能够彻底解决概念上的模糊不清所带来的问题。英国学者沃尔夫在为洛克进行辩解时认为诺齐克没有完全地领会到洛克论证中的精神[30]，但同时亦指出该论证本身存在漏洞，其中就包括了自由主义概念上的自相矛盾[31]，日本学者田村善之也持相似意见。

幸运的是，这一问题在知识产权的语境下反而得到消解。有体物的物理性固然会有边界难以确定的问题，但对知识产品来说，其抽象性和无形性恰恰使其容易和公有领域中的知识分开。[32] 诺齐克曾指出："现在尚没有设计出一种可行的或前后一贯的有关增加价值的所有权理论体系"，[33] 但这恰到好处地说明了上文中知识产权审查程

---

[26] 参见〔美〕爱伦·斯密德：《财产、权力和公共选择》，黄祖辉等译，上海三联书店、上海人民出版社1999年版，页36。

[27] 〔美〕罗伯特·诺齐克，见前注[15]，页179。

[28] 〔澳〕彼得·德霍斯，见前注[14]，页63。

[29] 参见张勤："论知识产权的道德基础"，载《知识产权》2012年第1期，页7。

[30] 沃尔夫推测，洛克学说中财产边界的确认也许借用了以下标准：(1) 劳动应当使物变得更有价值，至少更有用；(2) 以开垦荒地为例，一个人在占有物之后，其给予他人的应当远多于摄取的；(3) 与劳动所增加的价值相比，物的原有价值微不足道。如予采纳，"火星"和"茄汁"的难题也就迎刃而解了。参见〔英〕沃尔夫：《诺齐克》，王天成、张颖译，黑龙江人民出版社1999年版，页116—119。

[31] 同上注，页118—119。

[32] 参见朱谢群，见前注[10]，页4。

[33] 〔美〕罗伯特·诺齐克，见前注[15]，页180。

序的重要意义。

4. 无形知识足量而同质

洛克认为财产正当占有的另一个必要条件是在占有财产的同时,为他人留下"足量而同质"的东西。这一前提的直接目的是要保证"没有任何一个人的条件应该因另一个人从公共资源中占有而变坏"㉞,从而所有人均能享有足够和平等的生存权。对此沃尔夫认为,在资源(物)稀缺的情况下,即使施加劳动也不能再取得所有权,比如沙漠中的水井㉟,因为基于洛克学说的推导,这样的独占一定有悖于整个社会的福祉,因此让资源重新归于自然状态,反而是更加正义的分配模式,这在有形物质上体现得尤为充分,但对于取之不尽的知识而言(虽然这一观点也没有得到学者们的一致认同),"足量且同质"要件却不存在上述适用困难。㊱

5. 理性人与对自由的限制

诚然,洛克并不怀有"所有人都是富有理性的勤劳个体"的奢望,也未对人们设定某种崇高但不现实的道德标准,因此财产权是上帝对勤奋劳作之人的一种"合理报酬"。个体理性与制度效率在实践中的保证固然困难(例如专利蟑螂),但诚如学者所言,知识产权制度中的某些设定,很难用正当性进行完美解释,知识产权制度是基于社会公众的整体利益而建立的,因此,只能"具有尽可能多的正当性,而难以具有绝对的正当性"㊲,并在个人利益和社会秩序无法兼顾之时,牺牲前者而保全后者。"这是我们为制度基础的缺乏及利益的平衡所付出的必要代价。"㊳有人由此立论——知识产权的合理性是建立在社会整体利益之上,而不是"在道德范畴的正当性的基础之上"。㊴ 如森村进所指出,既然洛克在其学说中极力倡导人身的自由以及个人对其自身的绝对享有和控制,那么如何去解释知识产权这种权利本身所具有的对他人自由的限制性呢?㊵

这样的质问实乃补强洛克学说的又一契机。在这里,洛克所谓的"个人对其自身

---

㉞ 〔英〕沃尔夫,见前注㉚,页121—122。

㉟ 参见〔英〕沃尔夫,见前注㉚,页124。

㊱ 有学者以专利和商标领域为例,认为某项专利和某个商标享有的排他保护在排除他人权利的同时,也就背离了洛克"足够多且同样好"的权利取得要件,这样的理解值得商榷。因为知识产品之间在内容和表现形式上的不同,其实是印证了"世界上没有两个完全相同的鸡蛋"这一定理。如果将"同样好"这一概念理解得太过绝对,那显然会将洛克学说排斥于物权体系之外。易言之,应当将"同样好"理解为"同质"而非"同等"。知识产品固然能像有体物一样分出平庸和先进,但是本质并无贵贱之分。有关讨论,参见李扬主编:《知识产权的合理性、危机及其未来模式》,法律出版社 2003 年版,页 37。

㊲ 粟源:"知识产权及其制度本质的探讨",载《知识产权》2005 年第 1 期,页 8。

㊳ 易继明,见前注⑯,页 101。

㊴ 粟源,见前注㊲,页 8。

㊵ 参见〔日〕森村进:《洛克所有权论的再生》,有斐阁 1997 年版,页 121、241—261。

和身体的劳动有绝对的所有权"是否暗示着一种无限制的自由？这并不需要过多思考便可以得到答案——尤其在人类从前政治社会步入政治社会以后，在创设权利时对自由作出一个基本限制的理由应是不言自明，如此所建立的社会秩序的价值通常会在更长一段时间后体现在整个社会群体所享受的利益之中。"自由主义的目的是为可靠的、有价值的自由创造尽可能大的范围。可以根据这一点来看待对人身及财产的权利。一个人有对自己身体及财产的权利的保护范围，以便他可以按照他所喜欢的方式处理它们，不受干涉，只要他尊重他人相似的权利。"[41]黑格尔的学说之所以受到批判，其一就是意志理论精神过于自由，以至于在处理人与人的关系时出现了无序的后果。财产权的最终目的是规制人与人之间的关系，而对于自由的牺牲就是处理这层关系时伴随而生的。况且，自由的牺牲是双向的，这在具有排他性的有体物环境下更为明显，而在知识产品的环境中同样不可避免。

（二）影响及局限性

通过财产权劳动学说为知识产权正名，实为一种探源式的理论挖掘。事实表明，洛克学说中"天赋财产权""财产权等同生存权"和劳动价值理论，能够为知识产权及其保护的合理性提供一种哲理化的解释。这种散发着强烈的所有权个人主义色彩的思想不但符合当时国民革命时期的人权精神，也为今天知识产权私权化提供了正当化的依据，而它对劳动价值作用的强调也获得了大多数人的道德认同。人格权在洛克学说下得以张扬，并使财产权具有了明显的人权属性[42]，虽然在一些人看来，这种人权属性随着洛克对个体劳动的过分强调有演变为"暴力占有"的趋势，但是它同时也呼唤着一种"劳动产生财富"的价值取向，甚至描绘出了一幅个人之间和平协作的美好愿景。哈耶克将这一学说精神概括为"无财产的地方亦无公正"。[43]

诚然，洛克学说自身所存在的一些缺陷导致其在无形知识产品领域的应用中遭遇了一些实践困境，其主要原因是提出者自身所处时代的限制。在有形财产居主导地位的时代，知识产权现象虽早已产生，但从立法上看，世界上第一部现代意义上的著作权法——《安娜女王法》出现于1709年，专利法——英国的《垄断法》出现于1624年，商

---

[41] 〔英〕沃尔夫，见前注㉚，页124。

[42] 传统概念体系下，"人权"和"道德"概念之间往往比较相近，甚至被交替使用。然而，知识产权的人权属性在利益平衡论中被极大地复杂化了，谈论权利人人权时，一些人开始强调公众的人权，并发起了一系列论辩，反而导致知识产权学者们渐渐疏离了这两个概念。知识产权是否真的具有人权属性和道德属性？可以肯定的是，至少在洛克和黑格尔学说的语境下，知识产权具有这两项属性是不存在太多争议的。参见易继明、李辉凤："财产权及其哲学基础"，载《政法论坛》2000年第3期，页16—17。有关人权和道德的概念之争，可参见莫纪宏："论人权的非道德性"，载《广东社会科学》2011年第2期；郑丽珍："论人权的道德性——兼与莫纪宏教授商榷"，载《道德与文明》2011年第6期。

[43] 〔英〕弗里德里希·奥古斯特·哈耶克，见前注⑪，页33—34。

标法——《法国商标法》出现于1857年㊹,而洛克出生于1632年,卒于1704年,这就说明在其有生之年,知识产品尚未在社会经济生活中占据主导地位,相关的哲理和学术问题尚未引起足够关注,"因此洛克只可能以有形的物质世界作为他财产权劳动理论的逻辑起点,对知识产权问题还不能主动进行系统思考,所以他的财产权劳动理论不能充分解释复杂多变的以无形的知识产品为客体的知识产权现象是在所难免的。"㊺但一如前述,这些缺陷并没有从根本上否定劳动作为私有财产权利的出发点时的作用。"一种张扬权利的理论可能因为缺乏现实感而最终走向其反面"㊻,因此就需要诸如罗尔斯的"差别原则"等理论加以修正。

### 三、黑格尔的自由意志学说

(一)主要内容

德国哲学家格奥尔格·威廉·弗里德里希·黑格尔的自由意志学说将财产权利纳入其精神哲学体系。㊼ 从时间上看,其学说产生于在18世纪末,比卢梭和康德的社会契约论要晚几十年,黑格尔反对社会契约论,认为国家非契约之产物,而将国家理解为一种精神整体。国家的本质在于自在自为的理性,因此他采用唯心主义解释方法,在财产权的问题上和洛克的自然权利学说更为契合。因为这一点,一些学者倾向于将黑格尔和洛克的财产权学说归为一类,都属于自然权利学说。对于自由意志和法的关系,黑格尔写道:"法的基地(territory)一般说来是精神的东西,它的确定的地位和出发点是意志。意志是自由的,所以自由就构成法的实体和规定性。至于法的体系是实现了自由的王国。"㊽法是意志的体现,意志又是自由的,自由又构成了法的目的。试图对法、意志、自由等概念作出梳理和逻辑上的排序是困难的,其意义也值得商榷。但是,我们至少可以确定黑格尔将自由意志放置在了整条纽带之首,这也凸显了自由意志的重要性。在黑格尔的哲学体系中,"人有了自由意志,他就享有权利。因此,他的法哲学实际上也是权利哲学。"㊾

---

㊹ 参见郑成思:《知识产权论》,法律出版社2000年版,页3—34。
㊺ 李扬主编,见前注㊱,页39。
㊻ 易继明,见前注⑯,页102。
㊼ 黑格尔在其著作《法哲学原理》中以复杂和晦涩的语言呈现了他的整个哲学体系。该书的德文书名是"Grundlinien der Philosophie des Rechts",英文则为"Elements of Philosophy of Rights",而中文书名除较为通用的"法哲学原理"以外还有其他几个译法。笔者认为,应译作"权利哲学解析"或"权利哲学原理",山西学者刘建民将其译为"权利哲学纲要"。当然,译成"法哲学原理"也并无不可,因为法学本就是哲学的一个部门,黑格尔本人也坚信法的概念是超越法学范围的,从这一层面上理解,"法哲学原理"也许能够更直接地反映书中的主要内容,但是文义上的直译也不失为一种选择。
㊽〔德〕黑格尔:《法哲学原理》,范扬、张企泰译,商务印书馆1961年版,页10。
㊾ 易继明等,见前注㊷,页17。

1. 以意志占有物

“人有权把他的意志体现在任何物中,因而使该物成为我的东西……这就是人对一切物据为己有的绝对权利。”(50)黑格尔关于人的概念仅仅是一个抽象的具有自由意志或自治的单位,在其对外部世界作出反应之前不具有任何有形的存在。人只有在与外部的某件东西发生财产关系时才成为真正的自我。和洛克、卢梭、康德一样,黑格尔也认为“物属于时间上偶然最先占有它的那个人所有”,但是先占权利的合法性不在于时间上的领先,而是因为占有者的自由意志被渗透到了占有对象中。这种人的心智与物之间的关系是人存在的目的,并且具有绝对性。因为物本身“不自由、无人格、无权”,而且“欠缺主观性”,因此只有在人的占有之下才能体现物存在的目的,所以人拥有占据一切物的权利。人既然有自由意志,就有了对物进行占有的绝对权利。

2. 财产权的意义

黑格尔进一步阐述了占有物并将其变成财产的真正目的,一方面,他认为:“拥有财产就好像是满足需要的一种手段。但真正的观点在于,从自由的角度看,财产是自由最初的定在,它本身是本质的目的……由于我借助于所有权给我的意志以定在,所以所有权也必然具有成为这个单元的东西或我的东西这种规定。这就是关于私人所有权的必然性的重要学说。”(51)财产是自由的定在,另一方面,所有权又赋予意志以定在。从黑格尔的话中,我们可以体会其财产理念和私有财产权的重要性及目的——财产是意志、自由,甚至法的定在。(52) 财产既实现了权利,也强化了人的意志,这是它的主要功能之一。与财产权劳动学说相比,后者诉说劳动产生权利,而前者阐述的是人的意志催生权利。英国学者诺克斯(T. M. Knox)认为,自由意志学说强调了财产对于人的存在具有的至高意义,从而造就了财产的一种工具性质。(53) 从这一角度去看,黑格尔所理解的财产,其意义已经超越了财产权劳动学说中的劳动所得。

3. 财产的转让

“物属于时间上偶然最先占有它的那个人所有,这是毋待烦言的自明的规定,因为第二个人不能占有已经属于他人所有的东西。”(54)黑格尔倾向于将物的占有视为绝对和永恒,以至于后世有人质疑财产在自由意志学说语境中的可转让性,认为其关于“契约”“抛弃”“委托”的财产转让方式的阐述过于苍白。但即便如此,也并非如一些学者

---

(50) 〔德〕黑格尔,见前注㊽,页52。

(51) 〔德〕黑格尔,见前注㊽,页54—55。

(52) “定在”在S. W. Dyde的《法哲学原理》英译版中是“existence”,即存在,或者说一种实体化(materialization)。

(53) 〔澳〕彼得·德霍斯,见前注⑭,页88—89。

(54) 〔德〕黑格尔,见前注㊽,页59。

所怀疑的,即黑格尔可能已经在财产转让的问题上否定了自己。因为所谓的绝对占有,指的是物权效力以及其不可侵犯性。易言之,该原则阐述的是物权未被转让时的绝对性,符合物权法则。在群体环境下,财产(抑或物权)必定会发生被转让的情况。因此,尽管个人意志是绝对的,但也必须在有限度的自由之中方能彰显。在此,黑格尔赋予了财产权另外一项特质,即对个人纯粹主观性的扬弃。在规制人与人之间的社会关系时,一个人"能够在行为上和每一个人的意志自由同时并存"(55)。可以说,个人的意志固然可以驾驭其占有之物,但是黑格尔并没有完全忽略康德等学者们所倡导的那种人与人之间社会契约精神的重要性。黑格尔的理论虽然在很大程度上与洛克的自然权利学说契合,强调人的权利的本位,但是,在处理社会关系的问题上,其已经起到了承前启后的作用,即在张扬人格、意志、个人自由的同时,触及到了人与人之间的平等和契约关系。因此,如果说洛克和黑格尔的学说中的财产占有都具有一定程度的暴力(或是强制)性,我们至少应当承认后者的理论已经作出了更多的修正。(56)

4. 物的有效占有

在进行有关所有权意义的论述之后,黑格尔立足于现实世界,解释了对物的有效占有,并对占有物边界的确定提出了要求:"当我占有某物时,理智立即推想到,不仅我所直接占有的东西是我的,而且与此有联系的东西也是我的。实定法必须把这一点规定下来,因为从概念中得不出更多的东西来。"(57)此外,人在进行占有时发生的只是意志的注入,如何将其成果展现于他人面前,就引出了权利获得认可的问题,从而又引申出公示制度的必要性。诚如学者所说:"这里黑格尔基本上接触到了所有权的真正实质,即并不在于使所有权人通过行使所有权而获得或者实现自由,而在于排除他人的任意干涉或者妨碍。"(58)

5. 无形财产

黑格尔在其财产权理论中,还不可思议地注意到了知识产品的非物质性及其物化载体的问题。他将知识产品分为三类:艺术作品、著作品和发明技术装置(59),并对如何向"精神技能"和"知识"灌输意志以及缔结契约的问题作出解释——通过精神介质的

---

(55) 〔德〕康德:《法的形而上学原理》,沈叔平译,商务印书馆 1991 年版,页 40。

(56) 虽然两种学说都曾被后人诟病为"暴力占有",但二者之间也存在不同。黑格尔的意志占有说之所以暴力,是因为其具有人格无限扩张的潜在危险。由于一些诸如生态哲学的新兴学科都对人类财产化的客观物质对象和范围提出了底线要求,以符合人类的整体利益要求,自由意志学说的不适性因此遭到放大。有关生态化知识产权的前沿研究,参见郑友德、李雅琴:"我国著作权制度的生态化路径",载《法学》2015 年第 2 期。

(57) 〔德〕黑格尔,见前注(48),页 63。

(58) 李扬主编,见前注㊱,页 63。

(59) 〔德〕黑格尔,见前注(48),页 51。

表达,使内在的精神、思想和人格外在化,知识产品亦能成为可以流通之物。循此,黑格尔将知识产品清晰地从物中划分出来,又赋予了知识产品一种物性,使之一样能够存于其财产体系。黑格尔也看到了对知识产品所有权和复制权进行规制的必要性,甚至极富前瞻性地预见到了知识产权领域中侵权行为的可能性。[60] 虽然未能对这些问题中的大多数作出解答,但是他对于更能凸显权利人精神、人格的物的特殊性是非常敏锐的。谈及保护精神产品的意义,黑格尔认为其根本上是为了促进艺术和科学的发展,保护则是给予他们激励。[61] 当然,仅凭该论调还不足以得出黑格尔认为知识产权保护具有激励作用这一结论。不同于边沁的"个人财产保障达致社会整体福祉"和休谟的"人的功利本能"[62],黑格尔所言之"激励"仍是以个人意志的自由驰骋为基础,后者虽然抽象,但是我们可以明显感到几种学说在财产功能性上有所偏重。

(二)黑格尔学说的影响及争议

黑格尔在其学说中,以人格和意志概念取代了自然法哲学中"天赋权利"的概念,把人与生俱来的权利建立在自由意志的基础上,将法、财产权、自由、人格和意志联系在一起并强调人格意志对物的持续作用,凸显了财产的人格意义。他抽象地描述了法、意志和自由的同一性,认为财产所有权在整个法律体系中,是个人意志和自由的终极目标,可以说,黑格尔将人自身实践和自由主义提升到了一个前所未有的高度,比起洛克通过劳动学说给财产权带来的人格扩张又前进了一步。美国学者休斯认为:"黑格尔提供了一种独特的财产人格理论,该理论可与洛克的劳动财产理论相媲美。"[63]

在黑格尔的学说中,知识产权保护具有正当性和合理性,因为在物之上存有了创造者的精神和人格。德霍斯将其形容为一个"人格可以自由驰骋"的世界——任何种类的物在贴上意志的标签后都可以被视为财产,因此必须给知识产品设置权利。这不但是对财产权的保护,更承认了作者的精神权利。但需要指出的是,如果我们简单地从自由意志学说中得出财产合理性的结论,多少是有些片面的。个人通过意志获得财产权只是整个社会发展过程的起点[64],在强调个人权利之余,黑格尔并未探讨私权过度扩张可能给社会稳定所带来的压力。当权利人受到利益的鼓舞从而游说政府以求更完备的财产保护,在知识产权的语境下就很有可能发展出一个全球性的制度。这会给

---

[60] 〔德〕黑格尔,见前注[48],页76—79。
[61] 有关《法哲学原理》中精神产品概念的系统分析,见吴汉东:"法哲学家对知识产权法的哲学解读",载《法商研究》2003年第5期,页80—81。
[62] 参见徐爱国:"再审视作为法学家的边沁",载《华东政法学院学报》2003年第3期,页83—84。
[63] Justin Hughes, The Philosophy of Intellectual Property, 77 GEO. L. J. 287 (1988).
[64] 〔澳〕彼得·德霍斯,见前注[14],页102。

国家稳定带来压力,影响国家的决策程序,并有可能导致贫富差距的拉大。⑥ 当然,这种危机理论至少在现在看来尚未得到印证。洛克和黑格尔的权利哲学,连同后来衍生出的"知识产权强保护论"和"泛保护主义"等,都不免受到类似观点的批判。显然,立法和司法者对于创设知识产权、强化知识产权保护方面的解释应当慎重,充分考虑权利人和公众之间的平衡关系,不轻易对知识产品赋予保护。权利哲学在财产的私有(个人)和共有(公众及国家)之间的关系上,确实是存在盲点的。

有学者认为,大陆法系国家的著作权法在黑格尔理论的影响下,注重对知识产品生产者精神权利的保护,主要体现为在著作权法中将人格权确认为作者不能转让的重要权利,而英美法主要受洛克学说的影响,强调对纯粹财产权的保护⑥,这是存在疑问的。"黑格尔关于'财产是人格的体现'这一主张,导致一些学者将其理论和著作权人的人格权保护之间杜撰出一种联结。例如,休斯认为,文学作品中作者的人格可谓一览无遗,但是专利发明则不像是人格的表现。⑥ 这就说明,一些学者开始将人格意志不同程度地注入不同的对象。面对这一问题,"黑格尔并没有指出某些创作者的人格能够取得特殊的权利"⑥。况且著作权法中的这一规定,也违反了黑格尔关于权利转让的论述,即只要能够将精神产品外部化,同时人和人的意志实现同构时,物就能够被移转。既然黑格尔认为人的意志原先就是平等的,又怎么会让某些创作者的意志凌驾于其他创作者之上呢?如此,强调意志平等的黑格尔的财产理论便对现代作者权制度提出了严峻的挑战。有学者尝试从精神产品所蕴含的创作人特有人格这一角度来区分有形物和无形知识产品,认为著作品因含有更深层次的人格而异于普通的有形物,因此需要在精神上获得认可。⑥ 但即便如此,也很难解释著作品和其他知识产品在人格权保护上的不同,比如在专利法中便没有作者权的相关规定,而专利权人和专利发明之间又何尝没有人格上的"血缘关系"呢?因此,试图通过赋予黑格尔学说理论弹性来解释作者权制度,仍旧是一项极为困难的任务。

前文已述,一方面,在黑格尔体系下,物的取得方式过于强调人对于物的绝对支配和"物在被支配后自动成为财产",这种略显"粗暴"的逻辑,似乎容易让权利演变为一种暴力。⑦ 所谓"意志的注入",其实只是人对于物的单纯控制,但恰如苏格兰经济学家亨利·邓宁·麦克罗德指出:"财产其真实和本质的含义,不是任何意义上的物,而

---

⑥ 参见〔日〕田村善之:《田村善之论知识产权》,李扬等译,中国人民大学出版社2013年版,页28—49。
⑥ 见前注⑯,页59—60。
⑥ 〔澳〕彼得·德霍斯,见前注⑭,页91。
⑥ 〔澳〕彼得·德霍斯,见前注⑭,页92。
⑥ 参见冯晓青:"从黑格尔法哲学看知识产权的精神",载《知识产权》2002年第3期,页18—20。
⑦ 参见曲三强:《窃书就是偷:论中国传统文化与知识产权》,知识产权出版社2005年版,页68。

是针对这些物的绝对权利。"㉑这一观点的真正内涵,在于指出了人们财产权利之间联系的重要性。如果按照黑格尔的逻辑,即个体可以凭借自身的力量和意志便将物据为己有,在解释市民社会中财产权的内在关系时,便会显得尤为乏力。黑格尔笔下的所有权是源自人的意志和物之间的关系,可惜的是,即使在大量有关主体自由的语言渲染下,他的学说还是没有彻底解决人与人之间的关系。"财产的本质是人与物的关系所衍生出的人与人的关系。"㉒黑格尔学说中的意志主宰导致其在契约和市民社会方面的论述略显单薄,从而缺乏足够的现实意义。事实上,黑格尔自己也意识到了这一问题,并不得不提出"先占"的观点加以修正,然而,他的理论终究是不完整的。

另一方面,洛克在其学说中,从自然权利推衍出法律权利,他首先假设了一个自然状态,然后再借用神学概念假设出一个抽象的政府,这个政府似乎隐含着一种政治社会的存在,但是这种影射是非常不明确的。这样一来,将个人自治作为财产权的基础,没有政府的控制和社会契约的参与,企图依靠市民个人的独立、自发性和道德水准在个人与社会之间自然形成一种内在联系,这种逻辑本身就过于理想化。洛克期望通过一个仍带有强烈的前政府状态色彩的社会和理性人的契约自治来建立一套稳定的权利机制,这在后世的学者看来缺乏足够说服力。㉓而黑格尔则更加强调个人意志所含有的分量,虽然他的理论涉及了一些社会契约关系,也承认群体环境对个人自决的提升作用,但是他笔下的个人自由才是真正对权利的产生起着主导作用。因此,即使我们说黑格尔在权利产生的问题上比洛克更为严谨,但总体来说,二人都没有彻底在其学说中真正实现权利的稳定占有。

## 四、小结:知识产权的道德基础

从洛克的财产权劳动学说到黑格尔的自由意志学说,知识产权制度在其中所探寻的,其实是这项制度在人权和道德层面的积淀,这促使学者们在进行探索知识产权权源的研究时必须大量依赖于自然法学——尊重个体、个体的劳动和人格就是尊重自然法则,而遵守自然法就是遵守理性。在笛卡尔、洛克、哈耶克等理性主义学者看来,道德应是理性的必要组成部分。道德需要受到理性的制约,理性又需要以道德作为准则㉔,而道德又关乎社会的整体自由。道德、正义、自由、人权与个人意志因而构成了完

---

㉑ Henry D. Macleod, The Elements of Economics 142 (1881).

㉒ Richard T. Ely, Property and Contract in Their Relations To the Distribution of Wealth 96 (1914).

㉓ 参见高全喜:"休谟的财产权理论",载《北大法律评论》2003年总第5卷第2辑,法律出版社2004年版,页302;另参见〔美〕杰里米·瓦德荣,见前注⑧。

㉔ John Locke, Essays on the Laws of Nature 111 (1954); see also David Hume, Philosophical Works III, 455 (1886).

整的财产权伦理基础。"分立的财产得到承认,显然标志着文明的开始",文明的存续——财产权的规范,乃至知识产权类型化的问题,如果仅依从国家秩序和程序理性来处理,是对财产的狭隘理解和对理性的片面追求。知识产权立法,必须加以道德层面的考量,这对现今商业方法等新型知识产权的权利定性和侵权案件的司法判定,具有不可忽略的指导意义。

  财产权劳动学说秉承了自然法学精神,以人为中心,通过劳动来体现人的价值,而自由意志学说更是将人性光辉散发到极致,认为财产权是人的意志的体现途径,赋予了私有财产一种永恒的合理性。在这里,笔者无意争论黑格尔哲学体系与自然法学体系的关系,因为在自然法学强调法的公平、正义和理性这一点上,两种学说是相互契合的。通过分析它们来赋予知识产权制度以合理性,根本上是在为知识产权寻找一种道德支撑。有形物权中的天理道德和契约道德规范,主要体现为先占先得原则和诚信原则,这些原则在知识产权环境下也成功地实现了转型,如专利和商标中的"先申请原则"。可以说,知识产权制度承袭了古老的自然法精神,在道德层面上有其独特的魅力。当然,道德毕竟只是这项制度的多个维度之一,知识产权制度的诞生和演化,实为道德、经济、法律和秩序等多个维度相互作用的结果,这也在理论上赋予了这项制度一种极为强烈的衡平色彩。

# "转换性使用"规则在版权法中的演变与启示
## ——由谷歌数字图书馆案引发的思考

邵 燕[*]

【摘要】 版权合理使用制度对于实现利益平衡、保障言论自由至关重要,它的适用范围取决于立法者的价值取向。在美国司法中,对合理使用四要素的考量重点经历了从"商业性质"到"转换性使用",从"以市场为中心"到"以使用目的为中心"的转变,反映了立法者从对版权人利益的严格保护逐渐转移到对公共利益的高度关注。谷歌数字图书馆案在中国和美国遭遇了截然相反的判决结果,体现了两国在合理使用制度上的差异。我国穷尽式列举方式和以市场为中心的判断标准使得我国版权合理使用在适用范围上远小于美国,造成了事实上高于美国的版权保护标准,不利于技术进步和公共利益。我们应借鉴美国相关案例和转换性使用的思路对我国合理使用制度加以完善,更好地促进版权人与公共利益之间的平衡。

【关键词】 转换性使用;合理使用;市场影响;使用目的;谷歌数字图书馆

## 一、谷歌数字图书馆案与"转换性使用"

2013年11月14日,美国纽约联邦法院对美国作家协会诉谷歌数字图书馆案作出了一审判决,认定谷歌图书馆复制、搜索图书的行为构成合理使用,使得这起历时八年的案件终于告一段落。这起案件起源于2004年的谷歌数字图书馆计划。当时谷歌与美国纽约公共图书馆、哈佛大学图书馆、斯坦福大学图书馆等多家大型图书馆达成协

---

[*] 邵燕,中南财经政法大学知识产权中心2012级博士研究生;安徽财经大学法学院讲师。

议,通过扫描将馆藏的纸质书籍数字化上传至谷歌数字图书馆,借此打造人类最大最全的图书库。网络用户可以在谷歌数字图书馆里进行关键词检索,谷歌的搜索引擎会根据用户的检索显示该书的相关信息。谷歌扫描的图书分为两类,对于目前不受版权保护的文献古籍提供全文查阅,对于仍受版权保护的作品不提供整本书的阅读或下载,用户只能免费阅读 20% 的片段,通常是目录和部分摘录,但可以通过谷歌提供的链接转到销售该书的网上书店或藏有该书的图书馆。此举引起了出版商和作家们的不满,他们于 2005 年 9 月提起了集团诉讼,认为谷歌未经出版商和作者许可私自复制电子版图书并向公众提供片段信息,侵犯了原告的复制权、发行权和展览权。而谷歌则以合理使用作为抗辩。

美国《版权法》107 条没有穷尽式地列举"合理使用"的具体情形,只是规定了四个因素供法官考虑:(1) 使用的性质和目的;(2) 被使用作品的性质;(3) 被使用部分的数量和程度;(4) 使用行为对于作品潜在市场和价值的影响。对于谷歌图书馆复制图书的行为,第二和第三个因素并不利于认定合理使用,因为谷歌所复制的图书有上千万册,既包括不受版权保护的作品,也包括受版权保护的作品,既包括独创性低的,也包括独创性高的作品。而谷歌公司扫描图书的全文作为系统基础,是纯粹的复制行为。此外,作者和出版社担心如果黑客通过破坏谷歌服务器的技术保护措施而公开这些书,这些书就会在网上自由流通。而且将图书数字化复制并提供片段服务也可能阻碍版权人新的授权市场。这一点也使得第四个因素变得不确定。

但是法院最终强调第一个因素是判断合理使用的关键,并将其直接解读为是否构成"转换性使用"。法院认为,谷歌的使用行为具有高度的"转换性"。第一,谷歌图书馆是帮助读者、研究者等人寻找和发现图书资料的重要工具,显示图书片段的功能可以帮助使用者判断自己是否对该书感兴趣,这种对于书本的使用方式不同于原作。第二,谷歌图书馆将书本内容转化成数字形式是为了数据挖掘和文本挖掘,从而开辟新的研究领域。数字图书馆创造了新的对书本使用方式。第三,谷歌图书馆没有替换或取代图书,而是赋予了图书新的价值,促进新的信息和想法产生。第四,虽然谷歌图书馆是一个营利性的项目,但它并没有销售其扫描的图书及其片段,也没有在包含图书片段的网页上放置广告,因此没有对其扫描的图书进行直接的商业利用。尽管谷歌的目的具有商业性,但其同时也具有重要的教育意义。据此,法院认定谷歌数字图书馆构成合理使用。①

合理使用制度作为版权的一种限制,对于平衡权利人与社会公众的利益,保障言论自由,实现版权法立法目标都有着至关重要的作用。但它也是整个版权法中最麻烦最具争议的部分。② 美国《版权法》107 条并没有规定这四个判断因素哪个更重要,而

---

① 阮开欣:"美国版权法新发展:谷歌数字图书馆构成合理使用",载《中国版权》2014 年第 1 期,页 50。
② See Dellar v. Samuel Goldwyn, Inc., 104 F.2d 661 (2d Cir. 1939).

是允许法官根据个案自由决定如何适用。"转换性使用"在谷歌案中成为关键性因素并非偶然，它是美国判例法在长期发展过程中作出的选择。从总的趋势来看，美国法院对这四个因素的考量重点经历了从"市场影响"到"转换性使用"，从"转换性内容"到"转换性目的"的变化过程，目前"转换性使用"已成为美国司法判断合理使用的首要因素。

## 二、"转换性使用"作为判断合理使用的首要因素

"转换性使用"这个术语来源于 Pierre Leval 法官在 1990 年发表的一篇文章"Toward a Fair Use Standard"。Leval 法官认为，在分析合理使用抗辩时，仅仅断定是否存在正当理由是不够的。问题是这个正当理由有多么强大或者多么有说服力，因为法院必须衡量利用者的理由与支持版权人的因素哪个更强大。"我认为答案……首先应当转变为受质疑的使用是否在某种程度上是转换性的。这个使用必须是创造性的，必须以与原作不同的方式或者不同的目的使用所引用的内容。"③

而"转换性使用"的司法应用始于 1994 年联邦最高法院的 Campbell v. Acuff-Rose 案。主要案情是美国 2 Live Crew 乐队对 Roy Orbison 的歌曲"Oh, Pretty Woman"进行改编，使用了后者的旋律和个别词句，重新填写了歌词，表达了和原作完全不同的思想感情和风格，以达到讽刺嘲弄原作的效果。此案的焦点在于被告的滑稽模仿是否构成合理使用。法院认为"滑稽模仿具有明显的转换性价值……像缺少幽默形式的批评一样，它能通过揭示前一个作品并在这个过程中创作出一个新的作品而产生了社会利益。"④Campbell 案支持了滑稽模仿构成转换性使用的推定。更重要的是，此案建立了一个转换性使用的检验和指导标准，用大法官 Story 的话说，"调查的中心目标就是看新作品是否仅仅替代了原作品的创作目标，或者相反，因为有了进一步的目的或者不同的特点而增加了新的东西，因为新的表达、新的含义或者新的信息而改变了原作。换句话说，它要求调查新作品是否以及在何种程度上是转换性的。"⑤法院认为，"尽管转换性使用对于合理使用不是必须的……但转换性作品的创造性将进一步推动版权实现促进科学和文学发展的目标。因此这样的作品位于合理使用原则的中心，能够保证在版权的限制下有呼吸的空间……作品的转换性越强，合理使用其他因素的价值就越弱，比如像商业性使用这样不利于合理使用判断的因素。"⑥

根据 Campbell 案建立的判断标准，"转换性使用"要求对作品的利用必须是创造性的，必须以与原作不同的方式或不同的目的使用被引用的内容。引用受版权保护的

---

③ See Pierre N. Leval, Toward a Fair Use Standard, 103 Harv. L. Rev. 1105, 1111(1990).
④ See Campbell v. Acuff-Rose Music Inc., 510 U.S. 569 (1994).
⑤ 同上。
⑥ 同上。

材料仅仅是重新包装或重新发表原作都不符合要求,除非这种使用增加了原作的价值——创造新的信息、新的审美价值或新的观点和理解。Campbell 案以后,"转换性使用"原则逐渐成为判断第一个因素"使用的目的和性质"成立与否,乃至合理使用成立与否的关键性因素。

美国学者 Beebe 教授调查了从 1978—2005 年期间,美国联邦法院 215 个案件中的 306 个判决意见,发现自从 Campbell 案后,地区法院参考转换性使用原则的比率从 9.8% 上升到了 58.8%,而巡回法院参考转换性使用原则的比率从 15.6% 上升到了 81.4%。⑦ 至于是否转换性使用影响到了合理使用的适用,Beebe 解释说:"在这些意见中转换性的确起到重要作用,它几乎发挥了决定性的作用,这不是简单地针对第一个因素,而是对于合理使用检测的整体结果而言。更具体的说,数据表明尽管有转换性使用对于判断合理使用并不是必要的,但有了它就足够了。"⑧Beebe 总结了转换性使用的地位:"一个被告对已发行的独创性作品进行商业利用,在没有转换性使用的情况下,有 35.5% 机会赢得合理使用抗辩……如果同样的使用被认为是转换性的,被告赢得合理使用抗辩的机会将会升至 94.9%。"⑨Neil Weinstock Netanal 教授通过对美国判例法的分析认为,"转换性使用"原则的适用在 2006—2010 年的司法判决中大幅度提高。有 85.5% 的地方法院判决意见和 93.75% 的上诉法院意见都考虑了被告的使用是否是转换性的。在这 5 年内总共 87.2% 的判决意见接受了转换性使用原则。而在 1995—2000 年和 2001—2005 年期间,分别有 73.9% 和 77.8% 的意见遵循了转换性使用原则,包括有的案件并没有使用"转换性"这样的表达,有的只引用了 Campbell 案中的语句界定转换性使用原则。此外,在 1995—2000 年,39.13% 的法院判决意见没有明确地表达是否被告的使用是转换性的,或者明确将这个原则对合理使用分析的重要性最小化;但是在 2001—2005 年,没有明确考虑被告的使用是否是转换性的意见下降到了 30.16%,在 2006—2010 年,这个比例进一步下降到了 28.12%。⑩

Neil Weinstock Netanel 教授还研究了被告胜诉率和法院采用转换性使用原则的关系。他考察了 1995—2000 年、2001—2005 年、2006—2010 年这三个时间段内,地区法院对转换性使用的运用和裁决情况,发现以下几个问题在这三个时间段中有显著提高:(1) 司法判断这种使用是否属于转换性使用支持的类型的比例(不论是否法院的表达使用了"转换性"使用这样的词汇)在这三个时期分别是 70.45%、77.27% 和 95.83%;(2) 法院判决被告的使用属于转换性使用的案件比例分别是 22.72%、

---

⑦ Barton Beebe, An Empirical Study of U. S. Copyright Fair Use Opinions,1978—2005, 156 U. Pa. L. Rev. 549, 554, 567—69 (2008).
⑧ 同上注,页 605。
⑨ 同上注,页 606。
⑩ Neil Weinstock Netanel, Make Sense of Fair Use, 15 Lewis and Clark Law Review 715, 736(2011).

33.81%和50.0%;(3)当法院考虑了使用的转换性后,被告赢得合理使用抗辩的案件比例分别是32.14%、47.06%和60.87%;(4)当法院发现被告的使用具有非常明确的转换性时,被告胜诉的比例在2001—2005年和2006—2010年间一致的高,都达到了100%。(5)在所有合理使用案件中被告胜诉率分别是22.73%、40.91%和58.33%。[11]显然,法院对转换性使用的接受度和法院在认定转换性使用成立后判决被告胜诉的比率随着时间的发展都有明显地提高;同时,在所有三个时间段内,被告行为构成转换性使用的胜诉率都高于合理使用案件的平均被告胜诉率。

美国学者的研究表明,"转换性使用"原则俨然已经在合理使用抗辩中起到了决定性作用。这也验证了法官Leval所宣称的"合理使用的第一个因素是合理使用判断的控制杆"。[12]

### 三、"转换性使用"与市场影响

然而,"转换性使用"并非一直都是合理使用的首要因素,在Campbell案之前,合理使用一直都采用"以市场为中心"的范式,即被第四个因素"对作品潜在市场和价值的影响"所主导。

在联邦最高法院1984年一个著名的案件Sony Corp. of Am. v. Universal City Studios, Inc. ("Betamax")案中,焦点是用家庭录像机录制节目是否构成合理使用(时间转移)。消费者是使用录像机录制电视台播出的电影,显然第二个和第三个因素不利于认定"合理使用",因此法官主要分析的是第一个和第四个因素,特别是调查用家庭录像机录像是否具有商业性质,对版权作品的潜在市场或者价值有无影响。法院认为私人复制电视节目供以后观看是非商业性的,而且"改变观看时间"并不可能导致对原告的潜在市场或价值的显著损害,因此判决构成合理使用。法院在判决意见中指出如果被告的使用是"商业性"的,就可能符合第四个因素,推定对原告版权作品的潜在市场构成损害。[13]此案甚至表示"每一个对版权材料的商业使用都可以推定为对专有权不合理的利用。"[14]一年后,在Harper & Row v. Nation Enters案中,法院重申了索尼案所确立的宽泛的规则:每一个商业使用都被推定为不合理。而且该案宣称第四个因素"毫无疑问是所有因素中唯一最重要的。"[15]

"以市场为中心"的范式来源于Wendy Gordon教授在1982年发表的一篇影响力很大的法学论文。Gordon教授在文章中认为只有当被告满足两个问题的举证责任时

---

[11] 同上注,页751—55。

[12] Jason M. Nolan, The Role of Transformative Use: Revisiting the Fourth Circuit's Fair Use Opinions in Bouchat v. Baltimore Ravens, 16 Virginia Journal of Law and Technology 538, 555 (2011).

[13] See Sony Corp. of Am. v. Universal City Studios, Inc. 464 U.S. 417(1984).

[14] 同上注,页451。

[15] See Harper & Row, Publishers, Inc. v. Nation Enters, 471 U.S. 539 (1985).

才可适用合理使用,一是证明高昂的交易成本对版权授权造成了难以逾越的障碍,二是授予合理使用后使用所带来的公共利益超过对版权人造成的任何损害。[16]

"以市场为中心"的范式强化了法院对第四个因素在合理使用中的适用,并将它提高到唯一的、最重要因素的地位。法院认为市场损害的表现不需要仅限于被告的使用,相反,否定合理使用只需要表明如果受质疑的使用"变成普遍的,它会对版权作品的潜在市场产生负面影响"。[17]在"以市场为中心"的范式下,合理使用仅仅在版权人同意被告使用、但因为许可使用谈判的高昂成本的限制而没有获得授权的情况下才能适用。在这一点上,潜在市场不仅包括原始作品的市场,也包括衍生作品的市场和对版权作品中任何一项权利的潜在授权市场。[18]

"以市场为中心"的范式在1985年Harper & Row案之后统治了美国判例法大约20年。而在Campbell案后,"转换性使用"就逐渐替代了以市场为中心的范式,特别是从2005年开始,"转换性使用"范式开始主导合理使用案例法,"以市场为中心"的范式逐渐退出历史舞台。今天,对合理使用司法裁决的关键问题不是版权人是否会合理同意作品被利用,而是被告使用版权作品是否具有和作品创作时不同的表达目的。

"以市场为中心"的分析范式和"转换性使用"的区别之一在于考虑问题的视角不同,前者是从权利人的角度分析问题,而后者是从受众的角度分析问题。支持"以市场为中心"的学者认为法院应当把焦点放在版权人自己的权利上。版权人需要证明"被诉的使用是版权人在作品创作时可能合理预见的"。[19]而支持"转换性使用"的学者认为,转换性使用要求调查是否被利用的作品对原作品贡献了"新的表达、新的含义或者新的信息",较好的检测方式是转向读者,从读者的角度思考被告使用原告作品所创造出的新的作品是否具有足够的创造性,因此焦点并不在于作者的意图,而在于读者的反应。[20]

"以市场为中心"的范式把合理使用看作是一种版权人专有权的非常规例外,仅仅在无法补救的市场失灵的情况下才适用;而"转换性使用"范式把合理使用看做是版权推动创造性表达广泛传播之目的的一个整体,而不是对版权人专有权一个不利的例外。事实上,"转换性使用"并非排除考虑"市场影响",而是有效地限定了第四个因素的法律相关市场,扩大了合理使用的适用范围。"转换性使用"更符合美国版权法促进

---

[16] Wendy J. Gordon, Fair Use as Market Failure: A Structural Analysis of the Betamax Case and its Predecessors, 82 Colum. L. Rev. 1600, 1614—22(1982).

[17] 见前注[13]。

[18] 见前注[15]。

[19] See ShyamkrishnaBalganesh, Foreseeabilityand Copyright Incentives, 122 Harv. L. Rev. 1569, 1606—07 (2009).

[20] See Laura A. Heymann, Everything is Transformative: Fair Use and Reader Response, 31 Colum. J. L. & Arts 445, 452(2008).

文化创新和传播,实现社会福利最大化的立法目标,更有利于合理使用制度在当代发挥利益平衡的功能。

## 四、从"转换性内容"到"转换性目的"

在 Campbell 案中,法院认为转换性使用需要增加新的东西,而美国后来的判决中却出现了相当大的一部分案件认为当被告没有任何修改地复制了原告作品的全部内容,但因为具有不同的表达目的,也构成转换性使用。也就是说如果法院认为在使用过程中产生了足够的公共利益,即使没有创造出新的作品,也可以构为转换性使用。2006—2010 年美国的判决意见中超过 40% 是被告复制原作品的全部内容,没有任何改动,被认为是转换性使用,其中超过 90% 被认为是合理使用。[21] 绝大多数法院坚持这个规则:新的表达内容,甚至对原作的根本性的重写,如果缺少一个不同的表达目的,一般不足以构成转换性使用。以不同的形式或载体重新包装作品,如果缺少一个不同的表达目的,也不具有转换性。而这些案件有不少是发生在网络环境中,特别是搜索引擎领域。

(一) Kelly v. Arriba Soft Corp 案

Arriba 软件公司开发了一款图像搜索引擎,它使用网络爬虫软件从互联网开放的网址上复制图像,然后制作成缩略图,按照使用者的搜索请求提供服务,它也提供能找到全图的链接。Kelly 是一个职业摄影师,他发现自己发布在网页上的美国西部的各种照片被做成缩略图公开展示,于是起诉了 Arriba 软件公司,认为没有经过许可将他的照片做成缩略图是侵权。美国第九巡回法院判决 Arriba 软件公司的行为属于合理使用。法院将 Arriba 软件公司的缩略图定性为"转换性"的,部分因为缩略图尺寸小,比全尺寸的图分辨率低。此外,Arriba 软件公司的缩略图具有和原图完全不一样的功能,因为它能够促进互联网信息的获取,而没有取代原图可能激发的美学体验的需求。第九巡回法院认为,尽管照片是独创性的作品,但 Kelly 已经在公开的网络上发布了它们,而且 Arriba 复制整张照片是为了让使用者认识这张照片,决定是否继续了解关于照片更多的信息或者打开来源网站。如果有人想要放大缩略图,缩略图就会不清晰,因此它不会替代人们对分辨率高的图片的需求,而且 Kelly 没有授权使用或者销售缩略图,Arriba 软件公司可以帮助潜在的购买者发现 Kelly 的照片,对 Kelly 的市场没有产生损害,不会替代它的市场。[22]

(二) Perfect 10 v. Google 案

谷歌公司在谷歌图像搜索上显示了由侵权第三方从原告的成人杂志和网站上复制的原告的缩略图,被指控侵犯了原告的版权。第九巡回法院认为原告创作图像的目

---

[21] 见前注⑩,页 736。

[22] See Kelly v. Arriba Soft Corp. ,336 F.3d 811 (9th Cir. 2003)。

的是艺术和娱乐,而谷歌使用它们是为了指引使用者找到信息来源。"搜索引擎可能比一个滑稽模仿更具有转换性,因为搜索引擎为原作品提供了一个完全新型的使用方式,而一个滑稽模仿却典型地具备和原作品一样的娱乐目的⋯⋯谷歌将完整的 perfect 10 图像加入搜索引擎并没有减少谷歌使用的转换性本质⋯⋯谷歌将 perfect 10 图像用于一个新的环境,服务一个不同的目的。"㉓法院明确表示转换性使用不需要修改原作或者增加新的创造性表达,只要它服务不同的目的或功能,特别是促进版权法目标和服务公众利益的目的,即符合转换性使用的标准。

此案也关注了第四个因素"使用对于版权作品潜在市场的影响"。在提出诉讼后,perfect 10 开始开发它的缩略图对手机的下载市场。原告认为对谷歌图片搜索操作娴熟的用户能够通过图像搜索查询捕捉到谷歌显示的缩略图,并将它们传送到用户的手机里。但第九巡回法院反对这种分析,认为地区法院没有发现谷歌使用者已经实际下载了缩略图到手机里使用,对 perfect 10 市场的潜在损害只是假设的,因此第四个因素不能支持任何一方。此案大大减少了第四个因素的适用范围和强度。最终法院认为,谷歌展示缩略图尽管可能对原告授权缩略图的潜在市场造成可能的损害,但使用具有高度转换性,有社会利益,是合理使用。㉔

（三）Field v. Google 案

Field 认为谷歌公司以网页快照的形式复制了他的文章,将复制件存在计算机缓存里,用户查询时显示文章片段,这一行为侵犯了他的版权。谷歌认为这些行为是合理使用。一方面,法院肯定了谷歌网页快照和缓存行为的目的,比如能够在原网页无法访问时搜索到内容,监测到网站内容的随时变化,使用户了解响应其最初查询的是哪一个网页。正如 Kelly 案,法院的结论是认为谷歌的复制是转换性的,因为它具有和在 Field 网站上的原作不同的目的。另一方面,对于谷歌的缓存,法院认为谷歌运行它的系统缓存是善意的,因为它在收到权利人的抗议后愿意将任何缓存内容删除。法院也注意到如果谷歌每一次复制组成网页快照都必须寻找并获得版权许可,谷歌将不得不产生特别高昂的交易成本。而且如果 Field 不希望他的内容被搜寻到,他可以用简单的技术手段排除搜索。最终法院认定谷歌公司通过网页快照提供对版权作品的访问具有公益目的,构成转换性使用,属于合理使用。㉕

从以上三个案例可以看出,"转换性使用"原则发生了显著的变化,"转换性目的"对于"转换性使用"的成立变得至关重要,体现了从"转换性内容"到"转换性目的"的发展趋势。如果被告仅仅修改了原作或者增加了新的表达,但和原作有相同的表达目的,使用很可能不构成转换性,也不构成合理使用。如果使用具有转换性目的,就要看

---

㉓ See Perfect 10, Inc. v. Google, 508 F.3d 1146(9th Cir. 2007).

㉔ See Blake A. Field v. Google Inc.,412 F. Supp. 2d 1106（D. Nev. 2006）.

㉕ 同上。

被告是否已经复制了超过为此目的所需的合理数量。比如 perfect 10 案,它产生的是原告作品的缩略图而不是展示原作的美学内容的大的复制件。如果使用是转换性的,且被告没有因为转换性使用目的而过量复制,这种使用被认定为合理使用的可能性就非常大,即使版权人可能进入或者已经进入了类似使用的授权市场,或者版权人可能原则上愿意授权正在进行的使用,也不妨碍它构成合理使用。

上述案件为谷歌数字图书馆案提供了很好的铺垫和借鉴。谷歌公司对于图书也是纯粹的复制,没有增加任何新的内容或形式,和原作唯一不同的是使用目的,正如上文所述,它不是为了展示全文供读者阅读,而是为了方便使用者搜索图书和进行文本挖掘,创造了新的图书使用方式。法官 Chin 还在书面判决中列举了谷歌图书馆带给社会的五点好处:(1)提高搜索效率。谷歌图书馆为读者和研究人员提供了一个新的、高效的查找图书的方法……它已经成为一个必不可少的搜寻工具。(2)使大规模的文本挖掘成为可能。谷歌图书馆让人文学者可以去分析由上千万册图书所创造的海量数据。(3)扩大获取图书的渠道。谷歌图书馆给视障人士提供了查找和阅读图书的机会,并且帮助偏远、资金不足的图书馆了解和获取资料。(4)帮助保存图书,赋予它们新生命,特别是向广大公众提供老的和绝版图书。(5)通过帮助读者和研究人员了解图书,并提供销售图书的链接,使作者和出版者受益。㉖ 总之,因为谷歌图书馆具有和原作品完全不同的使用目的,它给社会带来的利益要远远大于可能给作家和出版商带来的损害,因而符合合理使用的要求。

### 五、"转换性使用"原则对我国合理使用制度的启示

**(一)我国相关案例分析**

数字网络技术加剧了合理使用与权利扩张之间的矛盾,对我国的版权人利益也产生了明显的影响。近年来我国版权人和网络服务商之间的版权纠纷层出不穷,有些案例和上文中美国的案例非常相似,但判决结果却截然相反,或者尽管结果相同但理由和思路完全不同。

**1. 闻朝阳诉雅虎案**

原告闻朝阳发现自己拍摄的照片未经许可被雅虎制作成缩略图,在雅虎的网站上可以通过搜索引擎搜到这些照片,他起诉雅虎侵犯了他的复制权和信息网络传播权。而雅虎表示,缩略图是由程序自动生成的,并临时存储在公司的服务器上,并非复制,也不能传播,网络用户只能从其他网站上下载该图片。而且接到起诉书后,雅虎网迅速删除了这些照片。一审法院认为雅虎网的搜索引擎在图片搜索过程中产生缩略图的目的不在于复制、编辑照片,而在于向网络用户提供搜索服务。而且在接到版权人

---

㉖ See Author's Guild, Inc. v. Google Inc. 2013 WL 6017130 (S.D.N.Y.).

的通知后,依法断开与涉案图片等链接。因此,法院认定雅虎网的搜索服务没有侵权。㉗ 二审维持了一审判决,法院认为搜索过程中形成的缩略图是为了实现照片搜索的特殊目的,方便网络用户选择搜索结果的具体方式,不是对涉案照片的复制。㉘

从一审的判决理由看,法院已经将利用作品的目的是判断是否侵权的考虑因素之一,并意识到缩略图的目的与原作不同,并且有方便用户的公益性质。但并未从合理使用的角度进一步分析,而是根据《信息网络传播权条例》的避风港原则进行判决。二审则直接认为制作缩略图并非复制,从而也否定了对信息网络传播权的侵犯。

2. 泛亚诉百度案和音著协诉百度案

这两个案件分别发生在2008年和2010年,案情基本相同,都是针对百度的歌词快照,而法院的判决理由也高度一致,都是认为百度的歌词快照能够让使用者看到完整的歌词内容,使用者无须再访问来源网站,百度网的此种操作方式已实际起到了取代来源网站的作用,足以影响来源网站的市场利益,并且这种方式未得到歌词作者的许可,因此判决百度侵犯了版权人的复制权和信息网络传播权。㉙

法院的判断主要立足于以市场为中心的模式,推断作品利用行为对版权人的市场影响,而并没有基于转换性使用的思路,判断利用行为是否具有与原作不同的目的,是否有利于公共利益,或者此行为带来的公共利益与对版权人造成的损害之间的比例,因此得出了与美国类似案例完全相反的结果。

3. 棉棉诉谷歌案

此案就是针对谷歌数字图书馆对中国作品的扫描而产生的,是国内第一例以个人名义起诉谷歌侵权的案件。中国作家棉棉发现谷歌中国网站的"图书搜索"栏目中收录了自己的作品《盐酸情人》并提供给公众下载。棉棉认为谷歌未经许可对《盐酸情人》进行了全文数字化扫描,侵犯了自己的著作权,遂于2009年12月将谷歌公司告上法庭。北京市一中院审理后认为,谷歌的全文复制行为已对原告作品的市场利益造成潜在危险,将损害原告的合法权益,判令谷歌赔偿原告经济损失及合理支出6000元。谷歌不服一审判决,向北京市高级人民法院提起上诉,主张其涉案复制行为构成合理使用,北京高院于2014年1月作出判决,认定谷歌对作家棉棉的作品进行数字化扫描的复制行为不构成合理使用,最终驳回上诉,维持原判。㉚

此案延续了百度案的思路,完全从作者的角度出发,将利用行为对原作可能产生的市场影响作为判断是否构成合理使用的首要因素,没有考虑谷歌图书馆所带来的社

---

㉗ 参见北京市朝阳区人民法院民事判决书2008朝民初字第13556号。
㉘ 参见北京市第二中级人民法院民事判决书2009二中民终字第00010号。
㉙ 参见北京市高级人民法院民事判决书2007高民初字第1201号,北京市第一中级人民法院民事判决书2010一中民终字第10275号。
㉚ "谷歌数字图书馆:侵犯版权还是合理使用?" http://www.sipo.gov.cn/mtjj/2014/201401/t20140116_898544.html,2014年3月8日最后访问。

会利益,只是根据复制行为本身推断其将会给原告作品的市场利益造成危害,因此判决结果与美国截然不同。

（二）我国合理使用制度的借鉴

对于相似案件,我国和美国判决存在差异的主要原因在于：首先,两国合理使用的规定不同,美国是因素主义模式,采用"四步判断法",适用范围广,面对新情况比较灵活;我国是穷尽式列举,超出法律列举情形的新情况一般无法适用合理使用原则。其次,美国是判例法国家,法官可以通过对具体案件的司法判决创造新的规则;而我国是制定法国家,法官的自由裁量权较小,无法通过司法创设新规则。最后,美国对合理使用的判断以第一因素为主导,将对作品的利用与版权法的立法目标相结合,重点判断是否构成转换性使用;而我国仍然以市场为中心的范式为导向,完全站在版权人的角度,将作品利用行为对原作的市场影响作为最重要的因素,甚至将任何商业行为都排除在合理使用之外。穷尽式列举的法律规定虽然可以避免法律的不确定性,但使得版权法无法跟上日新月异的技术和社会变化,而以市场为中心的判断思路使得我国版权合理使用在适用范围上远小于美国,造成了事实上高于美国的版权保护标准,在数字技术和网络技术飞速发展的今天,对我国相关产业的发展和公共利益非常不利。我国版权法的合理使用原则有必要借鉴美国的相关制度加以完善。

1. 将使用目的和方法作为重点考虑因素

我国2014年6月公布的《著作权法（修订草案送审稿）》已经对合理使用制度进行了修改,借鉴《伯尔尼公约》的"三步检验法"和美国《版权法》107条款,打破了封闭式的规定,在原来十二条合理使用具体情形下又增加了第十三条"其他情形",并将原来《著作权法实施条例》第21条中的因素主义的检验标准提到《著作权法》中,作为原则性条款,即"不得影响作品的正常使用,也不得不合理地损害著作权人的合法利益"。这些修改有利于法官根据新情况行使自由裁量权,较修改前有明显进步。

但我国的这个原则性条款与美国的"转换性使用"标准并不完全相同。首先,它仍然是从著作权人的角度出发,考虑的就是利用行为对作品的市场影响,而没有从受众的角度出发,判断使用行为是否给社会带来了更大的利益,这种思维方式会导致对版权人市场的扩大解释,导致性质几乎相同的行为在美国可能被认为构成合理使用,而我国可能就会被认为"影响作品的正常使用,损害著作权人的合法利益",从而构成侵权。而这样的结果会加强版权人的权利,对包括互联网在内的科技发展造成负面影响,对公众利益甚至对著作权人自身的利益也会产生不利影响。比如谷歌图书馆项目对中国作品的数字扫描和片段搜索,并不会对作者的经济利益产生明显损害,反而可能会促进中国作品走向世界,扩大它们的影响,最终对中国作家带来新的销售渠道和更多的利益。但谷歌在中国败诉可能会造成谷歌关闭中国图书的搜索功能,这对于中国的作家和广大公众来说都是极大的损失。

其次，有些使用不一定会替代原作的市场，但可能会对版权人的市场利益产生一定影响，比如滑稽模仿，可能会因为对原作不利的讽刺效果而有损作者的声誉或者导致原作的市场减少。但它丰富了作品的形式，促进了言论自由，产生了超过作者损失的公共利益，在美国就属于合理使用，但依据我国《著作权法》修订后的规定，仍然可能构成侵权。

如果在司法判断中，将使用目的和方法作为重点考虑因素，借鉴美国的"转换性使用"的判断思路，将扩大我国合理使用的适用范围，限制不断强化和扩展的版权人专有权，重新将因技术发展所打破的版权人和公共利益之间的失衡调整到暂时的、相对的平衡状态。那么，像网页快照、缩略图、数字复制等网络发展所带来的新问题，以及滑稽模仿等问题，都将产生不同的结果，对我国的数字技术和网络技术的发展将会起到促进作用。

2. 在判断对著作权人合法利益的损害时，避免用商业使用代替商业损害

重视转换性使用原则并非要排除其他几个因素。正如 Campbell 案所说："这四个因素不能孤立地对待，所有的都需要考察，结果是根据版权法的立法目的，将所有因素考虑在一起得出的。"[31]事实上，其他因素，特别是第四个因素在美国很多案件中仍然是重要的参考，像上文中提到的 Kelly 案、Perfect 10 案、Field 案，以及谷歌数字图书馆案，法院都考虑了第四个因素。但要明确的一点是，这里所应考虑的是应当是市场损害而不仅仅是一种商业行为。Sony 案确立的"非商业性"标准早已被 Campbell 案所推翻。在 Campbell 案中，法院明确表示不能以商业性使用的性质作为反对作品利用作为合理使用的依据。[32] 法官 Leval 也认为合理使用先例中的一个误解就是给予版权作品的商业利用过分的重视。他指出合理使用大部分的情况都是具有商业性质的。在他看来，作品使用行为的转换性越大，使用是否是商业性的意义越小。[33] 因此被告的商业使用并不能替代对版权人造成商业损害的证明，因为不是所有的商业使用都必然导致商业损害。即便是"版权人要求被告支付授权使用费也并不足以证明存在商业损害"[34] 甚至对版权人的市场损害也并不能推定一定不构成合理使用。[35] 只有当使用行为没有公益性目的或者使用行为带来的社会利益小于对原作市场的损害时才能排除合理使用。而上文中我国的百度案、谷歌案等案件都是仅仅通过使用行为的商业性质就推断它会给原作市场带来损害，无形中加大了商业性质在合理使用中的分量，限制了合理使用原则的适用范围。

---

[31] 见前注④，页 578。

[32] 见前注④，页 585。

[33] Pierre N. Leval, Nimmer Lecture: Fair Use Rescued, 44 UCLA Law Review 1456, 1464—1465(1997).

[34] Pamela Samuelson and Members of The CPP, The Copyright Principles Project: Directions for Reform, 25 Berkeley Tech. L. J. 1175, 1210(2010).

[35] 前注④，页 591。

**六、结语**

合理使用原则的适用范围取决于立法者的价值取向。美国判例法从"商业影响"到"转换性使用"的转变表明立法者的价值取向已经从对版权人利益的严格保护逐渐转移到对公共利益的高度关注;而从"转换性内容"向"转换性目的"的变化进一步表明,能否给社会带来更大的利益才是使用行为是否构成合理使用的关键因素。正如彼得·德霍斯所认为的:知识产权是一种工具,必须服务于道德价值。㊱ 知识产权特权持有人的义务是权利的应有之义,"这些义务能够将实现最初设立该特权的目的的可能性最大化"㊲。而美国版权法改革项目也重申了版权法的基本原则,即"鼓励和支持作品的创造、传播和分享以推动知识和文化的增长和交流"。㊳ 我国的经济、文化、科技远没有美国发达,更应当多关注社会公共利益,改变以市场作为衡量合理使用与否的关键甚至唯一因素,重视使用方式和使用目的,通过合理的制度安排促进版权人利益与公共利益之间的平衡,实现社会总福利的最大化。

---

㊱ 〔澳〕彼得·德霍斯:《知识产权法哲学》,周林译,商务印书馆2008年版,页222。
㊲ 同前注,页228。
㊳ 美国版权法改革项目组由美国各著名法学院、公司和律所的著名学者和律师组成,对美国版权法改革提出相关建议,形成报告。见前注㉝,页1181。

# 手机视频聚合平台服务提供者侵犯著作权问题研究

## ——以预备合并诉讼及服务器标准的适用为视角

张玲玲[*]

**【摘要】** 因手机视频聚合平台服务提供者提供具体服务行为的复杂性和特殊性,权利人在一个诉讼中可以提起预备合并之诉,即在主张直接侵权的同时主张间接侵权作为备诉,法院应对涉案行为进行全面审理并给予被告全面答辩的保障。手机视频聚合平台服务提供者涉案行为的性质认定属于法律判断而非事实认定,在对服务器标准重塑的基础上,通过举证证明责任的分配来适用新服务器标准以实现对权利人、网络服务提供者及社会公众利益的平衡。

**【关键词】** 聚合平台;预备合并诉讼;服务器标准;举证证明责任

## 一、引言

随着移动终端的不断发展,特别是智能手机的普及,在手机上看视频已成为人们观看视频的一种常用方式。视频聚合平台与手机的结合,大大方便了手机用户观看视频的需要。但手机视频聚合平台服务提供者,即俗称的视频聚合平台的 APP 提供者在侵犯著作权方面应该如何定位,是内容提供者还是技术服务提供者,主张涉案行为构成侵权时是否必须二选其一进行诉讼等问题,在司法实践中一直争议较大,且存在不同的做法。本文将结合具体案例,尝试从程序和实体两个方面来分析手机视频聚合平台服务提供者侵犯著作权的法律责任。

---

[*] 张玲玲,法学博士,北京知识产权法院法官。

## 二、手机视频聚合平台的技术原理及运行模式

通俗地讲,视频聚合是通过将分散在各视频网站的内容集中提供给观众进行观看的方式,让用户在一款产品中就可以搜索到优酷土豆、爱奇艺、乐视、搜狐等所有视频服务商的资源,省去了用户打开无数个应用找视频的麻烦,也避免了安装各种各样的客户端。[①] 手机视频聚合平台即将上述视频聚合的功能通过 APP 在手机终端得到实现的平台。

从技术上讲,手机视频聚合平台软件(即俗称的 APP)一般使用"IpTool 抓包工具"进行抓包分析,抓包原理为检测网络上的流量行为,分析工具抓取的封包能够帮助使用者对于网络行为有更清楚地了解。抓包工具不会对网络封包产生内容的修改,它只会反映出目前流通的封包资讯。抓包工具本身不会送出封包至网络上。通过抓包的后台操作可以看出,所抓取的影视每一集都对应着详细的视频网站的页面地址,视频软件将每一集的 url 链接递交给播放器进行播放,播放的内容与其原网页中视频窗口部分播放的内容相同。因此,视频搜索聚合是相关网站或软件通过"爬虫"技术或类似技术应用进行信息资源的定向搜索,按照一定的预置条件筛选后,抓取、链接相关视频信息,通过其平台将分散在各视频网站的视频信息内容集中向用户提供,使用户无须安装其他客户端,无需一一进入视频网站即可获得相关信息内容。

从手机聚合软件的运行过程来看,一般是点击手机 APP 客户端后,呈现相关软件首页,包括一些影片的精彩内容推荐,在该首页上方一般会有分类列表功能键和查询键,点击分类列表键后会有下拉菜单,呈现"电影推荐、热剧推荐、电影、电视剧、动漫"等栏目,点击搜索键后,会出现一个空白搜索框,输入需要查询的影视作品名称后显示搜索结果,点击搜索结果的详情,会展现包括影片的海报、名称、年代、地区、评分等信息,在该介绍的下方会显示当前内容的来源。播放搜索结果之前需要选择"来源",然后点击播放。至此,手机聚合平台软件的现实过程基本一致,但是,在点击播放后则会出现不同的状态,大体为三种类型:第一种为直接播放影片,在影片的播放页面会出现来源网站的水印,但会有遮挡使得来源网站水印不清楚或不易被察觉。例如:逗点影视。第二种为需先下载来源网站的播放器,然后,播放来源网站的广告后再播放影片,同时,在播放页面能够看到来源网站的水印。例如:豌豆荚软件。第三种为不需要下载播放器,点击播放后有短暂的停顿显示跳转页面,播放来源网站的广告,在播放页面呈现来源网站的水印,并标明来源于某某网站,例如,百度视频或者 360 影视。这三种主要模式中的共同点为均没有直接显示来源网页的具体 URL 地址,均带有来源网页的水印;区别在于是否播放了来源网页的广告,是否需要下载来源网页的播放器,是否

---

[①] 刘晓庆、万柯:"视频聚合平台的版权侵权责任",载《中国版权》2014 年 4 月刊,页 44。

明确表明来源网站。目前,第三种情形尚未诉诸法院,但前两种情形已经在司法实践中有生效案例,下文将集合具体案例进行分析。

### 三、手机视频聚合平台侵犯著作权典型案例解析

(一)问题的提出——此类案件研究的价值和意义

据不完全统计,目前司法实践中涉及的手机视频聚合平台侵犯著作权的案件数量目前并不多。② 但随着智能手机的日益普及及移动终端商业模式的不断创新,当新的商业模式或者新的技术触及到著作权人抑或原有传播者利益时,法律该如何划定合理的界限从而平衡各方当事人的利益成为需要思考的问题。同时,由于对手机视频聚合平台这一商业模式下网络服务提供者的行为性质存在着不同的认识,司法实践中当事人往往难以在诉讼主张中明确其起诉的行为是直接侵权还是间接侵权,或者,虽然明确主张涉案行为构成直接侵权但同时亦认为即便不构成直接侵权也应当承担间接侵权的责任。面对这样的程序和实体问题,在司法实践中出现了不尽一致的做法,究其原因,笔者认为本质上还是对于判断信息网络提供行为的标准认识不同所致。此外,如何设计合理的诉讼程序亦成为保障当事人诉权、节省司法资源、提高司法效率的重要因素。本文将以司法实践中的案例为样本,结合实践中的具体做法,探讨在网络技术不断发展的环境中,互联网商业模式不断创新的情况下,如何通过诉的主张来保障当事人的诉权,如何把握判断信息网络提供行为的认定标准来平衡各方利益。

(二)案例解析

第一,芭乐影视案

在搜狐公司诉芭乐公司侵信息网络传播权纠纷案中,搜狐公司享有涉案作品《屌丝男士》等独家专有的信息网络传播权③,芭乐公司在搜狐视频网站享有独家信息网络传播权期间,通过"芭乐影视"IOS 客户端软件在 ipad 平面电脑上全部且完整播放涉案电视剧。该案中手机视频聚合平台应用的具体表现可以归入第一类,即直接播放影片,在影片的播放页面会出现来源网站的水印,没有跳转过程,没有来源网页的具体URL地址,没有播放来源网页的广告,不需要下载来源网页的播放器。④法院认为⑤,首先,芭乐影视软件在播放涉案电视剧时,虽然显示了搜狐视频的页面和水印,但是不能

---

② 涉及手机视频聚合平台服务提供者侵犯著作权的案件在北京法院系统中最早出现在(2013)石民初字第1528号案件中,至今总体数量不过几十件。数量不多的主要原因是手机聚合平台服务是一种新类型的服务模式,且能够成为手机上应有较多的 APP 软件的提供者数量本身不大。

③ 根据案件查明的事实可知,搜狐公司享有在其平台(www.sohu.com 网站及所有其他信息网络传播平台,包括但不限于 PC、手机、IPTV、数字电视、互联网电视等平台)通过广域网向用户提供视频点播服务方式的授权节目的权利。

④ 搜狐公司诉芭乐公司侵信息网络传播权纠纷案,详见(2013)石民初字第1528 号和第1529 号判决。

⑤ 参见北京市石景山区人民法院作出的(2013)石民初字第1528 号判决。

显示具体的网页,链接地址,视频播放界面仍属于软件的组成部分,不能说明涉案网络电视剧来源于搜狐视频网站。其次,尽管"芭乐影视"IOS客户端软件具有搜索链接功能,但是播放界面没有显示涉案网络电视剧的具体来源,无法仅凭页面和水印来确定涉案网络电视剧必然来自搜狐视频。由此法院推定,芭乐公司是涉案网络电视剧的内容服务提供者,未经著作权人同意通过信息网络向公众传播涉案网络电视剧,构成侵权行为,应当承担相应的侵权责任。

从上述法院认定的理由来看,首先,对于涉案行为的定性采取的是推定的方式,即推定构成内容直接提供行为。其次,其推定的理由从逻辑上讲是鉴于"不能说明涉案网络电视剧来源于搜狐视频网站"且"无法仅凭页面和水印来确定涉案网络电视剧必然来自搜狐视频",所以推定涉案行为为直接提供行为。

第二,逗点影视案

在杭州锋线公司诉西安信利公司侵害作品信息网络传播权纠纷系列案中,杭州锋线公司享有涉案作品《喋血钱塘江》等的独占性信息网络传播权,西安信利公司利用其在线经营的应用"逗点影视"软件通过信息网络向公众提供涉案作品的在线播放服务。该案中手机视频聚合平台应用的具体表现与芭乐影视案基本一致,亦可以归入第一类,唯一的区别是对来源网站的水印通过一定方式进行了遮掩,但在具体播放的过程中还能看出来源网站。⑥

法院认为⑦,"逗点影视"软件在涉案电视剧的播放过程中,播放画面未显示该视频文件播放网址,未出现网页跳转,未使用第三方网站播放器进行播放,通过涉案软件本身的播放功能就直接播放涉案剧集、控制播放速度。从上述事实来看,杭州锋线公司已经提供初步的证据证明上诉人西安信利公司提供了涉案电视剧《喋血钱塘江》。同时,网络服务提供者主张其仅为被诉侵权的作品、表演、录音录像制品提供了搜索、链接等服务的,应承担举证责任。网络服务提供者不能提供证据证明被诉侵权的作品、表演、录音录像制品系由他人提供并置于向公众开放的网络服务器中的,可以推定该网络服务提供者实施了信息网络传播行为。而在本案中西安信利公司主张其仅为被诉侵权作品《喋血钱塘江》提供搜索链接服务,但并未提交充分的证据加以证明,因此,应当承担举证证明责任。

该案亦采取推定的方式认定涉案行为构成直接侵权,但是该判决推定的思路与芭乐影视案不同。在该案中,法院通过举证责任的分配来确定行为的性质,即在原告通过初步证据证明被告提供了涉案影片的情况下,被告没有提供充分的证据证明其仅提供搜索链接的技术服务,因此,应当承担举证不能的不利后果。

---

⑥ 杭州锋线公司诉西安信利公司侵害作品信息网络传播权纠纷系列案,详见(2015)京知民终字第290、291、296号民事判决。

⑦ 参见北京知识产权法院作出的(2015)京知民终字第290号判决。

第三,豌豆荚案

在盛世骄阳公司诉卓易讯畅公司侵害作品信息网络传播权纠纷案中,盛世骄阳公司享有涉案作品《上海 上海》等的独家信息网络传播权。卓易讯畅公司利用其所开发的"豌豆荚视频"播放软件播放涉案影视作品。该案中,手机视频聚合平台应用的具体表现为第二种类型,即需先下载来源网站的播放器,然后,播放来源网站的广告后再播放影片,同时,在播放页面能够看到来源网站的水印。⑧

法院认为,虽然在点击相关剧集的"播放"按钮,出现的弹窗内容标注为"请选择播放来源 快播图标",且播放画面出现缓存状况时,其相应剧集视频标注带有"rmvb"后缀,但播放涉案影视视频时,既没有跳转至第三方网站,也没有显示第三方网络地址,不能证明正在播放的视频文件网络地址位于"快播"软件或网站;亦无法排除被告自行截取第三方网站相关视频的数据流并通过涉案软件进行在线播放的可能性。……即使被告能够证明涉案电视剧视频文件不实际存储于其服务器中,但被告在涉案视频文件播放页面嵌设带有"豌豆荚"图标、"下载剧集"图标的播放外框;将海报、导演、主演、类型、来源、剧情概述、剧情照片等信息与涉案影视视频文件进行聚合,并形成完整的信息页面提供给手机网络用户,证明被告对涉案影视剧相关信息存在一定程度的分类整理,可以认定被告对涉案信息传播介入一定程度的控制、干预。豌豆荚软件的上述涉案行为已经构成了涉案作品的直接提供行为。⑨

该案一审法院从被告没有跳转和显示具体地址的行为认为不能依此证明涉案影片存储于第三方的服务器中,且从手机视频聚合平台具体提供界面中的相关编排和对影视的介绍等方面,认定被告对涉案影片的传播能够控制和干预,从而构成直接提供行为。虽然该案在二审阶段经过调解撤诉,但存在较大的争议,主要涉及程序上诉的主张及实体上判断涉案行为是否构成直接提供行为的判断标准。

**四、诉的主张与审理范围——预备合并之诉的借鉴与适用**

在涉及手机视频聚合平台侵害信息网络传播权的案件中,原告一般情况下是针对被告通过手机 APP 软件进行在线播放涉案作品的行为提起诉讼。实践中,由于对手机视频聚合平台服务性质的认识不同导致原告的诉讼请求不够明确或者原告基于对诉讼风险的考量不愿明确。

针对这种情况,司法实践中存在三种主要的观点和做法。第一种观点认为在诉讼

---

⑧ 盛世骄阳公司诉卓易讯畅公司侵害作品信息网络传播权纠纷案,详见(2015)京知民终字第 294 号、295 号。

⑨ 参见北京市西城区人民法院作出的(2014)西民初字第 12370 号判决。

中一定要让原告明确其诉讼请求,如果不能明确则驳回原告的诉讼请求。⑩ 这种在实践中案例很少,主要是这种做法太过极端,容易引发更多的矛盾。第二种观点认为,被诉行为到底属于内容提供行为还是技术服务行为,应属于法院经过审理进行判定的问题,原告只要明确了被诉行为侵权就应视为已经明确了其诉讼请求,法院应该进行全面审理,都进行评述。实践中存在这样的做法,在一份判决中对直接侵权和间接侵权都进行论述,有时还不作区分进行论述。第三种观点认为,从诉讼效率和维护当事人权益的角度来看,应当允许原告提起预备合并之诉,按照原告主张的逻辑顺位进行审理,当主诉成立时预备诉无须审理,当主诉不成立时对预备诉进行审理。实践中有这样的做法,但在审理程序及判决中没有明确的提出预备合并之诉,没有明确两个诉之间的关系。⑪

一般来讲,司法实践中对于涉及侵害信息网络传播权纠纷案件的审理思路是:首先对被诉行为的法律性质进行审查,从而要求原告明确其诉讼请求是主张内容提供行为即直接侵权,还是因为提供链接、搜索等技术服务而构成间接侵权行为。在经过法庭调查和释明后,原告依然无法明确自己的诉讼请求时,实践中又存在不同的做法,例如,有些判决将直接侵权与间接侵权未做区分进行合并论述,最后得出侵权或者不侵权的笼统概述;有些判决在直接侵权得到支持的情况下还将间接侵权的主张进行论述,形成"即使不构成涉案作品的直接提供行为,其作为提供链接技术的服务提供者主观上具有过错,也应当承担间接侵权的责任"的论述模式(以下简称"即使"式论述模式)。

从司法效率和维护当事人权益的角度出发,笔者认为全面审理是适当的,不苛求

---

⑩ 依据《中华人民共和国民事诉讼法》第119条规定,起诉必须有具体的诉讼请求和事实、理由,因为原告的诉讼请求不具体,因此,可以驳回原告的诉讼请求。

⑪ 关于预备合并之诉的问题,目前主流观点是肯定客观预备合并之诉,例如,日本学者野间繁认为:预备之合并系同一原告对于同一被告,就法律推理上有相互排斥关系之数个请求,合并为一个诉讼而主张,就法律上经济上有关联之请求依顺位为合并,预虑就第一之主位请求于法律上或事实上之理由无法获胜诉,要求就第二之预备请求审判之情形(陈荣宗:《预备合并之诉》,载杨建华主编:《民事诉讼法论文选辑(下)》,五南图书出版公司1984年版,第519页)。我国学者认为客观的预备合并之诉是指原告预料其所提起主(先)位之诉无理由,在同一诉讼程序同时提起备(后)位之诉,当主位之诉败诉时,可就备位之诉请求判决。原告起诉时,主、备位之诉同时发生诉讼系属,如果主位之诉获得胜诉确定判决,备位之诉溯及诉讼系属时丧失其诉讼系属的效力,不得再就备位之诉为判决(江伟、邵明、陈刚:《民事诉权研究》,法律出版社2002年版,页288。)因此,学界共识预备诉讼的两个诉之间是存在逻辑顺位的,即在主诉成立的情况下备诉即无须评述。但在具体做法上,比如主备位请求之间关系、诉讼系属、一审判顺序和范围、判决效力、上诉效力及二审判范围等方面存在不同的意见。

原告在诉讼中必须明确一个诉讼请求,可允许原告在一个案件中提起预备合并之诉⑫,即可以提出一个主位请求和一个预备请求,但是,这两个请求是有逻辑顺位的,且其本身是相互排斥的,不能同时成立而获得两个胜诉判决。同时,这两个请求又有主次之分、轻重之别,只是在主位请求不成立的情形下,法院才就预备请求进行审判。例如,在手机视频聚合平台侵犯著作权纠纷案件中应该经过释明允许原告提起直接侵权之诉,同时,提起预备之诉,即在直接侵权不成立的情况下,依然主张构成间接侵权,并且允许被告分别就直接侵权与间接侵权进行分别答辩。法院在一审审理时如果判断直接侵权成立,则无需再就间接侵权进行论述,因为从事实及行为法律属性上讲,被诉行为如果一旦构成直接提供行为,则不可能再因此构成因提供技术服务而承担间接侵权责任。这种情况下存在的风险是,如果二审法院认为被诉行为不属于直接提供行为而属于提供技术服务行为时,由于一审并没有就该问题进行审理,如果二审直接改判间接侵权成立是否会导致一审终审。如果因为一审没有审理而发回重审,针对同一行为不仅出现多次审理,浪费司法资源的问题,也会暗含这些事实本就应该属于一审查明的问题这一结论。于是就出现了充满纠结与悲情的"即使"式论述模式。

笔者认为,之所以会出现上述貌似悖论的局面是因为对于被诉行为的定性是属于事实问题还是法律问题出现了认识上的偏差。⑬ 被诉行为属于内容提供行为还是技术服务行为从技术角度讲是一个事实问题,即是否从事了涉案作品的"上传"等行为以构成信息网络传播权所控制的"提供行为"。⑭ 但从法律意义上讲,对于"提供行为"的判断应该是一个法律问题,是对行为性质法律属性的判断,当然,这种判断涉及对事实的认定、法律的适用及价值的判断。鉴于此,笔者认为在一审就涉案被诉侵权行为相关事实进行全面审查的基础上,如果出现一审认定为直接侵权成立,而被告上诉后二审认为涉案行为应属于间接侵权的情形,二审法院可以在进行全面审理的基础上径行改判间接侵权成立。⑮

---

⑫ 对于预备合并之诉所针对的诉的理解和定义理论界存在不同的认识,例如,有学者指出这里的诉必须是依据独立的请求权基础,预备合并之诉应该是针对不同请求权基础提出的相互不能兼容的诉讼请求。本文囿于篇幅不对此展开论述,本文之所以采用预备合并之诉的概念,是从实践出发,从当事人主张依据决定审理思路的角度进行引入,重点在于对当事人诉讼主张的全面审理及顺位审理。

⑬ 笔者认为,对于被诉行为是属于事实问题还是法律问题的认识还影响到对其行为性质的判断标准,本文将在下文进行论述。

⑭ 《最高人民法院关于审理侵害信息网络传播权民事纠纷案件适用法律若干问题的规定》第3条第2款规定:通过上传到网络服务器、设置共享文件或者利用文件分享软件等方式,将作品、表演、录音录像制品置于信息网络中,使公众能够在个人选定的时间和地点以下载、浏览或者其他方式获得的,人民法院应当认定其实施了前款规定的提供行为。

⑮ 根据《中华人民共和国民事诉讼法》第170条第1款第(二)项规定:原判决、裁定认定事实错误或者适用法律错误的,以判决、裁定方式依法改判、撤销或者变更。

## 五、从举证证明责任的角度谈服务器标准的适用——服务器标准、用户感知标准、播放器标准、新公众标准及专有权标准之辩

（一）各种标准说之于手机视频聚合平台服务性质认定

在涉及信息网络传播权的案件中，如何判定被诉行为是内容提供行为还是技术服务一直以来就存在着不同判断标准的纷争，其中，以服务器标准和用户感知标准为代表[16]，对于视频聚合类平台还有文章提出了播放器标准[17]，此外，还有观点从信息网络传播权的著作权专有权的本质属性角度提出专有权标准[18]，国外亦存在新公众标准。[19] 不同的标准从不同的视角对信息网络传播权进行解读，同时，也渗透着不同的利益衡量标准和价值取向。

目前，司法实践中掌握的标准一般是服务器标准[20]，但是，具体到手机视频聚合平台服务性质的认定，服务器标准又显得僵化而无力。因为，从手机聚合平台软件的具体工作原理及实际的运营模式来看，视频聚合平台的特点是本身不采购版权，而是定向链接视频网站的资源"化身"影视搜索，通过提供渠道获利。如果按照服务器标准，手机聚合平台中提供的作品本身均不在其服务器上，那么，是否就此可以判定手机聚合平台服务均非内容提供行为呢？如果成立，那引发的问题是，被链接的网站如果已经获得著作权人的授权，即没有直接侵权行为存在，那么，是否就意味着手机视频聚合平台提供的这种搜索链接行为是正当的？著作权人的利益和获得独家授权的网站经营者的利益如果因此受到了损害，该如何进行救济？这些问题在司法实践中存在

---

[16] 服务器标准和用户感知标准最早是来源于美国的 Perfect 10 v. Amazon 案，简单来讲，服务器标准是以存储内容的服务器为标准判断是否为内容提供行为；用户感知标准是依据用户感知，以侵权内容的展示方为标准判断内容提供行为。

[17] 刘晓庆、万柯：见前注②，页44。文章认为：判断视频聚合平台是否侵权的关键是是否使用第三方网站的播放器播放，即"播放器原则"（API）。

[18] 专有权标准为是否属于作品提供行为，应当以是否构成对于著作权专有权的行使或者直接侵犯为标准进行判断。参见孔祥俊：《网络著作权保护法律理念与裁判方法》，中国法制出版社2015年版，页69。

[19] 新公众标准源于欧盟 Bestwater 案，其判断标准是看传播受众是否超出了首次播放的受众范围，即是否出现新的公众。

[20] 例如，北京市高级人民法院制定的《关于网络著作权纠纷案件若干问题的指导意见（一）》（试行）第4条明确规定"网络服务提供者的行为是否构成信息网络传播行为，通常应以传播的作品、表演、录音录像制品是否由网络服务提供者上传或以其他方式置于向公众开放的网络服务器上为标准"。上海市第一中级人民法院在《关于信息网络传播权纠纷案件若干问题的规定（建议稿）》中写道："信息网络传播行为是指将作品、表演、录音录像制品上传至或以其他方式将其置于向公众开放的网络服务器中，使公众可以在选定的时间和地点获得作品、表演、录音录像制品的行为。对于网络传播权行为究竟是采用用户感知标准还是服务器标准，学界有争议，本条采用服务器标准。"由此可见，目前司法实践中掌握的服务器标准是以内容是否置于向公众开放的网络服务器中为标准，此处的两个服务器的概念应该是统一，即物理意义上存在的播放器。因此，本文探讨的服务器标准是指网络服务提供者的行为是否构成信息网络传播行为，通常应以传播的作品、表演、录音录像制品是否由网络服务提供者上传或以其他方式置于向公众开放的网络服务器上为标准。参见陈锦川：《著作权审判原理解读与实务指导》，法律出版社2014年版，第204页。

争议。

　　用户感知标准虽因具有较强的主观色彩和不确定性已经被司法实践所否定，但是，由于手机视频聚合平台服务的特殊性，即在明知该技术本身就是进行搜索链接，且该服务提供者本身不购买版权的情况下，如果还是采用服务器标准显然不利于保护权利人的利益。而用户感知标准能够为解决服务器标准的乏力提供路径。笔者认为，上述观点不无道理，它为解决问题提供了一个视角。具体来讲，从举证证明的角度，用户感知标准还是具有一定意义的，特别是在手机视频聚合平台服务性质的认定方面。对于用户感知标准在举证证明方面的意义，本文将在下文进行论述。

　　此外，还有观点认为手机视频聚合平台服务的性质可以通过是否需要下载播放器进行判断，但是，播放器标准是从能否有效保护授权网站流量的角度来判断是否构成内容直接提供行为[21]，且目前技术已经使得播放器与来源网站的对应性失去了唯一性。笔者认为这种观点值得商榷。有效流量的确是目前视频网站获得收入的主要考量因素，但劫持流量或者通过截取视频流的方式播放作品对于获得授权播放作品的网站来说更多的是一种不正当的竞争行为，其可以通过反不正当竞争法来维护自己的权利。[22] 即便相关权利人要主张著作权，笔者也认为该行为应该属于《著作权法》第48条第（六）项的规定。[23] 更重要的是，这种观点偏离了内容提供行为的本质属性，即通过行为的具体呈现方式的不同来判断行为性质的不同。当然，播放器标准或者严格地讲使用什么播放器从外观呈现的角度对于手机视频聚合平台服务性质的认定具有重要的意义。

　　新公众标准是欧盟于2014年10月21日在BestWater案中确立的标准[24]，欧盟法

---

[21] 例如，该观点认为，如果使用爱奇艺的播放器分享视频，用户点击时将播放爱奇艺的片头广告，人人网的用户访问也将计入爱奇艺的有效流量。美国视频网站Youtube允许用户将其视频嵌入其他网站的页面，但必须使用Youtube的播放器（API）。参见刘晓庆、万柯："视频聚合平台的版权侵权责任"，载《互联网版权深度观察》2014年4月刊。

[22] 北京市高级人民法院制定的《关于网络著作权纠纷案件若干问题的指导意见（一）》（试行）第7条规定：提供搜索、链接服务的网络服务提供者所提供服务的形式使用户误认为系其提供作品、表演、录音录像制品，被链接网站经营者主张其构成侵权的，可以依据反不正当竞争法予以调整。

[23] 《著作权法》第48条第（六）项规定：未经著作权人或者与著作权有关的权利人许可，故意避开或者破坏权利人为其作品、录音录像制品等采取的保护著作权或者与著作权有关的权利的技术措施的，构成侵犯著作权的行为，根据情况承担停止侵害、消除影响、赔礼道歉、赔偿损失等民事责任；同时损害公共利益的，可以由著作权行政管理部门责令停止侵权行为，没收违法所得，没收、销毁侵权复制品并可处以罚款；情节严重的，著作权行政管理部门还可以没收主要用于制作侵权复制品的材料、工具、设备等；构成犯罪的，依法追究刑事责任。

[24] BestWater v. s. MichaelMebes&Stefan Potsch（C-348/13），欧盟法院在BestWater案的判决中指出，若某一版权作品因第三方网站的公开，已经能为公众免费且合法的获得，那么在另一网站中通过加框链接的方式植入该版权作品，这一行为不构成《版权指令》（2001/29/EC）第3条第1款所规定的"向公众传播"，即该行为不侵犯被链作品版权人的版权。参见 http://zhihedongfang.com，2015年8月10日最后访问。

院之所以认定 BestWater 案中不存在传播行为,是因为本案中所谓的"传播"未以不同于首次传播的技术手段实现(本质上是一个传播行为),更为重要的是该"传播"未面向"新的公众"(即版权人授权进行首次传播时并未预见到的受众)进行。欧盟法院还认为,只要指向某一网站的链接未向新的公众提供,无论采用何种技术都不会影响对链接的定性。该原则的前提是内容首次传播后公众是可以自由免费获得。存在的问题是,如果首次传播是未经授权的,那么,"新公众"要求该如何确定?新公众标准是否会影响间接侵权的判定?同样,若被链内容并不能为公众免费获得,或者被链网站通过采取技术措施禁止链接,那么,通过链接使得公众能够免费获得时也可能发生版权侵权行为。而这些问题新公众标准均没有给出解决的方案,因此,目前该标准尚不能解决手机聚合平台服务所面临的问题。

专有权标准实际上是一种法律标准,即对于内容提供行为还是网络服务提供行为的判断以法律特征和法律本质为基础,即从信息网络传播权的构成要件进行判断。从积极的角度讲,凡是将作品置于信息网络之中而使其处于公众可以获得的状态,均属于行使了著作专有权,即构成提供行为,否则,仅仅是对置于信息网络中的作品进行再传播或者提供传播便利的网络服务提供行为,均不是行使著作专有权的行为。㉕ 这种观点为我们分析因为网络技术和商业模式不断发展引发的新类型案件提供了一条基本的分析路径,即剥离技术纷繁复杂的表象回归到行为的法律属性进行分析。但是,该标准的适用依然离不开对技术或者事实的依赖,依然需要结合"提供行为"的手段和方法进行判断。笔者沿着法律分析的路径,结合目前法律法规及司法解释的规定,试图探寻出一条既能够在个案中平衡各方利益又具有较强操作性的判断标准,即重塑服务器标准,并利用举证证明责任来适用新服务器标准。

(二)信息网络提供行为的判断标准——从举证证明责任看服务器标准的适用

1. 重塑服务器标准——服务器标准内涵的界定

从前述可知,目前对服务器标准的界定是以内容是否存储在物理意义上的服务器为原则,这也是服务器标准备受指摘的原因所在。㉖ 笔者认为,对于服务器标准的界定需要结合信息网络传播权的权利内涵来明确其所指。从信息网络传播权的定义㉗来看,其权利控制的行为是提供行为。"有线或者无线"是提供的方式,而"个人选定的时间和地点获得作品"是提供的结果。那么,何为提供行为?《最高人民法院关于审理侵害信息网络传播权民事纠纷案件适用法律若干问题的规定》(以下简称《信息网络

---

㉕ 孔祥俊:《网络著作权保护法律理念与裁判方法》,中国法制出版社 2015 年版,页 68。

㉖ 例如,有观点认为,随着技术的发展,不经过服务器的存储或中转,通过文件分享等技术也可以使相关作品置于信息网络之中,以单纯的"服务器标准"这一技术界定信息网络传播行为不够准确。参见陈锦川:《著作权审判原理解读与实务指导》,法律出版社 2014 年版,页 195。

㉗ 陈锦川:《著作权审判原理解读与实务指导》,法律出版社 2014 年版,页 195。

传播权规定》)第3条第2款规定,通过上传到网络服务器、设置共享文件或者利用文件分享软件等方式,将作品、表演、录音录像制品置于信息网络中,使公众能够在个人选定的时间和地点以下载、浏览或者其他方式获得的,人民法院应当认定其实施了前款规定的提供行为。这里的"提供行为"通过列举及等的方式进行了界定,值得注意的是这里的上传至服务器仅为"提供行为"的一种方式,还包括其他方式的提供,这也为网络技术发展,提供技术的更新预留了法律保护的空间。但可以明确的是,无论何种方式实现的提供均应具有同一的性质,即实现内容置于信息网络中,并能够控制内容的放置与删除。这也是内容提供行为与网络技术服务的本质区别。在这个意义上理解之前司法实践中适用的服务器标准即可知,服务器标准中的服务器并非单纯物理意义上的服务器,实际上是借"服务器"之词表达所有内容放置的载体。正如有观点指出,服务器标准中的"服务器"不宜做狭义理解,而更应该把它理解为可供存储、处理信息的载体。[28] 将服务器标准理解为将内容放置在服务器上是对该标准的一种误读。重塑服务器标准的内涵,即所谓的服务器标准实际上是指网络服务提供者的行为是否构成信息网络传播行为,通常应以传播的作品、表演、录音录像制品是否由网络服务提供者上传或以其他方式置于向公众开放的网络服务器等载体上为标准,使得其可以涵盖所有因技术发展而导致提供内容载体或提供方式的变化。

2. 提供行为的具体判定

提供行为的判定是判定被诉侵权行为是否构成侵害信息网络传播权的关键。实践中,如何判断提供行为需要遵循一定的思路和方法。笔者结合司法实践中的判例,尝试进行分析。

首先,明确侵权判定的对象。从侵权责任法的角度讲,法律规制的是行为本身,即行为自身的特征考查的是适用技术的行为而非技术本身。技术与使用技术的行为是两个不同的概念,使用相同技术的网络服务提供者,因采取不同的使用方式,可能面临侵权认定的不同结果。这就需要将具体的使用行为从复杂的技术中剥离出来。同时,在审理涉及技术创新的著作权案件时,还要准确把握技术中立的精神,既有利于促进科技和商业创新,又防止以技术中立为名行侵权之实。在面对因为新技术或者新模式引发的侵权行为判断时,应该剥离出具体的行为,不能因为采用了相同的技术或者相同的商业模式就给予一刀切的判定。[29]

---

[28] 陈锦川:《著作权审判原理解读与实务指导》,法律出版社2014年版,页195。

[29] 例如,在"豆比影视案"中,法院在判决中写道:"经营模式或者技术是客观中立,其并非法律规制的对象。法律规范的是具体的行为。同为视频聚合平台或软件,因其提供具体服务的行为方式不同可能会产生不同的法律后果。因此,不能因为聚合平台或软件共同的技术特性而一概进行判断"。参见(2015)京知行终字第290号判决书。

其次，明确侵权判定的思路。根据《信息网络传播权规定》第6条的规定可知㉚，在判断涉及侵犯信息网络传播权侵权判定时还是应该遵循一般的民事诉讼举证规则，即谁主张谁举证，由原告提供证据证明网络服务提供者提供了相关作品、表演、录音录像制品。同时，该条后半句又给被告抗辩提出了举证的要求，即网络服务提供者能够证明其仅提供网络服务且无过错的，人民法院不应认定为构成侵权。这其实包含了两种情形，即如果能够证明仅提供服务，不构成直接的内容提供行为；同时，没有过错，不承担间接侵权责任。该条暗含的审理思路与预备合并之诉实质上是吻合的，即在原告诉直接提供行为时，被告不仅应就是否提供了内容作出答辩，同时，还可主张不具有主观过错，这意味着在涉及信息网络传播权侵权的案件中法院应进行全面审理。

最后，明确侵权判定的举证证明责任。从《信息网络传播权规定》第6条规定可知，原告在主张被告实施了侵害信息网络传播权的行为时仅负有初步的举证责任，并不需要一定要证明涉案作品存储于被告的服务器上。那么，怎样才算完成了初步的举证责任？此时，用户感知标准发挥了积极的作用，即原告只需举证证明用户能够感觉到涉案作品是在被告的网站上播放即可，在手机视频聚合平台服务中能够通过播放界面显示在被告的平台上进行了播放，没有跳转，没有显示第三方的url地址等这些行为的外观呈现状态都是原告初步举证应该完成的内容。此时，举证证明责任转移到被告，即被告应该提供证据证明涉案作品并非其提供。被告如何举证才能证明涉案影片不在自己的服务器上成为实践中举证的难点，一般情况下否定性事实是很难证明的，法院一般会以被告没有尽到举证责任推定被告实施了直接侵权行为，这是通过举证证明责任来加强对著作权人的保护。当然，网络服务提供者主张其仅提供搜索、链接服务亦并非完全没有证据，可考虑采取下列方法进行举证：一是采用客观性较强的公用软件，对信息地址来源进行解析；二是采用远程登录后台的方式对其链接历史进行回顾；三是采用对比其服务器容量与视频大小的方式进行排除。人民法院可以根据上述情况综合认定。㉛如果被告能够就上述证据进行举证基本可以完成其关于直接提供行为的抗辩。

## 六、结论

网络技术和商业模式不断发展引发的新类型案件是知识产权审判实践需要不断面临的问题和挑战，也是发挥司法保护知识产权主导作用的迫切需求。正确认识网络服务提供者的行为性质是作出科学合理利益平衡的关键。为保障当事人的诉权，遵循

---

㉚ 《最高人民法院关于审理侵害信息网络传播权民事纠纷案件适用法律若干问题的规定》第6条：原告有初步证据证明网络服务提供者提供了相关作品、表演、录音录像制品，但网络服务提供者能够证明其仅提供网络服务且无过错的，人民法院不应认定为构成侵权。

㉛ 《山东省高级人民法院关于审理网络著作权侵权纠纷案件的指导意见（试行）》第28条。

诉讼经济原则,在涉及因对网络服务提供者行为性质定性不同而导致不同诉讼主张时,可以采取预备合并诉讼的方式进行全面审理。在坚持技术中立和服务模式中立的前提下,对网络服务提供者具体行为性质进行判断时,重塑服务器标准,并通过举证证明责任的分配来适用新服务器标准,在促进技术和网络经济发展的同时,实现对著作权人利益的保护。

# 我国延伸性著作权集体管理适用条件的立法限定

李颖怡 辛 野[*]

**【摘要】** 延伸性集体管理是著作权法领域中一项针对非会员权利人的权利管理制度,该制度在北欧国家已取得成功并有经验可资借鉴。在我国《著作权法》的第三次修改中,该制度成为人们关注的亮点之一。延伸性集体管理制度符合集体管理组织的历史发展趋势,我国著作权延伸性集体管理制度的出台应是大势所趋。对《著作权法》修改稿中未予明确的延伸管理适用条件和适用范围,均应依公共利益为考量标准谨慎界定,防止集体管理组织以延伸管理为借口滥用权利。

**【关键词】** 延伸性集体管理;著作权法修改;适用条件;立法限定

### 一、对我国著作权延伸性集体管理立法的关注

著作权延伸性集体管理是指:"在全国范围内具有代表性的著作权集体管理机构和使用者达成的'一揽子许可'协议中可以包含非会员权利人的作品,使用者签约后即可使用相关权利领域所有作品而不受非会员权利人单独权利主张的干扰,集体管理机构应当向非会员权利人支付报酬,出现争议由集体管理机构出面沟通解决。"[①]著作权集体管理组织所管理的作品,既可以是该组织会员权利人的作品,也可以包括非会员权利人的作品。对会员权利人的作品进行管理的依据是该会员的授权;而对非会员权利人的作品进行管理的依据则是法律有条件的推定授权规定。这项管理制度于 20 世

---

[*] 李颖怡,中山大学法学院/知识产权学院副教授。
辛野,广州市中级人民法院金融审判庭书记员。

[①] Tarja Koskinen-Olsson, Collective Management in the Nordic Countries, in: Daniel Gervais, Collective Management of Copyright and Related Rights, 2nd Edition, Kluwer Law International, 2010, p.290.

纪60年代在北欧国家首先出现,随后被俄罗斯等国相继引入施行。在欧盟指令中,其作为一种指导性建议供成员国立法参照。

我国自2012年起进行的《著作权法》第三次修改中,前后几稿均将著作权延伸性集体管理作为著作权集体管理制度的增设内容之一:第一稿在第五章第二节对集体管理组织的延伸管理作出规定;第二稿与前一稿相比,将延伸管理的适用范围限定在广播电台、电视台播放已经发表的文字、音乐、美术或者摄影作品、以及自助点歌经营者通过自助点歌系统向公众传播已经发表的音乐或者视听作品两个范围内;并要求集体管理组织转付使用费时平等对待所有权利人。送审稿则延续了前一稿的规定。但与前一稿相比,其适用延伸管理的范围更为宽泛,其虽删减了广播电台、电视台播放已经发表的文字、音乐、美术或者摄影作品可进行延伸管理的规定,但却增加了"可以就其他方式使用作品"进行延伸管理的内容。

笔者注意到,各修改稿关于著作权延伸集体管理的规定均集中在延伸管理的适用范围方面,而对延伸管理的适用条件却没有作出明确限定。

对于著作权延伸性集体管理制度的设立,虽然现实中一直存在较为强烈的反对声音,例如对外经济贸易大学的卢海君教授认为:在我国现阶段,《著作权法》第三次修订草案语境下的著作权延伸线集体管理制度应当缓行[②];吴汉东教授也持相似观点,认为若在我国引进延伸线集体管理,必须首先去行政化和垄断化。[③] 但同时也有很多学者分别从理论依据、立法缺陷与现实困境、外国立法发展等不同角度就该制度的必要性、可行性进行了分析论证,例如文著协的张洪波干事主张我国应对部分著作财产权进行延伸性集体管理[④];音著协的马继超干事在2010年10月著作权百年论坛的发言中也认为著作权延伸性集体管理产生于实践需要[⑤];中南财经政法大学的胡开忠教授强调延伸性集体管理对于我国集体管理工作的重大意义,认为该制度能够解决集体管理领域的诸多问题[⑥];中南财经政法大学知识产权研究中心的熊琦先生认为著作权集中许可机制具有正当性且有完善空间[⑦],不过延伸性集体管理制度的存在可能影响著作权市场的正常运作[⑧]。在经过多次的、历时两年多的公开征求修改意见后,2014年6月

---

② 卢海君、洪毓吟:"著作权延伸性集体管理制度的质疑",载《知识产权》2013年第2期,页74。
③ 吴汉东:"著作权法第三次修改草案的立法方案和内容安排",载《知识产权》2012年第5期,页17。
④ 张洪波:"修法与完善著作权集体管理制度",http://www.prccopyright.org.cn/staticnews/2011-04-02/110402102456750/1.html,2015年10月27日最后访问。
⑤ 马继超:"我国实行延伸性著作权集体管理制度的必要性和紧迫性",http://blog.sina.com.cn/s/blog_593badd10100xdbv.html,2015年10月27日最后访问。
⑥ 胡开忠:"构建我国著作权延伸性集体管理制度的思考",载《法商研究》2013年第6期(总第158期),页18。
⑦ 熊琦:"著作权集中许可机制的正当性与立法完善",载《法》2011年第8期,页101。
⑧ 熊琦:"音乐著作权许可的制度失灵与法律再造",载《当代法学》2012年第5期,页3。

国务院法制办公室公开的《中华人民共和国著作权法（修订草案送审稿）》中依然延续前稿做法，保留了这一存在争议的内容。应该说，这是我国立法机关对该制度充分考虑衡平后的选择。正如国务院法制办公室在关于该修改草案送审稿的说明中所述，我国《著作权法》将著作权延伸性管理制度纳入其中，目的在于："充分发挥著作权集体管理制度的作用，既最大限度地保护数量最大但自身却又无维权意识、无立法话语权、无维权能力的广大著作权人权利，又破解使用者愿意遵守法律、愿意通过合法途径获得作品授权、愿意承担付酬义务但又不可能从'分布广、数量大'的权利人手中获得海量作品授权的困境"⑨。

过去几十年间，延伸性集体管理制度得到了很多的关注，并且在数次重要的国际会议中被提及作为解决获取作品许可问题的良方。⑩丹麦、芬兰、瑞典、挪威、冰岛等北欧国家的版权收益远远高于欧洲其他国家，均得益于延伸性集体管理制度的实施。⑪

事实上，我国相关音乐文化组织这些年来也曾尝试开展过类似的实践活动：早在2009年上海世博会前夕，中国音乐著作权协会已经同组织者及参展者就使用音乐作品达成了"一揽子"许可协议。⑫ 在KTV的收费工作中，中国音像著作权集体管理协会向各家KTV发放了"一揽子"许可，在这许可中就包含非会员权利人的作品；对于潜在的与一揽子许可有关的著作权许可纠纷，该协会作出承诺，将协助使用者解决许可问题。

我国对文学艺术作品有着庞大的市场需求。根据国家版权局统计，我国2011年输出和引进版权总数分别为5922件和14708件；2012年输出和引进版权总数分别为9365件和17589件；2013年输出版权总数和引进版权总数分别为10401件和18167件。⑬ 无论是版权输出还是版权引进的数量，都呈持续快速增长状态。版权贸易市场越发繁荣兴旺。引入延伸性集体管理方法，能够更加突出地体现集体管理组织的社会文化职能，更好地促进文化传播，也能够保护好权利人的利益，为著作权人带来更多的收益。如果公众有文化需要，通过给予非会员权利人足够的补偿使其个人利益得到保

---

⑨ 国务院法制办公室：《关于〈中华人民共和国著作权法〉（修订草案送审稿）的说明》，http://www.chinalaw.gov.cn/article/cazjgg/201406/20140600396188.shtml，2014年6月15日最后访问。

⑩ Gunnar Karnell, Extended Collective License Clauses and Agreements in Nordic Copyright Law, 10 Colum. -Vlaj. L. & Arts. 73. 1985.

⑪ See Daniel J Gervais, Collective Management of Copyright and Neighboring Rights in Canada: an International Perspective, Report Prepared for the Department of Canadian Heritage, August 2001.

⑫ 杨傲多："上海世博会音乐著作权合作备忘录签署——音著协给予'一揽子许可'"，载《法制日报》2009年4月24日，http://news.sohu.com/20090426/n263624623.shtml，2014年3月28日最后访问。

⑬ 数据来源：中华人民共和国国家版权局网，http://www.ncac.gov.cn/chinacopyright/channels/3890.html，2015年2月10日最后访问。

障,那么将延伸性集体管理制度引入立法就不应当存在障碍。⑭

可以预见,我国著作权延伸性集体管理制度的出台应是大势所趋。然而,延伸性集体管理制度的发展过程是充满利益博弈的过程,该制度作为一项权利行使限制,在一定程度上削减了权利人的自治权利,因而制度的制定和实施都应当循序渐进、审慎而行,不可急于求成。对于著作权延伸性集体管理,无论是适用范围还是适用条件,都应通过法律明确作出限定。

## 二、管理组织的主体资质及其审查

由著作权集体管理组织去实施延伸性管理,这是所有实施该项管理制度国家的共识。而该著作权集体管理组织必须具有成熟的管理经验和具有广泛的代表性,这是实施延伸性管理的前提条件,是由延伸性管理的性质所决定的。贸然在集体管理制度发展不甚完善的国家推行该制度,恐难取得理想效果,并且将会因其违背了合同自由的精神而可能遭到著作权人的强烈反对。因此,必须对实施管理的组织规定严格的资质条件。北欧国家均要求实行延伸性集体管理的组织能够在相应权利领域代表绝大多数的(substantial)、相当数量的(considerable)以及重要的(important)权利人。⑮但是这一数字具体是多少,法律中并未明确规定。实践中,各国由文化部或教育部等相关监管部门在集体管理组织获得法律地位时加以衡量。其立法者认为由法律去设定精确的数量标准是危险的,应赋予监管组织自由裁量权以决定集体管理组织代表权是否符合法律要求。事实上,设立一个明确的百分比标准来衡量一个集体管理组织是否具有广泛代表性也是不可能实现的。因为受法律保护的著作权并不需要注册登记,某一领域内究竟有多少作品很难统计,一个集体管理组织所管理的作品占该领域作品的百分比也是不确定的。当然,集体管理组织的作品库中作品越多越好,因为所有的使用者都希望其获得的一揽子许可可以涵盖该领域的所有作品,以免受侵权的困扰。

在我国,根据《著作权集体管理条例》规定,能够在全国范围内代表权利人利益是著作权集体管理组织成立的必备要件之一,具有代表性这个门槛对于现存的著作权集体管理组织来说并不是难题。但现实中存在的行政过度干预问题、服务质量偏低问题、引入商业运作机制问题等,使人们对我国著作权集体管理组织的信誉度和管理质量颇有争议。根据我国现实状况,笔者认为,应从以下几个方面对著作权集体管理组织的资质进行衡量审查:(1)现有的会员数量;(2)寻找和联系权利人状况;(3)为服

---

⑭ Finnish Copyright Committee Report No 4/1992 at 105. "If there is a public need and non-society authors are ensured the right to individual remuneration, which fulfills the demands of full compensation, there are no obstacles to developing these kinds of arrangements further in normal legislative procedure."

⑮ Daniel Gervais, Application of an Extended Collective Licensing Regime in Canada: Principles and Issues Related to Implementation, From the Selected Works of Daniel J Gervais June, 2003.

务权利人所作的努力;(4)社会公众的反响。

对于管理主体资质的审查,北欧国家采取由法律直接规定集体管理组织具有可以进行著作权延伸管理权利的做法。各个集体管理组织直接获得法定地位,可以对于非会员权利人的作品进行延伸性管理,在其与使用者达成使用协议后,由文化部或教育部批准实施。[16] 俄罗斯采取的做法则有所不同,其要求在适用延伸管理时应事先获得国家的授权。获得国家授权的集体管理组织不仅有权利管理与其签订合同的那些权利人的权利,还可以为所有其余的权利人收取报酬以实现管理权,尽管与其之间缺少任何形式的合同。[17]

我国在《著作权法修改稿》第一稿中规定适用延伸性管理的集体组织应当向国家行政管理部门提出申请。但在第二稿和送审稿中做了改动,即直接赋予了集体管理组织的法律地位,有能力的集体组织可以直接进行延伸性管理,这显然借鉴了北欧国家的做法。

北欧国家著作权延伸性集体管理制度取得成功,很大程度上依赖于其各项法律制度之间的相互制衡,以及其高度发达的社会组织建构和集体协议的历史传统。北欧国家中几乎每一权利领域都有一个集体管理组织。例如:丹麦仅音乐领域就有三个较大的集体管理组织,音乐表演权领域有KODA,音乐机械表演权领域有NCB,音乐邻接权领域有GRAMEX,这些集体管理组织之下又有很多小的集体管理组织,每一组织都专门负责一项权利领域,甚至在一项权利领域有多个集体管理组织。[18]其管理服务的分工非常明确和具体。我国现存的音著协、音集协、文著协、摄著协以及影著协等集体管理组织,其管理往往都包含了其业务领域范围内的所有权利,比如音著协管理音乐作品的复制权、广播权、信息网络传播权等著作权人自身很难有效管理的权利,可以说,与音乐有关的权利基本都归属于音著协的管理范畴。集体管理组织"大管理"思维根深蒂固,在管理过程中难免出现"越界"行为,其管理过程存在着极大的对于著作权人权利的侵害可能性。

如前所述,尽管我国集体管理组织的管理水平一直在稳步提升,但目前其信誉度和管理质量依然广受诟病,管理效果应然与实然之间还有较大距离,仍存在着极大的对于著作权人权利的侵害可能性。因此,我国不宜马上赋予其不经许可而直接进行延伸性管理的权能,以防止目前已经存在不少行政性因素的集体管理组织滥用权利,借延伸管理之便行著作权市场垄断之实。

---

[16] Tarja Koskinen Olsson, Collective Management in the Nordic Countries, in: Daniel Gervais, Collective Management of Copyright and Related Rights, 2nd Edition, Kluwer Law International, 2010, p.296.

[17] 《俄罗斯联邦民法典》,黄道秀译,第1244条第3款,北京大学出版社2007年版,第436页。

[18] 在其他国家如芬兰,GRAMEX是由三个小集体管理组织组成;在挪威,KOPINOR是由21个小集体管理组织组成。

我国适宜的做法应是:设立申请制度。著作权集体管理组织应向国家版权局提出申请并获得许可后才能进行延伸性管理。由相关的著作权集体管理组织与使用者签订延伸性集中许可协议,并由该集体管理组织向国家版权局提出申请。国家版权局认为条件成熟具备延伸性集体管理条件的,方可予以批准。

### 三、实施集体管理的目的和效果

在首先推行著作权延伸性集体管理制度的北欧国家,延伸管理的适用经历了从小范围到逐步扩展的过程,其实施管理的目的在于促进社会文化传播、满足公众文化需求,相关条件根据现实需求进行设置和限定。

以丹麦为例。丹麦《著作权法》规定延伸管理可以适用于:在教育活动中复制已经出版的作品和广播电视中播出的作品;商事企业仅限于企业内部活动的复制;图书馆数字化复制;为视听障碍者录制广播作品;对已公开发表的艺术作品的复制;部分国有广播电视公司除戏剧和电影作品之外的广播;超过两次链接的转播等。[19] 关于复制权的延伸性集体管理首先被允许施行于教育活动(reproduction within educational activities)中,2010年修改的现行《著作权法》第13条规定:教育活动中的复制行为主要是针对已经出版的作品和广播电视中播出的作品,但是不包括电影作品以及计算机程序。教师和学生为学习目的有权复制作品。[20]早在1985年丹麦将延伸性集中许可条款第一次写进《著作权法》时,因教育活动而进行复制的范围仅仅包含"简单复印"。1998年这一条款被修改后,"复制"才包含所有形式,包括浏览、下载以及其他种类的电子复制。所有的丹麦教育机构都同集体管理组织签有协议,根据这些框架协议,每个教育机构都有权选择其所需要使用的作品。

2002年,丹麦为了解决公共图书馆数字复制受著作权保护的作品用以内部借调(inter-library loans)[21]的著作权许可问题,将延伸性管理扩展到了公共图书馆领域。2004年,由著作权集体管理组织Copydan Writing与代表丹麦公立图书馆的国家图书馆组织Danish National Library Authority达成了延伸性集中许可协议,丹麦的图书馆由此获得了"延伸性集中许可",可以使用相关领域的任何作品,不必担心来自于非会员权利人的起诉。但是这些公共图书馆必须尊重权利人在这一适用上针对著作权许可所作出的限制,而且获得作品复制件的图书馆不得再以任何形式对作品进行再次分配。同时,公共图书馆在得到特定的作品复制件并用于特定活动时,不得含有商业企图,必

---

[19] Denmark's Consolidated Act on Copyright, 2010 (Consolidated Act No. 202 of February 27th, 2010). Arts.13, 14, 16b, 17(4), 24a, Art.30, 30a, 35.

[20] Denmark's Consolidated Act on Copyright, 2010 (Consolidated Act No. 202 of February 27th, 2010). Art. 13.

[21] 内部图书借调是指图书馆之间普遍存在的提供图书复制件或是请求图书复制件的行为,目的是为了图书馆的读者能够获取该图书馆并不存有的资料。

须是以公众利益为目的。

在 2010 年修订的现行《著作权法》中,丹麦进一步对图书馆数字化复制(digital reproduction by libraries)适用延伸性管理作出规定。[22] 图书馆作品数字化复制主要包括报纸、杂志以及作品集,或是已经出版的文学作品及其摘要、说明,音乐作品的歌词也包含在该范围之内。其目的在于满足社会文化传播、保留珍贵文学艺术资料的需要。此外,在丹麦,为视听障碍者录制广播作品(recordings of works in broadcasts for the visually and hearing handicapped persons)也被纳入著作权延伸管理范围,《著作权法》对进行复制的主体作出了明确限定:只能是政府或社会公益组织。[23]

在另一个北欧国家芬兰,《著作权法》对于延伸管理也作出了明确的目的限定。例如在该法第 11a 条规定可对临时复制(temporary reproduction)适用延伸性管理,但是同时规定这种复制行为必须是暂时的或是偶然发生的,应当属于技术运用过程中的一部分,比如互联网技术中的缓存,且不得为谋求经济利益而故意进行复制。该法在第 16 条则规定了档案馆、图书馆以及博物馆将纸质作品电子化的存档、复制也适用延伸性管理,这些机构有权跟著作权集体管理组织签订集中许可合同。该条款同时规定:使用作品的目的应当是为了便于内部收集和整理资料、为了更妥善地进行资料保存。同时,这种复制不得带有营利目的。[24]

芬兰是最早适用延伸性集体管理的国家,首次出现延伸性集中许可条款的是广播权领域,目的在于解决日常广播过程中,广播者无法获取所有权利人授权的问题。法律同时规定这种延伸管理不适用于戏曲作品、电影作品以及作者已禁止使用的其他作品。2010 年修改的现行《著作权法》则延续了这一规定:在广播领域允许适用延伸性集体管理,但是戏曲作品、电影作品以及权利人声明不得使用的作品除外。[25]在芬兰,一般将广播收益(broadcast revenue)的 2%—3% 作为报酬转付给非会员权利人。通过统计权利人的作品被使用次数的方法,往往很多作品属于非会员作者的权利范围。[26]

北欧国家中,冰岛还首开先河,在公共博览会(public exhibition)领域规定适用延伸性集体管理。[27] 其集中许可的模式与我国集体管理组织在奥运会、世博会等公共盛

---

[22] Denmark's Consolidated Act on Copyright, 2010 (Consolidated Act No. 202 of February 27th, 2010). Art. 14.

[23] Ibid, Art. 17(4).

[24] Finland's Copyright Act (404/1961, amendments up to 307/2010 included), Arts. 11a, 16.

[25] Ibid, Art. 25f.

[26] Tarja Koskinen Olsson, Collective Management in the Nordic Countries, in: Daniel Gervais, Collective Management of Copyright and Related Rights, 2nd Edition, Kluwer Law International, 2010, p.297.

[27] Iceland's Copyright Act(No. 73, of 29 May 1972, as amended by Act No. 78, of 30 May 1984, Act No. 57, of 2 June 1992, Act No. 145, of 27 December 1996, Act No. 60, of 19 May 2000, Act No. 9 of 11 March 2006, Act No. 23 of 3 May 2006 and Act No. 97 of 30 June 2006), Art. 25.

会上所发放的"一揽子许可"是相同的,实施许可的目的均是为了这些公共盛会得以顺利举行。

现代著作权法的立法宗旨在于鼓励和保护优秀作品的创作与传播,因此,著作权人对其作品的控制不应当是绝对的和无限制的。在保护著作权人利益的同时,必须兼顾社会公众的利益。[28]我国《著作权法》规定的"合理使用"以及"法定许可"情形,目的都是为了促进文化的发展与传播,限制著作权人对于作品的垄断,平衡权利人与使用者之间的利益。其与延伸性集体管理制度的目标是一致的。促进社会文化发展是现代著作权集体管理组织应当具有的社会功能,著作权延伸性集体管理制度应当以促进社会文化传播和发展、满足社会公众的文化需求为价值导向。这点在北欧国家的相关立法和著作权延伸管理经验中已经得到佐证。进行延伸性集体管理的目的应当是为了社会公众利益和大众文化需求,在设置延伸性集体管理制度时,应该在保障权利人的经济利益的前提下,尽可能考虑促进社会文化全面进步的需要,照顾到广泛的社会公众利益。要实现这样的初衷,立法中应当对适用延伸管理的目的加以明确限定。这样做既是为了保证集体管理组织功能的发挥,也是为了防止集体管理组织以公众利益为名滥用权利。

明确管理目的的同时,也应考虑管理的实施效果。延伸性集中许可是一种权利限制(copyright restriction),应该尽可能地减少对于著作权人权利的干预并致力于提高权利管理的效率。[29]实行延伸性集体管理如若不能使得社会总体的经济成本减少,那么权利人所做的牺牲便付之东流,这是延伸性集体管理制度的一个非常重要的前提假设。但同时,延伸性集体管理不能过度的限制权利人的权利,即应当能够使得权利人获得合理的经济收益,权利人与使用者之间的利益平衡不应被打破。那么在何种情况下实行延伸性集体管理能够显著降低使用者的使用成本呢?显然是存在海量作品且作品使用十分频繁的情况。在这些情况下使用者可以通过与集体管理组织签订"一揽子许可",从而获得海量作品的使用权,而使用次数可以根据自身的需要自由设定。延伸管理制度应对著作权集体管理组织的技术条件提出适当要求,例如应该建立完善的数据库,以便使用者可以根据自身的需要在数据库中挑选曲目或是寻求"一揽子许可"。在实践中,我国著作权集体管理部门也顺应时代要求进行了这方面的尝试。以音著协为例,其现在使用的数据库系统是按照国际标准,在香港作曲家作词家协会(CASH)的协助下,投资近100万元建立的与国际接轨的DIVA资料管理系统。[30]这套系统接近国际先进水平,相信可以为延伸性集体管理提供技术上的支持。

---

[28] 李颖怡、李春芳主编:《知识产权法》(第四版),中山大学出版社2012年版,页71。

[29] Vappu Verronen, Extended Collective Licence in Finland: A Legal Instrument for Balancing the Rights of the Author with the Interests of the User, 49 J. Copyright Soc'y U.S.A. 1143, 2001—2002.

[30] 杨东锴、朱严政:《著作权集体管理》,北京师范大学出版社2010年,页15。

**四、被管理的作品类别及公示通知**

引入延伸性集体管理,能够便于公众获取和使用作品,促进作品的传播与发展,满足公众精神层次的需求。延伸性集体管理制度与合理使用和法定许可制度的设立宗旨基本是相符的,性质上也都是对权利人权利的限制,这种限制应当只针对作者已发表的作品。作品创作完成后,著作权人行使了发表权,作品的首次传播才算完成,使用者对作品的依法合理的使用才可不再受著作权人的权利控制。因此,就被延伸管理的作品类别而言,与法定许可的要求应该是相同的,即:必须是已经公开发表的作品。

北欧国家在关于著作权延伸性管理的立法中对作品类别同样有所限定。例如,在上述所提因教育活动而进行的复制中,丹麦、芬兰、挪威、瑞典和冰岛等国都作出了相同的规定,针对已出版的作品的复制,集体管理组织可以与权利人达成延伸性集中许可协议,通过该协议使用者可以使用非会员权利人的作品。又如,上述所提丹麦关于图书馆数字化复制中,所指向的作品均是已公开出版的报纸、杂志、文学作品以及音乐作品的歌词等。再如,挪威《著作权法》为了使档案馆、图书馆和博物馆这些公立机构能够最大限度地保存资料、延续文明,对于这些公益机构复制已经出版的作品,都赋予其同集体管理组织签订延伸性集中许可协议的权利。[31]

北欧国家适用延伸性集体管理的权利领域与我国的"合理使用"和"法定许可"的范围是有所重合的。比如"图书馆数字化复制"与我国合理使用制度中的"图书馆等复制收藏作品"范围基本重合。还有"教育机构的复制"与我国合理使用制度中的"为学校课堂教学或者科学研究,翻译或者少量复制"和法定许可制度中的"在教科书中汇编作品"部分重合。又比如"部分国有电视公司的广播"跟我国的法定许可播放制度重合。我国可以借鉴北欧国家延伸性集体管理立法经验,参考我国已有的合理使用以及法定许可制度的做法,限定延伸性集体管理所适用的作品必须是已经公开发表的作品。对于此类作品,只要作者没有相反的声明,应视为同意适用延伸管理。同时使用人必须向著作权人支付合理报酬。

此外,对于被纳入延伸管理的作品,应要求著作权集体管理组织在其网站上公示,并通知权利人其作品已经被管理。如果仅仅是公示的话,相当于要求权利人承担查询义务,为查找了解作品被使用的事实以及发放许可的集体管理组织,著作权人需要支付额外的成本,这无异于徒增权利人负担。只有公示并向权利人发出管理信息通知,才能使得权利人在得知自己的作品被纳入延伸性管理后,能在第一时间向集体管理组织申请分配使用许可费,或是及时作出不接受集体管理的意思表示。

我国《著作权集体管理条例》第24条只规定了集体管理组织应当在其网站上建立

---

[31] Norway's Copyright Act No. 2 of 12 May 1961 Relating to Copyright in Literary, Scientific and Artistic Works, ETC, with Subsequent Amendments, Latest of 22 December 2006 (in force 1 January 2007), Art. 16a.

查询系统、公布管理作品清单供权利人和使用者查阅,但是并未提出"通知"的要求。如前所述,延伸性集体管理制度已经对于权利人的权利自主行使造成了一定程度限制,如果"秘密"地管理这些作品而又不通知权利人其作品已经被纳入管理范围,无异于剥夺著作权人的财产权。事实上,通知要求应该是可行的。要满足这个条件,则同样要求著作权集体管理组织建立完善的数据库,在数据库系统中明确每部作品的权利状况,以便权利人能够在上面清楚地看到自己作品被使用情况和应当收取的版权费,而使用者也能够根据自身的需要在数据库中挑选曲目或是寻求"一揽子许可"。同时,管理组织本身也能够通过数据库搜索,准确及时地将使用情况通知到权利人。

### 五、延伸性管理的排除

延伸性集体管理是集体管理组织在未获得授权的情况下对于权利人作品的主动管理,并不是权利人主动行使权利的结果。这样一种主观性的推定必须由法律直接规定,而且这一推定不能妨碍和干涉权利人自由地行使权利。法理上,这样的推定应当可以由权利人的反向表意予以推翻。

北欧各国在著作权法中均有设置权利人声明排除管理的例外条款,例如:瑞典著作权法规定国会、议会、政府以及其他公权力组织,包括企业、机构如果确实存在使用作品的需要,可以向集体管理组织寻求延伸性授权,权利人声明退出管理的除外;有声电台和电视广播在向广大公众提供服务时,可以通过延伸性集中许可协议获得所有文学、音乐作品的授权,使用最合适的文化作品。权利人声明退出例外。[32]芬兰则规定在广播领域允许适用延伸性集体管理,但是戏曲作品、电影作品以及权利人声明不得使用的作品除外。[33]丹麦《著作权法》在第 50 条也规定了使用者可以与集体管理组织达成延伸性集中许可协议,通过该协议使用者可以使用非会员权利人的作品,非会员权利人可以通过声明的方式退出集体管理。[34]挪威《著作权法》也在第 30、32 以及 34 条对于广播节目中作品的延伸性集体管理作出了规定,权利人可以通过声明的方式退出集体管理,退出的作品不得在广播节目中被使用。[35]

声明排除机制的设立,是延伸性集体管理制度设置尊重私人自治,保留权利人对自身权利处分权的要求。因此,应当允许权利人排除集体管理。排除集体管理应当以

---

[32] Sweden's Act on Copyright in Literary and Artistic Works (Swedish Statute Book, SFS, 1960:729, as amended up to April 1, 2011), Art. 42b—42g.

[33] Finland's Copyright Act (404/1961, amendments up to 307/2010 included), Art. 25f.

[34] Denmark's Consolidated Act on Copyright, 2010 (Consolidated Act No. 202 of February 27th, 2010), Art. 50.

[35] Norway's Copyright Act No. 2 of 12 May 1961 Relating to Copyright in Literary, Scientific and Artistic Works, ETC, with Subsequent Amendments, Latest of 22 December 2006 (in force 1 January 2007), Art. 3.—Art. 34.

有效方式作出,以便集体管理组织以及作品使用人能够清楚地知悉这一排除的意思表示。我国现行《著作权法》第 23 条、第 33 条第 2 款和第 40 条第 3 款针对"法定许可"分别规定了作者声明制度,使用者在根据《著作权法》规定使用著作权人作品时,必须尊重权利人不得使用作品的声明。"延伸性集体管理"与"法定许可"同为对于权利的限制措施,因而上述这些规定可以作为延伸性管理制度声明排除机制设置的参照。

但是,究竟何种"声明"具有排除"法定许可"的效力,这是一个有争论的问题,原因在于现行《著作权法》并没有具体规定法定许可排除声明的具体形式。有鉴于此,延伸性集体管理的排除声明是否应符合某种具体形式,这应该在立法中加以明确,以避免产生同样的争论。从理论上来讲,延伸性集体管理构成了对于权利的限制,已经限缩了权利人的权利自由。这种管理模式是在不损害权利人获得合理报酬的前提下更加高效促进文化的传播与发展而产生发展的。那么作为对于此种限制的反限制,就应该在不破坏延伸性集体管理的情况下最大程度的还原著作权人的真实权利,因此只要权利人的意思表示能够明确表达排除延伸性集体管理的意思即可属有效。我国司法实践对法定许可排除声明的认定显然也是出于这样的考量。在"旅行家杂志社诉北京广播电视报社侵犯著作权纠纷案"㊱,以及"鸟人艺术推广有限责任公司诉九洲音像出版公司等著作权纠纷案"㊲中,法院均认定报刊或音像公司在其出版物上标注"声明"可以排除他人的法定许可使用权。同理,在延伸性集体管理制度中,只要权利人能够明确表示出不接受集体管理的意思,就应当能够构成有效的排除声明。

### 六、结论

实施著作权集体管理的现实理由是著作权人无法高效率地行使权利。现代社会中,随着各种新技术的产生,作品的利用方式层出不穷,侵权行为花样百出,权利人的利益难以得到保障;网络上的作品数不胜数,质量也良莠不齐,使用者要搜寻一个合适的作品也相当耗时费力;面对合适作品,一对一的授权方式会令人不胜其烦。"一揽子许可"的集体管理组织集中许可模式使人们可以节省海量搜寻作品以及进行谈判的人力、物力和财力。因此,延伸性集体管理制度符合集体管理组织的历史发展趋势。而从我国《著作权法》修改过程来看,立法者趋向于尝试设立这一制度,我国著作权延伸性集体管理制度的出台亦应是大势所趋。我国可以借鉴北欧国家的相关立法和实践经验,设立符合我国现实的著作权延伸性集体管理制度。相比于北欧国家,我国著作权集体管理组织的发展时间相当短,管理水平和管理效率均有待提高和加强。基于此,我国法律应依公共利益为考量标准,谨慎限定延伸性集体管理的适用条件,防止集体管理组织以延伸管理为借口滥用权利。具体来说,可以限定实施延伸性管理的主体

---

㊱ 参见北京市第二中级人民法院(2004)二中民初字第 4820 号民事判决书。
㊲ 参见北京市朝阳区人民法院(2006)朝民初字第 13060 号民事判决书。

资质条件,设立延伸性管理的申请审查制度,明确实施延伸性管理的目的,考察延伸性管理的效果,划定适用延伸性管理的作品类别,对被纳入延伸性管理的作品实行公示和通知制度,与此同时,确立延伸管理的声明排除机制。旨在通过限定适用条件,使著作权延伸性管理制度在我国发挥其最大的效能的同时,也能切实保证权利人的合法利益不受侵害。

# 商标法不良影响条款扩大适用的争议及其解决

钟 鸣[*]

**【摘要】** 商标法上的不良影响条款,依其本意,仅能规范申请商标的标志本身违反公共秩序或者善良风俗的情形,它并非《商标法》第10条第1款的兜底条款,也不能扩大适用于所有侵害私人民事权益的行为。实践中对不良影响条款的扩大适用是为应对我国商标注册申请中恶意抢注多发的现象,但是从法律解释的逻辑上考虑此种扩大适用并不具有正当性,而且《商标法》的其他规定如第10条第1款第(七)项、第44条第1款等条款的适用也能够规制恶意抢注行为且不会造成法律解释逻辑的混乱。

**【关键词】** 不良影响;扩大适用;法律解释;商标法

## 一、问题的提出

《商标法》第10条第1款第(八)项规定:"下列标志不得作为商标使用:……(八)有害于社会主义道德风尚或者有其他不良影响的。"北京知识产权法院于2015年3月一审判决的"微信"商标异议复审案[①],让关于"不良影响"规定的法律适用争议进入知识产权研究者的视野,众多学者和实务工作者对此频频发声,该问题一时成为研究的热点。[②] 由于关注者众多,人们多期望这一适用难题得以解决,但是从目前的状况来看,对不良影响条款的解释和分析仍然存在两个方面的争议。第一方面是完全支

---

[*] 钟鸣,法学博士,北京市高级人民法院法官。
[①] 参见北京知识产权法院(2014)京知行初字第67号行政判决书。
[②] 众多学者和实务工作者对"微信"案的评析已经由"西南知识产权"网汇总,可登录其网站阅读,网址是:www.xinanipr.com/picture/40/0.aspx,2015年8月10日最后访问。

持不良影响条款的"扩大适用",甚至认为申请商标注册的行为"容易导致消费者混淆误认的",就属于不良影响条款规制的核心内容,因为这种行为损害了消费者或者相关公众这一不特定多数人的利益,而不良影响条款就是对这种公共利益的保护。③ 这实际包含两层意思:第一,针对申请商标注册的行为"容易导致消费者混淆误认的"现象,不良影响条款的适用不是"扩大适用",而是完全落入了该条款的规制范围内;第二,不良影响条款是保护公共利益的兜底性条款,"可以兜住前面八项(前七项以及'有害于社会主义道德风尚的'),又可以控制前八项没有列举但商标注册申请实践中很可能出现的其他欠缺独占适格性的标记"④。第二方面完全否定了不良影响条款的"扩大适用",要求其适用必须回归本意,即仅限于"标志"本身是否对社会公共利益和公共秩序有消极、负面影响,如果没有,就不能适用不良影响条款。这一观点的依据在《巴黎公约》第 6 条之五 B 款及其官方指南的解释⑤、最高人民法院《关于审理商标授权确权行政案件若干问题的意见》第 3 条的规定以及 2001 年《商标法》修改以来所确立的区分不同类型商标拒绝注册事由的模式中均有体现。⑥笔者认为,虽然支持不良影响条款扩大适用的观点存在将私人利益与社会公共利益相混同的理论缺陷,但是将不良影响条款适用于大规模抢注他人商标的行为以及对"公开权"(right of publicity)或虚拟角色商业化利益的保护,对遏制目前商标申请中多发的恶意抢注行为有一定的积极意义,而反对不良影响条款扩大适用的观点却没有对此提出建设性的意见。基于以上情形,本文将从理论和实践两个方面出发,对不良影响条款扩大适用的争议及其解决进行分析,并提出现行法框架下的解决方案。

---

③ 持这种观点的典型代表是邓宏光教授和李扬教授,分别见邓宏光:"商标授权确权程序中的公共利益与不良影响:以'微信'案为例",载《知识产权》2015 年第 4 期,页 59;李扬:"'公共利益'是否真的下出了'荒谬的蛋'?——评微信案一审判决",载《知识产权》2015 年第 4 期,页 32。应当注意的是,虽然两位教授在不良影响条款的规制范围上的观点基本一致,但是对'微信'案一审判决适用不良影响条款却有不同的意见。

④ 李扬,见前注③,页 32。邓宏光教授表达了同样的意见:"'不良影响'条款作为第 10 条第 1 款的兜底款项,其目的应当与其他款项一样,系对公共秩序和善良风俗的保护,是为维护社会不特定主体利益而设定",见邓宏光,见前注③,页 59。需要注意的是,邓宏光教授在表达前述意见时引用了陈锦川主编,北京市高级人民法院知识产权庭编著的《商标授权确权的司法审查》一书的相关内容,但是经查阅,邓宏光教授所引用的该书相应内容只是认为,不良影响条款是对公共秩序和善良风俗的保护,是为维护不特定多数主体利益而设定的,与邓宏光教授所主张的混淆误认、违反诚信的注册行为无关,也并不认为该条款是第 10 条第 1 款的兜底条款,参见陈锦川主编:《商标授权确权的司法审查》,中国法制出版社 2014 年版,页 35—36、页 39 以及页 47—49。

⑤ 张韬略、张伟君:"《商标法》维护公共利益的路径选择——兼谈禁止'具有不良影响'标志注册条款的适用",载《知识产权》2015 年第 4 期,页 64。

⑥ 王太平:"论商标注册申请及其拒绝——兼评'微信'商标纠纷案",载《知识产权》2015 年第 4 期,页 23。

## 二、不良影响条款扩大适用的历史

不良影响的扩大适用,除了"微信"案以外,大多并没有进入研究者的视野。这是因为一直以来扩大适用情形虽然非常普遍⑦,但是实践中仍然认为属于不良影响条款适用的一个例外现象而非不良影响规范的本意,商标注册申请人也大多自知其商标申请缺乏正当性,很少会提出复审或者诉讼;公开发表的、涉及不良影响条款的论文一直以来讨论的也是申请商标的标志本身是否有不良影响的判断问题,很少涉及扩大适用⑧,所以笔者认为有必要梳理一下这被有意或无意遮蔽的历史。

自 1982 年《商标法》施行以来,已经经历了三次修改,其中,2001 年根据世界贸易组织《与贸易有关的知识产权协议》(简称 TRIPS 协议)所进行的第二次修改奠定了商标申请注册与审查的基本框架,即区分了拒绝商标申请注册的绝对理由和相对理由,并分别确定了各自适用的具体法律条文。虽然不良影响条款的内容在这三十年的过程中没有发生过改变,但是其适用的具体情形却发生了巨大的变化。

1982 年《商标法》第 10 条规定了九项内容,用今天的眼光看,这九项内容都是绝

---

⑦ 不良影响条款的扩大适用在商标局审查阶段的运用是非常普遍的,即使有在先权利人对诉争商标提出异议,商标局通常也会使用不良影响条款对诉争商标不予注册,而不是适用 2001 年《商标法》第 31 条的规定。一个典型的例子是"ABRO"商标异议案。商标局的异议裁定认为,被异议人申请注册被异议商标构成了对异议人商标的抄袭和模仿,被异议商标的注册与使用亦容易导致消费者对商品产源发生混淆误认,从而产生不良的社会影响。因此根据 2001 年《商标法》第 10 条第 1 款第(八)项规定,裁定被异议商标不予核准注册。但是商标评审委员会认为,被异议商标的申请注册已构成 2001 年《商标法》第 31 条所指的"以不正当手段抢先注册他人已经使用并有一定影响的商标"的情形,不应准予注册,但是并未违反 2001 年《商标法》第 10 条第 1 款第(八)项的规定。法院最终维持了商标评审委员会的裁定。参见商标局(2004)商标异字第 01345 号《"ABRO"商标异议裁定书》、商标评审委员会商评字〔2005〕第 4553 号《关于第 3198712 号"ABRO"商标异议复审裁定书》、北京市第一中级人民法院(2006)一中行初字第 392 号行政判决书和北京市高级人民法院(2007)高行终字第 550 号行政判决书。

⑧ 笔者查阅到的讨论不良影响条款应如何适用的论文如下:田明珠:"'醉生梦死'辨——谈对《商标法》中'有其他不良影响'条款的理解",载《中华商标》2002 年第 10 期;赵春雷:"商标法中的'其他不良影响'",载《中华商标》2004 年 9 期;汪正:"此'不良影响'非彼'不良影响'——关于'其他不良影响'禁用条款及诚实信用原则",载《中华商标》2007 年第 3 期;清源:"具有不良影响的商标之审查实例",载《中华商标》2008 年第 4 期;黎琳:"商标审查中'不良影响'的判断标准",载《中华商标》2008 年第 5 期;张亚洲:"如何理解《商标法》中的'不良影响'",载《中华商标》2010 年第 10 期;黄丽:"慎入'不良影响'的'禁区'——《商标法》第十条第一款第(八)项的使用",载《中华商标》2014 年第 11 期。其中,汪正和张亚洲的论文明确表示违反诚实信用原则的商标注册行为不应适用不良影响条款。2010 年以后,法官们主导了不良影响适用的讨论,比如饶亚东、蒋利玮:"谈谈商标法中的'其他不良影响'",载《电子知识产权》2010 年第 9 期;饶亚东、蒋利玮:"对《商标法》中'其他不良影响'的理解和适用",载《中华商标》2010 年第 11 期;陈志兴:"使用自己姓名作为商标注册不得有不良影响——'刘德华'商标确权案引发的思考",载《中华商标》2013 年第 8 期;陈志兴:"首字为'国'字商标是否具有不良影响的判定——评析国泰酒业集团有限公司诉国家工商行政管理总局商标评审委员会商标驳回复审行政纠纷案",载《电子知识产权》2014 年第 3 期;袁博:"'欲雪清'和'草泥马':'在先权利'VS'不良影响'",载《中华商标》2014 年第 8 期。

对禁止注册的理由,不仅有 2001 年及 2013 年《商标法》第 10 条第 1 款的禁用条款⑨,还有第 11 条第 1 款的禁注条款⑩,其中关于不良影响的规定为:"商标不得使用下列文字、图形:……(9)有害于社会主义道德风尚或者有其他不良影响的。"值得注意的是,1982 年《商标法》关于商标注册审查条件的规定,除了第 8 条以外,就只有第 17 条和第 18 条关于不得与在先申请在同一种或者类似商品上的商标构成相同或者近似商标的规定,因此对于侵害除在先申请商标之外的其他在先权益的商标申请,该法并无明确可适用的规定。但是,即使是在 20 世纪 80 年代的商标注册审查实践中,也存在一定量的恶意抢注行为,比如明知是他人使用的未注册商标仍然以自己名义注册的情形。为了处理不正当申请商标注册行为,商标注册审查机关开始扩大适用不良影响的规定。⑪

1993 年《商标法》修改时,在"注册商标争议的裁定"一章的第 27 条中增加了一款作为第 1 款,该款规定,"以欺骗手段或者其他不正当手段取得注册的,由商标局撤销该注册商标;其他单位或者个人可以请求商标评审委员会裁定撤销该注册商标",而相应的《商标法实施细则》第 25 条将前述"不正当手段"的规定细分为各种恶意抢注行为。此次修法的说明中明确提到,当时有商标注册申请人以不正当手段将他人长期使用并具有一定信誉的商标抢先注册,谋取非法利益的现象,但是 1982 年《商标法》缺乏相应的规定从而在 1993 年修法时予以增加。⑫ 但是,由于增加的"不正当手段"规定适用于已注册商标,在商标申请驳回和异议程序中并不存在相应条款,同样仍然只能如 1982 年《商标法》一样适用不良影响条款来处理那些属于恶意抢注但尚未获准注册为商标的情形。

2001 年以及 2013 年《商标法》虽然区分了商标注册的绝对条件和相对条件,但是对处于模糊地带的抢注行为,比如法律尚未明确作为"民事权利"予以保护的利益、在关联商品上抢注他人有一定知名度商标的行为或者在驳回程序没有在先权利人主张的情况下对恶意抢注行为的处理等,仍然在相当大的程度上依靠不良影响条款来规制和调整。⑬ 曾经参与 1982—2001 年历次《商标法》制定和修改的专业人士也指出,"关于不良影响的解释,本应是组成商标的要素的不良影响。在执法工作中有所引申,不仅是要素的不良影响,这个商标要素虽无不良影响,但如果使用它作商标'产生'不良影响,也理解为其不良影响。这种解释虽然有些争议,但在实践中已经使用了,并无遇

---

⑨ 关于禁用条款和禁注条款的具体内容请参见陈锦川主编,见前注⑤,页 5—6。
⑩ 禁注条款,即显著性条款体现为 1983 年《商标法》的第 8 条第(5)、(6)项。
⑪ 欧万雄、孙晓峰等编著:《商标注册指南》,工商出版社 1983 年版,页 59—60。
⑫ 原国家工商行政管理局局长刘敏学:"关于《中华人民共和国商标法修正案(草案)》的说明——1992 年 12 月 22 日第七届全国人民代表大会常务委员会第二十九次会议",载董葆霖主编:《中国百年商标法律集成》,中国工商出版社 2014 年版,页 410—411。
⑬ 周云川:《商标授权确权诉讼:规则与判例》,法律出版社 2014 年版,页 62。

到有说服力的反对意见。"⑭所以,尽管法律适用者明知,依文义解释,不良影响条款仅适用于申请注册商标的标志本身有不良影响的情形,但是在实践中,该条款对于规制恶意抢注行为"实在是太好用了",产生了"路径依赖",从而导致"采用该条款的案件数量仍居高不下"。⑮

从进入诉讼的案例来看⑯,对于不良影响条款扩大适用的争议大体上始于2008年,并在2009—2010年间开始凸显,在2010年4月22日最高人民法院颁布《关于审理商标授权确权行政案件若干问题的意见》以后,此类争议的案件数量逐渐消退,但是法律适用争议所针对的情况却呈现出集中化的态势,主要有两种:一是在驳回程序中,对于明显侵害他人在先权益,尤其是将自然人或者虚拟角色的姓名、形象申请注册商标的行为是否需要主动适用不良影响条款予以制止;二是对于商标注册申请人无使用意图的大批量恶意抢注他人商标的行为能否扩大适用不良影响条款予以制止。针对这两种情况的法律适用争议,从根本上说是基于对不良影响条款性质理解的不同,下文就相关理论问题结合实际案例作一说明。

### 三、不良影响条款的性质

**(一) 诚实信用与公序良俗**

诚实信用与公序良俗都是民法上的基本原则,由于前者"帝王条款"的地位,导致对它的关注度比较高,后者则相对被忽视,从而导致在商标审查实践中存在将两者混同的做法。在"哈利·波特""邦德007BOND"等商标异议复审案中,有法院就认为,抢注人明知角色名称的知名度而申请商标注册,违反了"诚实信用的公序良俗",属于《商标法》第10条第1款第(八)项规定的注册"有其他不良影响的"标志的行为。⑰

但是,诚实信用与公序良俗这两个原则是有区别的,概括言之就是,前者体现的是对私人之间利益的保护,其维护的是私人之间利益的平衡,而后者则体现的是私人与国家之间利益的协调。违反诚实信用原则的行为并不当然是无效的,法律一般赋予当事人可撤销、可变更的自由,体现了对私法自治的尊重;违反公序良俗原则的行为则一定是无效的,没有例外的情况。⑱ 因此,虽然诚实信用和公序良俗都体现一定的道德要

---

⑭ 董葆霖:《商标法律详解》,中国工商出版社2004年版,页52。
⑮ 周云川,见前注⑭,页62。
⑯ 钟鸣:"以'微信'案为由头,述说不良影响条款的适用难题(中)",载知产力 www.zhichanli.com/article/10418,2015年8月10日最后访问。
⑰ 参见北京市第一中级人民法院(2009)一中知行初字第2485号行政判决书和(2010)一中知行初字第2808号行政判决书。
⑱ 参见于飞:"论诚实信用原则与公序良俗原则的区别适用",载《法商研究》2005年第2期,页127;董雯婧:"也论诚实信用原则和公序良俗原则的区别适用——兼与于飞先生商榷",载《德州学院学报》2010年第5期,页85—87。

求,但两者仍然存在区别,恶意抢注本质上属于违反诚实信用原则的行为,这种行为损害的是他人特定的民事权益,但未必会损害公共利益、公共秩序或善良风俗。

不良影响条款作为公序良俗原则的体现,其效果在于,违反该款规定的标志不仅不能注册为商标,更不能作为商标使用,即无论如何使用都不可能获准注册为商标,已经注册为商标的无论何时均可主动使其无效。如果将违反诚实信用原则的恶意抢注行为纳入其中予以规范,从逻辑上说就使得在先权益所保护的标志均不能获得商标注册,反而不利于在先权益的保护,因此侵害特定民事权益的恶意抢注行为通常不能认定为违反公序良俗。在前述"邦德007BOND"商标异议复审案中,北京市高级人民法院就认为,"007""JAMES BOND"作为电影人物角色名称应当作为在先权利得到保护,其知名度及抢注人是否借用该知名度所产生的商业价值,并非《商标法》第10条第1款第(八)项调整的内容。⑲

当然,诚实信用与公序良俗的区别及其在恶意抢注中的适用并非截然分开,而是有适用层次的不同:公序良俗是社会对人的行为最低的道德要求,而诚实信用则是较高的要求,故违反公序良俗的行为必定违反诚实信用,但违反诚实信用的行为未必违反公序良俗。某种行为反社会性强,则以违反公序良俗否定该行为的效力;若该行为反社会性弱,则以违反诚实信用来限制其行为,并非当然使其无效。⑳ 仅侵害特定民事权益的恶意抢注,由于其反社会性弱,应适用诚实信用原则的具体条款予以处理;恶意大规模抢注他人商业标志且无使用意图的,对商标注册秩序造成严重损害,反社会性强,应适用公序良俗原则使其无效。㉑ 在"蜡笔小新"商标争议系列案㉒中,北京市高级人民法院就是通过认定商标注册申请人恶意大规模抢注他人有一定知名度的商标且无真实使用意图来适用体现公序良俗原则的2001年《商标法》第41条第1款"以不正当手段取得商标注册的"规定的。

(二)兜底条款与不确定法律概念

将不良影响条款作为《商标法》第10条第1款的兜底条款似乎已经成为"通说",对此本文仍然持一定的保留意见,理由如下:《巴黎公约》第6条之五B款规定:"除下列情况外,对本条所指的商标不得拒绝注册或使之无效:……(3)违反道德或公共秩序……"从该条规定及其解释来看,拒绝注册是例外而准予注册是原则,因此在明确规定了例外之后,其他不属于例外情况的,就都是应当准予注册的情况,这时对例外情况就不应当允许再加入兜底条款。《巴黎公约》的官方指南也明确指出:"成员国对本条

---

⑲ 参见北京市高级人民法院(2011)高行终字第374号行政判决书。

⑳ 参见于飞:《公序良俗原则研究——以基本原则的具体化为中心》,北京大学出版社2006年版,页87—95。

㉑ 参见钟鸣、陈锦川:"制止恶意抢注的商标法规范体系及其适用",载《法律适用》2012年第10期,页13。

㉒ 参见北京市高级人民法院(2011)高行终字第1427号、第1428号和第1432号行政判决书。

所适用的商标不能自由采用其他的理由以拒绝注册或使注册无效。这些国家主管机关的唯一任务就是确定所列举的理由是否适用。"㉓另外，根据 TRIPS 第 1 条的规定，包括商标权在内的知识产权为私权，而私权设立的基本法律原则是"法不禁止即自由"，即除法律作出明确的排除性规定之外，任何标志均可申请获得商标权，那么对不得注册为商标的条件就必须明确列举，不能用兜底条款来限制他人获得商标注册的机会。在此逻辑下，第 10 条第 1 款作为商标注册的合法性要求，自然也要遵循上述原则，不应以兜底条款来对商标注册申请进行阻却。

当然，不属于兜底条款并不意味着没有任何弹性。不良影响条款或者它所体现的公序良俗原则通常被认为属于不确定法律概念。不确定法律概念是行政法上的术语，它是指，法律条文中常使用一些概念不具体、不明确的用语，让法律适用者可以斟酌实际情形来决定其内容的概念。虽然不确定法律概念的内容和范围并不能完全确定，但是它也有一个相对确定的"核心地带"，而且其"边缘地带"或者"临界点"的选择也有相对可以确定的标准，因此它并不能够包容一切其他条款不能包容的内容。"不良影响"一词在解释上被等同于公共秩序和善良风俗，因此其"概念核心"是确定的，其"概念外围"则应当具有同样的性质，否则不能纳入同一概念进行处理。具体而言，《商标法》并非《消费者权益保护法》，其应当以保护商标权人的利益为基本出发点。避免消费者的混淆误认，是判断是否构成侵害商标权的标准，而并非以此来保护消费者的利益。因此，不能因为侵害商标权的行为同时可能损害消费者的利益，就认为所有足以构成混淆误认的商标申请或使用行为都侵害了公共利益，从而判定其具有不良影响。《商标法》上已经区分了足以导致混淆误认的商标申请行为与违反公共秩序和善良风俗的商标申请行为，并将它们分别归为拒绝商标注册的相对理由和绝对理由，在此情况下，就不能再通过消费者利益的引入把这两者统一到不良影响条款中，这样做实际上不仅无视世界通行的商标注册审查实践，而且也否定了我国三十年来的商标立法和修法的成果。在"希望杯全国数学邀请赛 HOPE since 1990 及图"商标申请驳回复审行政案中，商标评审委员会认为，丘衡中心申请该商标易使消费者对服务来源产生误认，从而造成不良社会影响；但是北京市高级人民法院明确指出，混淆并非"不良影响"条款所要考虑的因素，商标评审委员会的这种认定违背了该条款的适用逻辑。㉔

## 四、避免不良影响条款扩大适用的路径选择

根据上述关于不良影响条款性质的界定，我们能够确定该条款仅能规范那些申请

---

㉓ 〔奥〕博登浩森：《〈保护工业产权巴黎公约〉指南》，汤宗舜、段瑞林译，中国人民大学出版社 2003 年版，页 76。

㉔ 参见北京市第一中级人民法院（2012）一中知行初字第 664 号行政判决书和北京市高级人民法院（2012）高行终字第 870 号行政判决书。

商标的标志本身违反公共秩序或者善良风俗、违反最低道德要求的情形,而且该条款并非《商标法》第 10 条第 1 款的兜底条款,仅可以作为不确定法律概念在公共秩序和善良风俗的范围内通过解释和类型化的方法予以具体化,能扩大适用于仅侵害私人民事权益的行为。那么对于本文前面所提到的侵害自然人姓名、肖像或者虚拟角色、形象的商业化利益的商标注册行为以及无使用意图的大规模恶意抢注行为,在不能适用不良影响条款的情况下又如何予以规制呢?本文对此的回答是,可以通过适用《商标法》的其他条款来解决,从而使不良影响条款的适用回归该条款本身所规范的内容,避免法律适用上的矛盾和混乱。

  通常认为,申请注册的商标标志与他人姓名相同或者极为接近时,构成对他人姓名权的侵害,但是如果仔细研究《民法通则》关于姓名权的规定就可以发现,这种行为实际上只能勉强归于《民法通则》第 99 条所规定的姓名权人禁止他人"盗用"其姓名的情形。究其实质,这种"盗用"他人姓名的行为是为了借其名声来推销自己的商品或者服务,应当还是"公开权"或者自然人人格的经济利益所保护的范畴[25],与传统人格权所保护的精神利益并不能等同,因此将这种利益纳入《侵权责任法》第 2 条第 2 款概括性规定的"财产利益"的范畴更加合理。同样的道理,对于已死亡自然人的姓名或者形象,虽然不存在姓名权、肖像权,但是如果具有商业上可利用的价值,仍然存在可保护的财产利益,他人利用这些姓名或者形象申请注册商标的,也可以构成侵害其继承人民事权益的行为。虚拟角色的名称、形象,是其创造者创造出来并为公众所知的形象,用在某些商品或者服务上具有推销、广告等作用,因此也具有一定的商业价值,同样可以作为《侵权责任法》第 2 条第 2 款规定的"财产利益"予以保护。其实需要讨论的并不是这种利益该不该保护的问题,而是在多大范围内、通过何种方式予以保护。比如对已死亡的自然人姓名、肖像的财产利益要保护到其死亡之后多少年为止、虚拟角色的商业化利益具体到哪些商品或者服务上才予以保护,这些都需要通过具体的个案加以明确,但是目前看来尚未对此有过较为系统的梳理工作。在"刘德华"商标异议复审案件,虽然被异议商标的原申请人也叫刘德华,但是因为作为演员的刘德华知名度如此之高,被异议商标申请人在化妆品上申请注册被异议商标明显具有攀附演员刘德华声誉的意图,因此构成对演员刘德华姓名商业化利益的侵害。如果为了避免在是否侵害姓名权的论证中出现问题,而选择适用不良影响条款,虽然争议最终解决了,但却无法形成保护人格商业化利益的判例以指导以后的审判。由此,一是要引导当事人"为自己的权利而斗争";二是要求商标注册审查机关和法院对于能够纳入民事权益保护范围,但尚未明确化、类型化的利益能动的适用法律,予以充分的保护;三是要对已经保护的判决进行批判性的考察,为之后的保护指明方向。

---

[25] 参见王泽鉴:《人格权法:法释义学、比较法、案例研究》,北京大学出版社 2013 年版,页 252—291。

除了由当事人主张并适用在先权利条款外,还可以考虑其他方法。比如将"郭晶晶"申请注册在游泳衣商品上,商标注册申请人的目的在于借助郭晶晶作为世界跳水冠军的声誉来推销自己的商品,由于没有获得郭晶晶的许可也就是欺骗了公众,使公众对其商品的质量等特点产生了误认,对这种情况也可以考虑适用2014年《商标法》第10条第1款第(七)项关于欺骗性的规定予以制止。可能会有反对的意见认为,如果对侵害自然人或者虚拟角色形象的商业化利益而申请注册商标的行为适用欺骗性条款,那么侵害在先商标权的行为也可以适用欺骗性,与适用不良影响条款相比,只是转换了条款,同样没有解决扩大适用的问题。对此可解释如下:第一,利用自然人或者虚拟角色的相关形象申请商标,其目的在于使消费者对商品的性质、特点产生误认,这与侵害商标权所要求对商品提供者产生混淆的标准不同;第二,自然人或者虚拟角色形象的商业化利益的属性、保护范围与期限均不像商标权那么明确具体,在适用过程中存在论证的难度。为减少商标注册审查机关的工作压力、提高其效率,允许在驳回案件中适用欺骗性条款,实际是应对中国商标申请量大、恶意抢注多发的一个变通措施,而且该变通措施不像不良影响条款那样容易引起争议;第三,由于自然人或者虚拟角色形象的商业化利益范围不确定性,更容易被商标注册申请人"钻空子",基于尽早消除恶意注册行为在社会上影响的考虑,适用欺骗性条款也有一定的合理性。

对于无使用意图的大规模恶意抢注行为,则可以从违反商标注册秩序的角度适用2014年《商标法》第44条第1款的规定予以制止。这是区分标志本身的不良影响和商标申请注册行为所可能产生的"不良影响"两种情形的结果。区分标志本身的不良影响和商标申请注册行为所可能产生的"不良影响"也是基于具有"中国特色"的商标申请注册行为所作的处理。通常来说,针对具体案件中的抢注行为,适用《商标法》第13条、第32条等保护在先权益条款完全可以处理,但是目前有些商标申请注册行为专挑那些知名度"达不到中国商标注册审查实践所要求的驰名商标程度"[26]的在先商标予以抢注,或者在一定关联的商品上抢注他人有一定知名度的商标。由于目前僵化的商标注册审查实践,对恶意抢注的打击力度极为有限,恶意抢注人从而得以大批量申请注册他人有一定知名度的商标,这种情况愈演愈烈,已到了非制止不可的程度,商标注册审查机关和法院就创设了对这种行为适用第44条第1款"以不正当手段取得商标注册的"规定的做法,将无使用意图的大规模恶意抢注行为看作破坏商标注册管理秩序的行为。由于第44条第1款明确规定适用于"已注册商标",对于尚未获准注册

---

[26] 对于"达不到中国商标注册审查实践所要求的驰名商标程度"这句话需要解释一下。中国的驰名商标认定已经成为一项"产业",但是不明白其中关窍者,即使其商标已经达到相关公众广为知晓的程度,也未必能被认定为驰名。为了避免驰名商标认定的泛滥,司法机关实际上提高了认定的标准,即使那些在社会公众中广为知名的"超级驰名商标",如非万不得已,也不会被认定为驰名,所以只要曾经没有被比较有权威的法院认定为驰名商标的,都可以视为"达不到中国商标注册审查实践所要求的驰名商标程度"。

商标缺乏可供适用的规定,因此法院在最近的裁判中认为,对于尚未获准注册的商标可以"类推使用"第 44 条第 1 款。[27] 当然,之前也有裁判适用《商标法》第 4 条的规定,认为当事人大批量申请他人商标不具有自己使用的意图[28],但是第 4 条不是商标驳回、异议和无效所要适用的法律依据,也很容易通过提交使用证据来排除其适用,所以目前仍以适用第 44 条第 1 款为通常做法。以"云铜"系列案[29]为例,该案中,异议复审申请人没有提出不良影响条款作为被异议商标不应予以核准的理由和依据,商标评审委员会主动适用了该条款,一审法院没有审查超范围审理的问题,而是以不良影响条款不适用于该案为由撤销了商标评审委员会裁定。如果异议复审申请人已经提出不良影响条款而商标评审委员会予以适用,此时简单的撤销并要求异议复审申请人重新以第 44 条第 1 款申请无效就有点过于机械了,因为虽然法律适用有不同,但是实质审理内容是一样的,直接变更法律适用可能是更合理的做法。

## 五、结语

将不良影响条款扩大适用于侵害他人在先权益的情形,不具有解释上的正当性,也会导致法律适用上的逻辑混乱,应当在今后的实践中尽量避免。对于目前较为典型的扩大适用不良影响条款的情形,其中无使用意图的大规模恶意抢注行为可以通过适用或者类推适用第 44 条第 1 款"以不正当手段取得注册的"规定予以制止;对于侵害自然人或者虚拟角色形象商业化利益的申请行为,应当尽量引导在先权利人通过提出异议、无效申请来解决;如果处于驳回程序中,原则上,在先权利人应当等待诉争商标初步审定公告后再予以处理;如果商标申请行为在侵犯他人在先权利的同时还可能造成公众对商品的质量、产地等特点产生误认的,则可以考虑适用第 10 条第 1 款第(七)项的规定。应当注意,不良影响条款在 1982 年以来的商标注册审查实践中发挥了重要的作用,其扩大适用遏制了大量的恶意抢注行为,在目前不良影响条款无法适用于恶意抢注行为的情况下,应当注意避免法律适用的僵化,不能因为法院在法律适用政策上的改变而让当事人为此"买单",而是应当在裁判中给予当事人乃至商标注册审查机关明确的、可预期的法律适用的指引,从实质上解决当事人之间的纠纷,维护权利人的合法权益。

---

[27] 参见北京市高级人民法院(2015)高行(知)终字第 659 号行政判决书。
[28] 参见最高人民法院(2013)知行字第 42 号行政裁定书。
[29] 该系列案的诉争商标为"云铜",商标评审委员会认为,诉争商标申请人"大量注册他人企业名称简称的行为更扰乱了正常的商标注册管理秩序,并有损于公平竞争的市场秩序,违反了诚实信用原则,破坏了公序良俗,易造成不良社会影响"。北京市第一中级人民法院则认为,诉争商标本身没有不良影响。北京市高级人民法院认为,针对诉争商标提出异议的申请人并未主张诉争商标违反不良影响条款,因此诉争商标是否有不良影响不属于该系列案的审理范围。参见北京市高级人民法院(2014)高行(知)终字第 2577 号、2578 号、第 2593 号、第 3285 号、第 3291 号、第 3296 号、第 3300 号、第 3306 号和第 3307 号行政判决书。

# 从"为为网诉苹果公司案"论App名称的商标侵权及其赔偿

王莲峰[*]

**【摘要】** 随着智能手机的普及和移动互联网的快速发展,App名称的商标侵权纠纷凸显。在移动互联网中App的名称具有唯一性,一旦被他人登记和注册,同名的App应用程序将无法进入手机应用商店。App应用程序上传是移动互联网环境下一种新的商标使用形式,上传与他人注册商标同名的App应用程序并使用在相同的服务类别上,造成相关公众混淆的,构成商标侵权。App应用商店的管理者主观上明知App上传者的行为侵权,客观上未采取必要措施的,构成帮助侵权,承担相应的连带责任,不能适用避风港规则免责。

**【关键词】** 为为网;商标侵权纠纷;移动互联网;App的名称;商标使用

上海首例移动互联网商标侵权纠纷案在上海法院立案,该案件因涉及将他人注册商标作为App应用程序的名称使用,被媒体称为移动互联网领域商标侵权的新形式,该案也是继"抢注商标及域名等类型的案例之后,出现的将他人注册商标标识用于App应用程序上的新型案例"[①],加之该案索赔1亿元的高额数字及美国苹果公司的特殊身份,该案成为知识产权业界关注的热点话题。

---

[*] 王莲峰,华东政法大学知识产权学院教授,博士生导师。
本文系2014年度国家社科基金重大项目《互联网领域知识产权重大立法问题研究》(批准号:14ZDC020)的阶段性研究成果。

① 王国浩、毛立国、杨柳:"'为为网'阻击'李鬼'App引知识产权专家热议",http://z.chaofan.wang/news/guoneizixun/4833.html,2015年2月10日最后访问。据《中国知识产权报》(2015年4月10日第5版)报道,"为为网"商标纠纷案有了新进展,苹果公司提出的管辖异议被驳回,上海市高级人民法院享有管辖权并将于近期开庭审理。

## 一、案情简介及问题的提出

原告易饰嘉公司 2007 年 5 月起开发"为为网"网站作为公司的电子商务平台，2010 年 7 月开发完成并正式上线投入运营。2012 年该公司取得 3 件"为为网"注册商标，分别核定用于第 35 类、第 38 类和第 42 类，包括：计算机软件设计、计算机系统设计、信息传送等。2012 年 11 月易饰嘉公司在"为为网"PC 端电子商务平台的基础上开发"为为网"App 应用程序，并于 2014 年 4 月完成。同年 4 月 21 日和 5 月 22 日期间，易饰嘉公司多次向美国苹果公司申请在其管理的 App Store 平台注册并申请上架其开发的"为为网"App 应用程序，均遭苹果公司拒绝，苹果公司的答复理由为同款"为为网"App 版本已经存在。据媒体报道，沃商公司已于 2013 年 12 月 18 日在 App Store 平台上架了以"为为网"命名的 App 应用程序。随后，易饰嘉公司自 2014 年 6 月 3 日开始，多次通过苹果公司官网和电子邮件向苹果公司提出异议，要求苹果公司核查并下架沃商公司开发的涉嫌侵权的"为为网"App 应用程序，同时，许可易饰嘉公司合法的"为为网"App 应用程序进入 App Store 平台，但苹果公司均未予以回复。2014 年 6 月 26 日，易饰嘉公司以商标侵权以及不正当竞争为由，向上海市第一中级人民法院状告苹果公司及沃商公司，索赔金额为 1 亿元。之后，苹果公司于 2014 年 7 月 2 日回复易饰嘉公司，称其已将沃商公司开发的涉案"为为网"App 应用程序从 App Store 平台上撤下，并将易饰嘉公司开发的"为为网"App 应用程序在 App Store 平台上架。

结合本案，本案将对 App 应用程序的相关主体及法律地位、App 程序上传中涉及的权利义务进行研究。

## 二、移动互联网 App 应用程序的属性及相关法律主体

### （一）移动互联网 App 应用程序属于软件类的商品

App 是英文 Application 的简称，也就是应用软件的意思，多指智能手机的第三方应用程序和应用软件。手机用户可以在移动互联网的 App 手机应用商店里下载和安装该类软件。目前比较著名的 App 手机应用商店有美国苹果公司 iTunes 商店里面的 App Store，它是由苹果公司为 iPhone 和 iPod Touch、iPad 以及 Mac 创建的服务，允许用户从 iTunes Store 或 mac app store 浏览和下载一些使用 iPhone SDK 或 mac 开发的应用程序。另一个是 Android 的 Google Play Store，是由 Google 为 Android 设备开发的在线应用程序商店，该手机用户可以在此商店里浏览、下载及购买在 Google Play 上的第三方应用程序。移动互联网环境下，为拓展市场，其他公司和个人也可以将其开发的 App 应用程序提交到上述 App 商店供手机用户下载和使用，比如，上述案件中，易饰嘉公司将其开发的"为为网"App 应用程序申请在 App Store 平台上架。至于下载 App 应用程序是否收费，在其各自的商店里会有提示，开发者也可通过在 App 里面放置广告

来盈利。

结合上述分析,本文认为,移动互联网中的 App 应用程序应属于软件类的商品,该商品同其他商品一样,也应该有自己的商标或名称,以区别同类应用程序。众所周知,域名在互联网环境下是唯一的,比如,如果有人抢先申请了 Haier.com,则真正的海尔企业就无法使用同样的域名在互联网上登记使用。而在移动互联网上,App 应用程序是否和域名一样也是唯一的?能否使用他人的在先权利,如使用他人的注册商标作为自己开发的应用程序名称,之后抢先上传到手机应用商店里,如本案中沃商公司的行为是否构成对在先注册商标权人的侵权抑或是不正当竞争?如果构成侵权,App 应用程序涉及的相关主体包括哪些?下文将逐一进行分析。

(二)App 应用程序涉及的相关主体

在传统的商标侵权纠纷中,涉及的主体一般包括商标权人、生产商和销售商等。而 App 应用程序的商标纠纷涉及的主体不仅包括商标权人,还有应用程序的开发者和上传者,以及手机应用商店的管理者。

笔者以为,在 App 应用程序纠纷涉及的相关主体中,应用程序的开发者一般是该程序的设计人,只要该程序软件是其独立研发的自主产品,不会侵犯他人知识产权,但如果开发者将其设计的应用程序上传到应用商店里,则另当别论,同时,这些主体是否构成商标侵权,还要依据个案进行判断。

### 三、移动互联网 App 应用程序上传者的商标侵权认定

基于对现行《商标法》第 57 条第一项和第二项的理解,笔者以为认定商标使用者是否构成侵权,主要有两个参考标准,其一,审查使用者的行为是否构成商标使用;其二,商标使用是否会造成相关公众的混淆。移动互联网环境下,认定 App 应用程序上传者的行为是否构成商标侵权,同样要考虑这两个认定标准,笔者观点如下:

(一)App 应用程序上传者的行为构成商标使用

使用者的行为是否构成商标使用,是认定商标侵权应考虑的主要因素之一。何谓商标使用,现行《商标法》第 48 条做了明确规定,即指在商业活动中,起到识别商品或服务来源为目的的使用,比如,将商标用于商品、商品包装或者容器以及商品交易文书上,或者将商标用于广告宣传、展览以及其他商业活动中等等。笔者认为,将 App 应用程序上传,应该是一种新的商标使用形式,有其特殊性。App 应用程序是一款软件类商品,只有将这种软件置于特定环境中才能发挥作用。比如,开发者把该款软件上传到 App 手机应用商店里,供用户下载和使用,进而提供相应的服务。手机用户一旦下载 App 程序,上传 App 的开发者即埋下一颗种子,可持续与用户保持联系,进行相关电子商务活动,用户也可在该商店里购买或者免费下载相关的产品等。另外,由于 App 应用软件商品的名称在移动互联网环境中具有唯一性,如同互联网中的域名,一旦被

他人抢先登记和注册，该名称即在移动互联网中获得独占性权利，致使同名的 App 应用程序无法进入该手机应用商店。对消费者而言，通过在手机商店里选择不同名称的 App 应用程序下载到手机后，开始使用该程序提供的相应服务，选购相应的商品，而此时的 App 应用程序的名称和颜色等商业标识符号就起到了区别同类服务来源的功能。结合本案，被告沃商公司未经原告易饰嘉公司许可，将原告注册商标"为为网"作为沃商公司开发的 App 应用程序的名字，上传至苹果公司所提供的 App Store 平台，利用应用程序进行销售和服务，这种行为构成商标使用，因为此时沃商公司标注的"为为网"文字起到了指示该 App 应用程序服务来源的作用。

（二）使用与注册商标同名的 App 应用程序容易造成相关公众混淆

在移动互联网环境中，认定使用者是否构成商标侵权，除了要考虑上述 App 应用程序上传者的行为是否构成商标使用之外，还要考虑如果使用相同的 App 应用程序的名称是否会造成相关公众的混淆。

从我国法院多年审理商标案件的司法实践来看，认定是否造成混淆的参考因素主要有：

其一，涉嫌侵权使用者的商标和他人已注册商标相同或者近似。移动互联网商标侵权中，"使用者的商标"一般为 App 应用程序的名称，而该名称与他人在先注册商标的文字相同。比如，在"西柚"商标纠纷中，厦门某公司因使用"西柚经期助手 App"而被商标权人指控侵权，权利人主张的缘由就是"西柚"商标已经被注册了，厦门某公司未经许可擅自使用了"西柚"商标。该商标纠纷最终以"西柚经期助手"改名为"美柚经期助手"了结。②再如，北京小桔科技的"嘀嘀打车"软件 App，因涉嫌侵犯杭州一家公司的"嘀嘀"注册商标而更名为"滴滴打车"。

其二，使用的类别和已注册商标核定使用的商品或者服务类别相同或者类似。商标专有权的范围是有限制的，权利的行使仅以其核准注册的商标和核定使用的范围为限。如果他人未在注册商标权利人核准的商品或者服务类别上使用相同或近似商标，不会发生侵权行为。司法实践中，法院主要参考《商标注册用商品和服务国际分类》表进行比较，审查原被告双方使用的服务类别是否相同或者类似。移动互联网环境中商标使用的类别主要是计算机互联网等服务项目。在"115"商标纠纷中，河北一家企业核准注册了"115"商标，并且以此为由，向各大 App 应用市场主张权利，要求下线广州一家公司的 115 网盘 App，声称 115 网盘未经权利人许可擅自将其"115"注册商标的名字作为软件名称使用，构成对权利人的商标侵权。法院经审理认为，权利人所持有的"115"商标是第 9 类，为商品商标，包括计算机键盘、电子字典、笔记本电脑和计算机外围设备等硬件产品。而一一五公司提供的服务产品属于第 42 类，注册商标为"115.

---

② 第三媒体新闻稿："手机软件：西柚经期助手被指侵犯商标权被 App 商店下架"，http://www.thethirdmedia.com/Article/201310/show324293c76p1.html，2015 年 4 月 30 日最后访问。

com",服务项目为:技术研究、提供互联网搜索引擎、计算机软件更新等,分属不同类别商品和服务,未造成相关公众混淆,不构成商标侵权,由此"115网盘"赢了诉讼。③ 但在陌陌商标纠纷中,北京陌陌科技公司或因商标问题卷入诉讼。因为第45类"陌陌"商标此前已经被杭州某公司注册,而第45类涵盖了包括社交陪伴、交友服务、婚姻介绍等在内的服务,与北京陌陌科技公司的主营业务相似。权利人要求陌陌公司停止同名软件的下载服务、更名,并赔偿经济损失,该案已被北京知识产权法院受理。④

其三,商标使用起到了识别商品或者服务来源的作用。商标通过在商业活动中的使用,其标识商品来源和品质等功能才能得以发挥,生产者得以宣传自己的产品或者服务,同时,也便于消费者"认牌"选购。如果商品贴上商标后没有投入市场,或者仅在内部或者少量使用,商标识别功能不会产生。对App应用程序的开发者而言,如果仅仅是设计了一款App应用程序,没有投入市场,就不属于商标使用;但如果上传到手机应用平台上,共消费者浏览和下载,这种行为即构成了商标使用。

其四,注册商标的显著性及知名度。毋庸置疑,显著性是商标的灵魂,如果商标具有先天显著性,不仅容易获得注册,也会得到较高的法律保护。众所周知,现代商品社会里企业营销的终极状态是口碑传播,一个好名字、好商标,是口碑传播的起点,而有价值的商标也会成为企业的"金字招牌"。移动互联网时代,对开发App软件的设计者也不例外。随着移动互联网的快速发展和手机购物的普及,独特的App应用程序的名称也会成为一种稀缺资源。如何为自己开发的App软件取一个易记响亮的名字,既能清晰诠释自我内涵,又能轻松吸引消费者的注意力,不是一件容易之事,需要开发者的投入和智慧。目前,知名度较高的App名称,如"麦包包""嘀嘀打车""人人猎头"等,这些名称的设计,巧妙地通过叠加字的运用,使人容易记忆,具有了显著性,同时,通过不断的宣传使用提升其知名度。如果他人擅自使用,通过傍名牌、抢注同名App应用程序上传到应用商店里,这种攫取他人智力成果不劳而获的行为,不仅构成商标侵权,也是一种不正当竞争行为。

结合上述因素,笔者认为,在移动手机商店中,上传和已注册商标同名的App应用程序并使用在相同或者类似商品或服务上,容易造成相关公众混淆,会导致消费者误认为该款App应用程序归属于商标权人。如果在先注册商标具有较强的显著性和较高的知名度,这种搭便车的使用,不仅会破坏商标的识别来源的功能和其所承载的美誉度,给商标权人带来损失,也会损害到消费者的利益。违法使用者不但要承担商标侵权责任,也难逃不正当竞争法的制裁。就本案而言,原告易饰嘉公司申请的商标"为为网"作为服务商标具有显著性,应受到商标法保护。原告的注册商标已核定使用在第38类和第42类的软件设计开发及通讯等服务类别上,被告沃商公司未经许可,擅

---

③ 参见(2014)东中法民终字第40号民事判决书。
④ 王国浩:"'陌陌'被诉商标侵权遭千万元索赔",载《中国知识产权报》2015年4月24日第22版。

自使用与原告注册商标相同的文字"为为网",命名其 App 应用程序并上传到 App Store 手机商店,与原告提供的服务重合,造成两者服务类别上相同。另据媒体报道,易饰嘉公司经过多年的投入宣传和诚信运营,其经营的"为为网"已享有较高的社会知名度和市场美誉度,2012 年曾荣获"中国电子商务最具诚信十佳典范企业"等荣誉。而沃商公司的经营范围并不包括电子商务以及各类商品的销售、进出口和物流服务,却仿照易饰嘉公司"为为网"的商业模式,在 App 应用程序中,开设"为为抢购""为为旅游"等频道从事相关电子商务,容易导致相关公众的混淆,使相关消费者认为该款 App 应用程序是易饰嘉公司及"为为网"提供的手机客户端服务。基于"为为网"商标侵权案中目前双方提供的证据,笔者认为,沃商公司的行为涉嫌侵犯原告易饰嘉公司的注册商标专用权;如果沃商公司主观明知而恶意假冒原告在先的注册商标并上传到 App store 的占坑行为,也构成不正当竞争;如果沃商公司声明其自己是合理正当使用"为为网"名字,则需举证说明。

### 四、移动互联网 App 应用商店管理者的侵权认定及免责

移动互联网环境下,App 应用商店管理者的侵权责任如何认定?能否适用"避风港规则"免责呢?结合本案,沃商公司的行为如果涉嫌构成商标直接侵权,那么,苹果公司作为 App 应用商店的经营管理者,是否要承担连带责任,构成帮助侵权呢?

(一) App 应用商店管理者的侵权责任认定

《侵权责任法》第 36 条规定,网络服务提供者知道网络用户利用其网络服务侵害他人民事权益,未采取必要措施的,对损害的扩大部分与该网络用户承担连带责任。这是网络服务提供者承担侵权责任的主要依据。基于该条内容,在移动互联网中,App 应用商店管理者侵权责任的承担条件为:一是主观上明知网络用户的侵权行为,二是客观上未采取必要措施,使得权利人受到更大损失。只有同时具备这两个条件,管理者才构成帮助侵权,承担相应的连带责任。该条规定,较好地平衡了网络服务商和网络用户各自的责任,有利于电子商务的健康发展。

1. App 应用商店管理者主观明知的认定

主观上明知是民事侵权责任中认定帮助侵权的要件之一,网络提供者只有主观上知道网络用户正在进行的行为有可能侵犯他人权利的,才涉嫌构成帮助侵权。而直接侵权并不要求权利人举证侵权人主观上是否明知,只要存在侵权的事实即可认定。当然,主观上明知或者应知的举证,还要结合具体案件,比如,权利人已向网络管理者提交了相关权利证明并以书面方式告知等。结合本案,原告易饰嘉公司 2014 年 4 月 16 日在苹果公司的官方网站(Apple.com)注册了开发商账号,ID 为 libo@homevv.com,并为此支付了美金 99 元。2014 年 4 月 21 日,原告根据苹果公司规定的流程,在 App Store 注册并申请上架"为为网"移动应用程序,获得 ID 号 866985372;2014 年 4 月 30

日上架申请遭到苹果公司拒绝。此后,原告又分别于 2014 年 5 月 4 日、5 月 22 日提出申请,苹果公司先后于 2014 年 5 月 12 日、5 月 30 日予以拒绝,其理由为:"为为网"App 版本已经存在,ID 为 739688712,名称"为为网"。随后,易饰嘉公司 2014 年 6 月 3 日,通过苹果公司的官网向苹果公司提出异议,并于同年 6 月 4 日、6 月 17 日、6 月 23 日多次提出申请,但苹果公司均未予理会,直至 2014 年 7 月 2 日,苹果公司回复易饰嘉公司称,已将沃商公司开发的涉案"为为网"App 应用程序从 App Store 平台上撤下。从原告易饰嘉公司 2014 年 6 月 3 日提出异议直至苹果公司 2014 年 7 月 2 日最终撤除侵权"为为网"App 应用程序的过程来看,苹果公司主观上是明知沃商公司的假冒侵权行为的。

2. App 应用商店管理者采取必要措施的认定

认定 App 应用商店管理者的侵权责任,不仅要考虑其主观上是否明知网络用户的行为侵权,客观上也要看其是否采取了必要措施,在收到被侵权人的通知后是否及时采取删除、屏蔽和断开链接等措施,履行了"通知+删除"的义务,否则就要承担损害扩大部分的连带责任。就本案而言,苹果公司作为网络服务提供者是否尽到了注意义务,或者说是否要承担较高的注意义务?同时,为阻止侵权进一步扩大化,是否采取了相应的必要措施呢?毋庸讳言,苹果公司拥有非凡的技术实力,作为 App Store 平台的经营者,具有绝对的管理和控制权,有能力也有责任对发布于其上的移动应用程序进行全面的审查和筛选,并对开发者的身份和相关权利进行核实和验证。况且苹果公司从 App Store 平台的运营中获取了可观的直接经济利益,苹果公司应具有更高的合理注意义务。结合本案,苹果公司在长达近一个月的时间里,并未对原告易饰嘉公司多次向其提出声明并主张权利的异议进行及时处理,并采取有效措施,而是置若罔闻,放任侵权者,有可能导致权利人的利益受到进一步损失。而苹果公司允许沃商公司涉案的"为为网"应用程序进入 App Store 平台,客观上也为沃商公司的商标直接侵权行为提供了场所和帮助。至于苹果公司的删除行为是否及时,一方面,本案原告需要进一步举证,同时,法院也要根据网络服务的性质、有效通知的形式和准确程度,网络信息侵害权益的类型和程度等因素综合判断。如果苹果公司不能证明其采取了必要措施,根据《商标法》第 57 条第(六)项和《商标法实施条例》第 75 条规定,苹果公司作为网络商品交易平台,为侵犯他人商标专用权提供了便利条件,会涉嫌与沃商公司构成共同侵权。

(二)App 应用商店管理者的免责

根据《信息网络传播权保护条例》规定,应用商店运营商和管理者提供的是信息存储空间,若要免责,需要同时具备以下几个条件:第一,明确标示该信息存储空间是为开发者所提供;第二,未改变开发者所提供的作品;第三,不知道也没有合理的理由应当知道开发者提供的作品侵权;第四,未从开发者提供的作品中直接获得经济利益;第五,在接到权利人的通知书后,删除权利人认为侵权的作品。尽管这些免责条件是针对侵犯著作权的手机应用商店免责的五个条件,但该条件也可适用于商标侵权案件中对应用商店运营和管理者责任的免除。

如上所述,App Store 是一个手机应用软件在线销售平台,第三方针对苹果公司的产品开发应用程序,上传至 App Store 供苹果用户付费下载或免费试用。App Store 通过用户下载付费的形式获得收入,由苹果公司统一代收,与开发者按照 3∶7 的比例分成。⑤ 苹果公司既然通过 App Store 平台的运营获取了相应的经济利益,应对其商店里的程序软件侵权与否的审查负有更高的注意义务,除了要求开发者提供真实身份资料之外,还需要开发者提供知识产权的权利证明文件。另外,应用商店管理者在运营过程中,一旦接到权利人举报和异议的通知,应立即进行调查核实,及时删除权利人认为侵权的程序,避免给权利人造成更大的经济损失。针对市场中一些急功近利的 App 应用软件的上传者,如果公司苹果不进行严格的审查,有可能会在其 App Store 出现侵犯他人商标权或其他民事在先权利的应用程序,届时,苹果公司不能以"避风港"原则为由,默认和纵容那些以傍他人名牌用他人的知名商标和商号等走捷径者,以小成本开发应用程序的占坑行为。

关于苹果公司的责任认定,也可参考北京市第二中级人民法院 2012 年审理的一起信息网络传播权纠纷案件。该案原告李承鹏诉被告苹果公司及第三人艾通思有限责任公司、第三人欧迎丰侵害信息网络传播权,法院经审理后在判决书中指出:"苹果公司作为综合性的网络服务平台 App Store 平台的运营者,对 App Store 平台具有很强的控制力和管理能力,其通过 App Store 平台对第三方开发商上传的应用程序加以商业上的筛选和分销,并通过收费下载业务获取了可观的直接经济利益,故对于 App Store 平台提供下载的应用程序,应负有较高的注意义务。"⑥该案的判决对本案中苹果公司侵权责任的认定也具有一定的借鉴意义。

综上,由于苹果公司通过手机应用商店直接获取利益,应负有更高的注意义务,仅此,就不符合避风港原则的适用。至于苹果公司接到原告通知后,是否及时采取措施,还需要原被告双方相关的证据加以说明。

**五、移动互联网 App 应用程序中商标侵权者的赔偿责任**

根据现行《商标法》第 63 条规定,商标侵权赔偿的顺序分别为权利人的实际损失、侵权人获利和许可使用费用的倍数,2013 年修改后的《商标法》又增加了惩罚性赔偿,并提高了法定赔偿的数额。司法实践中,法官考量损害赔偿标准时,多以填平原则为

---

⑤ 余小林:"手机应用商店如何控制法律风险?——App Store'侵权门'的警示",载《中国电信业》2011 年第 9 期,页 16。

⑥ 参见(2012)二中民初字第 2236 号民事判决书。

主,同时适当考虑惩罚性赔偿。对于主观恶意且情节严重的侵权行为,法官则会采取高额赔偿给予一定的威慑,但也依赖于原告寻找充分的证据支撑损害赔偿标的额。如果原告无法举证,法院可酌情按照法定赔偿保护权利人利益。当然,赔偿数额也包括权利人为制止侵权行为所支付的调查和取证等合理开支。

在"为为网"诉苹果公司商标纠纷案中,原告易饰嘉公司向两被告索赔金额为1亿元人民币,这也是该案引起社会关注的另一亮点,而赔付如此高额费用的依据和证据也是本案索赔的关键所在。据原告代理律师介绍,"为为网"应用程序的研发成本高达1.4亿元,索赔1亿元的基础是该公司为研发、推广、维护"为为网"网站和App应用程序所支出的成本。⑦ 本案原告的实际损失如何计算?以研发和维护网站及应用程序的成本作为索赔依据是否可行,值得进一步研究。毕竟,商标纠纷不同于版权诉讼,本案被告行为是否破坏了原告商标的识别服务来源的属性和功能,是否造成了对原告市场份额的减少或者商誉的损害?这些问题也需要原告举证。本案中,原告正式完成App应用程序并申请上线时间为2014年4月,晚于被告上架的时间,换言之,原告的移动应用程序2014年4月之前还没有开发出来并投入市场使用,商标的识别功能还没有发挥出来。

另外,还有一个因素要考虑,本案被告沃商公司上线的涉案App应用程序是一款"死软件",自2013年12月18日在App Store上线1.0版本以来,从未进行更新。该应用程序平台上只有少量产品和商户展示,产品只有部分介绍信息,无法进行下单交易,用户下载后无法使用其在原告"为为网"(www.homevv.com)网站上注册的账户登录,就是说这款"死软件"尚未实际运营和获利。但对易饰嘉公司而言,恐怕损失最大的是时间成本。本案中因苹果公司对易饰嘉公司提出的异议和权利主张,未及时作出回应,将侵权程序删除和下架,致使易饰嘉公司开发的"为为网"App应用程序无法进入App Store平台,可会造成该公司用户资源的流失和市场份额的减少。另外,涉嫌侵权的应用程序因其无法使用还会误导消费者,对原告在社会和市场上造成负面影响,有可能损害易饰嘉公司"为为网"商标权的美誉度和企业形象。但这些经济利益和商誉的损失也需要原告提供相应的财务报表等证据来说明。为确保权利人的利益,2013年修改后的《商标法》也规定了在权利人已经尽力举证,而与侵权行为相关的账簿、资料主要由侵权人掌握的情况下,人民法院为确定赔偿数额,可以责令侵权人提供与侵权行为相关的账簿、资料;如果侵权人不提供或者提供虚假的账簿、资料的,人民法院可以参考权利人的主张和提供的证据判定赔偿数额。

---

⑦ 参见王国浩、毛立国、杨柳:"'为为网'阻击'李鬼'App引知识产权专家热议",http://z.chaofan.wang/news/guoneizixun/4833.html,2015年2月10日最后访问。

## 六、结语

综上所述，App 名称的商标侵权纠纷会随着移动互联网的迅猛发展呈上升趋势，如何运用现有的商标法规则来解决此类新型商标纠纷也是学界和司法界共同关注的话题。本文认为，手机上的 App 名称在移动互联网中具有唯一性，如果上传者将与他人注册商标同名的 App 上传到应用商店里，并使用在商标权人相同的服务类别上，造成相关公众混淆的，构成商标侵权。针对 App 应用商店的管理者，如果其主观上明知 App 上传者的行为侵权，客观上未采取必要措施的，构成帮助侵权，应承担相应的赔偿责任，无法适用避风港规则免除其侵权责任。但如何规范手机 App 上传者以及应用商店管理者的责任等问题需要进一步讨论。

# 论专利侵权的惩罚性赔偿制度

黄雨婷[*]

**【摘要】** 中国第四次《专利法修改草案(征求意见稿)》增加了惩罚性赔偿条款,立法者希望通过引入惩罚性赔偿制度,解决目前中国专利维权赔偿低的问题,并鼓励专利权人积极维权。然而,对比美国专利故意侵权的惩罚性赔偿制度,本文认为中国第四次《专利法修改草案(征求意见稿)》增加的惩罚性赔偿条款自身存在一定缺陷。同时,通过对美国专利故意侵权惩罚性赔偿制度的历史发展、特点和实施现状进行分析,本文认为,专利故意侵权的惩罚性赔偿制度未必能够解决问题,《专利法修改草案(征求意见稿)》引入专利故意侵权的惩罚性赔偿制度之合理性令人质疑。

**【关键词】** 专利故意侵权;惩罚性赔偿制度;美国专利法;专利法修改草案

## 一、引言

根据最高人民法院 2014 年 4 月 26 日公布的数据,2013 年全国地方法院共新收和审结的知识产权民事一审案件分别为 88583 件和 88286 件,分别比 2012 年增长 1.33% 和 5.29%。[①] 研究者整理了我国 2008 年至 2013 年期间的 4700 多件包括专利、商标、版权等在内的案件,发现其中 97.25% 的专利判决都采取了法定赔偿的方式,法定赔偿的平均赔偿额只有 8 万元,它们通常只占起诉人诉求额的 1/3 甚至更低。[②] 知

---

[*] 黄雨婷,北京大学法学院 2013 级法律硕士。

[①] 中华人民共和国国家知识产权局:"2013 年中国知识产权保护状况",http://www.sipo.gov.cn/zwgs/zscqbps/2013zgzscqbhzk.pdf,2015 年 2 月 1 日最后访问。

[②] 张维:"97% 专利故意侵权案判决采取法定赔偿平均赔偿额只有 8 万元",http://www.legaldaily.com.cn/bm/content/2013-04/16/content_4367323.htm? node = 20734,2015 年 2 月 1 日最后访问。

识产权案件数量迅猛增长,同时赔偿额度偏低,是目前中国国内知识产权司法保护给人的大致印象。

国际专业咨询机构普华永道于 2014 年发布的研究报告显示,2009 年至 2013 年,美国法院判决的专利诉讼赔偿额中位数为 430 万美元。该研究报告还指出,1991 年至 2013 年,美国专利诉讼案件数量的平均年增长率③为 8%。然而 2009 年至 2013 年,美国专利诉讼案件数量的平均年增长率则达到了 24%,是 1991 年至 2013 年案件数量平均年增长率的三倍。2013 美国法院共受理专利诉讼约 6500 件,年增长率更是高达 25%。④ 近年,美国国内专利诉讼赔偿额中位数维持高位,专利诉讼案件数量的年增长率屡创新高,美国政府对此十分担忧。

美国政府担忧美国专利诉讼案件数量大幅增长,但从数据上看,2013 年美国受理的专利诉讼案件数量,与中国 2013 年全国地方法院新收的知识产权民事一审案件数量相比,不及后者的 1/10。更突出的是中美专利诉讼赔偿额对比。中国的专利权人通过诉讼获得的赔偿普遍偏低。而美国在 2012 年内有三件专利案件被判以超过 1000 万美元的赔偿。尽管 2013 年没有出现赔偿额超过 1000 万美元的专利诉讼案件,但 2013 年美国法院判决的专利诉讼赔偿额中位数也达到了 590 万美元。⑤ 把目前中国和美国的专利诉讼案件量、专利诉讼赔偿额分别进行比较,不得不说差距悬殊。

目前美国的专利诉讼案件量远小于中国,专利诉讼赔偿额却远高于中国。自 1793 年就存于美国专利制度中的故意侵权惩罚性赔偿制度引起了人们的注意。中国法学界对于将惩罚性赔偿制度引入我国知识产权领域的呼声越来越高涨。从中国第四次《专利法修改草案(征求意见稿)》、第三次《著作权法(修订草案送审稿)》和《商标法(2013 修正)》来看,三者都规定了侵权损害的惩罚性赔偿。⑥ 将故意侵权的惩罚性

---

③ 所参考的材料原文采用"CAGR(Compound Annual Growth Rate)"的表达,中文含义为"复合年均增长率"。CAGR 是约定俗成的说法,在经济领域使用广泛,常用于利润增长率的计算。CAGR 的计算公式为:(现有价值/基础价值)^(1/年数) − 1,即总增长率百分比的 n 方根(n 为年数)。从计算公式可以看出,CAGR 相当于增长率的几何平均数,与中文的"平均年增长率"意义相同。因为"复合年均增长率"的概念在法律领域不常被使用,故此处及后文均采用同义的"平均年增长率"作为表达,以便读者理解。

④ Price Waterhouse Coopers Consulting, 2014 Patent Litigation Study As case volume leaps, damages continue general decline, at http://www.pwc.com/en_US/us/forensic-services/publications/assets/2014-patent-litigation-study.pdf, 2015 年 2 月 1 日最后访问。

⑤ 同上。

⑥ 《中华人民共和国专利法修改草案(征求意见稿)》对现行《专利法》第 65 条进行修改,增加第 3 款:"对于故意侵犯专利权的行为,管理专利工作的部门或者人民法院可以根据侵权行为的情节、规模、损害结果等因素,将根据前两款所确定的赔偿数额最高提高至三倍。"
《中华人民共和国著作权法(修订草案送审稿)》第 76 条第 2 款规定:"对于两次以上故意侵犯著作权或者相关权的,人民法院可以根据前款计算的赔偿数额的二至三倍确定赔偿数额。"
《中华人民共和国商标法修正案(2013 修正)》第 63 条规定:"对恶意侵犯商标专用权,情节严重的,可以在按照上述方法确定数额的一倍以上三倍以下确定赔偿数额。"

赔偿制度引进我国知识产权的相关法律,似乎已经成为趋势。鉴于美国的惩罚性赔偿制度被认为发展最为完善、影响最为深远⑦,本文将围绕中国第四次《专利法修改草案(征求意见稿)》增加的专利故意侵权惩罚性赔偿条款,对比美国的专利故意侵权惩罚性赔偿制度,分析两者之间的重要差别,探讨其中的一些问题,并评析中国第四次《专利法修改草案(征求意见稿)》增设的专利故意侵权惩罚性赔偿制度能否解决我国专利司法实践中最紧迫的问题。

### 二、美国的故意侵犯专利权惩罚性赔偿制度

近代意义上的惩罚性赔偿制度肇始于英国,之后在美国被发扬光大。⑧ 惩罚性赔偿是一个不断发展的概念,不同时期其对应的表达也有所差别,现今最广泛使用的表达是惩罚性赔偿(punitive damages),或示范性赔偿(exemplary damages)。⑨ 美国的《侵权法重述(第二版)》将惩罚性赔偿定义为,不同于补偿性赔偿(compensatory damages)或象征性赔偿(nominal damages)的赔偿。惩罚性赔偿是为了惩罚行为人的恶劣行为,并防止该行为人及其他人将来再实施类似行为,而确定的赔偿。⑩ 与之相对应的概念为补偿性赔偿,是指以实际损害的发生为赔偿的前提,且以实际损害的范围为赔偿范围的赔偿。适用补偿性赔偿的根本目的是,使受害人所遭受的实际损失得以完全补偿,不具有惩罚的特点。⑪

1793 年的美国专利法首次规定,侵权人支付给专利权人的赔偿金,应该至少等于专利权人通常情况下将该专利售出或许可给他人的价格的三倍⑫,这是美国的专利故意侵权惩罚性赔偿制度的雏形。跨越两个多世纪的历史,美国专利法经历数次修改,其中的专利故意侵权惩罚性赔偿条款也变了模样。

目前,美国专利故意侵权的惩罚性赔偿制度主要由现行美国《专利法》第 284 条规定:

> 法院在作出有利于请求人的裁决后,应该判给请求人足以补偿其所受侵害的赔偿金;但无论如何,不得少于侵权人使用该项发明应该支付的合理使用费,以及法院所确定的利息和诉讼费用。
>
> 陪审团没有确定损害赔偿金时,法院应该估定。不论是由陪审团还是由

---

⑦ 参见张新宝、李倩:"惩罚性赔偿的立法选择",载《清华法学》2009 年第 4 期,页 5—20。
⑧ 参见王利明:"美国惩罚性赔偿制度研究",载《比较法研究》2004 年第 5 期,页 1—15。
⑨ 余艺:"惩罚性赔偿责任的成立及其数额量定——以惩罚性赔偿之功能实现为视角",载《法学杂志》2008 年第 1 期,页 143—145。
⑩ Restatement (second) of Torts, § 908 (1965).
⑪ 维基百科:"补偿性赔偿定义",http://wiki.mbalib.com/wiki/%E8%A1%A5%E5%81%BF%E6%80%A7%E8%B5%94%E5%81%BF,2015 年 2 月 1 日最后访问。
⑫ Patent Act of 1793, ch. 11, § 5, 1 Stat. 318, 322 (1793).

法院决定,法院都有权将该赔偿金额增加到原定数额的三倍。本项规定的增加损害赔偿金不能适用于本法 154 条 d 款规定的临时权利。

法院可以接受专家的证词以协助确定损害赔偿金以及根据情况确定合理的使用费。⑬

另外,由于美国是判例法国家,根据其遵循先例的原则,法院的司法判例和一系列法律修订,共同建立起了适用专利故意侵权惩罚性赔偿的相关规则。这些规则主要包括:

1800 年美国专利法确定专利故意侵权惩罚性赔偿的赔偿额计算基础是被侵权人受到的实际损失。⑭ 这条规定被沿用至今。对实际损失的计算,在后来的判例中发展出两个基本分析思路:利润损失或合理的许可费。对利润损失常用 Panduit 分析法,对于合理的许可费常用"假想谈判"的方法或"分析计算法"。⑮

1836 年,美国专利法对原先的专利故意侵权惩罚性赔偿条款进行调整,规定由法官根据案件的实际情况,在陪审团确定的赔偿额基础上增加至最高三倍,作为惩罚性赔偿。⑯ 这一规定一方面明确了由法官自由裁量是否适用惩罚性赔偿,另一方面降低了惩罚性赔偿的适用标准,改必须适用为可以适用,改"至少三倍"为"最高三倍"。

1992 年,Read Corp. v. Portec, Inc. 一案确定,只有当被控侵权人被认定为故意侵权时,才可以适用惩罚性赔偿⑰,且对被控侵权人适用惩罚性赔偿时,需要考量被控侵权人的过错程度以决定惩罚性赔偿额的高低。该案列举的考量因素如下:(1)侵权人是否故意抄袭他人的构思或设计;(2)当侵权人知道专利权为他人所有,是否调查过该专利权的保护范围,并且据此善意地相信该专利权无效,或自己的行为并不侵权;(3)侵权人在诉讼中的表现;(4)侵权人的经营规模和财务状况;(5)侵权的可能性;(6)侵权行为的持续时间;(7)侵权人是否采取补救措施;(8)侵权人的行为动机;(9)侵权人是否具有企图掩盖侵权事实的行为。⑱

2007 年,Seagate 案确定被控侵权人故意侵权的证明责任在专利权人,即需要由专利权人证明,被控侵权人无视其行为客观存在的侵权高风险,继续进行其行为而导致侵犯专利权人的有效专利权。⑲ 有人将此归纳为故意侵权认定两步法:第一步为纯粹的客观调查,由专利权人提供证据证明,被控侵权人的行为在客观上具有很高的侵权

---

⑬ 《美国专利法》,易继明译,知识产权出版社 2013 年版,页 103。
⑭ Patent Act of 1800, ch. 25, § 3, 2 Stat. 37, 38 (1800)。
⑮ See Mueller J M, Patent Law, Aspen Publishers, 2013, pp. 627—631, 637—641。
⑯ Patent Act of 1836, ch. 357, § 14, 5 Stat. 117, 123 (1836)。
⑰ Read Corp. v. Portec, Inc., 970 F. 2d 816 (1992)。
⑱ 同上注,页 4。
⑲ In re Seagate Tech. LLC, 83 U. S. P. Q. 2d 1865 (2007)。

可能性,但被控侵权人仍然为之;第二步为主观状态的分析,由专利权人证明被控侵权人明知或应知侵权风险的存在。[20]

除上述规则之外,美国专利故意侵权的惩罚性赔偿制度还包括其他规则,如Global-tech案确立"刻意漠视"标准,以评价被控侵权人是否满足明知其行为具有高侵权风险的"知道"要件。[21] 在这些规则中,本文仅选取与中国专利故意侵权的惩罚性赔偿制度可比性较强的规则进行分析,其他一些规则将不在本文中出现。本文总结得出,目前美国在专利领域适用故意侵权的惩罚性赔偿制度,该制度的适用需受到以下限制:

第一,确定在专利案件中适用惩罚性赔偿的是法官;

第二,法官可以适用惩罚性赔偿,也可以不适用;

第三,惩罚性赔偿是在陪审团或法官确定的被侵权人受到实际损失的数额,即补偿性赔偿的基础上计算的;

第四,惩罚性赔偿受到比例的限制,为被侵权人所受实际损失的最多三倍;

第五,适用惩罚性赔偿需要以被控侵权人故意为前提;

第六,被控侵权人故意的主观状态认定,由专利权人承担证明责任;

第七,被控侵权人的过错程度有多个因素需要考量,根据案件具体情况综合考量这些因素,以确定惩罚性赔偿的赔偿额。

美国在1784年的Genay. v. Norris一案中最早确认了惩罚性赔偿制度。[22] 9年后,《美国专利法》便增设了专利侵权的惩罚性赔偿条款。近代意义上的惩罚性赔偿制度始创于英国[23],而英国的惩罚性赔偿制度到此时不过30年历史,能够为美国提供的参考并不多。伴随着整个惩罚性赔偿制度在美国的适用,美国专利故意侵权的惩罚性赔偿制度于后来的200年时间里不断试错、不断调整,实现了巨大的发展。对于今天美国的专利故意侵权惩罚性赔偿制度,本文认为除由法律规定和由判例形成的具体规则之外,还有以下几点值得注意:

(一) 适用条件严格,适用范围有限

长期以来得到广泛认可的观点是:在全美范围内,惩罚性赔偿的赔偿额大,发生频率高,波及范围广。但已经有人通过实证研究对此观点提出反驳,认为惩罚性赔偿被过分夸大甚至神化。[24] 同样,美国的专利故意侵权惩罚性赔偿也存在被过分夸大甚至神化的现象。

首先,从适用惩罚性赔偿的条件上看,在美国的专利案件中获得惩罚性赔偿并非

---

[20] 参见张玲、纪璐:"美国专利故意侵权惩罚性赔偿制度及其启示",载《法学杂志》2013年第2期,页47—58。

[21] Global-Tech Appliances, Inc. v. SEB S.A., 131 S. Ct. 2060, 2065 (2011).

[22] Genay. v. Norris, I S. C. L. 3, I Bay6 (1784).

[23] 王利明:"美国惩罚性赔偿制度研究",同前注⑧,页3。

[24] Daniels S & Martin J, Myth and reality in punitive damages, 75 Minnesota Law Review 1 (1990).

易事。一是,法院对是否适用惩罚性赔偿有自由裁量权,而其中的关键因素,即被控侵权人是否具有侵权故意的证明责任由专利权人承担。二是,惩罚性赔偿以专利权人受到的实际损失为计算基础,实际损失的证明责任在专利权人,比如司法实践中最常以合理许可费作为实际损失,合理许可费的具体数值就需要由专利权人证明。三是,即便确定对被控侵权人适用惩罚性赔偿,也不都导致高达实际损失三倍的赔偿额,因为具体赔偿数额的高低还要考量被控侵权人的过错程度。所以,从适用惩罚性赔偿的条件上看,在美国的专利故意侵权案件中适用惩罚性赔偿,并且让专利权人确实得到超过实际损失的赔偿额,其实并不容易。

其次,从数据上看,在美国的专利案件中,有大量的专利权人提出了故意侵权的控告,然而最终获得惩罚性赔偿的专利权人却很少,足见在美国的专利案件中适用专利故意侵权的惩罚性赔偿相当困难。在1999年至2000年的全部美国专利侵权诉讼中,提出故意侵权控告的案件数量占据全部案件数量的92.3%。然而其中仅有143个案件对是否具有惩罚性赔偿所要求的侵权故意进行了认定,占该期间全部美国专利侵权诉讼案件数量的2.1%。㉕ 这个数字与之后的一项研究结果相近。在2004年至2010年期间由美国地区法院受理的专利诉讼中,309个案件最终对是否具有惩罚性赔偿所要求的侵权故意进行了认定,占同时期美国地区法院受理的全部专利案件的1.9%。而在这309个案件中,仅有130个案件被发现具有惩罚性赔偿所要求的侵权故意,占同时期美国地区法院受理的全部专利案件的比例不到0.8%。㉖ 由于被控侵权人具有侵权故意是惩罚性赔偿的必要条件,从以上数据可以推断,美国的专利权人通过诉讼最终获得专利故意侵权惩罚性赔偿的比例极低。在美国的诉讼中,大多数案件以和解结案,仅有一部分案件进行了最终的裁判,这可以解释2.1%、1.9%的低比例情有可原。但从客观上看,美国在专利侵权案件中适用惩罚性赔偿的情况的确非常少,与高比例的专利故意侵权控告形成鲜明对比。

所以,无论从惩罚性赔偿的适用条件上看,还是从适用惩罚性赔偿的案件比例上看,在美国的专利案件中适用专利故意侵权的惩罚性赔偿相当困难,专利故意侵权惩罚性赔偿的适用范围实际上相当有限。

(二) 近几十年间争议不止

惩罚性赔偿制度不同于传统的补偿性赔偿制度,它集惩罚、威慑、诱导私人协助执法与补偿这四大功能于一身。㉗ 作为补偿性赔偿制度衍生出来的一种制度,惩罚性赔偿制度诞生于英国,发展于美国,在过去的两百多年时间里向世界范围内的其他一些

---

㉕ Moore K A, Empirical Statistics on Willful Patent Infringement, supra note 25, p.6.

㉖ Seaman C B, Willful Patent Infringement and Enhanced Damages after in re Seagate: an Empirical Study, 97 Iowa Law Review 417, (2011—2012).

㉗ See Owen D G, Punitive Damages in Products Liability Litigation, 74 Michigan Law Review 1257 (1976).

国家扩张。惩罚性赔偿制度的适用范围也从最初的弥补精神痛苦，扩张到合同领域、证券领域、环境领域和知识产权领域等。㉘惩罚性赔偿制度对比传统的补偿性赔偿制度可谓标新立异，如此标新立异的制度在美国长青不衰达200年之久，对美国的法律实践构成重大影响，那么这项制度在美国引起一些争议也在所难免。

20世纪80年代中期以后，美国本土对惩罚性赔偿的批评声日起，人们开始重新审视惩罚性赔偿制度的合理性。美国国内对于惩罚性赔偿制度合理性的争论焦点集中在惩罚性赔偿对社会的作用、惩罚性赔偿的遏制功能、惩罚性赔偿是否符合正当程序、惩罚性赔偿对经济的影响、惩罚性赔偿对受害人的保护等。㉙有人认为，侵权法改革运动创造出了惩罚性赔偿这一怪物，让企业对其产品质量怀有极大的不安，惩罚性赔偿的出现浪费了大量的金钱和管理资源。㉚甚至有人认为应当把惩罚性赔偿制度逐出民事侵权体系，因为当前的补偿性赔偿制度运作良好，出发点是弥补补偿性赔偿制度之不足的惩罚性赔偿制度已经过时。而且当下对惩罚性赔偿的扭曲和滥用，导致惩罚性赔偿既无法实现其惩罚和威慑的效果，又为原告创造了一笔不义之财，其合理性令人质疑。㉛直到90年代末期，人们对惩罚性赔偿制度的抱怨还主要集中于产品责任等领域。然而1998年，一位美国学者汇总了美国惩罚性赔偿的发生频率和赔偿额的统计结果，认为在美国颇受争议的医疗过失领域、产品质量领域，当事人获得惩罚性赔偿的频率并不高，而且惩罚性赔偿的赔偿额也没有比未被判以惩罚性赔偿的案件中当事人获得的赔偿额高多少。实际上，并非人身损害的案件，而是商业侵权、经济损失、商事合同的案件，数量大幅增长并常常被判以高额的惩罚性赔偿。该作者对惩罚性赔偿在美国的现状与发展表示担忧，认为应该有更多的对美国惩罚性赔偿的研究集中到经济纠纷的案件上，当然也包括专利故意侵权的案件上。㉜

2000之后，美国专利故意侵权的惩罚性赔偿制度已经得到了很大的发展，但这项制度在美国本土引发的争议也越来越大。一直有人担心，如果专利领域适用宽松的惩罚性赔偿制度，那么所有的专利权人都会在诉讼中宣称被控侵权人故意侵权。这种担心得到了统计结果的证实。1999年至2000年的全部美国专利诉讼中，提出故意侵权控告的案件数量占全部专利案件数量的92.3%。㉝之所以会有如此多的专利权人在

---

㉘ 参见赵岚晴："美国惩罚性赔偿制度研究"，上海社会科学院硕士论文，页19—30。
㉙ 王利明："美国惩罚性赔偿制度研究"，同前注⑧，页3。
㉚ See Rustad M L, How the Common Good is served by the Remedy of Punitive Damages, 64 Tennessee Law Review 793 (1996—1997).
㉛ See Sales J B & Cole Jr K B, Punitive Damages: A Relic that has Outlived its Origins, 37 Vanderbilt Law Review 1117 (1984).
㉜ See Rustad M L, Unraveling Punitive Damages: Current Data and Further Inquiry, 1998 Wisconsin Law Review 15 (1998).
㉝ Moore K A, Empirical Statistics on Willful Patent Infringement, supra note 25, p.6.

专利诉讼中提出故意侵权的控告,是因为专利权人需要为提出控告承受的风险很低,而控告成功则可能获得大于实际损失的惩罚性赔偿。所以,尽管专利权人获得惩罚性赔偿的成功率相当低,理性的专利权人也倾向于提出故意侵权控告,为赢得法院判决的专利故意侵权惩罚性赔偿放手一搏。[34] 另外,即便陪审团认为存在专利侵权故意,法官也可以不适用惩罚性赔偿,或不增加赔偿额,所以专利故意侵权的惩罚性赔偿制度被指浪费司法资源。再有就是,目前美国专利故意侵权惩罚性赔偿制度的设计,会让一些专利权人有意避开新的专利知识,以避免惹上专利故意侵权的控告。于是,在其他一些国家开始学习美国的专利故意侵权惩罚性赔偿制度的同时,美国人也正在反思,仅有美国如此热衷于此制度,是不是与全球知识产权法的发展趋势不协调。[35] 当然,也有人对美国的专利故意侵权惩罚性赔偿制度表示支持,支持者认为美国的这个制度已经比较完善,发明者、投资者和法律从业者已经能在这个有效的可预测的系统中运作良好,能够达到专利体系运行之目的,因此不需要改变。[36]

(三) 适用规则越来越严格

美国专利故意侵权的惩罚性赔偿制度在支持和批评声中走过了 200 多年的历史。尽管受到美国 20 世纪 80 年代专利强保护方针的影响,美国专利故意侵权的惩罚性赔偿制度一度扩大了对专利权人的保护,但仅仅十年之后这项制度又回到了原来的轨道。整体上,伴随着社会的变迁、科技的日新月异,美国的专利故意侵权惩罚性赔偿制度朝着严格的方向发展。这一变化在近三十年的时间里体现得尤其明显。

1793 年的美国专利法将专利侵权的惩罚性赔偿规定为,侵权人支付给专利权人的赔偿金,应至少等于专利权人通常情况下将该专利售出或许可给他人的价格的三倍。[37] 1836 年美国专利法则规定,由法官根据案件的实际情况,在陪审团确定的赔偿额基础上增加至最高三倍。[38] 从"至少三倍"到"至多三倍",说明早在当时人们就已经意识到,即便是惩罚性赔偿也应该有限度,不加限制的翻倍赔偿并不合理。这是早期专利故意侵权惩罚性赔偿制度向严格适用的方向上发展的例证。

昆腾困境是在 1991 年的 Quantum 案中出现的,是指被控侵权人想要不被认定为故意侵权,就可能被迫放弃律师保密特权,因此被控侵权人将陷入两难抉择。[39] 在专利

---

[34] See Seaman C B, Willful Patent Infringement and Enhanced Damages after in re Seagate: an Empirical Study, supra note 26, p.6.

[35] See Means S C, The Trouble with Treble Damages: Ditching Patent Law's Willful Infringement Doctrine and Enhanced Damages, 2013 University of Illinois Law Review 1999 (2013).

[36] See Wright J E, Willful Patent Infringement and Enhanced Damages-Evolution and Analysis, 10 George Mason Law Review 97 (2001—2002).

[37] Patent Act of 1793, supra note 12, p.3.

[38] Patent Act of 1836, supra note 16, p.4.

[39] Quantum Corp. v. Tandon Corp., 940 F. 2d 642 (1991).

故意侵权惩罚性赔偿的司法实践中,也出现过类似的问题。1983年的Underwater案,法院指出:被控侵权人一旦知道他人专利权的存在,就有义务去明确自己的行为是否构成侵权,证明途径之一为获取律师出具的法律意见。[40] 1986年的Kloster案,法院指出:被控侵权人知道专利权的存在,但对是否取得律师意见保持沉默,则可以推定被控侵权人没有咨询律师或咨询律师所获得的律师意见对其不利。这两个案件结合起来就导致了专利诉讼中的昆腾困境,被控侵权人必须在证明自己非故意侵权和维持律师保密特权间抉择,这显然不利于被控侵权人。直到2004年的Knorr案,法院认为应当禁止对律师保密特权的不利推断。[41] 专利诉讼中的昆腾困境在持续了将近20年之后,权利保护的天平终于从专利权人一边向被控侵权人一边倾斜。这也是美国专利故意侵权的惩罚性赔偿制度,向严格使用方向上发展的例证。

最能证明美国专利故意侵权的惩罚性赔偿制度的适用规则在近几十年时间里越来越严格的例子,一定是专利故意侵权惩罚性赔偿的主观要件判定标准经历由松到紧的历程。1983年的Underwater案确立以"合理注意"标准来认定专利故意侵权惩罚性赔偿的故意要件是否满足,要求被控侵权人应当尽到"一个通情达理的人或者普通谨慎的人在相同或者相似的情况下给出的注意"。该标准被细化为当侵权人知道他人专利权的存在后,有义务去明确自己的行为是否构成侵权,证明途径之一为获取律师出具的法律意见。[42] 在案件中一旦被控侵权人无法证明自己履行了"合理注意"的义务,就将被认定主观上具有侵权故意,因此"合理注意"标准相当于举证责任倒置,比较不利于被控侵权人。直到2007年,Seagate案以"客观轻率行为"标准替代了原先的"合理注意"标准。"客观轻率行为"标准要求由专利权人证明,侵权人无视其行为客观存在的侵权高风险而继续进行其行为,最终导致侵犯专利权人的有效专利权。[43] 因此,举证责任从被控侵权人一边,转移到了专利权人一边。从1983年的Underwater案到2007年的Seagate案所发生的变化,被认为符合美国专利政策的变迁。Underwater案正值20世纪80年代初,当时的专利权人在遭到专利故意侵权时难以通过法律得到应有的救济,同时国家层面上希望借助强保护的专利制度推动美国经济发展,于是美国法院降低了认定故意侵犯专利权的门槛。而之后的20多年间,美国专领域经历了翻天覆地的变化,专利授权过多和过滥已经成为尖锐的问题,因此美国对专利制度的调整和变革迫在眉睫,Seagate案之判决恰好与美国专利制度的改革步调保持一致。[44] 2011年,Global-tech案确立来自刑法的"刻意漠视"标准,以此标准来认定诱导侵权的情况

---

[40] Underwater Devices, Inc. v. Morrison-Knudson Co., 717 F.2d 1380, 1389 (1983).
[41] Knorr-Bremse Systeme fuer Nutzfahrzeuge Gmb H. v. Dana Corp., 383 F.3d 1337 (2004).
[42] Underwater Devices, Inc. v. Morrison-Knudson Co., supra note 40, p.8.
[43] In re Seagate Tech. LLC, supra note 19, p.4.
[44] 参见韩志杰:"从Seagate案件看美国专利案件故意侵权认定标准的变更",载《专利法研究》2007年,页468—469。

下被控侵权人的"知道"要件是否满足。"刻意漠视"标准要求只有在被控侵权人有充分理由相信其产品具有高侵权可能性,并且被控侵权人有意采取行动以避免知悉侵权之事实的情况下,才能认定被控侵权人满足"知道"要件。[45] 这一标准的确立,使专利权人更难证明被控侵权人的侵权故意。于 Seagate 案的基础之上,Global-tech 案再一次向美国专利制度改革的方向靠近,专利故意侵权惩罚性赔偿制度的适用规则越发严格。

从以上举例中可以看出,美国的专利故意侵权惩罚性赔偿制度整体上朝着严格的方向发展,这一变化在近三十年的时间里体现得尤其明显。

### 三、中国专利故意侵权惩罚性赔偿制度分析

中国第四次《专利法修改草案(征求意见稿)》增设的专利故意侵权惩罚性赔偿条款如下:

> 侵犯专利权的赔偿数额按照权利人因被侵权所受到的实际损失确定;实际损失难以确定的,可以按照侵权人因侵权所获得的利益确定。权利人的损失或者侵权人获得的利益难以确定的,参照该专利许可使用费的倍数合理确定。赔偿数额还应当包括权利人为制止侵权行为所支付的合理开支。
>
> 权利人的损失、侵权人获得的利益和专利许可使用费均难以确定的,管理专利工作的部门或者人民法院可以根据专利权的类型、侵权行为的性质和情节等因素,确定给予一万元以上一百万元以下的赔偿。
>
> 对于故意侵犯专利权的行为,管理专利工作的部门或者人民法院可以根据侵权行为的情节、规模、损害结果等因素,将根据前两款所确定的赔偿数额最高提高至三倍。[46]

根据中国第四次《专利法修改草案(征求意见稿)》对专利故意侵权惩罚性赔偿适用规则的表述,本文归纳如下:

第一,确定在专利案件中适用惩罚性赔偿的是管理专利工作的部门或法院;

第二,管理专利工作的部门或法院可以适用惩罚性赔偿,也可以不适用;

第三,惩罚性赔偿的计算基础要依据案件的具体情况而定,可能是被侵权人受到的实际损失,可能是侵权人获得的利益,可能是由专利许可费用的倍数合理确定的金额,还可能是管理专利工作的部门或者人民法院根据专利权的类型、侵权行为的性质和情节等因素,确定给予 1 万元以上 100 万元以下的赔偿;

---

[45] Global-Tech Appliances, Inc. v. SEB S.A., supra note 21, p.4.
[46] 中华人民共和国国家知识产权局:"中华人民共和国专利法修改草案(征求意见稿)",http://www.sipo.gov.cn/yw/2012/201208/t20120809_736772.html,2015 年 2 月 1 日最后访问。

第四,惩罚性赔偿受到比例的限制,为根据前两款所确定的赔偿数额的最多三倍;

第五,适用惩罚性赔偿需要以侵权人故意为前提;

第六,适用惩罚性赔偿的具体比例,需要考虑侵权行为的情节、规模、损害结果等因素。

结合前文,对中国和美国的专利故意侵权惩罚性赔偿制度进行对比。本文认为两国制度的相同之处主要有三点:都只有在被控侵权人具有侵权故意的情况下,才可以对被控侵权人适用专利故意侵权的惩罚性赔偿;都不是一旦认定被控侵权人具有侵权故意,就必须对被控侵权人适用惩罚性赔偿;惩罚性赔偿的最高比例限制都为三倍。两国制度的不同之处主要有五点:惩罚性赔偿的适用主体,在美国为法官,在中国为管理专利工作的部门或法院;惩罚性赔偿的计算基础,在美国以专利权人的实际损失为计算基础,无法定赔偿的规定,在中国不强调必须以专利权人的实际损失为计算基础,计算基础可以是法定赔偿;惩罚性赔偿的具体比例考虑因素,美国在司法判例中列举九种考虑因素,中国在法条中列举三种考虑因素;侵权人故意的证明责任,美国由专利权人承担,中国在专利法中未说明;该规定是否适用于间接侵权,《美国专利法》第271条对此进行了明确,中国专利法没有说明。对此五点不同之处,本文认为有必要进一步分析:

(一)惩罚性赔偿的适用主体

美国的情况是,并非所有类型的惩罚性赔偿案件,都由法官判定是否适用惩罚性赔偿。有人对此提出质疑,认为联邦法院让陪审团决定惩罚性赔偿是否适用,既不是美国宪法的要求也缺乏合理性。被控侵权人是否应当对损害负责是事实的判断,所以陪审团对此进行判断具有合理性。然而是否对被控侵权人适用惩罚性赔偿则超出了事实判断的范围,所以是否适用惩罚性赔偿的判定权应当交给法官。[47] 本文认为,应当由法官而不是陪审团掌握惩罚性赔偿的判定权,是因为惩罚性赔偿不同于补偿性赔偿,补偿性赔偿主要考虑的是如何填平当事人的损失,而惩罚性赔偿所承载的功能更多,需要考虑的因素也更多,法官更能胜任这项工作。2001年,美国联邦最高法院在Cooper案中肯定了陪审团要扮演好事实认定者这一角色的说法。[48] 然而在Cooper案中,美国联邦最高法院并未明确禁止陪审团继续参与惩罚性赔偿的判定,因此该案仍未完全废除陪审团对惩罚性赔偿的判断权。[49] 所以目前美国的现实状况是,在一些类型的案件中惩罚性赔偿的判断权归法官,而另一些案件中惩罚性赔偿的判断权则由法

---

[47] See Mogin P, Why Judges, not Juries, should Set Punitive Damages, 65 University of Chicago Law Review 179 (1998).

[48] Cooper Indus. v. Leatherman Tool Group., 532 US 424, 432 n.5 (2001).

[49] See Litwiller L, Has the Supreme Court Sounded the Death Knell for Jury-Assessed Punitive Damages? A Critical Re-Examination of the American Jury, 36 University of San Francisco Law Review 411 (2002).

官和陪审团共享。专利侵权案件属于前者。

1793年的《美国专利法》没有明确适用惩罚性赔偿的主体,直到1836年修订专利法的时候,才以立法形式确定由法官根据案情适用惩罚性赔偿。这是因为法官被认为最适合去平衡包括案件封闭性、律师策略、各方行为以及当事人之间诉讼费用分配等因素,法官更可能全面考虑适用惩罚性赔偿所涉及的公平问题。[50] 1836年之后的将近200年时间里,美国专利案件的惩罚性赔偿判定权一直归法官。然而,惩罚性赔偿的计算基础有可能是根据陪审团确定的赔偿额,所以尽管美国的专利侵权案件由法官最终决定是否适用惩罚性赔偿,陪审团依旧可能对判决结果造成不小的影响。因此,对于陪审团是否能够胜任涉及惩罚性赔偿的专利案件的审判工作,在美国一度引起激烈的讨论。而陪审团不能胜任专利案件的审判工作,也并非无稽之谈。陪审团在处理专利案件时遇到的挑战,非人身损害案件、产品侵权案件中的挑战能比。据观察,在涉及惩罚性赔偿的专利案件中,陪审团对证据的真实性考虑较少,在确定赔偿额的时候过多关注于没有证据的未知利润和诉讼费用,采纳"被控侵权人给专利权人造成巨额损失"这种没有精确数额的说法,无端地确定超额赔偿,并对自己决定的超额赔偿结果少有怀疑。[51]

考虑到专利故意侵权的判定涉及大量证据,是一个十分复杂的过程,美国陪审团胜任这项工作的能力受到诟病。同样,中国规定由"管理专利工作的部门或者人民法院"作出是否适用惩罚性赔偿的决定,也有人对此表示担忧。首先,行政机关是否能胜任这一工作尚不可知;其次,判定故意侵权的行政决定是否具备可信赖力也打着问号;再次,行政机关作出惩罚性赔偿后,本级人民政府作为复议机关是否能够承担复议之职也是一个问题。[52] 如果行政机关没有能力胜任专利故意侵权惩罚性赔偿的判定工作,却要依法承担下这些工作,那么带来的后果将不堪设想。

（二）赔偿额的计算基础

美国以专利权人受到的实际损失（补偿性赔偿）作为惩罚性赔偿的基础,具体表现为以被侵权人受到的利润损失或合理的许可费作为计算惩罚性赔偿的基础。惩罚性赔偿是在填平被侵权人的损失,即满足补偿性赔偿的基础上,再增加赔偿金以惩罚侵权人,并威慑企图侵权而尚未侵权的人。可见美国以专利权人受到的实际损失作为惩罚性赔偿之基础的做法,符合惩罚性赔偿制度的立法本意。

这里有三点值得注意:首先,强调以补偿性赔偿作为惩罚性赔偿成立的基础,以被侵权人受到的实际损失作为惩罚性赔偿的计算基础,那么美国适用专利故意侵权的惩

---

[50] S. C. Johnson & Son, Inc. v. Carter-Wallace, Inc., 781 F.2d 198, 201 (1986).

[51] See Gooding M K & Rooklidge W C, Real Problem with Patent Infringement Damages, 91 Journal of the Patent and Trademark Office Society 484 (2009).

[52] 参见左萌:"专利侵权中的惩罚性赔偿",载《电子知识产权》2012年第10期,页24—28。

罚性赔偿必然要求被侵权人存在实际损失,如果被侵权人没有实际损失,补偿性赔偿则没有意义,惩罚性赔偿更加无从谈起;其次,美国专利法中没有设置法定赔偿作为兜底条款;再次,在美国的专利侵权诉讼中,专利权人要证明其实际损失并非易事,因为用于实际损失计算的 Panduit 分析法、"假想谈判"或"分析计算法"都有具体适用条件,需要专利权人具有较高的维权意识和能力才能通过这些方法证明其实际损失。[53]

根据中国《专利法》的规定,侵犯专利权的赔偿数额计算方法如下:先按照专利权人因侵权行为所受到的实际损失确定;若实际损失难以确定则按照侵权人因侵权所获得的利益确定;若还难以确定的则参照该专利许可使用费的倍数合理确定;若上述方法仍无法确定的则采取 1 万元以上 100 万元以下的法定赔偿。由此可见,在专利故意侵权惩罚性赔偿的赔偿额计算上,中国的规定不同于美国之处在于,一方面没有强调专利权人必须证明其实际损失作为计算惩罚性赔偿的基础,另一方面将法定赔偿作为兜底条款。中国之所以选择这样的做法,与中国的司法审判实践密切相关。有研究指出,中国高达 97.25% 的专利判决都采取了法定赔偿的方式,这一结果被认为是由于举证难和司法保护支持力度不够所导致的。[54] 计算专利故意侵权惩罚性赔偿的赔偿额时,不强调以专利权人的实际损失作为惩罚性赔偿的计算基础,并在绝大多数案件中采用法定赔偿,能在一定程度上缓解中国专利侵权诉讼中专利权人举证能力弱的问题,并有利于节约诉讼资源。

而本文认为,不强调以专利权人的实际损失作为专利故意侵权惩罚性赔偿的计算基础,并在绝大多数案件中采取法定赔偿的做法是有问题的。一方面,惩罚性赔偿必须以专利权人的实际损失为基础,而法定赔偿不要求专利权人证明其实际损失,有悖于惩罚性赔偿制度之根本。因此以法定赔偿来确定惩罚性赔偿额的做法本身就不严谨,应当明确法定赔偿仅仅是兜底条款,不应被滥用。另一方面,总是采用法定赔偿而不要求专利权人证明其实际损失,会放纵专利权人不注意提高自己预防侵权的能力和维护专利权的能力。这样既无法解决专利权人维权意识弱、举证能力弱的症结,又违背惩罚性赔偿鼓励专利权人维权,提高专利权人维权意识和能力的立法本意。所以,立法上是否要限制法定赔偿这一兜底条款的使用,并突出惩罚性赔偿必须以权利人的实际损失为基础,值得考虑。

(三)惩罚性赔偿的具体比例考虑因素

1836 年的《美国专利法》规定,是否适用专利故意侵权的惩罚性赔偿由法官自由裁量。[55] 在 1992 年 Read Corp 案的判决书中,法官首次列举九种确定专利故意侵权惩

---

[53] Mueller J M, Patent Law, supra note 15, p.4.

[54] 张维,同前注②,页 1。

[55] Patent Act of 1836, supra note 16, p.4.

罚性赔偿具体比例的考虑因素。㊱ 中国第四次《专利法修改草案（征求意见稿）》增加专利故意侵权惩罚性赔偿条款，该条款列举"情节、规模、损害结果等因素"作为专利故意侵权惩罚性赔偿具体比例的考虑因素。尽管中国和美国对专利故意侵权惩罚性赔偿具体比例考虑因素的表述不一样，然而两国都采取了举例的不完全归纳的方式，因此本质是一样的。

但是，中国采用"情节、规模、损害结果等因素"的概括性列举，与美国在判例中细化九种考虑因素的详细列举，还是有明显差别。美国国内曾经有许多学者批评惩罚性赔偿的司法过程缺乏客观性。㊲ 于是在近几十年时间里，美国最高法院以及其他一些州法院，都陆续在案件的判决书中列举惩罚性赔偿的考虑因素。1992 年，法院在 Read Corp 案的判决书中列举九种专利故意侵权惩罚性赔偿的考虑因素，也是其中的一个例子。

提出合理的、能够指导实践的惩罚性赔偿具体比例考虑因素，对统一专利故意侵权惩罚性赔偿案件的审判标准具有促进作用。但只有这些考虑因素来自司法实践，来自长期积累的经验，才能在案件审判过程中发挥有益的参考作用。美国联邦巡回法院在处理专利故意侵权惩罚性赔偿规则的调整问题时，就曾明确提出希望避免任何过猛过快的变化，而强调通过个案循序渐进地调整。㊳ 我国若在专利故意侵权惩罚性赔偿刚被引入专利法，尚缺乏审判经验累积的时候，就对惩罚性赔偿的具体比例规定法定的考虑因素，那么这些法定的考虑因素只能来自臆想和对国外规定的模仿，对我国司法实践的指导意义必然有限。所以本文认为，中国第四次《专利法修改草案（征求意见稿）》规定的专利故意侵权惩罚性赔偿具体比例的考虑因素还有必要细化，但不能操之过急。

（四）侵权故意的证明责任

在被控侵权人具有侵权故意的证明责任上，本文认为中国和美国的规定实质一致。美国规定由专利权人承担被控侵权人具有侵权故意的证明责任，如果该专利技术领域的普通技术人员足以预见被控侵权人的行为可能侵权，那么该被控侵权人被认定具有侵权故意的几率也就比较高。中国虽然没有在专利法的法条中直接规定专利侵权故意的证明责任如何分配，但是根据我国《民事诉讼法》中谁主张谁举证的一般规则，被控侵权人具有专利侵权故意的证明责任也应当由专利权人承担。

本文认为，分析被控侵权人具有专利侵权故意的证明责任由专利权人承担这一做法是否合适，需要考虑两国不同的司法实践。美国曾经采取更宽泛的标准来评价被控

---

㊱ Read Corp. v. Portec, Inc., supra note 17, p.4.

㊲ 李广辉："外国惩罚性损害赔偿判决的承认与执行研究"，载《比较法研究》2005 年第 2 期，页 75—84。

㊳ Graco, Inc. v. Binks Mfg. Co., 60 F.3d 785, 792 (1995).

侵权人是否具有专利侵权的故意,而过去的宽泛标准如今已被相对严格的认定方法所取代。之所以如此,一方面是因为美国的专利领域已经出现滥诉现象。另一方面是因为,惩罚性赔偿自身是一种特殊的赔偿机制,其天然有一种被滥用的可能性,若频繁地出现异常巨额的惩罚性赔偿,反而可能伤害整个侵权法体系。

2013年中国法院受理各类知识产权一、二审案件超过11万件,跃升为全球受理知识产权案件数量最多的国家。[59] 中国的知识产权案件受理量如此之大,是否已经存在滥诉的现象呢? 惩罚性赔偿天然存在被滥用的可能性,若将惩罚性赔偿中被控侵权人具有侵权故意的证明责任完全从专利权人身上卸下,很可能助长专利权人的滥诉行为,后果堪忧。所以,一方面中国有必要仔细斟酌是否需要将专利故意侵权的惩罚性赔偿制度引入专利法,另一方面即便将该制度引入我国专利法已成定局,也应该坚持被控侵权人具有侵权故意的证明责任由专利权人承担。

(五)惩罚性赔偿是否对间接侵权适用?

《美国专利法》第284条没有明确惩罚性赔偿是否适用于间接侵权,但是第271条对间接侵权行为进行了规定。《美国专利法》第271条第2款规定"积极诱使侵害专利权的人应该负侵权人的责任。"第3款规定"……作为帮助侵权人承担责任。"[60]这里的"诱导侵权"和"辅助侵权"都属于间接侵权。具体来说,诱导侵权得到认定需要满足三个条件:必须存在第271条第1款规定的直接侵权行为,必须有诱导侵权的意图,必须实施了诱导侵权的行为。辅助侵权得到认定也需要满足如下条件:要求存在第271条第1款规定的直接侵权行为,要求被控侵权人实施了辅助侵权的行为,关键在于区别被控侵权人的产品是专用或非专用。[61] 因为《美国专利法》第284条没有明确说明专利故意侵权的惩罚性赔偿对间接侵权的情况排除适用,所以第284条所规制的专利故意侵权行为应该包括第271条所规定的间接侵权。

中国第四次《专利法修改草案(征求意见稿)》新增的惩罚性赔偿条款,同美国的惩罚性赔偿条款一样,也未明确专利故意侵权的惩罚性赔偿是否对间接侵权适用。与此同时,我国的《专利法》《著作权法》《商标法》均未启用"间接侵权"这一术语。对于知识产权领域中的间接侵权,我国法律仅对网络服务提供者间接侵权等有限的情况作出了规定。本文认为,我国《专利法》新设的专利故意侵权的惩罚性赔偿是否对间接侵权适用,可以区分情况进行分析,以便理清思路。

第一种情况,如果仅存在直接侵权,那么间接侵权的问题就没有必要考虑。

第二种情况,如果同时存在直接侵权和间接侵权,那么需要通过共同侵权来认定。

---

[59] 魏小毛:"中国受理知识产权案件量跃居全球首位",http://www.sipo.gov.cn/mtjj/2014/201411/t20141113_1031126.html,2015年2月1日最后访问。

[60] 易继明译:《美国专利法》,知识产权出版社2013年版,页93—98。

[61] Mueller J M, Patent Law, Aspen Publishers, 2013, pp. 499—508.

国内外立法、司法、法学研究中，都将知识产权间接侵权认为是民事侵权行为的一种，适用民事侵权行为的一般规定，因此可以在共同侵权的框架下解决知识产权间接侵权的问题。[62] 所以，适用专利故意侵权的惩罚性赔偿时，若同时存在直接侵权和间接侵权，可以通过共同侵权来认定间接侵权。

第三种情况，即不存在直接侵犯专利权的行为而仅有间接侵犯专利权行为的情况。尽管对专利间接侵权是否必须以专利直接侵权为前提这一问题，我国学术界尚未达成共识。但我国司法实务界的主流观点是，专利间接侵权必须以专利直接侵权为原则，仅在特定情况下存在例外。[63] 因此没有直接侵犯专利权的行为而仅有间接侵犯专利权行为的情况，在我国目前的司法实务中基本难以得到认定。既然这种情况基本难以得到认定，那么赔偿的问题更无从谈起，所以本文认为目前没有必要对此情况深究。

### 四、向中国专利法引进专利故意侵权的惩罚性赔偿制度之理由能否成立？

根据《关于〈专利法修改草案（征求意见稿）〉的说明》，我们得以窥知此次修法的参与者是基于怎样的理由，在专利法中增设专利故意侵权的惩罚性赔偿制度。立法者认为，因为知识产权的固有特性，造成知识产权保护难度大，加之现有的补偿性赔偿往往无法弥补知识产权人遭受的全部损失，因此需要在我国专利法中增设专利故意侵权的惩罚性赔偿制度，以解决专利维权赔偿低的问题，以鼓励专利权人积极维权。[64]

本文将以上内容拆分为四个要点：因为知识产权的特性，造成知识产权的保护难度大，所以我国有必要引入专利故意侵权的惩罚性赔偿制度；在知识产权领域，传统的补偿性赔偿无法弥补当事人的全部损失，所以我国有必要引入专利故意侵权的惩罚性赔偿制度；在专利法中引入专利故意侵权的惩罚性赔偿制度，可以解决我国专利维权赔偿低的问题；在专利法中引入故意侵权的惩罚性赔偿制度，可以鼓励专利权人积极维权。

对此四个向中国专利法引进专利故意侵权惩罚性赔偿制度的理由，下面将一一加以论述。

（一）知识产权的特性——弱权？霸权？

有人认为，我们之所以有必要给予知识产权高于传统财产权的保护措施，是因为知识产权的一些特性：知识产权往往经济利益较高，使得侵权者愿意铤而走险；知识产权具有非物质性，因此侵权人为其侵权行为投入的成本往往不高，同时侵权人在侵权

---

[62] 崔立红："我国知识产权间接侵权的定位与规制探讨"，载《电子知识产权》2010年第2期，页37—40。

[63] 参见卢斌："专利间接侵权行为类型讨论"，华东政法大学硕士论文，页9—13, 2007年。

[64] 中华人民共和国国家知识产权局："关于《专利法修改草案（征求意见稿）》的说明"，http://www.sipo.gov.cn/tz/gz/201208/t20120810_736864.html，2015年2月1日最后访问。

后被发现的可能性较小,而被侵权人却难以获取足够证据;知识产权具有公开性,获取知识产权的难度小,因此侵权的门槛不高;侵犯知识产权造成的损失具有抽象性,因此对损失的估值往往偏低,被侵权人获得的救济较小。⑥ 因为如上所述知识产权侵权易,维权难的特性,许多人呼吁在知识产权相关法律中增设惩罚性赔偿制度,以增强法律对知识产权的保护力度。

看起来知识产权是十分"柔弱"的,一方面知识产权非常容易受到侵犯,另一方面专利权人在遭到侵权后难以获得有效救济。但本文认为,知识产权的这些特性不足以成为设置专利故意侵权惩罚性赔偿制度的理由。知识产权的高经济利益容易诱使侵权者铤而走险,所以需要在知识产权领域设置故意侵权的惩罚性赔偿制度。然而是否需要设置惩罚性赔偿制度,不应该通过经济利益的高低衡量。事实上,因为经济利益高而容易诱使他人侵权的财产权不止知识产权一种,其他财产权并没有采用故意侵权的惩罚性赔偿制度加以额外保护。知识产权的非物质性、公开性导致侵权成本低,维权成本高,所以需要在知识产权领域设置故意侵权的惩罚性赔偿制度。那么同样具有非物质性、公开性的特许经营权,为什么不需要引入惩罚性赔偿制度以增加额外保护?侵犯知识产权造成的损失具有抽象性,因此对损失的估值往往偏低,导致专利权人获得的赔偿较少,所以需要在知识产权领域设置故意侵权的惩罚性赔偿制度。在任何的国家及地区,侵犯知识产权造成的损失都具有抽象性的特点,如果这个特点足以成为建立专利故意侵权惩罚性赔偿制度的理由,那么为什么专利故意侵权的惩罚性赔偿制度至今没有成为世界通例?可见,知识产权的这些特性不足以成为设置专利故意侵权惩罚性赔偿制度的理由。

进一步探讨,知识产权真的是一种"弱权"吗?随着"知识产权"等抽象概念的引入,民法的财产分析理论越来越复杂。现实情况是,"第一,传统财产权制度出现了问题;第二,我们还不能把握住新型的财产权权利形态"⑥。本文认为,知识产权的一些特性不能被定义为"柔弱",而是这种相对新的财产权权利形态不能完全适应传统的财产权制度,同时我们对新的财产权权利形态之把握尚不完全,所以在这种财产权被行使的过程中往往会遇到一些问题。我们不应该过分强调知识产权的特性,而忽略知识产权的私权共性。在知识产权的行使过程中遇到了一些问题,首先应该明确知识产权是一项民事权利,是整个民事权利体系的一部分,所以可以通过民事制度的学说、理论、规则来解决这些问题。⑰ 同样,立法上不应该操之过急,不应该一遇到问题就寻求全新的解决方案,不应该对知识产权采取过分特殊的对待和保护。不是每一种有特点的事物都需要特殊的对待和保护,太多的特殊对待和保护经不起时间的考验,太多的

---

⑥ 参见张庆会:"我国专利故意侵权惩罚性赔偿制度研究",华东政法大学硕士论文,页24—26。
⑥ 易继明:"知识产权的观念:类型化及法律适用",载《法学研究》2005年第3期,页110—125。
⑰ 同上注,页18。

特殊对待和保护被证明未必是好事。

与认为知识产权是"弱权"因而需要特殊保护相反的是,有学者提出知识产权不应该演化为"霸权"。知识财产的保护标准应当选择正当性标准,通过确定知识产权领域是否贯彻同等保护原则,可以检测是否符合正当性标准。同等保护原则要求同等对待知识产权和其他财产权,若对知识产权过分优待就有可能使之演变成"霸权"。[68] 而在专利法中引入惩罚性赔偿制度,也颇有使知识产权演变成"霸权"之嫌。从各国立法实践上看,惩罚性赔偿制度始终与公共利益、公共秩序挂钩。[69] 专利权即便对促进社会发展具有很大的意义,也不能说明所有专利权都与公共利益、公共秩序相挂钩。因为必然存在某些专利未必能够促进社会的发展,甚至有碍于公共利益、公共秩序。既然专利权未必与公共利益、公共秩序挂钩,那么私法属性的专利法为什么要独树一帜,对专利故意侵权适用惩罚性赔偿,对专利权给予特殊保护呢?

所以,如果将知识产权的特性造成知识产权的保护难度大,作为在我国专利法中引入专利故意侵权惩罚性赔偿制度的理由,这个理由显然经不起推敲。而过分忽略知识产权的私权性质,过分强调知识产权的特殊保护,反而可能造就"知识产权霸权",这并不是我们希望看到的。

(二)传统的补偿性赔偿制度无能?

因为传统的补偿性赔偿无法弥补当事人的全部损失,所以需要引入惩罚性赔偿制度。几乎所有惩罚性赔偿制度的立法理由,都包括了传统的补偿性赔偿"无能"这一条。

从功能上看,补偿性赔偿以填平当事人的损失为原则,不具有惩罚性赔偿所具有的惩罚和威慑的功能。从数据上看,我国过去对专利故意侵权行为采取补偿性赔偿原则,然而97.25%的专利判决都以法定赔偿的方式结案,法定赔偿的平均赔偿额只有8万元,通常只占到起诉人诉求额的1/3甚至更低。[70] 因此无论从功能上看,还是从数据上看,似乎有充分证据证明补偿性赔偿之"无能"。

惩罚性赔偿是补偿性赔偿衍生出的一种制度,惩罚性赔偿与补偿性赔偿实质上一脉相承。尤其在补偿功能上,补偿性赔偿和惩罚性赔偿二者是打通的。补偿性赔偿是以当事人的实际损失作为赔偿额,惩罚性赔偿则是在当事人实际损失的基础上进行翻倍。所以,我们很容易发现补偿性赔偿与惩罚性赔偿之间的联系——如果实际损失算不清,那么不仅补偿性赔偿的赔偿额不高,惩罚性赔偿的赔偿额也会被打折扣。而同样的社会环境、司法环境之下,若补偿性赔偿"无能",惩罚性赔偿可以发挥的作用也相当有限。

---

[68] 齐爱民:"论知识产权保护水平",载《苏州大学学报:哲学社会科学版》2010年第2期,页37—40。

[69] 李晓秋:"专利侵权惩罚性赔偿制度:引入抑或摒弃",载《法商研究》2013年第4期,页136—144。

[70] 张维,同前注②,页1。

补偿性赔偿没有惩罚和威慑功能,那么专利故意侵权惩罚性赔偿制度的惩罚和威慑功能有多大呢? 2004 年至 2010 年期间,美国地区法院对是否具有惩罚性赔偿所要求的侵权故意进行认定的案件数量,占同时期受理的专利案件总数的 1.9% ,这 1.9% 的案件中仅有不到一半的案件被发现具有惩罚性赔偿所要求的侵权故意。㉑ 因此,在美国仅有极少数的侵权人会被要求支付高额的惩罚性赔偿。尽管专利故意侵权惩罚性赔偿对个案的惩罚力度很大,但是鉴于其适用范围极窄,所以整体上看,专利故意侵权惩罚性赔偿的惩罚功能十分有限。在美国,设立专利故意侵权惩罚性赔偿制度的最初目的,是为了确保因为受到陪审团的厌恶而在诉讼中难以赢得赔偿的专利权人获得适当的补偿。而当代美国的专利故意侵权惩罚性赔偿制度,对企图从专利技术中不当得利的人予以威慑的意义反而大于其他。㉒ 一方面,这种威慑功能是需要由惩罚功能支持的,而专利故意侵权惩罚性赔偿的整体惩罚力度有限,所以连带其威慑力度也十分有限。另一方面,要实现惩罚性赔偿的威慑功能还应加入侵权人被追究责任之概率这一参量。㉓ 目前没有数据可以考证中国司法实践中专利侵权人被追究责任的概率,也就无法确定如果中国专利领域适用故意侵权的惩罚性赔偿制度,能在多大程度上实现惩罚性赔偿的威慑功能。可见,专利故意侵权惩罚性赔偿的威慑功能不应被寄望过高。

所以,就赔偿制度的"能力"而论,专利故意侵权惩罚性赔偿制度的补偿功能与补偿性赔偿制度差异不大,惩罚功能整体上看十分有限,威慑功能不能被寄望过高。因此,在相同的社会环境、司法环境下,若说专利故意侵权的补偿性赔偿制度"无能",那么惩罚性赔偿制度也未必"有能"。既然惩罚性赔偿制度未必"有能",那么立法者提出的鉴于传统的补偿性赔偿无法弥补当事人的全部损失,所以需要引入惩罚性赔偿制度的说法便站不住脚。

(三)惩罚性赔偿≠普遍提高赔偿额

立法者对专利法中引入故意侵权惩罚性赔偿制度的最大寄望是,凭借此制度解决专利维权赔偿低的问题。而本文认为,在专利故意侵权案件中适用惩罚性赔偿所带来的结果,将与解决专利案件赔偿额普遍较低的初衷南辕北辙。

2009 年至 2013 年美国法院判决的专利诉讼赔偿额中位数为 430 万美元㉔,这不是因为专利故意侵权惩罚性赔偿的赔偿额高而拉动平均数的结果。如前文所述,美国的专利故意侵权惩罚性赔偿制度要求权利人承担的举证责任是比较大的,专利权人并不

---

㉑ See Moore K A, Empirical Statistics on Willful Patent Infringement, supra note 25, p.7.

㉒ See Wright J E, Willful Patent Infringement and Enhanced Damages-Evolution and Analysis, supra note 36, p.7.

㉓ 余艺,同前注⑨,页 3.

㉔ Price Waterhouse Coopers Consulting, 2014 Patent Litigation Study As Case Volume Leaps, Damages Continue General Decline, supra note 4, p.1.

能借此制度轻松地获得超额赔偿。事实上,美国的专利案件中,最终获得惩罚性赔偿的专利权人极少。因此美国的专利案件赔偿额中位数常年居高不下,显然不是因为美国的专利法中存在专利故意侵权的惩罚性赔偿制度。对专利故意侵权适用惩罚性赔偿所带来的结果是,让极少数的专利权人通过诉讼获得高额赔偿,但这并不能改变中国专利领域迫切需要解决的专利案件赔偿额普遍较低的问题。

另外值得一提的是,中国第四次《专利法修改草案(征求意见稿)》规定法定赔偿可以作为专利故意侵权惩罚性赔偿的计算基础。本文认为,这一规定既不合理,也不利于解决我国专利案件赔偿额普遍较低的问题。法定赔偿不是中国首创,美国、日本、德国的知识产权法中都有相关规定。[75] 知识产权案件中存在赔偿额不易确定的难题,知识产权损害赔偿额的确定过程又面临公正与效益之考验,为了解决这些难题和考验,化繁为简的法定赔偿制度应运而生。[76] 然而,法定赔偿与惩罚性赔偿的考量因素类似,如果在法定赔偿的基础上适用惩罚性赔偿,可能导致同一情节被两次作为考量依据,有悖于基本法律原理。[77] 另外,无论是惩罚性赔偿制度,还是补偿性赔偿制度,其核心及灵魂都是当事人实际损失的计算。当事人实际损失的证明责任在专利权人,需要专利权人具有较高的维权意识和能力。而专利权人维权意识弱、举证能力弱才是中国专利案件赔偿额普遍较低的根源。总是以法定赔偿来解决实际损失难以计算的问题,长期放纵专利权人不注意提高自己预防专利侵权和维护专利权的能力,这样将一直无法解决专利权人维权意识弱、举证能力弱的症结。要解决我国专利案件赔偿额普遍较低的问题,权利人和法官都需要从自身找原因。[78] 若专利权人和法官都不问自身存在的问题,仅仅依赖于制度的改变,那么即便在我国专利领域引入专利故意侵权的惩罚性赔偿制度,也只能够带来表面的改善,虚假的繁荣。

立法者寄望专利故意侵权的惩罚性赔偿制度可以提高我国专利案件的赔偿额,然而专利故意侵权的惩罚性赔偿制度不能从根本上解决我国专利维权赔偿低的问题,所以不能以提高赔偿额为理由将专利故意侵权的惩罚性赔偿制度引进我国专利法。考虑到惩罚性赔偿制度的核心及灵魂是当事人实际损失的计算,所以即便将专利故意侵权的惩罚性赔偿制度引入中国专利法已成定局,立法上也有必要限制法定赔偿这一兜底条款的使用,并突出惩罚性赔偿必须以权利人的实际损失为基础。

(四) 积极维权与滥诉只有一步之遥

向我国专利法引入故意侵权的惩罚性赔偿制度,可以鼓励专利权人积极维权。鼓

---

[75] 朱启莉:"我国知识产权法定赔偿制度研究",吉林大学 2010 年博士论文,页 7—45。
[76] 刘春云:"知识产权法定赔偿制度研究",西南政法大学 2012 年硕士论文,页 116—119。
[77] 盘佳:"论惩罚性赔偿在专利侵权领域的适用——兼评《中华人民共和国专利法修改草案(征求意见稿)》第 65 条",载《重庆大学学报:社会科学版》2014 年第 2 期,页 115—122。
[78] 張廣良:"惩罚性赔偿并非破解中国知识产权保护难题的良策",载《中国专利与商标》2012 年第 1 期,页 85。

励专利权人积极维权是好事,但积极维权与滥诉只有一步之遥。

1999年至2000年,向美国法院提出故意侵权控告的案件数量,占美国全部专利侵权诉讼案件数量的92.3%,然而被认定具有专利侵权故意的案件数量,不到该期间美国全部专利侵权诉讼案件数量的2.1%。[79] 之所以会有如此多的专利权人在专利诉讼中提出故意侵权的控告,是因为专利权人需要为提出控告承受的风险很低,而一旦控告成功就可能获得大于实际损失的惩罚性赔偿。所以,尽管专利权人获得惩罚性赔偿的成功率相当低,理性的专利权人也倾向于提出故意侵权控告。[80] 专利故意侵权的惩罚性赔偿制度给予专利权人的维权动力太大,同时该制度为专利权人设置的提出专利故意侵权控告的门槛很低,因此专利权人在权衡利弊之后往往选择向法院请求专利故意侵权的惩罚性赔偿。过多的专利权人抱着试一试的心态向法院提出惩罚性赔偿的诉讼请求,势必造成司法资源的浪费并导致司法效率的低下。这也是专利故意侵权的惩罚性赔偿制度在美国受到批评的原因之一。

鉴于惩罚性赔偿天然具有被滥用的可能性,很容易助长滥诉之风,所以抑制专利侵权案件中惩罚性赔偿的适用早已成为美国立法和司法的主流。2009年至2013年,美国专利诉讼案件数量的平均年增长率为24%,2013年美国法院受理专利诉讼约6500件,年增长率更是高达25%。[81] 近年我国知识产权案件数量之大、年增长率之高同样令人触目惊心。2011年全国各级人民法院审结的知识产权民事一审案件达58201件,年增长率为39.51%[82];2012年全国各级人民法院审结的知识产权民事一审案件达83850件,年增长率为44.07%[83];2013年全国各级人民法院审结的知识产权民事一审案件达88286件,年增长率为5.29%[84]。如此庞大的案件数量,如此惊人的案件数量年增长率,是否说明中国知识产权领域和美国一样也已经存在滥诉的现象呢?

专利权人若向管辖法院提出起诉并请求适用专利故意侵权的惩罚性赔偿,一般情况下都能够满足我国现行《民事诉讼法》对于起诉条件的要求。由于专利权人能够符合知识产权诉讼主体适格的要求,专利权人提出的知识产权诉讼也符合具备诉讼利益

---

[79] See Moore K A, Empirical Statistics on Willful Patent Infringement, supra note 25, p.7.

[80] See Seaman C B, Willful Patent Infringement and Enhanced Damages after in re Seagate: an Empirical Study, supra note 26, p.7.

[81] Price Waterhouse Coopers Consulting, 2014 Patent Litigation Study As Case Volume Leaps, Damages Continue General Decline, supra note 4, p.1.

[82] 中华人民共和国国家知识产权局:"2011年中国知识产权保护状况",http://www.sipo.gov.cn/zwgs/zscqbps/201310/P020131023391480647746.pdf,2015年2月1日最后访问。

[83] 中华人民共和国国家知识产权局:"2012年中国知识产权保护状况",http://www.sipo.gov.cn/zwgs/zscqbps/201310/t20131023_828920.html,2015年2月1日最后访问。

[84] 中华人民共和国国家知识产权局:"2013年中国知识产权保护状况",同前注①,第1页。

的要求,并且很难认定专利权人的行为不符合诚信原则。[65] 所以即使参照学者建议的知识产权滥诉判断标准[66],对专利权人的起诉行为是否属于滥诉进行判断,也很难将之划入滥诉的范围,因此很难对专利权人的诉权进行合理约束。更何况在我国现行法律体系中,尚无知识产权滥诉的相关规定,我们无从对知识产权滥诉行为进行规制。若大部分专利权人都执意起诉并要求法院对被控侵权人适用专利故意侵权的惩罚性赔偿,那么将进一步增加我国法院的负担,并浪费大量的司法资源。

所以,向专利法引入故意侵权的惩罚性赔偿制度,以鼓励专利权人积极维权的初衷很好。但是,积极维权与滥诉只有一步之遥,过分鼓励专利权人积极维权可能造成适得其反的效果。因此,将鼓励专利权人积极维权作为增设专利故意侵权惩罚性赔偿制度的理由,需慎之又慎。

### 五、结论

鉴于知识产权的特性造成知识产权保护难度大,所以需要在专利法中增设专利故意侵权的惩罚性赔偿制度,这一说法是不能成立的。同样的社会环境、司法环境下,若专利权人不提高自身的维权意识和能力,专利故意侵权的惩罚性赔偿制度也未必能发挥优于补偿性赔偿制度的效果。惩罚性赔偿制度带来的后果是少数专利权人借此制度获得巨额赔偿,而中国专利领域侵权赔偿额低的现状不会因此改变。同时,专利故意侵权的惩罚性赔偿制度鼓励专利权人积极维权,可能间接加剧我国知识产权滥诉。所以,通过对比美国专利故意侵权的惩罚性赔偿制度,对中国第四次《专利法修改草案(征求意见稿)》增设的专利故意侵权惩罚性赔偿制度进行分析,本文认为《关于〈专利法修改草案(征求意见稿)〉的说明》所提出的,在专利法中增设专利故意侵权惩罚性赔偿制度的理由不够充分,专利故意侵权的惩罚性赔偿制度未必如立法者所愿,亦未必能解决我国专利司法实践中亟待解决的问题。

---

[65] 张晓薇、周玉宇:"知识产权诉讼正当性标准的确立及意义",载《知识产权》2007 年第 4 期,页 68—71。

[66] 张晓薇:"知识产权滥诉的界定与规制",载《电子知识产权》2007 年第 4 期,页 42—45。

# 权利要求技术特征的字面范围支持问题研究

娄 宁[*]

**【摘要】** 在专利申请的审批、专利确权和专利侵权判定程序中,有一类特殊案例,其权利要求中的某个或某些技术特征的"字面范围"内,存在一个或多个因不能解决其技术问题而不能实施的点,即"坏点",对于这样的权利要求是否能够得到说明书的支持,如何进行权利要求的解释,根据不同的案情,有不同的结论和处理方式。本文从案例评析着手,归纳了不同观点,进行了美欧中日比较研究,结合理论法学、司法实践等,对权利要求技术特征的字面范围支持问题给出建议,以期对专利申请的审批、确权和侵权判定等有所帮助。

**【关键词】** 权利要求支持;技术特征;权利要求解释;坏点

## 一、引言

在专利申请的审批、专利确权和专利侵权判定程序中,对于权利要求范围的解释和确定是一个重要步骤,甚至是不可或缺的前提条件,因为权利要求是界定发明、向社会公示专利权利的范围、判断是否侵权的依据。权利要求(claims)的基础是它应当得到说明书的支持。世界多国专利法对此均有规定,如我国《专利法》第26条就规定了说明书对权利要求书的支持,《专利法实施细则》第17条至第23条又对说明书和权利要求书做了进一步规定。

判断一项权利要求是否能够得到说明书的支持,实质上就是要将权利要求的技术方案与说明书中充分公开的内容进行对比,判断从说明书充分公开的内容扩展到权利要求所概括的范围时是否包括了申请人推测的、其效果难以预先确定和评价的内容。

---

[*] 娄宁,理学硕士,法律硕士,国家知识产权局专利复审委员会审查员。

专利审查实践中,存在这样一些案例,在其权利要求中的某个或某些技术特征的"字面范围"内,存在一个或多个因不能解决其技术问题而不能实施的点,以下简称"坏点"。对于这样的权利要求是否能够得到说明书的支持,根据不同的案情,有结论相反的处理方式,就个案而言并无太大的争议,但总体上没有清晰的思路。现本文将其归纳研究,希望找出规律,以期对专利申请的审批、专利确权和专利侵权判定程序工作有所帮助。

### 二、背景案例评析

在某专利无效宣告请求案件中,权利要求书涉及一种水成液组合物,其特征在于含有通式化合物的碱盐,以及在水成液组合物中无机盐的含量是 1.1—10 质量%。说明书中对术语"无机盐"没有具体限定,实施例中记载了通式化合物的制造方法及其作为荧光增白剂的应用。请求人主张,实施例中仅使用了氯化钠这一种无机盐,当所述无机盐为氯化银等难溶性盐时,不能解决发明所要解决的技术问题,而术语"无机盐"是一个确定的概念,不应当引入说明书的内容对其进行解释,因此,权利要求书得不到说明书支持。专利人主张,"无机盐"应该是指本发明的荧光增白剂制造过程中产生的作为副产物的无机盐以及后处理中盐析过程中添加的无机盐,本领域普通技术人员基于说明书教导的制造方法以实施例、本领域的现有技术和常识可以理解,因此能够得到说明书的支持。

专利复审委员会无效审查合议组认为,首先,专利所要解决的技术问题是通过选择水成液组合物与阳离子油墨固定剂一起使用用于喷墨记录纸的荧光增白。本领域技术人员根据现有技术能够明了水成液组合物中无机盐的具体种类的不同不会对上述所要解决的技术问题产生实质影响。其次,请求人仅仅声称本领域技术人员不能预期其所概括的所有的无机盐均能实现本发明,但没有具体阐述究竟为何不能解决本发明所要解决的技术问题,其论断缺乏理论和/或证据支持。因此关于《专利法》第26条第4款规定的无效理由合议组不予支持。

在某专利无效宣告请求案件中,权利要求书涉及一种脉冲超细干粉自动灭火装置,其含有外壳、干粉灭火剂、铝膜、启动器等,启动器包括启动组件,铝板、产气剂和非金属薄膜共同组成的产气组件。说明书中记载了"非金属薄膜"中的"赛璐珞薄膜"组成产气组件。请求人主张说明书只提到"赛璐珞薄膜",权利要求书中的"非金属薄膜"得不到说明书的支持。

专利复审委员会无效审查合议组认为,实施例公开了赛璐珞薄膜,权利要求书中的非金属薄膜作用在于包住产气剂,并在产气剂发生反应时可以被冲破以释放气体,而非任意的非金属薄膜,应允许在实施例公开的赛璐珞薄膜的基础上进行一定的概括,因此,能够得到说明书的支持。一审判决认为本领域技术人员在本专利公开的赛璐珞薄膜的基础上,能够理解权利要求书中的非金属薄膜具有说明书中公开的赛璐珞薄膜的作用,并非任意的非金属薄膜。因此,本专利在说明书公开的赛璐珞薄膜的基础上,概括为非金属薄膜并无不当,能够得到说明书的支持。

在某专利无效宣告请求案件中,权利要求涉及一种络合物,是由分子配体制剂和通式化合物形成。从属权利要求进一步限定,分子配体制剂选自环糊精、冠醚、聚氧化烯、聚硅氧烷、和沸石组成的组。说明书中记载了实施例4的对比实验,当分子配体制剂选择分子筛13X和5A(均属于沸石)时不能达到发明所要达到的预期效果。口审结束后,专利权人修改了权利要求,并限定分子配体是环糊精。

专利复审委员会无效审查合议组认为,环糊精中三种不同类型α型、β型、γ型的空间环状结构相类似,仅区别于葡萄糖分子的数目,在说明书已公开的分子配体制剂为环糊精以及实施例公开的α-环糊精的基础上,可以合理预测环糊精所包含的三个下位概念均能够解决本发明所要解决的技术问题。不能仅因为权利要求中所描述的所有三种环糊精未被实施例具体公开而认为上述权利要求得不到说明书支持。

一审判决认为,在说明书已经公开的分子配体制剂为环糊精以及实施例公开的α-环糊精可形成包合络合物的基础上,本领域技术人员可以合理预测环糊精所包含的三个下位概念均能够解决本发明所要解决的技术问题、达到相同的技术效果,权利要求能得到说明书支持。二审判决认为,在二审程序中,上诉人对一审判决中"关于权利要求1、3是否得到说明书的支持"的判决未提出异议,经审查对其合法性予以确认。

从上述案例可见,当事人立场角度不同时,权利要求技术特征的"字面范围"中的"坏点"的支持问题存在一定程度的分歧,且在目前的法律体系中,对此类问题无相关具体规定,以致在专利审批、确权和侵权程序中产生了诸多争议观点。

例如,主张以内容为首要界定标准的"通用术语"说认为:在判断一项权利要求是否符合《专利法》第26条第4款的规定的时候,不能利用《专利法》第59条第1款的规定来对权利要求中的概念进行解释。权利要求中术语如果是一个确定的概念,是清楚的(例如无机盐),不应当引入说明书的内容对其进行解释。如果特定术语包含了专利权人推测的内容,其效果难以预先确定和评价,则权利要求得不到说明书的支持。如果说明书中公开的部分实施例或实施方式不能达到发明目的或发明效果,却被概括纳入权利要求书的保护范围,特别是删除该部分实施例或实施方式时权利要求的保护范围相应缩小,则同样认为该权利要求得不到说明书的支持。

不同的观点主张则是,在判断权利要求是否得到说明书的支持时,应当从整体上考虑说明书和所有实施例的教导,如果权利要求中出现的"通用"术语,根据说明书的解释所得出的含意与该术语通常的含意不同时,说明书的解释优先于该术语通常的含意。如果说明书中对权利要求中所使用的上位概念范围内的某部分内容作出了明确的排除,此时,可以将权利要求的范围解释为不包括该排除的内容。换言之,尽管权利要求包含了不能达到发明目的或发明效果的具体技术方案,但说明书实施例中既然已明确记载这些方案,本领域技术人员自然会避开,因此不应认为这样的权利要求得不到说明书的支持。

此外,主张以时间点为首要界定标准的"申请日"说认为:对于申请日当时没有"坏点"且认定权利要求得到支持的,即使申请日之后通过进一步研究发现权利要求保护范围内有"坏点",基于以申请日当时的预测水平来考虑,不应认为权利要求得不到说明书支持。

相反的"无申请日差别"说则主张,无论申请日之前还是申请日之后,发现"坏点"则意味着实质上的不支持,应对专利权予以无效。对于申请日时本领域技术人员可以预见得到说明书支持的权利要求,在申请日后通过实验出人意料地发现权利要求范围内存在"坏点"从而导致权利要求无效的,如果对专利权人不公平,可以通过多重保护(从属权利要求)和无效宣告程序的修改(允许专利权人进行补救)两方面来解决。

上述主张各有依据,且一定程度上表达了不同角度对说明书支持问题的理解,对于权利要求中的某个或某些技术特征的"字面范围"内存在"坏点"的情形是否得到支持,根据不同的案情,有结论相反的处理方式,存在较大的争议。

### 三、美欧日中的比较研究

#### (一)美国专利商标局(USPTO)

美国《专利法》第112条是关于说明书及权利要求书撰写的规定[①],其中第1款内容规定说明书应当对发明及其制作与使用方式作出清楚、简要而确切的叙述,使任何熟悉该发明所属领域或者与之密切相关领域的技术人员都能制作及使用该项发明。说明书还应提出发明人拟定的实施发明的最好方式。第2款规定专利说明书应以权利要求作为结语,权利要求可以是一项或多项,权利要求应当特别的指明和清楚的界定申请人认为是其发明的标的。[②]

美国《专利法》没有权利要求以说明书为依据的专门条款,因此美国专利审查指南中没有专门的章节讨论以说明书为依据的内容。《美国专利审查指南》中规定,在确定一个未在权利要求中包括的技术特征是否是必要技术特征时,应当在整个公开的基础上考虑。此外,在权利要求中使用的术语可以在说明书中给出一个特殊的含义,但不允许给术语一个和常规含义不同的含义。[③]《美国专利审查指南》中还规定,在审查过程中,应当根据说明书对未决的权利要求进行最宽泛的合理解释,这样可以降低授权

---

① 35 U.S.C.112.
② 闫文军:《专利权的保护范围》,法律出版社2007年版,页23。
③ 《美国专利审查指南》第2164.08(c)节。

后的权利要求被解释得比其应当范围要宽的可能性。④

在耳塞"增塑剂"案中⑤,专利权人发明了一种防护性耳塞,权利要求中限定耳塞中"……含有足够高浓度的有机增塑剂……"此案争议焦点在于仿制者(Specialty公司)制造的耳塞是否具有"含有足够高浓度的有机增塑剂"的特征。一审判决认为,增塑剂是化学领域中采用的术语,指塑料材质中用于增加其柔性或膨胀性的材料,增塑剂通过多种不同分子机理产生增塑效果,根据说明书的记载,专利的发明采用的是外部增塑剂,而S公司采用的是内部增塑剂,因此没有侵犯专利权。美国联邦巡回上述法院则认为,首先,本领域技术人员理解的增塑剂具有广义含义,既包括外部增塑剂也包括内部增塑剂,说明书中从来没有提及"外部增塑剂"和"内部增塑剂"的概念,尽管说明书中的实施例是外部增塑剂,但不能将仅仅记在说明书中的实施方式读入权利要求书中。其次,由专利审查过程的审查意见和修改文件可以知道,无论申请人还是审查员都从未涉及外部、内部增塑剂的概念。此外,从属权利要求8中限定了具体的聚氯乙烯增塑溶胶,这表明权利要求1的范围应不仅限于聚氯乙烯增塑溶胶,因此不应当将权利要求1中的增塑剂限于外部增塑剂。

由此可知,《美国专利审查指南》中规定的"根据说明书理解权利要求",不同于"将说明书中的限定解释进权利要求中去"。审查标准主要需要考虑定义或者其他说明书中文字描述能够提供的启迪,用本领域技术人员能够理解的通常用法对权利要求的措辞进行最宽泛的合理理解。

(二)欧洲专利局(EPO)

根据《欧洲专利公约》第84条关于支持的规定,权利要求应当定义要保护的主题,它们应当清楚、简明并且得到说明书的支持,权利要求技术特征的用语或表达特别要取决于所属领域技术人员通常认可的含义。

《欧洲专利公约》专门附加的对第69条第1款的议定书如下:"第69条不应被理解为一份欧洲专利所提供的保护由权利要求的措辞的严格字面含义来确定,而说明书和附图仅仅用于解释权利要求中的含糊不清之处;也不应当被理解为权利要求仅仅起到一种指导的作用,而提供的实际保护可以从所属技术领域的普通技术人员对说明书和附图的理解出发,扩展到专利权人所期望达到的范围。这一条款应当被理解为定义了上述两种极端之间的一种中间立场,从这一立场出发,既能够为专利权人提供良好的保护,同时对他人来说又具有合理的法律确定。"该议定书并未正面阐述如何解释权利要求,而是从反面排除了两种极端的做法。

关于支持的规定⑥:权利要求书必须得到说明书的支持,这意味每一项权利要求的

---

④ 同上,第2111节。
⑤ 6USPQ 2d 1601 (1988), p.354.
⑥ Guidelines for Examiniation in the European Office, Chapter III 6.1.

主题必须在说明书中找到依据,并且权利要求的保护范围不能比由说明书和附图的内容及其对现有技术作出的贡献所应当得到的范围更宽。第6.2中规定,应当允许申请人在权利要求中覆盖说明书中描述的实施方式的所有明显变型方式、等同物及其用途,具体来说,如果能够合理预测权利要求所覆盖的所有明显变型方式和等同物都具有申请人在说明书描述的性能或用途,则应当允许申请人在权利要求中写入这些明显的变形方式和等同物。

关于权利要求解释的规定:解读权利要求时,其用词的含义和范围应当认定为相关领域通常具有的,除非说明书以清楚的定义或其他方式对该用词赋予了特殊含义。而且,若这种特殊含义适用,审查员应尽可能要求修改权利要求,使得权利要求单独看含义即清楚。[7]

在螺钉案中[8],专利涉及一种用于管道固定的管夹,其中包括皮带、开口、螺丝头、螺钉……和垫圈,权利要求1中包括一个特征"垫圈在固定前**插入**螺丝头与边缘之间"。专利中记载的要求解决的技术问题是:用较短的螺钉固定管夹。为了解决这个技术问题,涉案专利的管夹中垫圈必须以"平行插入"的方式装配,而"垂直插入"则无法解决该技术问题。而被控侵权人则以垂直插入垫圈的方式组配了一个管道固定的管夹。此案争议的焦点在于,本领域技术人员如何理解"被插入的垫圈"所达到的技术效果。

原告主张平行插入和垂直插入的方式均涵盖在权利要求保护的范围内,地区法院支持原告,上诉法院和高级法院则支持被告。最终的判决认为,专利是因为披露了针对某种具体技术问题的解决方案才被授权的,因此权利要求书中的技术术语应该根据说明书来解释,本案中"插入"是指通过某种特定的移动(即平行插入方式)而达到的一种插入的状态,虽然在语义上可能包含更多意义的专利特性,但应被缩小并限制在更窄、但能够从专利的角度描述对技术解决方案的理解上。

由上可知,对于以说明书为依据的概念,欧洲审查指南的规定包括两层含义,一是给出以说明书为依据法律条款的解释,权利要求应当得到说明书的支持。这是指在说明书中对每一权利要求的主题内容应当有依据,且权利要求的范围不应当比说明书和附图给出的合理程度以及比对已有技术的贡献更宽。二是对权利要求概括程度的限定,多数权利要求是由一个或多个具体实施例概括而成。对每一申请,均应当结合相关已有技术来判断概括程度可否被允许。一项概括恰当的权利要求既不应宽到超出发明本身,也不应窄到损害申请人公开其发明而应获得的正当权益。

---

[7] Guidelines for Examiniation in the European Office Chapter III 4.2.
[8] Ep0319521,XTR85/96,1999.

## (三) 日本特许厅(JPO)

日本《专利法》规定⑨：权利要求所请求保护的发明应当在发明的说明书中进行详细的说明。专利权利要求的记载，应当符合以下条件，(1) 对要求得到专利保护并且在专利说明书中有详细记载的发明进行界定；(2) 明确记载要求得到专利保护的发明；(3) 权利要求项的记载应当简洁；(4) 记载经济产业省要求记载的事项。

日本专利法没有权利要求以说明书为依据的专门条款，因此审查指南中没有专门的章节讨论以说明书为依据的内容，但是在涉及说明书充分公开时，讨论了权利要求与说明书公开的关系。审查指南是将充分公开与权利要求保护范围作为一个问题的两个方面一起讨论的，没有将说明书充分公开与以说明书为依据进行区分。讨论的内容包括，"对要求保护的发明应当公开至少一种实施方式，并非要求保护的发明中所有的方案如何实施均必须在说明书中有描述"（这里的"发明"是指权利要求请求保护的范围）。"但是，如果本领域普通技术人员有充分理由确信，从说明书公开的具体实施方案无法扩展到要求保护发明的整个范围时，审查员可以判断发明没有清楚、完整公开发明使得所属技术领域的技术人员能够实现"，"例如，要求保护上位概念，说明书公开具体下位概念，如果所属技术领域的技术人员有具体理由确信，依据说明书公开的具体实施方式并不能获得所述上位概念涵盖的另一个具体下位概念，审查员可以判断发明没有清楚、完整公开发明使得所属技术领域的技术人员能够实现"。⑩

可以看出，日本专利审查指南强调了专利申请中对术语的定义应与所属技术领域该术语的通常含义相一致，特别是权利要求中的术语与其说明书对该术语定义的一致性。具体而言，在权利要求自身的陈述可视为清楚时，应审查权利要求所用的术语在说明书（包括权利要求）和附图中是否有定义或解释，再评判该定义或解释（若有的话）是否导致权利要求的陈述不清楚。例如，如果在发明的详细描述中存在对权利要求所用术语的清楚定义，该术语严重违背或不同于其常规含义，这种定义则使发明不清楚。因为尽管确认发明主要基于权利要求的陈述，在结合考虑说明书、附图和相应于申请日时的公知常识后对要求保护的发明进行确认时，这样的定义会在解释该术语时产生混乱。

## (四) 中国国家知识产权局(SIPO)

如前所述，各国对于"权利要求应当得到说明书的支持"均有相应的规定（中国《专利法》第26条第4款、EPC 84，《日本特许法》第36条第6款第1项以及35. U. S. C 112第1款）。但相比而言，我国审查实践中对于《专利法》第26条第4款的应用更加常见。

我国《专利法》第26条规定了说明书和权利要求的关系。《专利法实施细则》第

---

⑨ 《日本特许法》第36条第6款。
⑩ 《日本专利审查指南》，第1部分第1章2.2.1。

17条至第23条对说明书和权利要求书做了进一步规定。第59条第1款规定:"发明或者实用新型专利权的保护范围以其权利要求的内容为准,说明书及附图可以解释权利要求"。

《审查指南》第二部分第二章3.2.1节规定:权利要求中的每一项权利要求所要求保护的技术方案应当是所属技术领域的技术人员能够从说明书充分公开的内容得到或概括得到的技术方案,并且不得超出说明书公开的范围。权利要求通常由说明书记载的一个或者多个实施方式或实施例概括而成,如果所属技术领域的技术人员可以合理预测说明书给出的实施方式的所有等同替代方式或明显变型方式都具备相同的性能或用途,则应当允许申请将权利要求的保护范围概括至覆盖其所有等同替代或明显变型的方式。[11]

《审查操作规程》中关于特殊领域的支持问题进行了特别规定,如:化合物能否形成溶剂化物以及能够形成何种溶剂化物,具有偶然性或不可预期性,因此,化合物能得到说明书的支持,不意味着其非特定的溶剂化物(包括水合物)能够得到说明书的支持。[12]化合物通过体内代谢,可能被活化或者失活,甚至有可能转化为有毒化合物,因此,即使化合物能够得到说明书的支持,通常也不能认为其非特定的"前药"或"代谢物"能够得到说明书的支持。[13]

《专利法》、《专利法实施细则》和《审查指南》中均没有明确《专利法》第26条第4款的立法宗旨,但是,从权利要求书本身的作用来看,它是一种用来界定专利独占权的范围、使公众能够清楚地知道实施什么样的行为就会侵犯他人的专利权的一种特殊的法律文件,因此,权利要求的范围应当适当。如果范围过小,相当于申请人将其完成的一部分发明无偿地捐献给全人类,对申请人本人来说可能是不公平的;相反,如果范围过大,把属于公众的已知技术、或者其尚未完成而是有可能在将来由他人完成的发明囊括在其保护范围之内,将会损害公众的利益。因此,《专利法》第26条第4款规定"权利要求书应当以说明书为依据",其立法宗旨实质是指,权利要求的概括范围应当与说明书公开的范围相适应,该范围不应当宽到超出发明公开的范围,也不应当窄到有损于申请人因公开其发明而应当获得的权益。

在以上立法宗旨的基础上,判断一项权利要求是否能够得到说明书的支持,实质上就是要将权利要求的技术方案与说明书中充分公开的内容进行对比,判断从说明书充分公开的内容扩展到权利要求所概括的范围时是否包括了申请人推测的、其效果难以预先确定和评价的内容,也就是说,基于说明书充分公开的内容,本领域技术人员能否合理地预期到权利要求概括的所有技术方案均能解决发明要解决的技术方案,并达

---

[11] 《审查指南》第二部分第二章3.2.1节。
[12] 《审查操作规程》第十章第1.4.2.2节。
[13] 同前,第1.4.2.4节。

到预期的技术效果。

### 四、权利要求的解释规则与方法

"非发明点",一般指专利文件相对于现有技术未作出改进的实质内容。"发明点",通常指专利中对现有技术作出贡献,使专利具有新颖性和创造性的实质性内容。权利要求的技术方案中是否包括了"不能实现发明目的"的范围,该技术特征是"发明点"或"非发明点"时,是否在权利要求的范围界定上有差异?上述非发明"坏点"的支持问题,都直接指向权利要求的解释。

权利要求是界定发明、向社会公示专利权利的范围、判断是否侵权的依据,界定权利要求保护范围的问题,就是权利要求解释的问题,权利要求的解释就是确定专利权利要求的真实含义的过程,也是确定专利保护范围的过程。对权利要求进行讨论的目的在于澄清权利要求中的含混不清之处,合理确定专利的保护范围。

(一)理论依据

根据财产权社会契约论和合同理论的主要观点,发明人披露发明创造的技术细节,获得授予专利所有权的对价。这样,发明人披露发明与专利保护范围之间就是一种交换关系,在确定专利保护范围时,必须考虑发明人对其发明的披露,即说明书公开的范围。权利要求要求保护的范围必须与说明书披露的内容相当。在确认专利保护范围时,虽然说明书不是确认专利保护范围的依据,但因为说明书体现了对发明的披露,专利保护范围的确认仍离不开说明书。

古典自然法学派的代表约翰洛克,提出了财产劳动理论,其中重要的一个内涵是,当人们将他的劳动与处于共有状态某个东西混合在一起的时候,他就取得了该东西的所有权。虽然洛克劳动理论主要是针对财产权的取得而言,但该理论也影响着对知识产权保护范围的界定。由洛克理论很容易得出一个结论,智力成果越重要,说明其付出的劳动越多,其应当享有的权利就越大,也即,对权利提供的保护应依据其重要性程度来确定。从而反映在现实的专利保护范围中,产生了三种做法:一是将发明创造分为发明和实用新型,并给予10、20年的不同保护;二是将发明或实用新型分为开拓性发明和改进性发明,并区分"大发明大保护、小发明小保护";三是根据发明实质内容(发明的难度、发明人付出的努力等因素)确定专利的保护范围,对于发明度较高,发明人付出努力较大的发明创造,即使专利申请文件存在撰写缺陷,也应当想办法给予保护。其中前两种做法被大多数人所接受并通过立法确立固定下来,而第三种做法也具有一定的合理性。

对于权利要求的技术方案而言,通常情况下,当说明书没有对权利要求中所采用的措词和术语作出特殊解释,以及根据说明书中给出的具体实施方案不能认为权利要求中采用的措词和术语具有特殊含义时,应当推定措词和术语具有所属领域中技术人员通常理解的含义。所属领域中的经典著述(例如技术手册、大专院校通用教科书等)以及专业技术辞典可以用作证明该通常含义的外在证据。当权利要求中的术语本身含糊不清,或有不同解释时应当根据说明书的描述对该术语进行解释。如果权利要求中使用上位概念限定了一个技术特征,而通过阅读说明书附图,通过将背景技术、发明所解决的技术问题、技术方案及其技术效果进行整体考虑后,本领域技术人员可以理解,说明书中对权利要求中所使用的上位概念范围内的某部分内容作出了明确的排除,此时,可以将权利要求的范围解释为不包括该排除的内容。从而,对于非发明点的支持问题,应理解为技术特征应具有说明书中具体实施方案中所公开的作用、对发明所要解决的技术问题没有负面作用或影响,上位概括并非大范围内的任意选择,而是可以实现发明目的的范围。

劳动财产理论等理论法学则进一步支持了上文的观点,对于非发明点和发明点的技术特征要求可以有差异,简而言之,发明点技术特征要求从严,而非发明点技术特征则可以从宽解释为所有能实现发明目的的方案,从而忽略非发明点坏点对权利要求保护的范围。甚至,即使说明书中记载了非发明点中有坏点的内容,对于权利要求保护范围的确定和支持问题的判断也没有影响。

在化学领域,由于技术效果的不可预知性,技术方案能否解决技术问题往往需要实验结果的验证。即使实施例中已经记载了若干不能达到发明目的的"坏点",但发明点或非发明点中"坏点"出现的规律性或可预测性有较大差别。非发明点技术特征应具有说明书中具体实施方案中所公开的作用、对发明所要解决的技术问题没有负面作用或影响,对非发明点的上位概括并非大范围内的任意选择,而是可以实现发明目的的范围的选择。因此,即使说明书中记载了非发明点中有坏点的内容,对于权利要求保护范围的确定和支持问题的判断也没有影响,本领域技术人员会"自行规避"。反之,涉及发明点的技术特征,属于发明的核心,在现有技术中通常没有教导,更加需要实验结果的验证,其中的"坏点"是本领域技术人员无法预知而规避的,或者说不通过大量的反复实验或者过度劳动无法预知而规避的。从而得到结论,由于本领域的可预见水平的差异,对发明点与非发明点中的坏点可以采用不同的审查标准。

(二)司法实践的依据

2010年1月1日起施行的《最高人民法院关于审理侵犯专利权纠纷案件应用法律若干问题的解释》第1—4条作出了明确规定。尽管最高人民法院明确了权利要求进行解释的条件,但学说上还存在不同的认识,下级法院也存在不同的做法。

在过去的专利侵权诉讼中,使用说明书解释权利要求的几种典型情形:使用说明书解释权利要求中有争议的用语的含义[14],使用说明书对权利要求中的通用术语作出

---

[14] (2000)厦初字第17号民事判决。

限制性解释[15]，使用说明书对权利要求的非必要技术特征作出扩大解释[16]。实施例不能限定权利要求的内容，但实施例应当属于专利保护范围之内。附图对权利要求的内容不具有限制作用，但当权利要求中用语含义不清楚时，附图可以用于解释该用语的含义[17]。

（三）权利要求解释的方式方法

（1）专利权人有选择他所希望采用的技术术语和表达方式的自由，允许其采用措词的含义与该措词的普通含义有所不同，其条件是说明书本身满足《专利法》第26条第3款的规定，使公众能够清楚地理解发明创造，同时确保权利要求书中使用的措词和术语与说明书使用的措词和术语一致。从这种意义上说，说明书是解释权利要求中措词和术语含义的最为主要的工具。在专利领域中，人们常将说明书比喻为权利要求书的"辞典"。此时，应当用说明书中对术语的说明来解释权利要求[18]。

（2）当说明书没有对权利要求中采用措辞和术语的含义作出特殊解释，以及根据说明书中给出的具体实施方案不能认为权利要求中采用的措辞和术语具有特殊意义时，应当推定该措辞和术语具有本领域技术人员通常理解的含义。技术手册、教科书、专业技术词典等本领域经典著作可作证明通常含义[19]。

（3）根据权利要求书的逻辑关系推断术语的含义，即，当有的权利要求具有较宽的保护范围，有的权利要求具有较窄的保护范围时，较窄权利要求中的限定特征不应"读入"较宽权利要求中，不同权利要求采用的相同术语应当解释为具有相同含义，不同的权利要求对相同概念采用不同术语时，应认为要求保护的范围不同。

（4）权利要求描述的是为了实现一定的发明目的，达到一定的技术效果而提出的技术方案，而该发明目的往往又是针对不足、缺陷等提出的，背景技术的描述即是专利权人所理解和掌握的现有技术，因此，可以根据说明书记载的发明目的、背景技术或技术方案等确定或推断术语的含义[20]。

**五、结论与建议**

对于权利要求能否得到说明书支持，《审查指南》以本领域技术人员能否合理预期权利要求中概括的技术方案的效果能够预先确定和评价为标准。而在化学领域，根据具体案件和技术领域的不同，技术方案能否解决技术问题达到预期的技术效果的可预测水平差距很大，对于权利要求是否得到说明书支持，需要具体分析。

---

[15] （2004）二中民初字第6988号民事判决。
[16] （1995）高知终字第22号判决。
[17] 闫文军，见前注②，页446。
[18] （2007）穗中法民三初字第293号民事判决。
[19] 闫文军：见前注②，页312。
[20] 程永顺、罗李华：《专利侵权判定》，知识产权出版社1998年版，页23。

对于权利要求中的某个或某些技术特征的"字面范围"内存在"坏点"的情形是否得到说明书支持,可以根据本领域技术人员是否可以合理预测得到为出发点加以判断。

对于以"发明点"和"非发明点"作为切入点针对案例进行的研讨,体现了一种思考方式,更加形象地阐述一种心证过程,而非机械僵化地一定要先划分"发明点"和"非发明点"。

首先,对于权利要求保护范围的理解,应基于本领域技术人员的角度,综合考虑技术领域、整体技术方案和本领域普通技术知识等进行理解,不能机械地理解为技术特征的字面含义。也即,本领域技术人员在申请日时,根据本领域的公知常识和常规技术手段,针对那些未对发明创造作出贡献的技术特征,如果可以合理预测出该技术特征的"字面范围"内的"坏点",则该"坏点"不被包括在根据该技术特征而体现的权利要求保护范围内;或者即使认为上述"坏点"属于权利要求的保护范围,但也不应因此而认为权利要求得不到说明书的支持。

其次,如果根据说明书的记载,权利要求的保护范围内存在"坏点",同时本领域技术人员按照本领域的公知常识,结合说明书公开的内容,通过简单的常规试验不能确定上述保护范围内哪些点或范围是"坏点",则可以认为该权利要求的概括包含了申请人推测的内容,其效果又难于预先确定和评价,超出了说明书公开的范围,即该权利要求没有得到说明书的支持。

最后,对于按照申请日时的本领域技术人员的水平判断,由说明书实施例或实施方式可以合理预测到权利要求概括的内容可以达到相同的效果、能够解决本发明所要解决的技术问题,则应当认为该权利要求得到了说明书的支持。

# 以方法特征限定的产品权利要求之侵权判定
## ——美国的规则及实践

周 倩[*]

【摘要】 以方法特征限定的产品权利要求,即产品权利要求用产品的制备方法来进行限定。本文梳理了美国在该项侵权判定方面的理论和主要案例,从中分析美国法院对于此项侵权的态度转变,并比较个案分析与"一刀切"判断方法的利弊。

【关键词】 方法特征;权利要求;侵权判定

## 一、引言

以方法特征限定的产品权利要求(Product-by-Process Claim),顾名思义,即产品权利要求用产品的制备方法来进行限定。例如,某面包师傅研制出一种口感疏松、香味独特的面包,此种面包由优质小麦粉、白砂糖、酵母、水和食盐等制成。上述原料与市面产品的原料并无很大区别,但新的制作方法使得其风味独特。面包师傅希望此种面包能获得专利保护,但难以准确地说明面包具有的独特风味,且面包的成分特征也不能区别于现有技术。为了清楚、明确地限定专利权的保护范围而采用了如下权利要求撰写方式,权利要求1.一种面包,其特征在于按如下步骤制备:……此即以方法特征限定的产品权利要求。

本文将介绍和分析美国在此项权利要求之侵权判定方面的规则与实践。

---

[*] 周倩,北京大学法学院 2013 级法律硕士。

## 二、美国法律与实践现状

美国专利法并没有专门规范以方法特征限定的产品权利要求,可专利性审查与侵权判定标准是在实践中逐渐发展起来的。若追本溯源,早在1981年Painter案中,时任专利局长的Simonds曾表示:"一般情况下,产品的权利要求不应以其制备方法来限定。然而,不能因语言在描述新生事物方面的局限性而妨碍申请人被授予专利。当新的、有用的发明除非参考其制备方法,否则不能被恰当地说明或与在先技术相区别时,应准许以制备方法限定产品权利要求,此为一般规则之例外。"①这段话后被概括为必要性规则(Rule of Necessity)。这表明当时人们意识到科学技术的发展会使语言在充分描述发明内容时陷入尴尬境地,以方法特征限定的产品权利要求的存在是具有一定合理性的。

此后在20世纪上半叶,关税和专利上诉法院(Court of Customs and Patent Appeals, CCPA)在其他一些相关案件中也不同程度地提及此规则。如在1928年Brown案中,"专利法不允许使用方法特征限定产品发明,唯一的例外是在少见情形下该产品不能被其他特征所限定……"②1930年Butler案中,"当一种产品是新的且尚不能以其他特征说明时,可以方法特征限定……"③1951年Lifton案中,CCPA再次强调了必要性规则。④ 综上所述,当时司法实践普遍认为只有当申请人不能以产品的结构特征等方式描述其发明内容时,才被允许以方法特征限定产品的权利要求。

20世纪60年代以后,随着这类权利要求申请量的逐渐增多,人们认为《专利法》第112条⑤有关"清楚"的要求并未限制权利要求书的具体撰写方式,申请人可依自身意愿撰写权利要求书,进而获得不同程度地保护。以方法特征限定的产品权利要求只要能具体并且清楚地说明所要求保护的发明创造内容即可,不需要再证明采用方法特征的必要性。1966年的Bridgeford⑥案使得必要性规则有所松动,该案案情为专利审查员驳回了一项采用方法特征限定产品权利要求的专利申请,理由是不符合必要性规

---

① Ex parte Painter,1891 C. D. 200, 200-01(Comm'r Pat. 1891).

② 其原文为:It is a well-settled rule of patent law that claims for a product which is defined by the process of producing it will not be allowed; and the only exception to this rule seems to be in cases where the product involves invention and cannot be defined except by the process used in its creation. 参见 In re Brown, 29 F.2d 873(1928).

③ 其原文为:Where it is possible to define a product by its characteristics, the practice is clearly settled that this should be done. Where, however, the product is novel and involves invention and cannot be defined except by the steps of the process involved in its creation, there are cases holding that such a claim may be allowed, and it has been sustained by a Court. 参见 In re Butler, 37 F.2d 623(1930).

④ 其原文为:when "proper article claims" were possible they must be used, with the exception of when such claims are "impossible"。参见 In re Lifton,189 F.2d 261(1951).

⑤ 35 U.S.C. 112 para. 1.

⑥ In re Bridgeford,357 F.2d 679(1966).

则。法院认为,审查过程应基于权利要求限定的产品是否为可专利的,以及权利要求是否符合《专利法》第 112 条有关清楚性的要求。第 112 条并未对权利要求的撰写方式加以限制,因此只要权利要求具体且清楚地说明发明内容即符合规定。Bridgeford 案表明即使产品的权利要求以其结构或其他物理特征就能清楚地说明发明内容,也不排斥可采用方法特征限定。此后,法院有关此类案件审理的重点逐渐从证明采用方法特征的必要性转向了审查发明内容是否可专利以及权利要求是否符合清楚性要求。

直至 1974 年 4 月,专利商标局(The United Stated Patent and Trademark Office, USPTO)新修订《专利审查程序指南》(Manual of Patent Examining Procedure, MPEP)第 706.03(e)款,删除了申请人须证明采用方法特征限定产品的权利要求的必要性,新规定为:只要能明确地界定发明内容,方法特征可用来限定产品权利要求(An article may be claimed by a process of making it provided it is definite.)[⑦],这次修改彻底否定了必要性规则。

### 三、可专利性

专利申请人不再需要证明必要性后,以方法特征限定的产品权利要求这一形式被更加广泛地采用。这其中存在部分申请人通过玩文字游戏来不当地扩大专利权,如申请人只改进了一种产品的制备方法,却不适当地采用方法特征限定产品权利要求的形式,进而寻求过宽的保护范围。这方面以 1985 年 Thorpe[⑧] 案尤为典型。

该案案情为:Thorpe(上诉人)于 1980 年 3 月 24 日提交了一份专利申请,名称为"一种制备金属改性的线型酚醛树脂的改进方法"("Improved Process for Metal-Modified Phenolic Novolac Resin"),申请号为 U.S. Patent No. 132,739。该专利产品为无碳复写纸的显色剂,在此之前,酚醛树脂作为显色剂已为公众所知。Thorpe 对制备方法做了改进,改变原来以苯甲酸锌为原料而采用氧化锌和苯甲酸为原料。'739 号专利的权利要求 1 为金属改性酚醛树脂的制备方法,因为此方法不同于现有技术公开的方法,该权利要求被批准。该专利另包括四项以方法特征限定的产品权利要求,以权利要求 44 为例,其内容为"如权利要求 1 所述方法制备的产品"。审查员以产品不符合新颖性和非显而易见性要求驳回申请,此决定为专利申诉委员会所维持。Thorpe 上诉称专利局应举证证明其新方法生产的产品与现有技术公开的产品相同。联邦巡回上诉法院(Court of Appeals for the Federal Circuit, CAFC)认为尽管涉案专利的权利要求以方法特征为限定,判定可专利性仍取决于产品本身。如果权利要求主张的产品与现有技术公开的产品是相同的或显而易见的,则不能被授予专利权。专利局负有举出表面证据

---

⑦ MPEP Editions and Revisions 1948—2012, http://www.uspto.gov/web/offices/pac/mpep/old/index.htm,2015 年 1 月 20 日最后访问。

⑧ In re Donald H. Thorpe, ET AL. 777 F.2d 695(1985).

（prima facie）以证明不符合专利授权条件的责任，Thorpe若认为此表面证据并不必然意味着其新方法制备的产品与公有领域的产品结构完全相同，进一步的举证责任应由其承担。Thorpe案一直以来没有被推翻，是判定方法特征限定产品权利要求可专利性方面的代表案例。

1974年4月修订的《专利审查程序指南》第706.03（e）款一方面允许以方法特征限定产品权利要求，也规定了如何审查这类权利要求的可专利性。当现有技术公开的产品与权利要求主张的产品或者相同或者只有细微区别时，基于《专利法》第102条或第103条驳回申请是公平合理的。[9] 总之，申请人可以对新颖的、有实用性的、非显而易见性的方法取得方法专利，但不能仅仅因增加了方法特征的限定而对已被现有技术公开的产品主张产品权利要求。

**四、侵权诉讼中保护范围的判定**

制备方法特征在专利侵权判定中对专利权的保护范围大小具有直接影响。如果方法特征具有限定产品权利要求的作用，那么只有当涉嫌侵权物与权利要求所限定的产品相同或等同，并且二者制备方法也相同时，才能认定为侵权；如果方法特征不起到限定作用，那么只要涉嫌侵权物与权利要求所限定的产品相同或等同，不需考虑二者制备方法，即可构成侵权。联邦巡回上诉法院在20世纪90年代初的两份结论相反的判决代表了侵权判定的不同主张。

（一）Scripps Clinic & Research Foundation v. Genentech, Inc.[10]

1. 事实与争议

Scripps（原告，上诉人）为第32,011号美国专利（以下简称"'011号专利"）的专利权人，该专利名称为"使用单克隆抗体超提纯的凝血因子VIII"（Ultrapurification of Factor VIII Using Monoclonal Antibodies）。Factor VIII:C是一种复杂蛋白质，参与血液凝固过程。在本发明作出前，科学家已成功从血浆中浓缩出Factor VIII:C，浓缩液可代替全血输血用于治疗血友病。但此制备过程较为昂贵，且所需大量全血作为起始物料，加之污染可能性，以及供给病人的浓缩液中存在大量的异体血浆蛋白质，因此有必要进一步研究改进方法。供职于Scripps Clinic的Zimmerman与Fulcher医生通过研究人与猪血中的Factor VIII:C，成功分离出纯度相当之高的Factor VIII:C，申请了本发明专利。'011号专利权利要求13是一种典型的方法特征限定的产品权利要求，内容为如权利要求1所述方法制备的高纯度Factor VIII:C（Highly purified and concentrated human or porcine VIII:C prepared in accordance with the method of claim 1）。权利要求1为一种制备Factor VIII:C的改进方法。'011号专利说明书公开了分离、提纯和浓缩步骤以获

---

[9] 同前注[7]。
[10] Scripps Clinic & Research Foundation v. Genentech, Inc., 927 F.2d 1565 (1991).

得高纯度的 Factor VIII:C，没有公开 Factor VIII:C 的结构或其他理化性质。

Genentech（被告）采用重组 DNA 技术也成功制备出高纯度的 Factor VIII:C，Scripps 提起专利侵权诉讼，指控被告以字面侵权或者等同侵权方式侵犯了其权利要求 13。地区法院（District Court for the Northern District of California）认为，除非经相同的方法步骤予以实施，否则不构成侵犯以方法特征限定的产品权利要求。Scripps 上诉称，地区法院的见解与先例背道而驰。

本案的诉讼争议点为不同方法制备的 Factor VIII:C 有无侵犯原告专利的权利要求 13，或者是该产品权利要求是否只能由用权利要求 1 所述方法制备的产品侵权？

2. 法院判决及理由

联邦巡回上诉法院认为权利要求 13 为产品权利要求，应当考虑被告是否生产出相同的产品，而非是否以相同的方法步骤制备。

Newman 法官首先引述三份案件论证在专利申请过程中以方法特征限定的产品权利要求的可专利性取决于根据方法特征所得到的产品本身。在判定专利产品的可专利性时，只需关注产品是否具有新颖性和非显而易见性，不考虑权利要求中所述的方法步骤本身是否具有可专利性。紧接着 Newman 法官未加引证地道"在可专利性与侵权判定中，对权利要求的解释方法必须相同（Since claims must be construed the same way for validity and for infringement）"。

经上述大前提、小前提铺垫，Newman 法官进而合乎逻辑地推出：在侵权判定时，以方法特征限定的产品权利要求的保护范围不受权利要求中的方法步骤所限定。上述三段论表明，只要涉嫌侵权产品与权利要求所主张的产品相同或等同，不需考察二者制备方法是否相同，即可构成侵权。

Scripps 案一年以后，相似的问题再次上诉到联邦巡回上诉法院。

（二）Atlantic Thermoplastics Co. v. Faytex Corp.⑪

1. 事实与诉讼争议

Atlantic（原告，上诉人）为 U.S. Patent No. 4,674,204 专利权人，'204 号专利名称为"一种减震鞋垫及其制备方法"（"Shock Absorbing Innersole and Method of Preparing Same."）。该专利的权利要求 1 是方法权利要求，为制作减震鞋垫的方法步骤（"In a method of manufacturing a shock-absorbing, molded innersole for insertion in footwear, which method comprises"）。权利要求 24 主张一种由权利要求 1 所述方法制作的鞋垫（"The molded innersole produced by the method of claim 1."），没有以鞋垫结构或其他特征进行限定。正如 Scripps 案，Atlantic 涉案专利的权利要求既包含一个制作方法权利要求，也包含一个通过方法特征限定的产品权利要求。

---

⑪ Atlantic Thermoplastics Co. v. Faytex Corp., 970 F.2d 834 (1992).

Surge 与 Sorbothane 两家公司分别使用两种不同的方法制作鞋垫,由 Faytex 公司(被告)统一销售。Surge 法首先是在鞋跟位置手动放置一个固体弹性嵌入块,然后围绕固体鞋跟嵌入块注入聚氨酯以形成鞋垫。Sorbothane 法首先是向模具内注入液态弹性前体,待凝固后形成鞋跟嵌入块,然后向模具内注入聚氨酯形成鞋垫的剩余部分。Surge 鞋垫的制作方法与权利要求中的方法步骤相同,但 Sorbothane 法与 Surge 法以及产品权利要求中所述方法均本质不同。

因 Faytex 只负责销售,并未参与制作鞋垫,Atlantic 不能指控其侵犯方法权利要求。然而,涉案专利的权利要求 24 为一种产品权利要求,以权利要求 1 中制作鞋垫的方法特征为限定。Atlantic 指控 Faytex 销售鞋垫的行为侵犯了权利要求 24。地区法院(United States District Court for the District of Massachusetts)认为 Faytex 销售 Surge 法制作的鞋垫行为侵犯了'204 号专利,但 Faytex 销售 Sorbothane 法制作的鞋垫行为并未侵犯'204 号专利。

在本案中,双方的诉讼争议点为,权利要求 24 是否覆盖了 Sorbothane 方法生产的鞋垫。Faytex 申辩道,Sorbothane 法制作的鞋垫与 Atlantic 产品权利要求中所述的方法不同,因此,不构成侵权。Atlantic 上诉称,Sorbothane 法与 Surge 法制作的鞋垫别无二致,理应构成侵权。

2. 法院判决及理由

Rader 法官代表多数意见写下判决书,他认为判定以方法特征限定的产品权利要求保护范围时,应当考虑方法步骤的限定作用。本案中,因为 Sorbothane 法不同于产品权利要求所述方法,所以 Faytex 销售 Sorbothane 法生产的鞋垫没有侵犯'204 号专利。

但上述结论与 Scripps 案相矛盾,Rader 法官继而解释道 Scripps 案合议庭没有引用联邦最高法院有关产品权利要求中方法特征限定作用的判例,因而不具有约束作用。接着,其耗费大量篇幅梳理了联邦最高法院自 19 世纪下半叶以来的相关判例。最后论证道,专利侵权判定的基本原则是对比被控侵权物与权利要求中的技术特征,忽略方法特征的限定作用将导致侵权对比在被控侵权物与权利要求的实施例之间进行,这与上述基本原则相矛盾。

Atlantic 案判决表明,方法特征具有限定作用,只有当涉嫌侵权产品与权利要求所定义的产品相同或等同,并且二者制备方法也一致,才能判定侵权。该结论也意味着在可专利性与侵权判定中,权利要求的解释方法并不相同,这与 Newman 法官在 Scripps 案中论证的大前提(即权利要求的解释方法在可专利性与侵权判定中必须相同)相矛盾,Rader 法官认为此处的不一致应理解为一种特殊情况。

3. 影响

Atlantic 案合议庭并没有明确推翻 Scripps 案判决,以上两个案例导致联邦地区法院对此类案件的适用莫衷一是。⑫ Rader 法官在判决书中引用 Tucker v. Phyfer 案⑬观点,认为 Scripps 案合议庭没有考虑到联邦最高法院的先例,因此不具有控制作用。而在 Atlantic 案有关全席审理(en banc)的反对意见⑭中,Lourie 法官引用了联邦巡回上诉法院一份 1985 年的判决,认为当判例之间存在冲突时,在先判例除非经全席审理被推翻,否则具有约束效力。采用 Atlantic 案的地区法院认为此案判决书引用了多份联邦最高法院的先例,从而表明 Scripps 案已实质被推翻。而支持 Scripps 案的地区法院则认同 Lourie 法官的看法。

2006 年的 SmithKline 案也涉及判定以方法特征限定的产品权利要求的保护范围,但该案判决对此问题显示出一种模棱两可的态度。

(三) SmithKline Beecham Corp. v. Apotex Corp. ⑮

1. 事实与诉讼争议

SmithKline(原告,上诉人)于 1986 年 10 月 23 递交一份包含 paroxetine(帕罗西汀,一种抗抑郁药)药物组合物片剂的专利申请,专利号为 U.S. Patent No. 4,721,723。1992 年,FDA 批准 SmithKline 向市场推广 paroxetine 的盐酸盐,该产品商品名为 Paxil®。随后,SmithKline 又围绕'723 号专利产品进行周边设计并申请了诸多相关专利,直至 1994 年 11 月 14 日,再次提交专利申请并获得授权,专利号为 U.S. Patent No. 6,113,944,即本案涉诉专利。'723 号专利文件披露了 paroxetine 片剂的产品信息,但未提及该片剂的制备方法。'944 号专利的权利要求 1、2 均为以方法特征限定的产品权利要求,'944 号专利所主张的产品与'723 号专利的区别是前者不含杂质,且二者含量均匀度也不同。

1998 年 3 月 31 日,Apotex(本案被告)向 FDA 递交了简化新药申请(Abbreviated New Drug Application, ANDA),意欲推广 Paxil® 专利药的仿制品。根据《联邦食品、药品和化妆品法》(Federal Food, Drug, and Cosmetic Act, FDCA)的相关要求,Apotex 递交的 ANDA-IV 类声明(paragraph IV certification,内容为证明 Orange Book 中所列的新药申请相关专利是无效的,或者简化新药申请的药物不存在专利侵权问题)中,'944 号专利权无效。SmithKline 向地区法院(United States District Court for the Eastern District of Pennsylvania)提起诉讼,指控 Apotex 侵犯其'944 号专利。地区法院认为根据 Scripps 案先例,以方法特征限定的产品权利要求的可专利性取决于产品本身,不需考虑方法

---

⑫ 关于地区法院对此问题的应对,可参见 The Federal Circuit Bar AssociationConflicts in Federal Circuit Patent Law Decisions, 11 Fed. Cir. B. J. 723, 765 (2002)。

⑬ 参见 Tucker v. Phyfer, 819 F.2d 1030, 1035 (1987) ("A decision that fails to consider Supreme court precedent does not control if the court determines that the prior panel would have reached a different conclusion if it had considered controlling precedent").

⑭ Atlantic Thermoplastics Co. v. Faytex Corp, 974 F.2d 1279 (1992)。

⑮ SmithKline Beecham Corp. v. Apotex Corp., 439 F.3d 1312 (2006)。

特征的限定作用。本案中,paroxetine 片剂产品信息已被'723 号专利文件所公开,因此,'944 号专利的发明内容不具有新颖性,该专利权无效。

SmithKline 上诉称,'944 号专利权利要求中的制备方法特征符合新颖性规定,地区法院在进行侵权对比时,忽略该专利权利要求中方法特征的限定作用是错误的。本案争议点为,现有技术仅披露了发明内容的产品方面信息,未涉及产品的制备方法特征,那么,现有技术是否构成对发明内容的预见。

2. 法院判决及理由

联邦巡回上诉法院首先回顾了 Scripps 案和 Atlantic 案的分歧,接着认为无论方法特征对权利要求是否具有限定作用,'723 号专利已公开了 paroxetine 化合物,则现有技术对'944 号专利发明内容构成预见。

预见意味着发明早已为公众所知,本案中,'723 号专利文件并未公开 paroxetine 的制备方法,上述法院回避了考察以方法特征限定的产品权利要求保护范围的大小,直接忽略'944 号专利权利要求所述的方法特征来进行侵权分析。Newman 法官在反对意见中认为,根据联邦最高法院 Warner-Jenkinson Co. v. Hilton Davis Chem. Co.⑯案,专利权利要求中的每一项特征在限定发明创造的范围方面都起着重要作用。认定是否构成专利侵权时,应将被控侵权物与权利要求中的每项特征逐一进行对比。当权利要求中的方法特征使得产品区别于现有技术时,该权利要求不能被现有技术所预见。

联邦巡回上诉法院从设立之初就负有统一专利案件裁判标准的任务,但在以方法特征限定的产品权利要求保护范围大小这一问题上很长时间未能达成一致意见。Scripps 案和 Atlantic 案代表了侵权判定的两种意见,此后 Atlantic 案和 SmithKline 案的全席审理申请相继遭法院拒绝,使得该分歧自 20 世纪 90 年代初以来一直未能有效解决。直至 2009 年,联邦巡回上诉法院在 Abbott 案中认为,有必要对以方法特征限定的产品权利要求保护范围作出明确的解释,该案以全席审理的方式推翻了 Scripps 案的判决。

(四) Abbott Labs. & Astellas Pharma, Inc. v. Sandoz, Inc⑰

1. 事实与诉讼争议

Abbott 为有关 U. S. PatentNo. 4,935,507 独占实施许可合同的被许可方。'507 号专利共有 5 项权利要求,其中 1、3、5 为独立权利要求。独立权利要求 1 主张 cefdinir(头孢地尼)晶体的产品权利要求,以该产品粉末的射线衍射谱限定。权利要求 2、5 为方法特征限定的 cefdinir 晶体产品权利要求,以晶体的制备方法限定。

Cefdinir 的商品名为 Omnicef,该药物为 A 晶型(无水头孢地尼)。'507 号专利的说明书中多次提及 cefdinir 晶体 A,并没有暗示权利要求所述方法可以制备非晶体 A 型

---

⑯ Warner-Jenkinson Co. v. Hilton Davis Chem. Co., 520 U. S. 17 (1997).
⑰ Abbott Labs. & Astellas Pharma, Inc. v. Sandoz, Inc ,566 F.3d 1282 (2009).

的化合物。Lupin的简化新药申请(Abbreviated New Drug Application, ANDA)或获FDA批准后,意欲向市场推广Omnicef的仿制药。该仿制药包含的几乎完全是cefdinir B晶型(头孢地尼一水化合物),A晶型与B晶型的差异为cefdinir晶体B多含一个水分子。仿制药的制备方法也不同于'507号专利独立权利要求所述的制备方法。如同Lupin,Sandoz也递交了简化新药申请,欲生产cefdinir的仿制药。另一起案件中,Abbott起诉Sandoz等侵犯其'507号专利。

'507号专利权利要求1的射线衍射图谱对应的为A晶型,而仿制药包含的几乎完全是cefdinir B晶型,因此不侵犯权利要求1。但权利要求2、5以晶体的制备方法限定,因为仿制药的制备方法与'507号专利权利要求所述的制备方法不同,弗吉尼亚东区法院(United States District Court for the Eastern District of Virginia)根据Atlantic案判例认为,'507号专利权利要求2、5限定了该产品的具体制备方法。伊利诺伊州北部地区法院(United States District Court for the Northern District of Illinois)亦基于此解释拒绝了Abbott的临时禁令请求。

Abbott认为,'507号专利权利要求2、5为cefdinir晶体的产品权利要求,没有区分晶体A型或B型。根据Scripps案在先判例,Lupin和Sandoz仿制药落入了'507号专利的权利保护范围。此案与本题相关的争议点是'507号专利(由方法Y获得的产品X专利)是否覆盖了Lupin和Sandoz的被控侵权物(由方法Z获得的产品X)。

2. 法院判决及理由

联邦巡回上诉法院以全席审理方式明确地推翻了Scripps案的判决。

由Rader法官执笔的判决书写道:"一项以方法限定的化合物发明,采用'化合物X,由方法Y制备'记载该发明。发明人拒绝披露该化合物的结构和其他特征,仅通过单一的方法特征向公众传达其专利权范围,若不考虑Y制备方法意味着用Z方法制备该化合物也构成侵权。如果侵权判定不考虑方法的相似性,只能根据发明的结构或其他特征(权利要求又未载明这一点),如何判断被控侵权产品和专利产品是否相同?"[18]

上述判决表明,专利法的宗旨是以披露为对价换取独占权,专利权人通过单一方法特征方式向公众传达其专利权的范围,即由方法Y制备的产品X。忽略方法特征意味着并非由Y制备的产品也会侵犯该专利,如此一来会不当地扩大专利权的保护范围。从可操作性角度来说,如果不考虑方法特征,侵权判断的只能依据产品的结构特征,而专利文件并有没有公开除方法特征以外的其他特征,导致无法判断被控侵权物和专利产品结构相同。

正如前文所述,1974年修改《专利审查程序指南》第706.03(e)款前,申请人须证明采用方法特征限定权利要求的必要性。这说明实践中,在申请专利时某些发明内容

---

[18] Abbott Labs. & Astellas Pharma, Inc. v. Sandoz, Inc ,566 F.3d 1282 (2009).

只能以其制备方法清楚地说明。Newman 法官在反对意见中认为,在必要性规则下,专利权人被授予的是产品专利,侵权判定时忽略方法特征并没有不当地扩大专利权的保护范围。就可操作性而言,也可以借由检测手段证明专利产品与被控侵权物是否相同。

### 五、个案分析与"一刀切"

Abbott 案采用一成不变的方案应对不同类型的案件遭到 Newman 法官的质疑,Newman 法官曾试图将方法特征限定的产品权利要求划分为三种类型,再根据不同类型进而确定相对应的保护范围。常见的三种类型分别为:(1)产品具有新颖性与非显而易见性,但不能以除方法外的其他特征所描述(when the product is new and unobvious, but is not capable of independent definition);(2)产品不具有新颖性或者非显而易见性,但方法特征具有新颖性(when the product is old or obvious, but the process is new);以及(3)产品具有新颖性和非显而易见性,采用方法特征限定(when the product is new and unobvious, but has a process-based limitation)。类型(1)为产品权利要求,可专利性取决于产品的新颖性和非显而易见性。类型(2)为方法权利要求,可专利性取决于方法的新颖性和非显而易见性。只有类型(1)仅能纯粹的以方法特征清楚地说明发明创造的内容,可称之为真正的以方法特征限定的产品权利要求(true product-by-process claim)。⑲

根据上述分类,尽管 Scripps 案与 Atlantic 案问题均在于如何对方法特征限定的产品权利要求进行解释,但两案案情有别,适用保护标准不一,结论并不相冲突。Scripps 案属于第(1)种类型,该类权利要求应视为产品权利要求,无论以何种方式制备均构成侵权。Atlantic 案则属于上述第(2)种类型,权利要求应视为方法专利,他人只有采用权利要求所述方法才构成侵权。套用上述分类可得侵权判定应根据说明书、审查历史和现有技术进行个案分析,但这种做法将不可避免地加重法院负担。

Abbott 案以全席审理的方式推翻了 Scripps 案的判决,从效力上暂时统一了关于此问题的裁判标准。该案认为方法特征应当起到限定作用,此结论简单明晰,便于适用。Abbott 案"一刀切"的做法便于法院侵权判定时进行技术特征对比,但也缩小了真正的以方法特征限定的产品权利要求的保护范围。

---

⑲ 同前注⑭。

# 论《专利法》第 65 条的序位问题
## ——以不当得利制度为视角

盛星宇[*]

**【摘要】** 《专利法》第 65 条从减轻权利人举证责任角度将侵权人获利作为权利人损失的推定,并强调二者在适用时的序位,这种设置使得损害赔偿请求权与不当得利请求权无法给予权利人完善的保护,理论上更使得侵权人获利的激励现象存在。《专利法修改草案(征求意见稿)》第 65 条针对专利保护不足的现象,引入惩罚性赔偿制度,然而在不改变《专利法》第 65 条就专利人实际损失与侵权人获利进行的序位安排的前提下,惩罚性赔偿制度的效果是存疑的。理想的制度安排可以参照《著作权法(修改送审稿)》的做法,在赋予权利人就损害赔偿请求权和不当得利请求权择一选择的基础上,设置惩罚性赔偿制度。

**【关键词】** 专利侵权;实际损失;不当得利;惩罚性赔偿

## 一、问题的提出

保护智力创造成果的专利制度赋予了权利人排他性的权利,而专利具有无体性,容易溢出权利人控制范围而被侵害。专利法制度与民法相一致,均以私权作为价值本位,而"私权的实现则以获得救济为根本保证"[①]。在侵权救济体系中,损害赔偿一向处于核心地位。专利侵权损害赔偿,一直是知识产权领域所关注的重要问题。《专利法》第 65 条第 1 款规定:"侵犯专利权的赔偿数额按照权利人因被侵权所受到的实际损失确定;实际损失难以确定的,可以按照侵权人因侵权所获得的利益确定。"由此,看

---

[*] 盛星宇,北京大学法学院 2014 级法学硕士。
[①] 杨彪:《可得利益的民法治理——一种侵权法的理论诠释》,北京大学出版社 2014 年版,页 3。

出其对损害赔偿的规定强调"权利人实际损失和侵权人获利之间的序位关系"②,强调专利侵权损害赔偿以实际损失为前提,当实际损失无法确定以致无法为权利人提供理想救济时,以侵权人的侵权获利作为权利人损失的推定,进而确定损害赔偿数额。《专利法》第65条是在知识产权保护强度不断完善的背景下修订的③,故而其背后逻辑理应是按照"实际损失—侵权人获利"的序位有助于更好地为专利权人提供侵权救济。

前述逻辑的证成需要满足一个条件,即权利人实际损失等于或大于侵权人获利。然而,当权利人实际损失小于侵权人获利,且二者均能确定时,按照《专利法》第65条的适用要求,专利权人只能依据其实际损失请求侵权人进行赔偿。此种情形下,表面上专利权人获得了损失的弥补,得到了很好的救济,但侵权人却在弥补损失之后仍能获利,这种通过侵权行为而获利的行为似乎有违朴素的公平观念。导致这一问题的关键因素在于《专利法》第65条未能厘清在侵权救济体系中损害赔偿请求权与获利返还的不当得利请求权之间的合理关系。现实情况中,专利侵权救济,尤其是侵权赔偿的救济力度不足问题突出④,学界对此提出了诸多批评,并主张对《专利法》相关内容进行修改。

## 二、侵权损害与不当得利

### (一)损害

民事立法以"权利—义务—责任"作为立法模式,当一项权利被他人侵害时,法律赋予了权利人请求侵权人承担民事责任的侵权救济权利。在侵权法中,损害是最基本的概念,甚至可以说侵权法就是围绕损害构建的,一方面,侵权法基础的功能为填补损害,另一方面,损害被视为侵权责任损害赔偿成立的要件之一,"通常在侵权行为双方当事人之间事先并不存在某种法律关系,只是因为损害的存在,才能在当事人之间产生侵权行为之债"⑤。损害这一概念所指向的是任何情况下任何形式的价值减少,可表现为权利人财产、健康、名誉等蒙受损失。只是,导致财产等各种形式的价值减少的原因是多元的,或因他人行为,或因自己行为,或因事件。基于对损害所致原因的不同认识,学界对损害的理解存在着差异:或认为损害是有过错的违法行为所致之不利后果,或认为损害是侵害行为或者违反义务的行为造成的不利后果,或认为损害是人的

---

② 张晓霞:"侵权获利返还请求权基础分析——以第三次修订的《专利法》第65条为出发点",载《知识产权》2010年第2期,页52。
③ 《专利法》第三次修改是为落实《知识产权战略纲要》,适应社会创新需求主动进行的修改,与动因来自外部的前两次修改明显不同。参见郭禾:"创新是社会进步的根本动力——《专利法》第三次修订评述",《电子知识产权》2009年第3期,页11—15。
④ 当前专利审判中大量适用法定赔偿以及由此带来的专利侵权案件判赔额低等问题。
⑤ 李新天、许玉祥:"侵权行为法上的损害概念研究",载《时代法学》2005年第1期,页21。

作为或不作为所致之不利后果;或提出损害是因行为或事件所致之不利后果。⑥ 考虑到我国民法理论的德国法渊源⑦,《侵权责任法》第 6 条第 1 款以及民法学界多数人的主张,基于过错责任原则确认的侵权责任构成要件包括违法行为、损害事实、因果关系和主观过错。⑧ 由此,可认为我国侵权法意义上的损害是指"因他人的加害行为或准侵权行为而遭受的人身或财产方面的不利后果(事实上的损害),该不利后果为侵权责任法所认可,受害人一方就该不利后果获得侵权责任法上的救济(可救济的损害)"。

由于侵权的范围包括财产权、人身权等,所以侵权法意义上的损害是一个广义的概念,不仅包含财产损失,还包括各种权利和利益的不利后果。对于损害与损失之间的关系,有观点认为损害包括损失,损失只是损害的一种表现形式;也有观点认为损失包括损害,损失不限于损害的财产价值表现形式,名誉损害和心理痛苦等也是一种损失;还有观点认为损害即损失,损害指的是财产上的损失,至于人身损害,也是指因人身伤害所造成的财产上的损失。⑨ 从我国民法规定来看,由《民法通则》第 117 条和第 121 条的规定可知,损失意指侵害财产所造成的后果,而损害是指侵害财产权与人身权的后果,损害的内涵与外延要比损失的内涵和外延丰富。⑩ 当把侵权限定在财产权领域时,损害与损失便重合了,并在事实上显出客观真实性和相对确定性特征。财产损害,指依侵害权利人的财产而造成受害人经济上的损失。⑪ 这种损害,能够以具体的金钱数额计算,"任何想象的、虚构的、不能证明的或不能以具体金钱数额计算的均不构成财产损害"⑫。

(二) 不当得利

一般而言,将"无法律上的原因而受利益,致他人损害者,应负返还的义务"⑬这一制度称为"不当得利"。不当得利制度旨在规范私法上无法律原因的财产变动,可谓是财产法体系的反射体。按照不当得利统一说理论,其构成要件是:一方获得利益,另一方遭受损失,取得利益与损失之间具有因果关系,获得利益没有合法根据。罗马法学家 Pompnonius 提出不得损人利己的法谚,因蕴含人类公平理念,成为自然法关于不当得利的理论依据,"不当得利的基础在乎公平,而与社会良心的正义相合致","财产价值的移动,在形式上一般地确定为正当,但在实质上相对地如认为不当时,则本于公平

---

⑥ 宁金成、田土城:"民法上之损害研究",载《中国法学》2002 年第 4 期,页 104。
⑦ 相比法国民法主张的损害事实、因果关系和过错三要件说,德国民法采行为违法性、损害事实、因果关系和过错四要件说。参见张新宝:《侵权责任法》,中国人民大学出版社 2010 年第 2 版,页 27。
⑧ 参见张新宝:《侵权责任法》,中国人民大学出版社 2010 年第 2 版,页 27—29。
⑨ 宁金成、田土城,见前注⑥,页 105。
⑩ 张新宝:《侵权责任构成要件研究》,法律出版社 2007 年版,页 120。
⑪ 参见王利明:《侵权行为法研究》(上卷),中国人民大学出版社 2005 年版,页 359。
⑫ 张新宝,见前注⑩,页 151。
⑬ 王泽鉴:《不当得利》,北京大学出版社 2009 年版,页 2。

理念,以调整此项矛盾。"⑭我国不当得利制度规定于 1986 年的《民法通则》第 92 条:"没有合法根据,取得不当利益,造成他人损失的,应将取得的不当利益返还受损的人。"但相对于不当得利制度完备的国家,我国的不当得利制度相关规定极为粗陋,仅此一条规定,对不当得利类型、返还范围等问题均未作出规定。现有的法律规范中,仅最高人民法院颁布的《关于贯彻执行〈中华人民共和国民法通则〉若干问题(试行)》(简称《民通意见》)第 131 条对此问题有所涉及:"返还的不当利益,应当包括原物和原物所生的孳息。利用不当得利所取得的其他利益,扣除劳务管理费用后,应当予以收缴。"该条款虽然就不当得利返还范围作出了回应,但本身存在重大问题,"不当得利作为传统民法的内容,系纯粹的民事活动,但收益却归第三方国家所有,显然是民法中不和谐的音符"。⑮

鉴于法律规则的疏漏,我国关于不当得利制度更多集中于理论层面探讨。学理上,将不当得利分为给付型不当得利和非给付型不当得利,而非给付型不当得利又分为侵害他人不当得利、费用支出型不当得利、求偿不得不当得利。⑯ 给付型不当得利意指无法律上原因因他人给付受利益,致他人损害,而负返还该利益的义务,其核心在于调整欠缺目的的财产变动。非给付型不当得利是指收益非因受损者的给付行为。

### 三、不当得利于专利侵权的必要性

(一)不当得利制度对财产保护的价值

在现代社会,财产往往被视为一种法律判断,是否能够得到救济是这种判断的核心。⑰ 传统法律体系中,侵权法构成了对财产侵权的纠正,是维护权利人的主要路径。随着社会经济的发展,市民的利益不断拓展,尤其是以知识产权为代表的无形财产权体系的建立,与传统以有体物为基点的物权体系共同构成了完善的"市民"财产权体系。私法对财产以及正当权益的尊重和保护体现为在其受到侵害时为其提供充分的救济,反映了"以人为本"的法律本位。只是,侵权法似乎无法跟上时代的节奏,尤其是在不存在主观过错的侵权情形中,损害赔偿的适用被限制:在专利侵权中,过错是承担损害赔偿责任的前提,在不存在过错的专利侵权中,专利权人的救济途径只能要求侵权人停止侵权行为,并不能要求侵权人承担损害赔偿责任,可是对于侵权人来说,很可能基于先前的专利侵权行为获得了可观的利益,由侵权人继续保有因该侵权行为获得的利益显然有违朴素的正义观。古今中外,人们对正义总是充满渴望,在亚里士多德

---

⑭ 郑玉波:《民法债编总论》,三民书局 1993 年版,页 107。

⑮ 参见龙树:"经济法学理念转变过程中的怪胎——《民通意见》131 条的经济法学探讨",资料来源:http://blog.163.com/nagarjuna1982@126/blog/static/8920519200782643625622/,2015 年 1 月 2 日最后访问。

⑯ 王泽鉴,见前注⑬,页 112—158。

⑰ 杨彪:《可得利益的民法治理——一种侵权法的理论诠释》,北京大学出版社 2014 年版,页 10。

的法哲学思想中,正义可分为分配正义(iustitia distributiva)与交换正义(insutitia commutativa),其中,交换正义要求尊重他人权利,不得以他人损失为代价而获利,不当得利制度正是源于此。[18]

侵权行为的违法性,属于"没有合法根据"范畴,按照不当得利构成要件,某人实施侵权行为同时致使他人受损和给自身带来收益,"会使不当得利返还责任与侵权责任因一种违法行为而同时产生,从而使两种责任发生竞合"。[19] 侵害他人专利权或其他知识产权,可构成侵害型不当得利,这种基于法律原因的缺乏而获得的利益,侵权人理应负有返还义务。不当得利与侵权行为同时并存依旧源于衡平理念,其目的"在于使不当得利的收益人将其所得利益返还给受害人,以符合公平理念"[20],即任何人不应该损人以利己。侵权损害赔偿旨在填补不法行为所产生的损害,而对于侵权损害赔偿责任的承担,往往以过错为要件。不当得利制度的功能在于使受益人返还其无法律上原因所受的利益,就构成要件而言,不以受益人的行为具有过失、违法性为必要,其所谓致他人受"损害"与侵权行为的"损害赔偿"是不同的。[21] 不当得利所涉及的"损害"指的是原本应当归属于受害人的财产不正当地转向了受益人,该损害并不要求以财产的实际损失为必要,而侵权行为的"损害赔偿"则必须以实际损失为限。

可知,不当得利能够发挥补充侵权法对财产权保护不足的作用,因此,其在财产权保护法律制度中扮演着越来越重要的作用,使得财产的流转更加符合公平正义的理念。

(二)不当得利制度在专利侵权中的适用困境

传统理论下,专利侵权仍属民事侵权,应恪守以实际损失为基础的填平原则。专利权客体的无体性特征,使得以填平损失为基础的损害赔偿侵权法规范无法对专利权人提供周全的保护,通过不当得利制度完善对专利权这一财产权的保护十分必要,而专利权作为私权,适用民法之不当得利制度并不存在理论障碍。专利制度赋予专利权人对技术进行独占,专利权人可以决定专利技术的利用,而通过利用专利而创造的收益理应由专利权人享有,如果有部分利益不能归专利权人所保有,那么对专利权人来说就是不当得利意义上的"损害",进而发生利益的返还。在专利法等知识产权法律体系构建之初,不当得利理论,尤其是侵权型不当得利理论尚未成熟[22],故而权利人救济条款未能吸纳不当得利制度,之后的修改也未能正视这一问题,反而通过《专利法》65条第1款等损害赔偿确定条款的修订给不当得利制度在专利侵权中的适用设置了障

---

[18] 杨彪,见关注[17],页3。
[19] 王利明:"论返还不当得利责任与侵权责任的竞合",载《中国法院》1994年第5期,页73。
[20] 范晓波:"侵害知识产权之不当得利问题探析",载《百家言》2006年第3期,页57。
[21] 王泽鉴,见前注[13],页119。
[22] 我国的《侵权责任法》直到2009年才颁布。

碍,这一障碍的核心在于未能厘清侵权人获利与权利人损失之间的关系。

由于专利权等知识产权具有非物质属性,其损失形态与物权等实体损失相比存在不同。侵权人的侵权行为并不发生对权利人利用专利等知识产权客体的阻碍,而且,对于权利人来说,其可以自己实施专利技术;也可以自己不实施而许可他人实施,收取许可使用费;更有可能既自己实施专利技术同时又许可他人实施;甚至基于某一特定战略意图,专利权人暂时不打算实施。不同情形下,权利人的损失并不相同:(1)在权利人仅仅自己实施专利时,侵权人会同权利人在市场中形成竞争关系,侵权产品形成对专利权人产品的替代,此时专利权人的损失是由失去的市场份额所带来的损失;(2)在权利人自己不实施专利技术的情况下,权利人的损失是通过授权许可本应获得的许可使用费;(3)在权利人既自己实施专利技术,同时也进行许可授权的情况下,权利人的损失应当是双重的;(4)如果专利权人暂时雪藏专利,从传统侵权角度看,其并无"损失"。专利权的行使和实现不以实物占有为前提,决定了权利人对专利技术的使用与侵权使用可以同时进行。假设市场需求是一定的,侵权人将专利产品投入到市场中必然导致权利人应有的市场份额被挤占,根据知识产权独占性理论,这些市场本应属于权利人所有,这种财产本应增加而未增加的损害,可视为可得利益或消极损害。"正是基于这种牵连性认识,侵权人获利才会成为知识产权所受损害的一种赔偿标准。"㉓以专利权人尚未实施专利而被侵权这一情形为例,假设专利权人打算单独实施,等于侵权人完全剥夺了本应属于专利权人的市场,及由此带来的利益。对于此情形,侵权法规范调整是存在障碍的,根据侵权责任法规定,侵害他人财产,财产损失按照损失发生时的市场价格或者其他方式计算㉔,而此时专利权人尚未进入市场,"损失发生时的市场价格"是不存在的。

由于经营策略、投入成本的不同,权利人的损失同侵权人的获利是不同的,可以简化到最简单的情形:假设市场上只有权利人实施该专利技术,即专利权人对该专利产品市场完全处于独占地位,此时侵权人进入市场后与权利人形成了直接的竞争关系。(1)在市场需求恒定的情况下,侵权人所占有的市场份额理论上即为权利人失去的市场,但由于侵权人省去了研发等成本,故而在价格上采取降低策略,此时权利人的损失会大于侵权人的获利;(2)假设市场需求不是恒定,而专利产品具有很强的价格弹性,侵权人的价格策略很有可能会扩大整体市场需求,侵权人所取得市场份额应当是权利

---

㉓ 崔志刚、全红霞:"知识产权赔偿中'侵权人获利'标准的思考",载《科技与法律》2007年第4期,页42。

㉔ 参见《侵权责任法》第19条。《侵权责任法》第20条针对人身权侵权,在规定了损失赔偿救济方式的同时,也规定了侵权人所获利益的赔偿方式,不过该条款内容似乎错误借鉴了《专利法》等知识产权制度的规定,也强调了两种方式的顺序:"被侵权人的损失难以确定,侵权人因此获得利益的,按照其获得的利益赔偿。"在人身侵权损失确定,而侵权人获利又大于被侵权人损失的情形下,就会面临同专利侵权类似的困境。参见《侵权责任法》第20条。

人失去的市场份额加上基于价格而扩大的份额,此时,很有可能侵权人的获利会大于权利人的损失。由此看出,权利人损失等于侵权人获利的情形是很难出现的。由于行为人可能就所侵害的专利权享有更多的利用可能并进而获得更高的收益,因此侵权人所得完全大于受害人所失的情况应当是常见的现象,导致不当得利请求权相较于损害赔偿请求权便具有更多优点,有学者从"利润剥夺请求权理论"来理解侵权不当得利。[25]

## 四、专利侵权不当得利制度的建构

### (一)损害赔偿数额条款演进

《专利法》一开始并未就专利侵权损害赔偿数额进行规定,专利侵权损害赔偿的请求条款始于1984年的《专利法》第60条,其第1款规定,"对未经专利权人许可,实施其专利的侵权行为,专利权人或者利害关系人可以请求专利管理机关进行处理,也可以直接向人民法院起诉",但该条款并未就专利侵权损害赔偿范围作出规定。1992年《专利法》在进行第一次修改时,也未对此条款进行修改。无论是从洛克劳动学说出发坚持专利等知识产权属于智力劳动者自然权利,还是认为该制度是以公开换垄断的激励机制,专利制度唯有在市场中才能体现其价值。随着我国市场经济的推进,专利制度的作用也开始凸显,而从1984年制定到90年代中期,在《专利法》运行过程中,尤其是在专利侵权救济中,如何确定损害成为理论与实践关注的重点。针对《专利法》及其实施细则缺乏对专利侵权损害赔偿界定的规定,最高人民法院于1992年发布了《关于审理专利纠纷案件若干问题的解答》(简称《解答》)[26],并就损害赔偿计算提供三种方法,即权利人实际损失、侵权人全部利润、许可使用费合理数额。[27] 不过实践中,三种方法均存在操作上的障碍。[28] 2000年,《专利法》进行第二次修改,设立了侵权数额确定条款,"侵犯专利权的赔偿数额,按照权利人因被侵权所受到的损失或者侵权人因侵

---

[25] 参见朱岩:"'利润剥夺'的请求权基础——兼评《中华人民共和国侵权责任法》第20条",载《商法研究》2011年第3期,页138—139。

[26] 法发[1992]3号,1992年12月31日最高人民法院发布。

[27] 《解答》规定:"专利侵权的损失赔偿额可按以下方法计算:(一)以专利权人因侵权行为受到的实际经济损失作为损失赔偿额。计算方法是:因侵权人的侵权产品(包括使用他人专利方法生产的产品)在市场上销售使专利权人的专利产品的销售量下降,其销售量减少的总数乘以每件专利产品利润所得之积,即为专利权人的实际经济损失。(二)以侵权人因侵权行为获得的全部利润作为损失赔偿额。计算方法是:侵权人从每件侵权产品(包括使用他人专利方法生产的产品)获得的利润乘以在市场上销售的总数所得之积,即为侵权人所得的全部利润。(三)以不低于专利许可使用费的合理数额作为损失赔偿额。"

[28] 这一问题一直到目前,依旧是困扰专利侵权损害赔偿救济的障碍。此阶段的有关论述可参见曾旻辉:"专利侵权的损害赔偿",载《发明与革新》1997年第5期,页30;冯晓青:"专利侵权损害赔偿额初探",载《律师世界》1997年第11期,页2—3;等等。

所获得的利益确定;被侵权人的损失或者侵权人获得的利益难以确定的,参照该专利许可使用费的倍数合理确定"㉙,将权利实际损失、侵权人所获利益、许可使用费合理倍数,共同纳入到侵权赔偿数额计算范围。该次修改更多的是将 1992 年司法解释所确定的规则上升为法律,为司法实践确定专利侵权赔偿数额,加强对专利权人的保护提供法律依据。但该次修改并未解决这些规则操作上的障碍,实践中往往出现权利人无法证明自己实际损失,也无法证明侵权人获利的情形,对于权利人自身实施的专利,更无法通过许可使用费合理倍数这一方法确定。由此学界开始探讨法定赔偿制度的必要性。㉚ 到 2008 年进行第三次修改时,在 2000 年基础上,增加了法定赔偿。对比 2000 年《专利法》与 2008 年《专利法》,明显不同的是 2008 年《专利法》第 65 条关于损害赔偿的规定强调了权利人实际损失和侵权人获利之间的序位关系,而 2000 年《专利法》第 60 条却未作此限制,权利人可自由选择实际损失或侵权人获利。

将侵权人获利作为被侵权人损失予以确定并非是专利法的先例,早在 1983 年的《商标法》便确立了此做法,此后,《著作权法》也采取了类似做法。㉛ 1982 年《商标法》第 39 条第 1 款针对商标侵权,规定:"有关工商行政管理部门有权责令侵权人立即停止侵权行为,赔偿被侵权人的损失,赔偿额为侵权人在侵权期间因侵权所获得的利润或者被侵权人在被侵权期间因被侵权所受到的损失。"㉜商标法在最初确定将侵权人获利作为赔偿额计算方法时,并未强调其与权利人损失之间的序位,真正开始强调二者适用顺序始于 2001 年修订的《著作权法》,其第 48 条第 1 款规定:"侵犯著作权或者与著作权有关的权利的,侵权人应当按照权利人的实际损失给予赔偿;实际损失难以计算的,可以按照侵权人的违法所得给予赔偿。"㉝其后,2008 年的《专利法》第 65 条,

---

㉙ 2000 年《专利法》第 60 条。

㉚ 参见冯晓青:"专利法再次修改应加强对专利权的保护",载《上海市政法管理干部学院学报》2000 年第 1 期,页 50,50—52。

㉛ 此做法似乎已经成为知识产权领域特有的确定损害赔偿额的根据。

㉜ 1993 年《商标法》第 39 条第 1 款规定:"有本法第三十八条所列侵犯注册商标专用权行为之一的,被侵权人可以向县级以上工商行政管理部门要求处理,有关工商行政管理部门有权责令侵权人立即停止侵权行为,赔偿被侵权人的损失,赔偿额为侵权人在侵权期间因侵权所获得的利润或者被侵权人在被侵权期间因被侵权所受到的损失。"2001 年《商标法》第 56 条第 1 款规定:"侵犯商标专用权的赔偿数额,为侵权人在侵权期间因侵权所获得的利益,或者被侵权人在被侵权期间因被侵权所受到的损失,包括被侵权人为制止侵权行为所支付的合理开支。"

㉝ 值得一提的是《商标法》同样于 2001 年进行修改,但其发布时间早于《著作权法》,两部法律在数额确定条款中在实际损失与侵权人获利之外,均确立了法定赔偿标准,不同之处就在于该版《商标法》未强调权利人损失与侵权人获利之间的序位,而该版《著作权法》却强调了二者的序位。

以及2013年的《商标法》第63条㉞均借鉴此规定,强调在赔偿数额确定时,先按照权利人实际损失确定,实际损失难以确定,再按照侵权人所获利益。可以说,以"权利人实际损失—侵权人获利—许可使用费合理倍数—法定赔偿"这样的序位来确定对权利人的赔偿数额已经成为专利制度在内的知识产权制度"独有"的救济体系。

(二)域外专利侵权不当得利制度借鉴

不当得利制度起源于罗马法的返还财产之诉(condictio)㉟,但直到现代民法,才建立起系统的不当得利规则。《德国民法典》在其第812条至第822条中,规定了不当得利制度。㊱在德国法中,"侵害权益型不当得利保护的不仅仅是所有权,所有权之外的其他权利也在保护之列。包括著作权、专利权、商标权、名称权、肖像权等均在保护之列"。㊲德国专利法吸收了民法典的做法,第139条第2款将权利人损失、侵权人获利、合理许可费作为三种计算方式。㊳而立法上明确将权利人损失与侵权人获利分开,将不当得利作为救济方式的是其《实用新型法》,该法第24条(f)规定:"权利受到侵害所产生的请求权的诉讼时效,参照适用民法典第一编第五章的规定。如果赔偿义务人以侵权行为使权利人受损而自己获益的,参照适用民法第852条第(2)款的规定。"在德国其他知识产权制度中,也很早就借鉴了不当得利制度在保护无形财产中的作用,如1870年的《德国著作权法》第18条第6款就规定了在无过错侵害著作权的情况下,损害赔偿的责任范围最高可以至侵害人的得利范围。㊴可以说,德国不当得利的规定广泛适用于知识产权侵权案件,侵权损害赔偿请求权与"物权请求权"、返还不当得利请求权等共同形成对知识产权进行保护的法律体系。㊵

1898年的日本《民法典》第703条与第704条规定了一般的不当得利和不当得利返还范围,日本民法就不当得利返还范围以现存利益为限。其专利法制度将侵权人因

---

㉞ 2013年《商标法》63条第1款规定:"侵犯商标专用权的赔偿数额,按照权利人因被侵权所受的实际损失确定;实际损失难以确定的,可以按照侵权人因侵权所获得的利益确定;权利人的损失或者侵权人获得的利益难以确定的,参照该商标许可使用费的倍数合理确定。对恶意侵犯商标专用权,情节严重的,可以在按照上述方法确定数额的1倍以上3倍以下确定赔偿数额。"

㉟ 参见刘言浩:《不当得利法 法的形成与展开》,法律出版社2013年版,页7—32。

㊱ 《德国民法典》第812条第1款规定:"无法律上之原因,因他人给付或者以其他方式由他人负担费用而取得利益的人,对他人负有返还的义务。即使法律原因嗣后丧失,或者以法律内容作给付目的之结果不发生,依然存在此项义务。"杜景林、卢谌:《德国民法典评注》,法律出版社2011年版,页452。

㊲ 刘言浩,见前注㉟,页111—112。

㊳ 《德国专利法》第139条第2款规定:"任何故意或过失行此行为的人,应对受害方有赔偿由此产生的损害的责任。在评估损害时,也可考虑侵权人通过侵权获得的利润。损害赔偿的主张,也可根据侵权人如果获得实施发明原本来应支付的合理报酬的数额计算。"中国人民大学知识产权教学与研究中心:《十二国专利法》,清华大学出版社2013年版,页167。

㊴ 朱岩,见前注㉕,页138。

㊵ 张玲:"论专利侵权赔偿损失的归责原则",载《中国法学》2012年第2期,页120。

侵权行为的获利,推定为权利人的损失。[41] 日本《专利法》将侵权人的获利推定为权利人损失的做法,表面上看遵循的是损害赔偿理论,但其实质是肯定了专利侵权的不当得利返还请求,因为其并未将侵权人获利视为无法计算损失的替代方法,并强调适用顺序,即专利权人请求侵权人返还获利无需在无法证明实际损失的前提下进行,与损害赔偿的同时适用抑或是单独适用,专利权人具有自主权。相同的逻辑同样反映在日本《商标法》中,其38条第2款规定:"商标权人或者专有使用权人请求故意或者过失侵害自己商标权或者专有使用权的人赔偿自己所遭受的损失时,侵权行为人因为侵权获得了利益时,该利益额推定为商标权人或者专有使用人遭受的损害额。"[42]英美法系国家的不当得利制度则体现在其返还财产法制度中[43],侵害知识产权的获利,同侵占不动产或动产、不当分配金融资产等纳入到基于不当行为的返还财产中。[44] 英国专利法将损害赔偿与侵权获利作为并列的救济手段,由专利权人在诉讼中自行选择[45],非法获利常常被认为是一种"返还性"的救济,适用返还法的原则。[46]

（三）专利侵权中的不当得利返还

在出现侵权人获利大于权利人损失且数额均能确定的情况下,会出现权利人依据实际损失获得赔偿,侵权人依然能够获利的情形。按照填平理论,此时权利人已经获得了足够的补偿,再将侵权人获利作为损害赔偿额,有违侵权行为法弥补实际损失这一基础。[47] 本文并不质疑侵权行为法以填补损失作为基础,而是认为现代侵权行为法的发展,填补损失不是其唯一价值,惩罚性赔偿制度的发展与扩张正好反映出侵权行为法的预防性功能。当功利主义成了法理学的主要推理根据时,原本界限分明的惩罚被刑法所垄断、等价赔偿属于民法的范畴的理论开始交融,侵权行为法以功利主义为依据发展出了威慑论,侵权人对权利人进行赔偿,就成了阻止侵权行为发生的手段,而不仅仅是为赔偿而赔偿。[48] 其实,无论是填平原则下的补偿性赔偿,还是惩罚性赔偿制

---

[41] 日本《专利法》第102条第2款规定:"专利权人或独占实施权人,对于因故意或者过失侵害自己的专利权或者独占实施者,在其因侵害行为获得利益时,其利益额得推定为专利权人或者独占实施权人请求的损害赔偿额。"《日本专利法》,杜颖、易继明译,法律出版社2001年版,页44。

[42] 《日本商标法》,李扬译,知识产权出版社2011年版,页31。

[43] See J. P. Dawson, Unjust Enrichment: A Comparative Analysis, Little, Brown & Company, 1951; J. W. Wade, Cases And Materials On Restitution, Fundation Press 1958; and see American Law Institution, Restatement Of The Law Third Restitution And Unjust Enrichment 2011.

[44] 刘言浩,见前注㉟,页183—189。

[45] 参见1977年《英国专利法》第61条第（1）款。

[46] 参见和育东:"专利侵权损害赔偿计算制度:变迁、比较与借鉴",载《知识产权》2009年第5期,页13—14。

[47] 参见胡晶晶:"知识产权利润剥夺损害赔偿请求权基础研究",载《法律科学(西北政法大学学报)》2014年第4期,页113—120。

[48] 参见于冠魁、杨春然:"论惩罚性赔偿的性质",载《河北法学》2012年第11期,页19—30。

度,其哲学基础都源于侵权法的矫正正义,只是"现代民法理论摆脱了过往单纯强调个人本位思想的桎梏"[49],侵权法的正义观不再仅仅限于事后救济的形式正义,同时也强调兼顾抑制不法、事前预防的实质正义。正如王泽鉴等台湾学者所研究,专利权、著作权、商标权等知识产权领域的侵权,可成立不当得利,侵权人应负返还义务。[50] 因为"在知识产权所遭受侵害的场合,侵权获利并不总适于作为对实际损失的推定"[51],不当得利制度在侵权行为中可以作为单独的请求权基础,形成独立的救济方式。

侵权救济与不当得利救济的目的都是为了保护权利,但二者的范围却是不同的,尤其是在行为人无过错的情况下:在专利侵权理论中,无过错的专利侵权人承担的是停止侵权的义务,权利人无法向侵权人主张损失;但不当得利的救济则不同,不当得利返还请求权并不为侵权人过错与否而阻却,其关注的重点是判断侵权人所获的利益是否归于他人。专利权作为排他性的权利,权利人理应就其所笼罩的利益获得独占,而且在行为人主观具有过错的情形中,单一的补偿性救济规则,会出现行为人在进行损害赔偿后仍然获利的情形,此后果反而会给侵权行为带来激励。专利侵权的背后,反映的是专利权所带来的"财产"在无法律原因情况下发生变动,利用不当得利返还制度纠正这种财产转移,能够很好地弥补侵权补偿救济一元化路径的不足。

《专利法》第65条第1款第1句规定:"侵犯专利权的赔偿数额按照权利人因被侵权所受到的实际损失确定;实际损失难以确定的,可以按照侵权人因侵权所获得的利益确定。"据此,有学者认为,专利法等已经规定了权利人有权获得侵权获利,法律已经授权权利人在主张侵权损害赔偿时可把侵害人获得的利益作为赔偿额计算,不当得利返还的权利已经失去了意义[52],这一观点值得商榷。从法律条文自身来看,不同于日本《专利法》《商标法》不设定侵权获利适用前提的做法,我国《专利法》强调实际损失为第一位阶,而将"侵权获利"当作实际损失无法确定的一种替代计算方式,是将侵权获利纳入到损害赔偿大的框架内,推定侵权人获利等同于权利人实际损失,其背后所坚持仍是以损害事实为基础的损害赔偿原则。

专利权侵权的特殊性确实会带来侵权损失难以计算的问题。在此情形下,将侵权获利推定为权利人的实际损失,一方面可为权利人提供相对完善的救济,另一方面也能够减轻权利人的举证责任。只是这一做法忽略了损害赔偿与侵权获利之间的不同,对二者顺序的强调,使得原本可赋予权利人不当得利请求权的法律条文变得扭曲:在民法理论中,侵权法的损害赔偿请求与《民法通则》的不当得利返还请求是并行不悖

---

[49] 盘佳:"论惩罚性赔偿在专利侵权领域的适用——兼评《中华人民共和国专利法修改草案(征求意见稿)第65条》",载《重庆大学学报(社会科学版)》2014年第2期,页118。

[50] 参见王泽鉴:《债法原理·不当得利》第二册,中国政法大学2002年版,页155。

[51] 范晓波,见前注⑳,页57。

[52] 闫文军:"TRIPS与知识产权侵权损害赔偿归责原则",载郑成思(主编):《知识产权文丛》第七卷,中国方正出版社2002年版,页145。

的,在发生竞合的情形下,权利人有自我选择的空间,而《专利法》第 65 条对顺序的规定,将原本可能是属于不当得利的"侵权人获利"等同于"实际损失",使不当得利返还请求权在专利侵权中失去了弥补侵权理论保护不足的适用空间。

**五、余论:专利侵权中惩罚性赔偿与不当得利的协调**

2015 年 4 月 1 日,国家知识产权局公布了第四次《关于中华人民共和国专利法修改草案(征求意见稿)》(简称《征求意见稿》),针对专利侵权保护不足的问题,《征求意见稿》引进了惩罚性赔偿制度,即根据侵权行为的情节、规模、损害后果等因素对故意侵犯专利权的行为将赔偿数额在根据相关规则确定后提高至二到三倍的。惩罚性赔偿具有惩罚、补偿等功能。在《关于〈中华人民共和国专利法修改草案(征求意见稿)〉的说明》中提到,专利侵权赔偿实行"填平原则",即权利人获得的赔偿是用来弥补其实际损失的,不能超过其实际损失,仅仅适用"填平原则"并不足以弥补专利权人的损失和维权成本。[53]

《专利法》第 65 条与《征求意见稿》第 65 条对比

| 《专利法》第 65 条 | 《征求意见稿》第 65 条对比 |
| --- | --- |
| 侵犯专利权的赔偿数额按权利人因被侵权所受到的实际损失确定;实际损失难以确定的,可以按照侵权人因侵权所获得的利益确定。权利人的损失或者侵权人获得的利益难以确定的,参照该专利许可使用费的倍数合理确定。赔偿数额还应当包括权利人为制止侵权行为所支付的合理开支。<br>权利人的损失、侵权人获得的利益和专利许可使用费均难以确定的,人民法院可以根据专利权的类型、侵权行为的性质和情节等因素,确定给予一万元以上一百万元以下的赔偿。 | 侵犯专利权的赔偿数额按照权利人因被侵权所受到的实际损失确定;实际损失难以确定的,可以按照侵权人因侵权所获得的利益确定。权利人的损失或者侵权人获得的利益难以确定的,参照该专利许可使用费的倍数合理确定。赔偿数额还应当包括权利人为制止侵权行为所支付的合理开支。<br>权利人的损失、侵权人获得的利益和专利许可使用费均难以确定的,人民法院可以根据专利权的类型、侵权行为的性质和情节等因素,确定给予一万元以上一百万元以下的赔偿。<br>**对于故意侵犯专利权的行为,人民法院可以根据侵权行为的情节、规模、损害后果等因素,将根据前两款所确定的赔偿数额提高至二到三倍。** |

2013 年修订的《商标法》标志着惩罚性赔偿制度正式在我国知识产权领域确立。根据其第 63 条第 1 款规定,对恶意侵犯商标专用权,情节严重的,可以在按照相关方

---

[53] 参见《关于〈中华人民共和国专利法修改草案(征求意见稿)〉的说明》,资料来源:http://www.sipo.gov.cn/ztzl/ywzt/zlfjqssxzdscxg/xylzlfxg/201504/t20150401_1095942.html,2015 年 4 月 3 日最后访问。

法确定数额的一倍以上三倍以下确定赔偿数额。[54] 我国的惩罚性赔偿制度始于1993年制定的《消费权益保护法》[55],2009年的《食品安全法》将惩罚性赔偿的标准定为10倍。[56] 惩罚性制度作为连接民事补偿性理论与刑法惩罚性理论的中间地带,既体现了现代刑法的谦抑性,同时也反映了侵权行为法的预防性。抛开对知识产权领域建立惩罚性赔偿制度的争议[57],从修法状况来看,在知识产权领域建立惩罚性赔偿制度是"大势所趋"。总结来看,建立知识产权惩罚性制度理由主要有以下几点:(1)知识产权尤其是专利的侵权损害赔偿额过低,权利人得不到有效救济[58];(2)专利侵权等知识产权侵权现象严重,需要更严厉的惩罚措施来威慑;(3)建立知识产权惩罚性赔偿制度是顺应国际形势的要求。[59] 虽然惩罚性赔偿在英美国家是知识产权领域常见的制度,但这并不能成为证成我国构建知识产权惩罚性赔偿制度的理由。惩罚性赔偿制度的构建,核心目标无非是提高知识产权领域的赔偿额,发挥其预防的惩罚功能,抑制知识产权侵权问题,以改善知识产权运营环境,加强知识产权人的保护水平。

鉴于惩罚性赔偿是加害人给付受害人超过其实际损害数额的一种金钱赔偿,与在专利侵权中提出给予不当得利制度适用空间的出发点相同。因此,必须考虑惩罚性制度同不当得利制度之间的衔接问题。惩罚性赔偿的基础是通过权利人实际损失、侵权人获利、许可费合理倍数以及法定赔偿确定赔偿数额。问题是,如果不解决《专利法》第65条序位带来的弊端,惩罚性赔偿制度的功能是会受到影响的:假如侵权人获利是权利人实际损失的三倍以上,而权利人实际损失能够确定,则在实际损失基础上确定

---

[54] 《著作权法(修改草案送审稿)》第76条第1款与第2款规定:"侵犯著作权或者相关权的,在计算损害赔偿数额时,权利人可以选择实际损失、侵权人的违法所得、权利交易费用的合理倍数或者100万元以下数额请求赔偿。对于两次以上故意侵犯著作权或者相关权的,人民法院可以根据前款计算的赔偿数额的二至三倍确定赔偿数额。"

[55] 《消费者权益保护法》第49条规定:"经营者提供商品或者服务有欺诈行为的,应当按照消费者的要求增加赔偿其受到的损失,增加赔偿的金额为消费者购买商品的价款或者接受服务的费用的一倍。"2013年修改的《消费者权益保护法》将惩罚性赔偿的数额定为三倍。

[56] 《食品安全法》第96条都2款规定:"生产不符合食品安全标准的食品或者销售明知是不符合食品安全标准的食品,消费者除要求赔偿损失外,还可以向生产者或者销售者要求支付价款10倍的赔偿金。"除了消费权益保护、食品安全以及商标领域外,其他领域也在积极探讨惩罚性赔偿制度的构建,包括侵权领域。可参见张新宝、李倩:"惩罚性赔偿的立法选择",载《清华法学》2009年第4期,页5—20;朱凯:"惩罚性赔偿制度在侵权法中的基础及其适用",载《中国法学》2003年第3期,页86—95;等等。

[57] 在知识产权惩罚性赔偿制度建立问题上,持肯定意见居多,但也有质疑的声音。对于肯定意见可参见曹新明:"知识产权侵权惩罚性赔偿责任探析——兼论我国知识产权领域三部法律的修订",载《知识产权》2013年第4期,页3—10;等等。

[58] 对于赔偿数额低问题,学界主要以实证方式研究我国在知识产权案件,尤其是专利案件中所判定的赔偿数额,并与之同国外做对比。

[59] 参见袁杏桃:"知识产权侵权惩罚性赔偿的正当性基础与制度建构",载《甘肃社会科学》2014年第5期,页197—200。

的惩罚性赔偿仍小于侵权人获利,此时"惩罚性"何在？侵权人仍可通过侵权获利,仍具有继续侵权的激励。由于惩罚性赔偿制度对"故意侵权"的要求程度较高,更无法解决侵权"故意"程度较低,以及非故意侵权下,侵权人获利大于权利人损失且二者均能确定情况中的保护不足问题。专利侵权案件判赔额低固然有专利无体性等因素带来的不确定性影响,尤其是市场动态原因带来的实际损失难以计算,但更为深层次的原因,应当同我国公司制度不完善、专利价值评估水平不高联系在一起,尤其是会计制度、企业成本核算等制度,是计算权利人实际损失,同时也是判断侵权人获利的重要保障,然而实践中会计账册等虚假弊端,使得权利人不敢拿出自己相关账册,而侵权人会计账册等又是虚假的,根据《专利法》第65条,最后只能使用法定赔偿,而法定赔偿中对于专利价值的评估又缺乏合理科学的配套设施,法官在缺乏实际证据支持的情况下基于其保守主义的天性,自然倾向于较低的判赔,如此才会出现法官判赔额与权利人期望差距过大的情况。如果上述问题不解决,单纯引进惩罚性赔偿制度的效果是存在疑问的。

惩罚性赔偿制度的合理逻辑是要在完全剥夺侵权人获利的基础上对其进行额外的惩罚,如果仅仅是剥夺侵权人获利,则不当得利返还制度完全可以解决。补偿性赔偿、不当得利返还与惩罚性赔偿三者在功能上是不同的,合理的安排应当是允许权利人进行选择:（1）当专利权人损失大于或等于侵权人获利时,专利权人可以行使损害赔偿请求权;（2）当专利权人实际损失小于侵权人获利时,专利权人可以行使不当得利返还请求权。⑩ 在此基础上,惩罚性赔偿才真正具有意义,如果单纯是提高判赔额,在会计制度、专利价值评估等制度不完善的情形下,最可行的办法是提高法定赔偿额,而且应当是以限制下限的方式,而不是以限定上限的方式进行规定。不当得利请求权同损害赔偿请求权二者能够很好地衔接,对于专利侵权而言,必然会发生权利人损失同侵权人获利竞合的现象,从逻辑上本文认为二者择一适用即可:在权利人实际损失大于或等于侵权人损失的情况下,选择损害赔偿请求权;在侵权人获利大于权利人实际损失的情况下,适用不当得利返还请求权,而无须设置适用序位。《征求意见稿》第65条最大的问题在于对《专利法》第65条所设置的序位错误未进行修订,其惩罚性赔偿制度在此条件下,发挥的无非是提高专利案件的判赔额的功能,而其中的"惩罚性"会发生受阻现象。惩罚性赔偿制度适用的前提应当是权利人损失或者侵权人获利确定,唯有此,才能发挥其"惩罚"作用。《著作权法（修改草案送审稿）》的做法是值得借

---

⑩ 本文从逻辑上是将损害赔偿请求权同不当得利返还请求权分开,二者是会发生竞合的,但本文并不深入讨论竞合问题,因为在使用效果上,只要赋予权利人选择权,单独行使的效果同允许并行行使是相同的:在权利人损失大于侵权人获利的情形下,同时行使损害赔偿请求权与不当得利返还请求权,损害赔偿直接覆盖不当得利,在权利人损失小于侵权人获利的情形下,不当得利覆盖掉损害赔偿。

鉴的,其第76条第1款规定:"侵犯著作权或者相关权的,在计算损害赔偿数额时,权利人可以选择实际损失、侵权人的违法所得、权利交易费用的合理倍数或者100万元以下数额请求赔偿。"同时76条第2款规定:"对于两次以上故意侵犯著作权或者相关权的,人民法院可以根据前款计算的赔偿数额的二至三倍确定赔偿数额。"可以看出,《著作权法(修订草案送审稿)》认识到此前《著作权法》确立在权利人实际损失同侵权人获利之间设置序位所带来的问题。

# 美国商业方法专利适格性审查标准的发展
## ——基于 Alice v. CLS Bank 案

徐南楠[*]

**【摘要】** 美国商业方法专利适格性审查标准经历了一个不断修正的发展过程,从"商业方法例外原则"到 State Street 案中确立的"实用、具体和有形结果标准",从 Bilski 案的"机器或转换标准"到 Alice 案中对抽象概念及其应用进行区分的两步测试法。本文将解析 Alice 案判决及其对美国商业方法专利适格性审查标准的影响,总结 Alice 案之前美国商业方法专利审查标准,探究审查标准发展背后的原因,从而分析美国商业方法专利的发展趋势。

**【关键词】** 商业方法专利;专利适格性;Alice 案

## 一、引言

在信息技术时代和知识经济时代的双重背景下,人们对商业方法的独占愿望日趋强烈,其可专利性问题随之进入公众视野。美国在司法实践中不断探索和修正,从最早采用商业方法例外原则直接将商业方法专利排除在外,到 State Street 案转变为宽松的"实用、具体和有形结果标准"为其打开大门,再到 Bilski 案中严格的"机器或转换标准"由立到废,试图为其划定界限。商业方法专利因此几经沉浮,至今扩张还是紧缩仍争议不断。2014 年 6 月波澜再起,美国联邦最高法院公布了对 Alice 案的判决,又一项涉及商业方法的专利被判定为不具有专利适格性。本文将结合美国对商业方法专利适格性审查的审查标准和 Alice 案带来的审查标准新发展进行论述,探究发展背后的原因及带来的启示。

---

[*] 徐南楠,北京大学法学院 2013 级法律硕士。

商业方法目前没有正式的定义,其英文表述"Method of Doing Business"或"Business Method",从字面理解就是关于商业活动组织和运行的方法,可以涉及经济活动中的金融、保险、银行、税收、电子商务等多个领域。① 近年来商业方法凭借与计算机软件结合,在电子商务等领域发挥出前所未有的重要作用,美国专利分类在对商业方法的定义②中也加入了与计算机执行结合的限定条件。不过,商业方法也可以包含不需要与计算机结合的各种发明,美国司法实践关注焦点就在如何平衡对计算机软件发明的鼓励和对纯粹商业方法发明的限制,故定义不必如此狭窄。

在对美国商业方法专利适格性审查的研究领域有着可专利性、可专利主题这两种表述上的区别。国内大部分学者并没有明确区分以上三种表述,例如陈健(2011)。③ 有学者明确将可专利性等同于可专利主题及专利适格性,例如张玉敏(2014)。④ 也有学者认为可专利性包括可专利主题地位和可专利实质条件,例如李晓秋(2012)。⑤ 本文同意李晓秋等学者的观点,认为商业方法的可专利性(patentability)和专利适格性(patent eligibly)之间是有区别的,专利适格性审查是可专利性审查的第一道门槛。之所以出现混用,是因为在美国最早的司法判例中,并没有专利适格性一词,而是以可专利性代之。之后才逐渐出现可专利主题(patentable subject matter),直到最近的 Bilski 案和 Alice 案已经明确使用专利适格性而非可专利性。以往对商业方法可专利性审查的研究,也主要针对的是商业方法专利适格性。而专利适格性与可专利主题可以互相替换使用,在《专利审查程序手册》(Manual of Patent Examining Procedure,简称 MPEP)中使用的就是二者的结合,即可专利主题资格(Patent Subject Matter Eligibility)。综上,本文的研究对象选择为商业方法专利申请的适格性审查标准,即判断商业方法专利申请是否属于可专利主题的标准。

## 二、Alice 案之前美国商业方法专利适格性审查标准变迁

美国对商业方法专利的态度是从彻底排除转变为逐步接纳,之后就判断专利适格性曾提出过五种测试标准,分别是费雷德-华特-阿伯利测试法(Freeman-Walter-Abele

---

① 刘银良:《知识产权法》,高等教育出版社 2010 年版,页 74。
② 美国专利分类第 705 类将商业方法描述为"所述装置和执行数据运算的方法是为商业运作、行政、企业管理或财务数据处理而特别设计或使用的,能够使数据或执行的计算操作中发生显著的改变"。See USPTO,,"US. Patent classification system-classification definitions as of June 30 2000,class705",at http://www.uspto.gov/web/offices/ac/ido/oeip/taf/def/705.htm,2015 年 2 月 19 日最后访问。转引自张玉蓉:"美国商业方法专利争论及司法实践最新发展",载《中国科技论坛》2011 年第 1 期,页 156。
③ 陈健:"商业方法可专利性判断标准研究",载《暨南学报》2013 年第 1 期,页 45—58。
④ 张玉敏、谢渊:"美国商业方法专利审查的去标准化及对我国的启示",载《知识产权》2014 年第 6 期,页 74—84。
⑤ 李晓秋:《信息技术时代的商业方法可专利性研究》,法律出版社 2012 年版,页 132。

test),实用、具体和有形结果测试法,机器或转化测试法(Machine or Transformation test),技术领域测试法(Technological Arts test),物理步骤测试法(Physical Steps test)。其中,技术领域测试法由"法庭之友"提出,但并未被法院明确采用,物理步骤测试法也曾被联邦法院否认采用,因此本文对这两种测试标准将不再赘述。

(一)商业方法例外原则

这一原则在1908年Hotel Security Checking Co. v. Lorraine Co.案中正式确立,该案涉及一个防盗簿记系统,用来监视和协调饭店的食物单与配送和顾客付账是否一致。法院解释了可专利主题中的技艺(arts)并指出"一种脱离实际执行步骤的业务往来系统,即使是在最广义的解释之下也不构成技艺"。⑥ 因此商业方法不属于专利法保护的范围。该原则随即被美国专利商标局写入《专利审查程序手册》第一版中,并在之后的多起案件中被引用。

实际上,该原则的产生系对原始判决的误读。⑦ 本案法院拒绝授予专利是因为"该系统的原理非常陈旧"并可由"在先技术调查"证明⑧,即缺乏新颖性,而非彻底否定商业方法可专利主题的地位。同时该原则本身时代性色彩浓重,过于绝对,不具有前瞻性。随着经济和社会发展其不合理性也越来越显著,在1998年的State Street案中被彻底否定。

(二)费雷德-华特-阿伯利标准

这一标准适用于判断包含数学算法的计算机软件的专利适格性,由美国关税及上诉法院(CCPA,联邦巡回上诉法院的前身)根据Freeman案⑨、Walter案⑩、Abele案⑪三起案件的判决设计。测试包括两个步骤:第一,判断该专利申请中是否包含算法;第二,该数学算法是否以某种形式应用物理要素或者运用物理方法的步骤,避免先占该数学算法的所有运用。如果一项权利要求虽然涉及算法、自然规律,但是应用了物理性的机器或者步骤而成为一种技术工序,就可以摆脱自身抽象性变得可专利。最新的Alice案中针对抽象思想的两步测试法的整体思路也类似于此。

该测试标准的适用范围窄,有效性低,一些不符合该测试法的申请也可能具有专利适格性。而且该测试标准与最高法院之后的判例冲突,也不符合美国司法实践逐渐放宽商业方法专利审查标准的趋势,故在Alappat案中被宣布不再适用。

(三)实用、具体和有形结果判断标准

这项标准认为,在判断是否属于可专利主题时,应该关注申请对象的实质特征,特

---

⑥ See Hotel Security Checking Co. v. Lorraine Co., 160F.467, 469 (2d Cir. 1908).
⑦ 参见余铭:"美国商业方法专利的发展之路",载《商品与质量》2012年第1期,页162。
⑧ See Hotel Security Checking Co. v. Lorraine Co., 160F.467, 469 (2d Cir. 1908).
⑨ See In re Freeman, 573 F.2d 1237, 197 USPQ 464 (CCPA 1978).
⑩ See In re Walter, 618 F.2d 758, 205 USPQ 397 (CCPA 1980).
⑪ See In re Abele, 684 F.2d 902, 214 USPQ 682 (CCPA 1982).

别是实际效用。⑫ 如果能产生一个实用、具体和有形的结果,就可以认定属于可专利主题范围。

这项标准最早出现在 1994 年的 Alappat 案中,联邦巡回上诉法院(简称 CAFC)认为权利要求所描述的通过机器将数据转换成一系列数学算法、在显示器上产生一种平滑的波纹的这一过程将抽象思想进行了实际应用,平滑的波纹就是该方法所产生的一个实用、具体、有形的结果。⑬

1998 年的 State Street Bank v. Signature Financial Group, Inc. 案正式确立了"实用、具体和有形结果"标准,在商业方法专利发展历程中具有里程碑意义。该案涉及的是一种金融服务体系数据处理系统,可以帮助合伙企业将各自的共同基金汇成投资组合,集中管理,从而节约成本、提高效率、规避税款。CAFC 指出,虽然最高法院已经明确了三类不可专利的客体:自然法则、自然现象和抽象思想,但是上述排除情形的特定实际应用,即产生了某种实用、具体和有形的结果,则是可专利的。本案的专利申请借助机器,通过一系列数学计算,将表示具体美元金额的数据转化成最终的股票价格,这种转化产生了一个实用、具体和有形的结果即股票价格,因此属于可专利主题范围。⑭

紧随其后,1999 年的 AT&T Corp. v. Excel Communications, Inc. 案中,CAFC 再次肯定并使用了"实用、具体和有形结果"测试标准认定系争专利申请属于可专利主题,同时也不再强调计算机的使用。⑮

这一测试标准的确立和应用,源于美国企业尤其是电子商务企业的创新要求。⑯ 商业方法专利因此得到飞速发展。但宽松标准的使用也是一把双刃剑,打开了商业方法专利尘封已久的大门同时也开启了"潘多拉的魔盒",造成低质量的商业方法专利泛滥,损害了公共利益,为之后美国法院态度转变埋下伏笔。

(四)机器或转换标准

机器或转换标准是指符合美国专利法第 101 条规定的可专利主题的申请项,需要满足以下任一条件:(1)与特定的机器或者设备结合,或者(2)实现将特定物品转换为不同状态或事物。

这一标准经历了 Benson 案、Flook 案、Diehr 案的发展,在 Bilski 案中正式确立。其中,Benson 案是对标准的初步建立,针对该案中并不必须使用特定计算机设备这一特点,最高法院在回顾了一些重要的不使用特定设备的申请案后得出在不存在特定设备

---

⑫ See State Street Bank & Trust Co. v. Signature Financial Group, Inc., 149F. 3d 1368 (Fed. Cir. 1998).

⑬ See In re Alappat, 33 F.3d 1526 (1994).

⑭ See State Street Bank & Trust Co. v. Signature Financial Group, Inc., 149 F. 3d 1368 (Fed. Cir. 1998).

⑮ See AT&T Corp. v. Excel Communications, Inc., 172 F.3d 1352 (Fed. Cir. 1999).

⑯ 李晓秋:《信息技术时代的商业方法可专利性研究》,法律出版社 2012 年版,页 132。

的情况下,如果存在转换特定客体为不同的状态或者事物这一事实也可以获得专利授权的结论。[17] Flook案中,联邦法院在判决的注释中指出方法申请只有与特定机器或设备结合或将特定物品转换为不同状态或事物,才是法定可专利主题中的方法。[18] Diehr案针对转换标准确立了整体分析原则。系争方法专利申请虽然步骤中包含数学公式和计算机,但是从整体上看描述的是一个将橡胶原料转换为不同的状态或事物的过程,而且所附加的利用热电偶测量温度等步骤属于对转换有意义的限制,所以整体属于可专利主题。[19] 在Bilski案中,CAFC推翻了"实用、具体和有形的结果标准",明确肯定"机器或转换标准"是基于第101条的专利适格性判断的唯一标准。该案中的有关对冲风险的商业方法因不能通过机器或转化测试而被认定为抽象思想,排除在可专利主题之外。[20]

该标准在内容的标准化和适用上的唯一性,使得适格性审查骤然严格,这也是宽松的审查标准造成商业方法专利质量下降和诉讼泛滥之后的必然转变趋势。[21] 而2010年最高法院的判决却否定了该项标准在专利适格性判断中的唯一性,只认可它是一条重要而有益的线索。[22] 这一判决极大地削弱了"机械或转换测试"的重要性,但同时却没有制定新的测试标准,导致对商业方法专利的审查标准反而倒退至不确定状态。

## 三、Alice案下美国商业方法专利适格性审查的新发展

（一）案情简介

Alice公司是一家澳大利亚公司,它通过受让获得了三件关于一种交易平台的计算机化方案的专利。专利描述的是类似保付(escrow)的交易模式,即在金融交易中引入第三方来协调交易双方的义务,受信任的第三方建立交易双方的"影子"账户来反映他们在交易机构中的实际账户价值,在此基础上只允许双方发生有实际履约能力的交易,从而确保交易双方都履行义务或者都不履行义务,以此减少相关的结算风险。[23] 本案涉及的专利权利要求的内容可归纳为方法、计算机可读取储存介质、系统权利要求三项。

2007年5月,CLS国际银行对以上三件专利提起了确认不侵权之诉,要求确认专

---

[17] See Gottschalk v. Benson, 409 U.S. 63 (1972).
[18] See Parker v. Flook, 437 U.S. 589 (1978).
[19] See Diamond v. Diehr, 450 U.S. 175 (1980).
[20] See In re Bilski, 545 F.3d 943 (Fed. Cir. 2008).
[21] 参见张玉蓉:"美国商业方法专利争论及司法实践最新发展",载《中国科技论坛》2011年第1期,页158。
[22] See Bilski v. kappos, 130 S. Ct. 3218 (2010).
[23] See CLS Bank Int'l v. Alice Corp. Pty. Ltd., 717 F.3d 1269, 1279 (Fed. Cir. 2013).

利无效、不可执行。Alice 公司应诉并提起反诉，指控 CLS 国际银行侵权。期间经历了最高法院对 Bilski 案调卷、听证、判决，2011 年 3 月，哥伦比亚特区地方法院引用了 Bilski 案的判决，依据《专利法》第 101 条，作出了有利于 CLS 国际银行的判决，判定 Alice 公司主张的权利要求全部无效，理由为关于方法和介质的权利要求属于利用第三方机制确保同时履行义务以降低结算风险的抽象思想，关于系统的权利要求将先占上述抽象思想在计算机上的全部应用。Alice 公司以系争专利指向特定的机器、不同于 Bilski 案所涉抽象思想为由向 CAFC 提起上诉。2012 年 7 月 CAFC 推翻了地区法院的判决，改判 Alice 公司的专利直接指向发明的实际应用而非抽象思想，属于第 101 条规定的可专利主题。CAFC 认为要整体考虑权利要求的所有限制，在没有明显证据证明其直接指向抽象思想的时候，不能被认为不具有专利适格性。[24] 之后，CLS 国际银行申请以全体审理的方式再审该案。2013 年 5 月 CAFC 给出了 135 页的判决意见，维持地区法院的原审判决的全部内容，方法、计算机可读介质以及系统的权利要求均不具有专利适格性。权利要求描述的是传统的保付交易概念，所附加的计算机实施是笼统、不重要、无意义的限制。[25] 但是该判决并没有形成绝对的多数，10 位法官的意见几乎各不相同。2013 年 12 月，最高法院批准了 Alice 提出的调卷申请并于 2014 年 6 月 19 日作出了最终判决，判决中运用 Mayo 案的两步测试法认定权利要求指向第三方居中结算（intermediated settlement）这一抽象思想，而且仅仅在通用计算机上的应用不能使其转换为可专利的发明，因此最终维持 CAFC 作出的不具有专利适格性的判决结果。[26]

（二）法院观点

1. 可专利主题以及例外

最高法院在对系争专利的权利要求内容进行分析之前首先重申了专利适格性审查的法律依据，即法定可专利主题以及司法例外。要判断是否属于可专利主题或者是否具有专利适格性，首先是要判断专利申请是否属于美国《专利法》第 101 条规定的四大可专利主题：方法（process）、机器（machine）、制造品（product）、物质组成（composition of matter）；在属于上述四类客体范围的情况下还要排除例外情况的专利适格性，即专利申请不属于联邦最高法院的司法判例中确定的三类排除情况：自然法则（laws of nature）、自然现象（natural phenomena）、和抽象思想（abstract idea）。

最高法院认为还要谨慎把握例外的适用。一方面自然法则、自然现象和抽象思想属于科学发现的基本工具，是人类知识的来源和财富，属于全人类共有，不应该被任何人独占。另一方面过度扩张排除情形的范围同样会产生危险，因为"任何发明在某种

---

[24] See CLS Bank Int'l v. Alice Corp. Pty. Ltd., 685 F.3d 1341, 1352 (Fed. Cir. 2012).
[25] See CLS Bank Int'l v. Alice Corp. Pty. Ltd., 717 F.3d 1269, 1279 (Fed. Cir. 2013).
[26] See Alice Corporation Pty. Ltd v. CLS Banking International, 573 U.S. (2014).

程度上都是对自然规律、自然现象和抽象思想的体现、使用、反映、依靠和应用"。㉗ 因此,关键问题在于如何区别抽象思想,人类从事创造活动的"积木"(building blocks),与通过对积木的应用转换而成的可专利发明。

2. Mayo 两步测试法

最高法院在本案中将 Mayo 案中提出的两步测试法(Two-part Analysis for Abstract Ideas)推广适用于包含有抽象思想的权利要求的专利适格性审查中。

Mayo 测试法的第一步要判断权利要求是否直接指向某个抽象思想,例如基本经济实践(Fundamental economic practices)、组织人类活动的方法(certain methods of organizing human activities)、概念本身(an idea of itself)和数学关系、等式(Mathematical relationships/formulas)。㉘ Bilski 案中涉及的对冲风险就属于抽象思想中的组织人类活动的方法。但是一项发明不能仅仅因为包含有抽象思想就被认定为不适格,还要在第二步测试中判断其中是否包含有发明性概念(inventive concept),或者说是否存在附加的技术特征足以单独或共同地使抽象思想转换为可专利的应用。发明性概念必须展现出非常规的、并非微小的人类贡献,并且实质性地限缩权利要求的范围㉙,例如对技术领域的改进、对计算机本身功能的改进、将抽象思想的使用实质性地限定在特定的技术环境中等等。㉚ 相反,只是在文书撰写中加上"应用"或者只是由通用计算机执行其常规功能不能达到上述转换的效果。

最高法院运用上述两步测试法对本案的情况进行了分析,第一步,Alice 公司的方法权利要求直接指向"第三方居中结算"的抽象概念,和 Bilski 案中的"对冲风险"一样都属于现代经济学中的基础经济概念。第二步,仅仅需要通用计算机应用也不能将这一抽象概念转换为可专利的发明。最高法院对权利要求的要素进行了个别和组合分析:单独来看,权利要求中计算机实施的是电子记录存储、数据获取等最基本的功能;各要素组合起来看,也没有带来计算机本身功能的改进或者任何其他技术领域的改进。如果将其认定为可专利,将会导致权利人垄断居中结算这一经济学上的抽象概念,违背专利法的基本原则。相应的,权利人的系统和媒介权利要求同样没有对该抽象概念提供任何实质性的应用,因而不具有专利适格性。其中,媒介权利要求与方法权利要求紧密联系,一同被认定为不适格,系统的权利要求只是重述配置于应用抽象

---

㉗ Alice Corporation Pty. Ltd v. CLS Banking International, 573 U. S. (2014).

㉘ See USPTO, "Preliminary Examination Instructions in view of the Supreme Court Decision in Alice Corporation Pty. Ltd v. CLS Bank International", at http://www.uspto.gov/sites/default/files/patents/announce/alice_pec_25jun2014.pdf, 2015 年 2 月 19 日最后访问。

㉙ See CLS Bank Int'l v. Alice Corp. Pty. Ltd., 717 F.3d 1269, 1279 (Fed. Cir. 2013).

㉚ See USPTO, "Preliminary Examination Instructions in view of the Supreme Court Decision in Alice Corporation Pty. Ltd v. CLS Bank International", at http://www.uspto.gov/sites/default/files/patents/announce/alice_pec_25jun2014.pdf, 2015 年 2 月 19 日最后访问。

思想的通用计算机组成,故也不适格。

(三)对美国商业方法专利适格性审查的影响

本案是继 2010 年的 Bilski 案后的最高法院判决的商业方法专利第一案,具有重大意义,肯定了专利适格性审查的地位,明确了 Mayo 案中的两步测试标准的普遍适用性,作出的不具有专利适格性的判决结果又一次收紧了商业方法专利的豁口。令人失望的是,Alice 案没有改变自 Bilski 案以来商业方法专利适格性审查标准的不确定状态。具体来说,Alice 案对美国商业方法专利审查有以下三方面的影响:

1. 专利适格性审查的地位上升,审查标准严格区别于三性审查

专利适格性在过去一段时间内被认为不是取得专利授权的关键。这是因为对于一般的专利申请来说,适格性是当然满足的条件。所以无论是审查还是专利诉讼,其重点都聚焦在可专利性实质条件,即实用性、新颖性、创造性三性审查上,而忽略专利适格性问题。但是在最近五年内,最高法院却连续发布了 Bilski v. Kappos(2010)、Mayo v. Prometheus(2012)、AMP v. Myriad(2013)、Alice v. CLS Bank(2014)这四个非常有影响力的判决,频频以不具有《专利法》第 101 条规定的专利适格性为由宣判专利无效,其中 Bilski 案和 Alice 案都是关于在计算机上应用的商业方法专利。根据美国斯坦福大学法学院衍生的专利咨询公司 LexMachina 的统计,因不具备专利适格性而被撤销的专利案件,从 2007 年的 2 件大幅增加到 2013 年的 15 件,而在 Alice 案判决之后,仅 3 个月不到就有 13 件软件专利因被判决不具有专利适格性而被撤销。[31] 美国专利商标局(简称 USPTO)也在 2014 年 3 月、6 月、12 月多次更新审查指南中专利适格性审查部分,并根据对 Alice 案判决的解读给出一套判断权利要求的适格性的整体步骤。专利适格性问题在可专利审查中的地位越来越重要,尤其对于商业方法专利来说,是其能否获得专利授权的关键。

专利适格性审查标准容易与三性审查中的某些标准发生混淆。在 Myriad 案中,Moore 法官就将实用性标准应用到人体基因的专利适格性审查中去,过于扩张了适格性判断的功能。[32] 就二者审查标准上的区别,联邦法院已经在判决中多次强调,尤其指出在专利适格性审查中要避免涉及三性标准,因为"如果用第 102、103、112 节的规定来分析专利适格性问题,无异于让上述规定承担本不由其承担的职责,从而导致法律的不确定性。"[33] Alice 案的判决也不例外,CAFC 特别解释了其在专利适格性判断中的提出的发明性概念与三性检验中的非显而易见性是截然不同的两个要求,发明性是要

---

[31] 转引自冯震宇:"Alice v. CLS Bank 判决案可能翻转美国软体专利的游戏规则",http://iknow.stpi.narl.org.tw/post/Read.aspx? PostID = 10238,2015 年 2 月 19 日最后访问。

[32] 参见伍春艳、焦洪涛:"从 Myriad 案看人体基因的专利适格性",载《电子知识产权》2014 年第 4 期,页 43。

[33] Mayo Collaborative Services. v. Prometheus Laboratories,Inc.,566 U.S.(2012)。

求专利客体中包含人类非微不足道的贡献以区别于抽象思想本身,非显而易见性是用于排除简单的变化方案,在判断专利适格性的时候不考虑非显而易见性对方案简单与否的要求。只有明确把握这一点,才能防止在商业方法可专利性判断中出现思维混乱、不确定性的情况,同时有利于避免过于严格地操作适格性审查标准。

2. 审查标准仍处于不确定状态,倾向于个案适用

Alice 案延续了 Bilski 案对商业方法专利适格性审查标准的不确定的状态。USPTO 发布的针对 Alice 案判决的临时指南中对本案的评价为最高法院的判决既没有排除任何可专利主题,包括商业方法和软件,也没有对商业方法和软件的专利适格性提出任何特殊要求。[34]

在联邦巡回上诉法院阶段,CAFC 的判决结果就显示十位法官的意见出现了极大的分歧,在系统权利要求的专利适格性问题上甚至出现了五对五的表决结果。Alice 案的判决原本被期待能够为美国专利法第 101 条提供客观标准、降低不确定性,但事实上判决意见中提出了至少三种相互冲突的判断标准,反而增加了专利系统的不可靠性和运行成本。Newman 法官在附随意见中感慨:"任何成功的创新都可能在机会主义者发起的诉讼中遭受挑战,而结局往往取决于法庭随机挑选的审判人员。"[35]

最高法院的判决虽然围绕案件事实达成了一致意见,但拒绝提供任何宽泛的指导,采用的两步测试法也被认为过于主观、实施难度大、难以持续[36],最为关键的抽象思想和对抽象思想的可专利应用之间的界限仍然模糊不清。具体来说,测试法的第一步要求判断是否直接指向抽象思想。其中抽象的标准本应谨慎把握,因为几乎任何发明都可能在被高度概括之后呈现抽象的状态,但是判决却绕开这个问题。原告主张抽象思想应该是一种先存的、基础的真理,不包括任何人类活动,最高法院对此的回应是类比 Bilski 案中的"对冲风险",本案的"第三方居中结算风险"与其没有实质性区别,而前者属于组织人类活动的方法却仍然被认为是抽象思想,所以后者也应认定为抽象思想。第二步中显著增加的标准至关重要,最高法院同样没有回答何为显著。即使是在 USPTO 之后发布的临时指南中,也只是不穷尽地列举了三种肯定情况和两种否定情况。学术界也因此对 Thomas 法官提出的不需要划定抽象思想的界限、只需要类比 Bilski 案中的对冲风险进行判断的意见颇有微词。例如,Merges 教授评价"如果说从本案

---

[34] See USPTO, "Preliminary Examination Instructions in view of the Supreme Court Decision in Alice Corporation Pty. Ltd v. CLS Bank International", at http://www.uspto.gov/sites/default/files/patents/announce/alice_pec_25jun2014.pdf, 2015 年 2 月 19 日最后访问。

[35] CLS Bank Int'l v. Alice Corp. Pty. Ltd., 717 F.3d 1269, 1279 (Fed. Cir. 2013).

[36] See Michael Borella, "Thoughts on Alice Corp. v. CLS Bank Int'l", at http://www.jdsupra.com/legal-news/thoughts-on-alice-corp-v-cls-bank-int-67936/, 2015 年 2 月 19 日最后访问。

中我们没有得到问题的答案,还不如说是我们忽略了本案给出的答案是就是没有答案"。㊲ Duffy教授指出"最高法院一直拒绝在商业方法专利的问题上提供清晰的指导,Alice案也延续了这一趋势"。㊳

虽然CAFC对此的理由是一个灵活的、个案适用的专利适格性审查标准,避免划定严格的区分界限,有利于应对未知的科技进步。㊴ 但是,专利法发挥促进科技进步、经济发展的积极作用的基础是能够可靠地使用法律原则。商业方法审查标准的不确定性,不仅会影响法院和USPTO的审查人员,由此导致的行政和司法裁决的不确定性以及解决争议的高额成本,对于新技术领域的竞争者和创新者也非常不利。

3. 审查标准趋于严格,抑制效果显著

商业方法专利适格性审查标准趋于严格,有向欧洲靠拢的趋势,即要求实质技术手段。欧洲在商业方法专利审查标准上一向以技术性为主导。商业方法专利申请要能够达到一种技术效果或者为实施该发明要求某种的技术因素,才属于欧洲专利公约规定的可以授予专利的发明。㊵ Alice案的审查过程已经带有一些技术性色彩,相较之前以实际实用性为主导的审查标准更为严格。例如判决指出直接指向某一基础概念的商业方法,如果没有附加的技术特征使其明确区别于抽象思想,则不具有专利适格性,而运用通用计算机执行常规功能不属于这样的技术特征。㊶ 这点在精神上与欧洲的检验原则极为相似,即判断请求项中是否含有针对解决发明所属技术领域问题的技术手段。

Alice案不仅在审查过程中体现出美国对商业方法专利审慎的态度,其专利无效的判决结果也带来了实际的抑制效果。美国专利侵权案件数呈现下降趋势,从判决公布后的7月的415件、8月的398件减少到9月的331件,减少了近26%。虽然之后几个月案件数略有波动,但是截至2014年底,全年专利诉讼案件数还是自2010年起连续4年增长后第一年出现下降。㊷ 美国斯坦福大学教授Mark Lemley在接受IAM杂志的采访时指出Alice案的判决是导致这一抑制效果的主要原因之一,其他原因还包括2011年《美国发明法》和2012年专利审判和上诉委员会(简称PTAB)成立的后续影

---

㊲ See Robert Merges, "Go ask Alice—what can you patent after Alice v. CLS Bank?", at http://www.scotusblog.com/2014/06/symposium-go-ask-alice-what-can-you-patent-after-alice-v-cls-bank/,2015年2月19日最后访问。

㊳ See John Duffy, "The uncertain expansion of judge-made exceptions to patentability", at http://www.scotusblog.com/2014/06/opinion-analysis-the-uncertain-expansion-of-judge-made-exceptions-to-patentability/,2015年2月19日最后访问。

㊴ See CLS Bank Int'l v. Alice Corp. Pty. Ltd., 717 F.3d 1269, 1279 (Fed. Cir. 2013).

㊵ 陈健:"商业方法可专利性判断标准研究",载《暨南学报》2013年第1期,页52。

㊶ See Alice Corporation Pty. Ltd v. CLS Banking International, 573 U.S. (2014).

㊷ See LexMachina, Patent Case Trend and Business Litigation, at https://lexmachina.com/2015/02/patent-case-trends-business-litigation/,2015年2月19日最后访问。

响。联邦法院根据 Alice 案在涉及商业方法或软件专利的侵权案件中作出了一系列专利无效判决,致使一大批现存商业方法或软件专利的地位岌岌可危,对专利权人发挥出一定的威慑作用。再加上法院诉讼费用提高和专利局复审费用降低,专利诉讼不再是一些人的第一选择。[43] 不过在饱受商业方法专利、软件专利侵权诉讼之苦的企业欢呼的同时,美国大量科技公司和非专利执行实体(简称 NPE)却因此受到了巨大的冲击。他们拥有的相关专利不再具有过去的威慑力量,其资产可能面临严重缩水。根据 IAM 公布的调查结果,Oracle 持有的专利中 76% 受到该判决的影响。紧接着 Oracle 的是 Google(58%)、Microsoft(55%)、IBM(49%)、Apple(34%)。[44]

### 四、美国商业方法专利适格性审查标准发展的原因

纵观美国商业方法专利的发展历程,从除外原则到逐步接纳,通过 State Street 案确立起实用性结果审查标准彻底放宽对商业方法专利的审查,到 Bilski 案又发生转折,"机器或转换"标准的地位被提升为适格性审查的唯一标准,商业方法专利审查明确化、标准化、模式化。但是最高法院马上又在 Bilski 案中否定"机器或转换"标准的唯一性并且避开建立新的审查标准,只是将本案涉及的权利要求认定为抽象思想从而予以排除专利适格性。直到最新的 Alice 案中,法院观点则倾向于适格性问题不能用"固定的分界线"来判断,需要一种"弹性的、对权利要求进行个案分析的判断标准"。[45] 自此,审查标准从严格到宽松再到严格,审查依据从标准化到去标准化,[46] 审查结果的可预测性从不确定到确定又回到不确定状态,发展变化的背后正是各方利益的驱使。

首先,对商业方法专利从排斥到接纳是对专利权人利益需求的回应。法律制度的发展有时候不像科学或者技术的发展那样完全服从逻辑。人类社会中的传统、文化、观念、意识等等都将对制度的变革产生重大的制约作用。[47] 商业方法专利能够为美国司法所接受的也是基于国家利益和经济扩张的现实需要。[48]

---

[43] See Richard Lloyd,"Alice decision a big reason for sharp fall in US patent litigation, says Mark Lemley",at http://www.iam-magazine.com/blog/detail.aspx? g = DADF4DCE-0F75-45DC-9339-DACB0F7BB465,2015 年 2 月 19 日最后访问。

[44] See Joff Wild,"Big US tech companies face major patent losses in the post-Alice world",at http://www.iam-magazine.com/Blog/Detail.aspx? g = 2028b324-2d4a-4523-9f0d-f0773b8b5fa1,2015 年 2 月 19 日最后访问。

[45] 黄冀:"CLS BANK INTERNATIONAL, Plaintiff-Appellee, and CLS Services Ltd., Counterclaim Defendant-Appellee, v. ALICE CORPORATION PTY. LTD., Defendant-Appellant. No. 2011—1301",载《知识产权法研究》2013 年第 2 期,页 295。

[46] 张玉敏、谢渊:"美国商业方法专利审查的去标准化及对我国的启示",载《知识产权》2014 年第 6 期,页 81。

[47] 刘春田:《知识产权法》,中国人民大学出版社 2014 年版,页 155。

[48] 张平:"商业方法软件专利保护:美国的实践及其启示",载《法商研究》2005 年第 4 期,页 141。

一方面,工业时代,自机器生产取代手工劳动,技术发明层出不穷,生产技术不断改进,极大地推动了社会经济的发展和技术的进步。科学研究创新以及社会财富的创造都集中在工业技术领域。这种对工业技术的推崇使得专利保护的对象都带有浓厚的技术性色彩。而信息在第二次世界大战前仍认为不具有技术性,也不是一种重要的社会财富形式。所以,当时的企业家们忙于攫取工业技术带来的超额利润,根本无暇顾及商业方法。另一方面,在当时的社会发展水平下对商业方法予以专利保护,反而会在一定程度上破坏既有可专利主题体系和专利审查机制。综上,当时的商业方法无论从观念上还是从操作上都被排除在专利保护范围之外。那些著名的、有价值的商业方法要么被当做商业秘密保护起来,要么就跳过专利这一环节直接进入了公共领域。"商业方法除外原则"因此能够一直持续到20世纪70年代左右。

而当信息时代来临,在计算机网络的大背景下,电子商务成为未来经济发展的主要推动力。不同的时代,国家利益和经济发展有着不一样的需求。此时,信息资源是市场经济中的一种重要资本,被各个国家以各种方式进行积累。而在电子商务这一信息资源高度集中的领域,商业方法,尤其是与计算机软件等相结合的商业方法具有战略性地位。例如,亚马逊的"一次点击"专利开创了网购新模式,为其拓宽了市场份额,赚取了巨大的经济利益。美国的知识产权制度从建立之初就是要为美国的市场经济服务的。[49] 因此,作为电子商务和计算机应用的发源地的美国,为了保护其自身在技术领域的巨大经济利益,为了更大程度地收集全球范围的信息资源,必然会接纳商业方法专利。

之后,商业方法审查从宽松到严格是对公共利益的回归。美国之所以近年来在商业方法专利适格性审查上趋于严格,是因为即使经济和科技实力称霸全球,过于泛滥的商业方法专利也会损害国内的公共利益,因此需要在技术创新、促进竞争和公共利益之间寻找最佳平衡点。

专利适格性审查的最终目的是促进社会创新。美国专利法的基础是为了保证发明者在一定时期内就其成果享有独占权,以促进实用技术的进步。[50] 其中作为商业方法专利适格性审查依据的第101条,最初制定的目的即希望以宽泛的专利客体范围来实现专利制度促进创新的宪法目的。[51]

宽松的审查标准使得商业方法专利如洪水一般涌入美国专利局的大门,自1994年以来,美国授予商业方法专利的数量一直呈现迅猛的增长势头。[52] 但是,期待中的商

---

[49] 张平:"商业方法软件专利保护:美国的实践及其启示",载《法商研究》2005年第4期,页142。

[50] 刘银良:"美国商业方法专利的十年扩张:从道富案到Bilski案的历史考察",载《知识产权》2010年第6期,页89。

[51] See Diamond v. Chakrabarty, 447 U.S. 303 (1980).

[52] See USPTO, "Patenting In Technology Classes, Count of 1963—2013 Utility Patent Grants( Class 705 )", at http://www.uspto.gov/web/offices/ac/ido/oeip/taf/tecstca/705clstc_gd.htm, 2015年2月19日最后访问。

业方法专利促进技术创新和经济发展的结果似乎并没有出现，没有任何证据能够显示商业方法专利在金融和电子商务领域对于产业带来了更多的研发投入和利润回报。[53] 反而是大量低质量的商业方法专利阻碍了创新，导致了严重的负面社会效果。宽松的审查标准不再是发明的朋友，而成为发明的敌人。首先，从对个人的影响角度来说，商业方法专利多存在于软件和电子商务领域，这一新兴领域具有技术更新快、信息传播范围广、信息共享性高等特点。宽松的审查标准造成专利保护范围过宽，相应的研发成本上升，降低了发明家、投资者、竞争者和公众进行研究开发的热情。其次，从对行业的影响来说，宽泛的专利保护范围反而会抑制这两个领域中创新的广泛应用，伤害随后的创新。[54] 再次，商业方法专利质量低。要求模糊的实用结果测试标准通过文书撰写可以轻易达到，再加上缺乏在先技术，商业方法专利申请通过专利适格性审查之后更容易满足新颖性等可专利实质条件从而获得专利授权。因此大量低质量商业方法专利获得了授权，影响了商业方法专利的整体质量。最后，是"专利钓鱼"问题对整个社会的影响，一些企业或者个人利用这些低质量的商业方法专利榨取超额许可费，严重阻碍了创新、破坏了市场竞争机制，大量专利诉讼造成社会资源的浪费和社会福利的下降。此外，网络空间的无限性和信息的高度可复制性一定程度上加剧了上述负面效果。所以，此时在商业方法可专利问题上还采取过分倾向于发明人的宽松的审查标准，会带来私人利益与公共利益之间的失衡，造成经济秩序混乱，破坏了创新环境，反而不能更好地保护专利权人的利益。

为了控制低质量的商业方法专利泛滥，美国转而采取趋于严格的审查标准。在Bilski 案中 CAFC 重新确立起"机器或转换测试标准"就是为了使商业方法专利回到激励创新的本来目的上去。虽然最高法院最终推翻了该标准的唯一性，但截至 Alice 案，法院即使没有再给出明确的审查标准，仍然坚持在个案中对商业方法专利的适格性采取非常审慎而严格的审查态度，相关判决结果实际上也达到了对商业方法专利的抑制效果。而且 Alice 案对专利适格性问题本身的重视就已经为商业方法专利设立了一道明确的门槛，无论其跨越的难易程度如何变化。

## 五、结论

结合商业方法专利审查标准几十年的变化和 Alice 案带来的最新发展，我们可以看出美国商业方法审查标准一直在保护发明人的权利、激励个人创新和维护社会整体效益、实现科技进步之间摇摆。标准的完善一向是充满利益博弈的过程，商业方法专

---

[53] 刘银良："美国商业方法专利的十年扩张：从道富案到 Bilski 案的历史考察"，载《知识产权》2010 年第 6 期，页 96。

[54] Paul Klemperer, American's Patent Protection Has Gone Too Far, Financial Times（March 2, 2004）. 转引自李晓秋：《信息技术时代的商业方法可专利性研究》，法律出版社 2012 年版，页 22。

利适格性审查标准的发展同样是发明人和社会公众的利益博弈的过程。不同阶段审查标准的倾向要充分考虑平衡这二者在商业领域的利益,最大限度地促进商业方法的创新,从而实现社会整体利益的最大化。Alice案后审查标准仍然高度主观,也是为了给这一平衡留有自由裁量的余地。在将来的经济发展和技术进步中,审查标准还会为了利益平衡而有所偏向。

经历过Alice案,目前商业方法专利审查标准的不确定性很有可能持续下去。明确的规则或许便于使用,但易产生副作用,一旦过时就会丧失其合理性。因此法院目前还不愿意给出这样广泛适用的规则以免造成利益失衡或排除科技进步的空间,而更倾向于围绕案件事实本身进行判断,追求个案的合理性。例如,在Bilski案中最高法院拒绝将商业方法进行类别性的排除,在肯定"机器或转换标准"是判断商业方法专利适格性的"重要而有益的提示"的同时强调其绝不是唯一标准。在Alice案中Lourie法官代表多数意见提出要采用弹性的、个案分析的判断标准,而拒绝划定固定的分界线,为适应无法预见的技术发展作出保留。

我国对于商业方法可专利问题目前倾向于欧洲的"技术性"标准。我国《专利法》规定,发明是指对产品、方法或者其改进所提出的新的技术方案。《专利审查指南》也明确规定,未采用技术手段解决技术问题,以获得符合自然规律的技术效果的方案,不属于《专利法》第2条第2款规定的客体。这一规定同样适用于商业方法专利。我国专利法同时明确排除了智力活动的规则和方法的专利适格性。综上,要判断一个商业方法专利申请是否具有专利适格性,以该申请是否具有技术性为标准,即商业方法是否针对技术问题,采取了技术手段,获得了技术结果。

中国商业方法专利审查标准显然是非常严格的,是否要向美国靠拢适当放宽呢?从前面的分析我们可以得出,美国商业方法专利适格性审查标准的不断修正与其社会经济发展是密不可分的,中国对商业方法专利的审查标准的把握也应遵循国情。美国专利制度已趋于完善,尚且难以在司法和行政审查中给出统一的判断,中国专利审查制度根基原本就不稳固,贸然放宽标准会带来结果的不确定性。在信息化的时代,中国不应该将商业方法专利拒之门外,但同时也要严格把握审查标准。明确的"技术特征"标准无论从制度基础上来说,还是从实务操作上来说,都是目前最适宜的标准。

# 请求人选择权视角下专利复审程序改革研究

刘 蕾[*]

**【摘要】** 中国《专利法》第四次修改建议稿中对第41条专利复审程序的修改导致了对专利复审委员会职权扩张的质疑。若是从请求人选择权角度出发进行专利复审程序的改革,有可能避免这种情况。原因是请求人是专利复审程序的重要一方,现行专利复审程序各环节对请求人的主观意志重视不够,一定程度上忽视了在复审程序中其理性选择对提高复审质量与审查程序效率、保证专利授权质量的积极作用。请求人选择权是请求人基于复审程序中的各种利益因素考量,理性选择自身在审查程序中的行为的权利,它是请求人的客观需要,也是请求人理性选择的基础。从请求人选择权角度梳理当前的复审程序,在为请求人提供有效参与、充分信息、完备行为能力和有效激励机制的保障下,可以从若干环节和事项入手改革现有专利复审程序,在提高复审审查效率、保证复审程序顺利进行的同时,充分尊重当事人意志,真正实现复审程序对驳回决定的救济功能。

**【关键词】** 请求人;选择权;复审程序

## 一、引言

2015年4月1日国家知识产权局公布的《〈专利法〉第四次修改征求意见稿》在第41条增加了第2款"专利复审委员会对复审请求进行审查,必要时可以对专利申请是

---

[*] 刘蕾,北京市社会科学院法学所,助理研究员。

否符合本法有关规定的其他情形进行审查,作出决定,并通知专利申请人。"①这一修改意见,被许多从业人员认为是对专利复审委员会在复审案件中依职权审查范围的扩张,因而遭到反对。②笔者以为,修改该条的出发点未必是专利复审委员会职权的扩张,更多的可能是出于节约程序的目的,"通过发现驳回决定中未指出的明显实质性缺陷等,避免因程序反复而不合理地延长审批周期,进而提高审查效率",但考虑到社会公众对行政职权扩张的顾虑,不如从请求人选择权的角度出发进行制度设计。

请求人是专利复审程序中重要的一方,是复审程序的启动者和参与者、审查结果的承受者,其意志与行为对复审程序的顺利进行、复审程序效率的提高有着当然的影响力。从复审程序对专利质量的影响看,请求人在复审程序中的选择与行为更会对专利质量产生直接影响。现行专利复审程序中,请求人的作用只是针对驳回决定提起复审请求,答复复审通知书,接受复审决定,对于不服复审决定的请求人还有启动后续司法监督程序的权利。复审程序各具体环节对请求人的主观意志重视不够,除了有权主动提出请求以启动复审程序、程序开始后有权主动撤回请求,其他时候请求人只是程序的盲目跟从者,复审程序如何进展不能因其意志的作用而出现不同选择路径。这种被动性使得请求人面对复审机关提高审查质量与效率、保证专利授权质量等方面的措施缺乏能动的呼应,复审机关不得不接受即使已经付出多重努力,仍离审查质量与效率的预期目标有一定距离的现实。尤其是在审查中发现驳回决定未指出的、其他不符合专利法规定的问题时的处理方式上,复审机关一方面要承担更多审查工作,另一方面还可能遭到职权扩张的质疑。对此,笔者认为不妨从请求人选择权视角下思考对复审程序的改革,以便复审程序在更大程度上满足请求人个人和专利制度整体的需要。

## 二、请求人选择权界定

请求人作为专利审查程序的一方参与者,其与审查结果有着密切的经济利益关联,同时审查程序的设置也与其参与审查程序的成本、收益有着直接的牵连,请求人出于这些利益因素的考虑而理性选择自身在审查程序中的行为的权利,就是本文探讨的请求人选择权的内涵。

从请求人在复审程序中的地位和作用考察,笔者认为请求人的选择权既是请求人的客观需要,更是理性选择的基础。

(一)请求人选择权是请求人参与复审程序的客观需要

从专利制度为发明人提供保护的角度出发,赋予请求人专利审查程序中的选择权

---

① 国家知识产权局网站:http://www.sipo.gov.cn/ztzl/ywzt/zlfjqssxzdscxg/xylzlfxg/201504/t20150401_1095940.html,2015年8月22日最后访问。

② 相关意见及理由的陈述众多,可参见 http://weibo.com/p/1001603850036768303268?from=singleweibo&mod=recommend_article 等,2015年8月22日最后访问。

是请求人的客观需要。原因在于:

请求人与复审请求涉及的专利申请有利益牵连,这种利益牵连是直接且明确的。其申请专利的目的在于获得专利权保护,在申请被驳回时请求复审目的还是在于获得授权保护,这其中既有补偿为进行发明创造已经支出的各种经济与精神成本的利益,也有一旦发明获得授权可以获得的潜在的经济利益和其他非物质性利益。任何正常的个体面对关乎自身利益的情境,总有维护自身利益不受损害的需要,进而会在一系列被允许作出的备选项中选取自己认为可以最大化自身利益的方式作为行为的指引,能够自由按照这种方式行为,他便会认为自己的利益得到了实现。这种居于需要和利益之间做出的选择,就是个体需要得到满足、利益得以实现的桥梁。

权利和义务相比较,权利更具有能动性和可选择性。权利的能动性和可选择性首先意味着法律权利给了权利主体在法定范围内为实现利益要求而体现自身意志、作出选择、从事一定活动的自由,包括在一定条件下转让权利或交换权利的自由,以及放弃某些可以与人身相分离的权利的自由。权利的能动性还意味着,即使具有同样的权利资格,由于人们自身的能力、条件和权利意识不同,实现的程度也不一样。③ 基于此,立法赋予人们权利并不意味着人们能够获得同等的利益,还需要有配套的措施从起点上保证人们实现权利的能力和条件接近相同,从而保障人们进行的选择都建立于理性基础之上。

请求人之所以在专利申请被驳回之后选择提出复审请求,正是其出于对自身从专利申请获得授权可以获得的利益出发考虑,请求专利审查程序再次为其开启的一种行动,复审程序的设置也正是基于对专利申请人利益的正视而为其提供一种救济的结果。赋予请求人复审请求权,就赋予了请求人一项重要的选择权——启动复审程序的权利。

(二)请求人选择权是其理性选择的基础

请求人作为理性的专利审查程序参与者,理性选择理论对其无疑是适用的。由经济学上的"经济人"假设发展而来的理性选择理论,其最深层的人性基础在于利己的人性论,从人进行各项活动以实现自身利益最大化为目的出发分析人的行为动机。"理性选择理论"所讲的"理性"实质是解释个人有目的的行动与其所可能达到的结果之间联系的工具性理性。一般认为,理性选择范式的基本理论假设包括:(1) 个人是自身最大利益的追求者;(2) 在特定情境中有不同的行为策略可供选择;(3) 人在理智上相信不同的选择会导致不同的结果;(4) 人在主观上对不同的选择结果有不同的偏好排列。④ 上述诸多假设的核心在于个人的选择是以自身利益最大化为目标,受其自身偏好、理智作用的结果。

---

③ 张文显:《法哲学范畴研究》,中国政法大学出版社 2001 年版,页 311。
④ 丘海雄、张应祥:"理性选择理论述评",载《中山大学学报(社会科学版)》1998 年第 1 期,页 118。

要使请求人发挥其理性,作出适当的选择不仅需要我们的程序设置能够保障他们的最大利益,为他们设置多个利益效果不同的程序出口,同时更要求程序设置让他们能够主动对这些出口作出选择,请求人选择权也因此成为其理性选择的基础。如果请求人不能自行选择在复审程序中的行为和对策,则其无论具备怎样的理性也不能发挥。

(三)请求人选择权受制于审查程序的设置

复审程序的结果不仅对请求人产生实质的利益影响,还对社会公众利益发生作用,因此,复审程序的设置不可能脱离对请求人和公众利益的平衡,相应地,复审程序在对请求人提供驳回救济的同时,复审程序中请求人选择权的权利范围与行使空间也必然受到审查程序的限制。

具体而言,这种限制表现为可以选择的范围和事项的有限性、选择结果应受合议组审查。个人对自身利益的追求存在无限膨胀扩大的趋势,如果没有一定的机制加以调节和规范,很可能走向利益保护的相反方向。即请求人行使其选择的权利时存在滥用该权利的可能,尤其是对于有极大商业利润空间的发明创造,请求人会在整个审查过程中用尽各种办法扩大专利保护范围,一旦这种过大的保护范围被授予,可能过度侵入公共领域,导致其他社会主体不必要的利益损失、乃至危及公共利益,这时对当事人行使选择权的行为进行审查,消除那些不当行使选择权可能造成的损害就十分必要。

### 三、请求人选择权的保障机制

对于专利申请而言,除了技术方案本身的情况,申请文件的撰写情况、专利审查中的沟通交流情况,都会影响请求人对申请所具有的利益。而请求人的选择权可以为请求人提供有效的手段,便于他在适当的时间、适当的情形,作出其认为正确的选择,最大程度地维护或者实现其利益。这种选择的落实,需要一系列配套保障机制。

(一)请求人对复审程序的有效参与

程序相对人的参与对于程序的影响,历来是程序设置所不能忽视的环节。参与是取得主体地位的当事人,对自身利益进行衡量选择的必经方式。日本法学家谷口安平认为促成人们对程序是否公平的判断依赖四个决定性因素:"参与""可信""中立"和"人与人之间的尊重"。参与不同于一般所谓的"参加"或者"在场"的重要之处,就在于它包含着"自主、自治地参加"这一涵义。参与作为一种活动,应当同时包含以下几个要素:(1)参与是一种行动,而不仅是单纯的心理感应或欲望的冲动,参与者必须亲自通过身体活动参加到一种过程中来,而不能只是作为旁观者静观过程的进行而无所作为;(2)参与的目的在于影响或改变结果的状态,使其按照自己喜欢的标准得以形成,亦即以达到自己欲望和要求的结果为目的;(3)参与必须是自主和自愿的,而不能是被迫、非自愿或由他人以各种方式控制的。⑤

之所以参与被认为如此重要，原因在于参与程序的过程对于参与者来说，是其主体地位得到肯定的表现。参与的合理性源于这样一种假定——"假如影响我们基本福利的决定即将做出，我们中的绝大多数都希望作为一个参加者去参与它的决定过程"。⑥ 任何人身处涉及处置自身利益的情形，都会有类似的作为参加者的希望。

请求人对于复审程序的有效参与，包含了如下应有之意：第一，程序的启动，因请求人提出复审请求而发生；第二，应当有请求人主动选择程序终止的更有效途径；第三，复审程序进行过程中，请求人应当可以与审查员、合议组进行有效沟通交流，以便表达意愿，并可以随时根据反馈的信息灵活调整复审程序中的决策。复审程序虽然只是专利审查行政程序的一环，但其并非单纯否定或肯定驳回决定的程序，而是为申请人提供意见陈述、争辩的一级程序，能够在复审阶段进行有效的沟通与说理，既可以提高授权专利的质量，又能平息潜在的行政诉讼，实现复审程序救济与复查的双重价值体现。

考虑到专利申请的结果对于未来一定时期内请求人利益可能产生的影响，请求人可能会为了得到授权选择付出更多投入，对此，复审程序的设置上也应当予以必要的回应，即设置充分的可能参与渠道。

（二）获得充分的信息

信息论告诉我们，信息的功能就是减少或消除认识对象的不确定性。因此，"程序的设置应当有利于当事者获得对方的证据信息，从而进行信息比较和估计"⑦。在信息严重不对等情况下谈自愿理性选择，是毫无意义的。

对复审请求人而言，其需要获知的充分信息包括程序性信息和实体性信息。程序信息包括：复审程序的进展、合议组的组成情况等涉及审查程序公正方面的信息，对此，可以通过接收有关通知书知悉。实体性信息则是请求人需要获知的涉及请求实体内容的信息，如合议组对审查文本的确定、合议组对申请的技术方案的理解、合议组对请求人的争辩接受与否等。这些信息之所以应当包含在请求人应当获得的充分信息范畴内，原因在于它们会对请求人在程序中的决策造成实质性影响，尤其是在请求人经过与合议组沟通交流之后发现自己的申请存在无法克服的缺陷的情况下，主动选择放弃复审请求就会是较为正常的选择。对于合议组在审查过程中发现的、驳回决定没有指出的明显实质性缺陷，由于直接关乎专利质量，也应当属于请求人应当获知的实体性信息。而对于其他驳回决定未指出的问题，不能过多要求专利复审委员会对整个申请进行全面审查，因此，不属于必须获知的信息。

---

⑤ 陈瑞华：《刑事审判原理论》，北京大学出版社1997年版，页62。
⑥ Robert S. Ross, American National Government, The Dushkin Publishing Group, Inc 1991, p.6.
⑦ 沈达明：《比较民事诉讼法初论》（下册），中信出版社1991年版，页37。

### (三）拥有完备的行为能力

此处讨论复审请求人的行为能力，并不是民法上经常讨论的自然人的民事行为能力，而是从专利审查特殊性出发限定的请求人完成专利申请直至获得授权应具有的行为能力。这种能力，决定着请求人的选择权能否真正有效实现其利益最大化。

由于专利申请不仅涉及技术内容，还涉及对专利法的理解，不仅普通的技术人员难以完全拥有此种行为能力，就连高校教授、资深学者也未必能够独立完成整个专利申请审查包括复审程序的全过程，因此，复审请求人的行为能力允许其通过委托代理人予以完备。而从国内外专利审批实践来看，由专利代理人对请求人给予合理协助显然是极其必要的：第一，复审程序有一整套程序性规则，其不仅涉及技术方案本身，更多地涉及对专利法、实施细则和审查指南相关条款的理解，使复审程序本身具有高度的法律性和技术性，相应的，对请求人的专业知识和专利法知识都提出了较高要求。非经专门训练的普通请求人难以达到这些要求。第二，请求人对于自己做出的发明创造有极大的热情与自信，但对于专利审查程序、专利法规的有关内容却往往缺乏足够成熟的认识与理解，面对专利申请被驳回、复审通知书指出申请存在应予驳回缺陷的情况时，很可能会有理性缺失的举动，影响其作出理性决定，结果导致请求人花费不必要的申请成本、专利审批机构行政资源被浪费、复审程序效率低下。

对此，有益的保障机制是为请求人提供全面的专利代理服务。专利制度发展至今，中外专利代理人的实践已经证明，专利代理人的专业服务，有助于在专利审批程序中实现既清楚理解请求人的技术方案与专利申请实际需求，又准确理解有关专利法规，还能够在请求人与审查员、合议组之间进行及时有效的沟通。

### （四）合理的激励机制

如前所述，请求人选择权受请求人利益驱动，没有足够的利益激励，请求人行使其选择权的动机也会发生改变。

复审程序进行的过程中，请求人除了需要付出时间、精力的成本，还要付出包括复审请求费等多种经济方面的成本，这些成本共同构成复审请求人的复审成本，并随着复审程序持续的时间延长、程序设置复杂化而呈现出成本扩大化的趋势。从这一比例关系出发，简化复审程序、缩短复审周期，对于减少请求人时间、精力成本和经济成本，都会是行之有效的措施。但这些措施的落实，仅仅依靠复审行政机关的程序设置和行政促进是不够的，还需要复审程序的重要参与人——复审请求人出于自己利益衡量主动选择最佳适用程序。

## 四、复审程序请求人选择环节分析

### （一）完善的复审程序——请求人行使选择权的基准

法哲学的研究指出，人们在社会活动中不是只有一种选择的可能，而往往有多种选择的可能。自由在其社会意义上意味着有效地作出选择。这种行为选择的有效能力取决于对行为后果的事先预知或合理预测。法律"以明确而肯定的语言规定了在各种预设条件下的行为模式及其法律后果,这就减少了人们在社会生活中的偶然性和盲目性,增加了可预测性,即增加了行为选择的自由度"。[⑧] 请求人有效行使自己的选择权也需要这样一种"事先预知或合理预测",因此需要一定的参照物,以便预测自己行使选择权对自身利益将会造成的影响以及影响的程度。对于复审请求人而言,完善的复审程序,就是其行使选择权时衡量自身利益的参照物。

(二) 应属请求人选择事项分析

就目前的复审程序而言,请求人并非完全没有选择权,他可以选择接到驳回决定之后请求或者不请求复审,可以在复审请求受理后合议组作出审查决定之前选择主动撤回请求,可以在接到复审通知书之后在指定期限内选择答复或者不答复,还可以在收到复审决定后选择起诉或者不起诉。但这些事项中,请求人除了在是否提出复审请求从而启动复审程序以及主动撤回请求以终止复审程序这两项上的选择有主动性外,其他事项中都只是对复审行政行为的消极应对,并不能通过积极的行为主动引起复审程序的变化。这样行使的选择权,显然不是本文探讨的请求人基于自身利益衡量而行使的选择权,它们或许在一定程度上会产生减少请求人的复审成本的客观效果,但对请求人的理性选择没有给予足够的重视。

梳理整个复审程序流程,属于请求人基于自身利益考虑而行使选择权范畴的事项应当包括:

(1) 获知有关复审案件的审查进展、审查意见后更为积极主动地选择终止复审程序。目前的复审实践中,请求人主动撤回请求的比率很低,原因即在于请求人主动撤回请求和选择消极不答复通知书等待期限超过而被视为撤回的成本是相同的,请求人不会因此获得收益的增加,合议组却需要等待更长的时间、审查资源也因此被浪费。而如果事先设置程序的出口,请求人在获知了涉案申请的前置意见或复审审查情况之后,意识到申请没有授权希望时,可以选择以主动明确的意思表示向复审审查机关请求放弃程序的进行、终止复审,则会产生不同的效果。尽管这种主动放弃对请求人来说只是结束为复审程序付出的一切支出,对专利审批机关而言,却可以使案件审理的终止不必等待过长的时间,对缩短审查周期和节约审查资源都有积极意义。正是从这个角度考虑,以一定的经济利益促使请求人主动撤回请求也可以成为行之有效的激励方案。

(2) 选择对案件适用加快审查程序。对请求人来说,尽早获得专利授权是其从提出专利申请之日就希望获得的结果,当申请进入复审阶段,由于复审程序延长了专利

---

[⑧] 张文显:《法哲学范畴研究》,中国政法大学出版社2001年版,页210。

审查程序,这种希望不但继续存在,通常还会更强烈。因此,请求人对于自己的申请有适用加快审查程序的需求,在我国目前的实质审查阶段已经存在普通审查和加快审查两种方式的情形下,选择在复审阶段适用加快程序也是请求人选择权的行使范围。

(3)选择对案件适用五人合议组审查方式。目前复审案件的合议审查,有三人合议组和五人合议组两种方式,按照《专利审查指南》第四部分第一章第3.2节的规定,应当组成五人合议组的案件包括三类:"在国内或者国外有重大影响的案件""涉及重要疑难法律问题的案件""涉及重大经济利益的案件",实践中只是由复审机关单方面确定具体案件是否属于上述情形,缺少请求人的有效参与。从请求人利益考虑,这三类案件大都涉及经济利益的衡量,作为直接受到相关利益影响的请求人,比任何案外人更明确其可能产生的经济影响,其提出复审请求的案件完全有可能是上述三类情形之一,但审查指南没有规定请求人可以主动请求适用五人合议组审查。在三人合议组和五人合议组审查都是复审案件可以适用的审查方式下,允许请求人主动选择五人合议组审查,既尊重了请求人的主体意志,也有利于通过充分的程序参与让请求人更易于接受审查结果。而且在当前兼职复审员大量参与专利复审案件审查的情况下,允许请求人选择五人合议组审查的方式,对于审查质量也是一种保证。

(4)选择对复审案件适用口头审理方式。现行《专利审查指南》对复审请求审查方式作出的规定是"针对一项复审请求,合议组可以采取书面审理、口头审理或者书面审理与口头审理相结合的方式进行审查"。同时,在对口头审理的规定中就复审案件的口头审理设定了程序,即"在复审程序中,复审请求人可以向专利复审委员会提出进行口头审理的请求,并且说明理由"。复审请求人请求进行口头审理可以依据的理由包括"需要当面向合议组说明事实或者陈述理由"和"需要实物演示"。而对于复审请求人的口头审理请求,"合议组根据案件的具体情况决定是否进行口头审理"。

我国专利审查实践中,复审案件使用口头审理方式进行审查的数量极少,从合议组角度考虑,书面审理方式在审查时间安排、合议组进行合议等方面较为方便灵活,因而合议组更倾向于选用,但这对于请求人却未必是最好的审查方式,其审查效率也并非最优。请求人与合议组在口头审理中面对面进行交流沟通,相对于仅仅以审查意见通知书和答复方式的交流,不仅速度快而且可以有利于集中就争议事项进行沟通,在充分交换意见的基础上有利于合议组更快作出更能说服请求人的决定。日本专利审查实践中对复审案件口头审理的重视,是就申请人对专利审查的多样化需求所作的回应,似乎也能为我们提供一些启示。有关资料显示,为加强复审程序,2010年,日本特许厅共完成无效复审和权利取消复审237件;复审周期9.8个月,口头审理247件(含外观设计和商标)。[9] 为了提高复审程序的效率,发挥口头审理的积极作用,我们有必

---

[9] 日本特许厅2011年年度报告,参见 http://www.jiaodapatent.cn/_d271777845.htm,2015年8月22日最后访问。

要进一步完善现行的请求人对口头审理的选择权,同时,合议组在判断案件是否需要进行口头审理时对请求人的口头审理请求也应予以宽严适中的审批。

### 五、请求人选择权视角下复审程序的改革

正视请求人选择权的合理性,完善现行的复审程序,笔者建议从以下三方面着手:首先,在复审程序中设置多个请求人可选择的事项。

针对上文所述请求人可以积极主动选择的事项有限的情况,在复审程序的多个节点设置多个请求人可选择的事项,让他们尽量行使选择权实现复审程序对他们的效益最大化,同时也使复审程序更为高效和公正。

具体来说,可设置为请求人可选择的节点包括:请求人提出复审请求时、合议组成立之前等请求人能够选择特殊程序的节点;获知前置审查意见之后、收到复审通知书之后等请求人能够选择程序应对策略的节点。这些节点的选择,主要基于审查时机的考虑,便于请求人及时作出适当应对复审进程的选择。

可设置为请求人可选择的事项包括:复审加快审查程序、请求适用选择五人合议组审查方式、请求进行口头审理、得知前置意见后主动撤回请求、在合议组审查阶段为降低申请成本而主动撤回请求等。值得注意的是,只有在目前的复审普通审查程序之外确立了这些特殊审查程序和审查方式作为备选项时,这些可选择事项才有实现的空间和可能。

其次,设定程序间的不可转换性。

请求人行使其选择权,选择了一定的复审程序自然要承担其相应的程序后果,与此同时,复审程序的行政程序属性决定了它不可能是任意选择、随意更改的程序,一旦选择,一般不允许转换为其他程序。

但是,由于加快审查这样的特殊审查程序需要投入专门的行政资源,如果请求人选择了该程序而又怠于行使因特殊审查程序产生的相应的义务,则这一程序应当转为普通审查程序,以免造成审查资源的损失。这样的做法,在其他国家也有类似规定,如日本特许厅(JPO)建立加快复审制度的初衷是更快地处理相关案件,然而实践中,许多申请人请求推迟答复期限,致使加快复审制度不能发挥应有作用。为了体现加快复审制度的特殊性,根据日本专利局的解答,要求加快复审的案件若申请人在答复驳回理由时申请延期的话,将被视作一般案件处理。[⑩]

最后,设置激励和约束机制。

一方面,请求人选择权的基础就在于对请求人出于自身利益考虑进行理性选择的正视和承认,因此,以请求人选择权为出发考虑复审程序的完善也不能脱离对请求人

---

[⑩] 专利业务法人见 Harakenzo World Patent & Trademark、《专利法等修改概要》,参见 www.harakenzo.com/cn/data/law.html,2015 年 8 月 22 日最后访问。

利益的关注。从长远利益而言,请求人在复审程序中的利益当然在于涉案申请获得授权,从而获取专利权相关利益,这种利益对于请求人的激励在复审程序中是始终存在的。在关注长远利益的同时,构成请求人在获得专利授权过程中短期利益的有关费用和支出也不容忽视,复审程序对请求人选择权的激励机制也就在此部分发挥作用。例如,在请求人收到前置审查意见后主动撤回复审请求和在合议组审查阶段主动撤回复审请求的情况下,退还部分复审请求费。

另一方面,专利制度下,请求人与社会公众不同的利益需求客观存在,在赋予请求人更多选择权的同时,如果在公共利益与请求人利益之间保持合理的平衡点也是不容忽视的问题。作为专利行政审批制度中的一环,复审程序的最终目的并不只是最大化请求人利益,行政资源的合理化使用、公众利益的合理维护同样是完善复审程序的动力。因此,请求人的选择权并不是完全不受限制的自由选择,它必须受到一定的约束与限制,以避免请求权滥用造成损害。例如,请求人请求适用加快审查程序、五人合议组审查方式或进行口头审理时,可能需要缴纳额外的费用,并且所述请求是否获得批准还需要由复审机关根据案件的具体情况予以审批。

# 美国商业外观与外观设计专利的功能性判定
## ——以苹果公司诉三星公司的智能手机纠纷案为视角

高　阳[*]

【摘要】　持续4年之久的苹果公司诉三星公司的智能手机商业外观和外观设计专利侵权案终于落下帷幕,联邦巡回上诉法院推翻了区法院苹果手机商业外观"非功能性"可受商标法保护的判决,认定苹果手机外观具有功能性不受保护,而同样的设计却可授予外观设计专利。由此使长久以来,将商业外观的功能性判断适用于外观设计功能性判断的趋势扼杀于萌芽状态。虽然商业外观和外观设计专利均需对设计进行"功能性"判定,但商业外观功能性判断的关键在于该设计特征对产品用途是必要的,也即要么影响产品的成本或质量,要么其产生的美学价值不存在替代性设计;外观设计功能性判断应以是否"完全由产品功能决定"为标准,对于非"完全由产品功能决定"即功能性特征与装饰性特征同时存在的设计,外观设计专利可以提供保护。

【关键词】　功能性;商业外观;外观设计专利;非功能性;智能手机

2011年苹果公司与三星智能手机商业外观及外观设计侵权之争拉开序幕,苹果公司起诉三星公司的手机外观侵犯其商业外观及外观设计,2012年陪审团裁定苹果手机商业外观非功能性,可获得商标法的保护,三星手机侵犯苹果手机的商业外观和外观设计,地方区法院予以支持,判决三星公司赔偿苹果公司近10亿美元。2015年美国联

---

[*]　高阳,华东政法大学2013级知识产权专业博士研究生,美国约翰马歇尔法学院知识产权专业LLM。本文系受华东政法大学海外调研项目的资助,在美国调研时完成。

邦上诉巡回法院推翻了区法院的判决，认为苹果手机注册的与未注册的商业外观具有功能性不受保护，虽将赔偿额减少了3亿多美元，但是却支持了区法院认定三星公司侵犯苹果公司苹果手机外观设计专利权的判决。苹果公司与三星公司持续了四年之久的智能手机知识产权之争，至此落下了帷幕，三星公司在智能手机商业外观方面赢得了响亮的胜利。

"功能性"是适用于对设计进行知识产权保护的禁止性规定，涵盖于外观设计专利与商业外观之中。① 商业外观和外观设计专利保护的均是"非功能性"的设计，商业外观的设计以"指示来源"为保护依据，外观设计专利应是装饰性的设计，而功能性的设计则落入发明、实用新型专利的保护范围。但是，产品设计的"功能性"判断，时常是困扰法官的一大难题，不同法院在适用标准上不尽一致。不仅如此，长久以来，商业外观的"非功能性"判断和外观设计专利"非功能性"判断相互交错，美国联邦巡回法院时常将商业外观的"功能性"判断标准适用于判断外观设计专利的功能性。苹果公司同样的图形用户界面被认定为"功能性"设计不能得到商业外观的保护，却可授予外观设计专利。商业外观与外观设计专利究竟如何适用"功能性"判断，是否可以将商业外观的"功能性"判断适用于外观设计专利？美国联邦巡回上诉法院在审理苹果智能手机外观设计时，对上述问题一一作出了回应。

## 一、美国商业外观"功能性"的判断因素及其发展

商业外观是商品或服务的包装或外观的各构成元素的总体，其本质用途与商标相同，用来指明商品的来源。因此，对商业外观的保护可以促进竞争。② 而《兰哈姆法》第43款中规定可保护的商业外观必须是非功能性的，因此，"功能性"判断是商业外观能否获得商标法保护的先决条件。专利法授予发明人对改进产品功能的设计以有限时间上的垄断来鼓励发明创造，保护期间结束后竞争者便可自由使用此项发明。如果一项产品的功能性特征可以作为商标获得保护，则可以不考虑是否符合专利法的授权要件，并且保护期限可以永久延续。③ 因此，排除"功能性"，商业外观才可能获得商标法的保护。

早在1909年，在 kelloggo Co V. National Biscuit Co 一案中，美国最高法院通过否定对 Shredded 全麦谷类食品"枕头"形状的商业外观的保护，形成了"功能性"判断的概念。④ 随后，海关和专利上诉法院在 Morton-Norwich 案中⑤，提出判断"功能性"的四因

---

① Christopher V. Carani, Design Patent Functionality A Sensible Solution, 7 Landslide 19 2014—2015.
② Apple Inc. v. Samsung Elecs. Co, No. 2014-1335, 2015 BL 152379 (May 18, 2015).
③ Qualitex Co. V. Jacobson Prods Co,514 U. S. 159(1995).
④ Kellogg Co V. Nat'l Biscuit Co,305 U. S. 111,122(1938).
⑤ Morton-Norwich,671 F. 2d at 1332. (1982).

素:(1)实用新型专利的存在揭示了设计实用性的优势;(2)广告材料中设计的发明人兜售设计的实用性优势;(3)竞争者对实用性等同设计的可用性;(4)暗示设计的结果是比较简单和便宜的制造方法的事实。原告销售的小麦片饼干的形状是过期的外观专利,而正是外观设计专利存在的证据,成为了原告商业外观具有功能性的优势证据。几乎同一时期,最高院在 Inwood Laboratories V. Ives Laboratories 中论述,如果一项产品的特征对产品的使用或目的是必要的,或者对产品的成本或质量有影响,换言之,如果对这项产品特征的独占会使竞争者显著地处于与商誉无关的竞争劣势中,则这项产品特征是功能性的,不能作为商标使用。⑥ 1995 年,最高法院在 QualitexCo. V. Jacobson Products Co 中处理单一颜色是否能注册为商标的同时,也论证了功能性的问题。单一颜色作为产品整体外观申请注册时,"功能性"判断适用通常会有效地阻止颜色枯竭的反竞争结果的产生。颜色作为一种标志能够指示来源,而不产生除此之外的其他功能时可以作为商标进行注册。⑦

1999 年,美国第九上诉巡回法院在 Disc Golf 案中改进了 Morton-Norwich 中的四因素:(1)产品设计是否产生出实用性的优势,(2)是否有可利用的替代性设计,(3)广告宣传是否兜售设计的实用性优势,(4)特殊的设计是否起因于比较简单或者便宜的生产制造方法。没有一个因素是决定性的,所有因素需要共同考虑。并且第九巡回法院指出,实用性优势的判断的关键不是针对于产品整体的实用性,而是诉称受保护的商业外观或商标中特定特征或者特征组合的实用性。问题的焦点不是产品是否具有功能性,而是产品被诉称为商业外观的这种特殊的形状和形态具有功能性。而可用的替代性的制造方法不应仅是理论性的或者推测的,应该有足够的替代性设计存在,使对这一商业外观予以保护不会阻止竞争。⑧

最高院在处理 TrafFix 案时⑨,延续了 Morton-Norwich 中对过期专利功能性的认定,认为 TrafFix 使用过期的专利作为产品特征正是说明此特征具有功能性的强有力的证据。原告双弹簧的设计目的是使其标志在狂风天气中依然矗立不倒,充分体现产品特征的功能性。除此,最高院在传统的功能性判断基础上,确立了美学判断的合法性,列出判断设计特征具有功能性的两个标准:(1)当这项设计特征对产品用途是必要的或者影响产品成品或质量;和(2)当这项设计特征是竞争必须的。联邦巡回法院认为最高院对 TrafFix 的解释没有改变先例 Morton-Norwich 中传统功能性判断适用于解决使用过期专利作为商业外观的问题。而其他巡回法院通常一致认为 TrafFix 是两个对功能性不同相分离的测试:(1)传统"对成本和质量的影响";和(2)替代性设计的"竞争

---

⑥ Inwood Labs. v. Ives Labs. ,456 U. S. 844(1982).
⑦ 同注③。
⑧ Disc Golf Assn v. Champion Discs,158 F. 3d 1002(1999).
⑨ Traffix Devices v. Mktg. Displays,532 U. S. 23(2001).

必须性"——通常被称为美学功能性测试。美学功能性所保护的商业外观需是此设计与产品的市场性无关,而是在消费者心中代表了生产此产品的商家信誉。例如,粉色的选择与绝缘体的市场力无关,并且粉色也不是产品本身的颜色。粉色不改进产品的性能,也不是便宜、简便生产方式的结果。因为绝缘体一旦被安装,就不会被消费者看到,所以粉色的绝缘体不是美学功能性的。消费者购买粉色绝缘体并不是因为它的颜色,而是因为生产此粉色商品的商家是市场上高品质的绝缘体生产者。⑩

然而,各巡回法院在功能性判断测试的适用上各有不同,如第六巡回法院在 Abercrombie & Fitch Stores, Inc V. American Eagle Outfitters 中,首先判断是美学功能性还是传统实用功能性是争议的焦点,如果美学功能性是争议焦点则适用美学功能性测试,如果传统功能性是争议焦点,则适用传统功能性测试。还有一些巡回法院同时适用两个测试⑪,不管争议焦点的功能性是传统实用功能性或者美学功能性,只要任何一个测试符合就可以认为产品的设计具有功能性。

## 二、美国外观设计专利"功能性"的判断

外观设计"功能性"条款的首要目的是将外观设计专利与发明专利予以区分,发明专利保护的是产品的功能性特征,外观设计专利则保护装饰性的特征。"功能性"在外观设计中可以被区分为两种:一种为外观设计专利获权的法定要件功能性。外观设计专利保护的权利要求必须是以"装饰性为首要目的",设计整体外观不能具有功能性(缺乏装饰性)。"一个设计是'功能性首要目的'还是'装饰性为首要目的'取决于将设计的权利要求视为一个整体,最终的问题不是每一个分开的特征是功能性或是装饰性的,而是产品的整体外观来决定产品的设计是否致力于实用性的目的。"⑫另一种产生于确定权利要求的范围(确定保护范围),试图去坚守外观设计保护装饰性而非功能性的信条。这种语境下的功能性被称为"权利要求解释中的功能性"。⑬ 并且,还需要区分产品或产品包含的特征的功能性与为实现某种功能的产品或特征的特殊设计的功能性。⑭

(一)法定要件"功能性"

法定要件功能性的关注点在于外观设计的权利要求是否符合 35 U.S.C. §171 条规定的法定客体"装饰性"的要求,该条也被称为"功能性抗辩",更精确的称谓是"缺

---

⑩ Spencer Davczyk, Aesthetic Functionality in Trade Dress Post Secondary Aesthetic Functionality Proposed, 105 Com. L. J. 309 2000.

⑪ Brett Ira Johnson, Trade Dress Functionality: A doctrine in need of clarification, 34 Campbell L. Rev. 125 2011—2012.

⑫ Maual of Patent Examining Procedure (MPEP) Ninth Edition, March 2014.

⑬ 同注①。

⑭ 同注⑪。

乏装饰性抗辩"。美国海关和专利上诉法院和联邦巡回法院经过一系列判例演变出"完全由功能性决定"测试来判断外观设计的有效性,是作为区别法定功能性的最好方法。1961年,海关和专利上诉法院在 Garbo 案中,虽然面对的是驾驶模拟器是否是显而易见性的问题,但是在讨论显而易见性和功能性时,法院提出"设计可能会包含功能性的特征,但是还可获得专利权"。但是,法院明确声明为了获得保护"设计必须是不同于完全由功能性决定的非显而易见的外观"。[15] 随后,In re Carletti 中海关和专利上诉法院关于功能性判定的意见被联邦各巡回法院广泛引用。此案中功能性问题简单明了是因为争议的设计是用于55加仑木桶螺纹桶口的垫圈,而垫圈的设计就是为了符合木桶的确切规格。[16] 法院引用了 Garbo 案中的结论认为:"产品的外形是基于功能性考量的结果,则不能作为装饰性设计获得专利权。"[17]

联邦法院一些上诉案件援引 Carletti 作出决定,如第七巡回法院在 Hueter 案中阐明:"完全地功能性设计或者基于机械或功能性需求的设计是不能被授予专利权","一个设备形状的外观设计是基于机械部件需要的结果不能获得专利权"。随后的一系列案例中,联邦法院逐渐达成共识"设备的外形是结合产品的功能性或以产品功能性为目的的必要结果,如此的设计仅是对产品用途的回应,不是可获得专利权的外观设计的结果。"[18] 海关和专利上诉法院和联邦法院建立"完全由功能性决定"的标准目的在于判断设计者的动机是否是为了获得功能性的产品。如果设计者最初改变产品的形状或外观装饰的动机是为了提高产品的性能,那么其就触动了完全由功能性决定的界限,设计不能获得专利权保护。相反,如果设计者能够实现外观和功能性的融合,设计不是完全由功能性决定的结果,这样的设计可获得专利权。[19]

然而,另有一些联邦法院在判决中适用商业外观功能性判断的考量因素以确定设计的功能性。考量因素包括:"受保护的设计是否代表了最好的设计;替代性的设计是否会对产品的特定性能产生不利影响;是否存在附随的发明专利;广告宣传是否在兜售实现特定性能的设计的特殊特征;设计的某些组成部分或者整体外观是否明显的不是由功能性所决定。"[20]

在适用"完全由功能性决定"测试时,如何确定一个设计不是完全由功能性决定的也是一个问题。一些法院通过寻找工业生产中是否存在可替代的设计达成一致,也称为"形状多样性"方法。现实中,此方法比较容易实现,大多数工业制造品,即使是对功

---

[15] Application of Paul W. Garbo, Patent Appeal No.6657, Februaru 21, 1961.

[16] Perry J. Saidman and John M. Hintz, Doctrine of Functionality in Design Patent Cases, 19 U. Balt. L. Rev. 352 1989—1990.

[17] Application of Albert A. CARLETTI and Welsh C. WHITTLESEY, Patent Appeal No. 7039.

[18] 同注[16]。

[19] 同上。

[20] 同注①。

能性要求很高的产品,依旧可以通过其他不同的形式实现同样的功能。[21] 在 Avia Group International, Inc. v. L. A. Gear California[22] 案中,巡回上诉法院肯定了区法院的判决,争议的两个设计不是无效的因为外观专利每一个受争议的功能性组件"可以由不同的组件来实现。"

(二) 权利要求解释中的"功能性"

权利要求解释"功能性"可追溯到1988年的 Lee v. Dayton-Hudson Corp[23] 一案,原告(专利权人)对手持式按摩设备拥有外观设计专利权,获权的外观设计专利包括一个末端有两个相反方向球体的细长的手柄的按摩设备。原告声称含有这样配置的专利必然侵犯其专利权。法院认为被告并不构成侵权行为,并解释为:外观设计专利不保护由在细长手柄末端有两个相反方向球体组成的手持式按摩器这样由一般功能性部件组合的设计理念。换言之,外观设计的权利要求范围不应该包括产品结构性的或功能性的方面。相应的,授权设计的权利保护范围应该受限于专利图样中的功能性概念的表达。

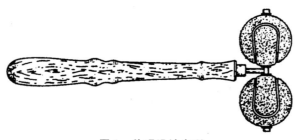

图1 外观设计专利

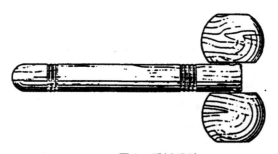

图2 受诉设计

[21] 同注①。
[22] Avia Group International, Inc. v. L. A. Gear California, 853 F.2d 1557(1988).
[23] Lee v. Dayton-Hudson_Corp, 838 F.2d 1186(1988).

外观设计专利不保护一般功能性特征,在 OddzOn Products, Inc. v. Just Toyz, Inc[24] 中也有论述。原告"涡旋式"投掷球玩具的外观设计保护范围为有尾轴和鱼鳍结构的足球外形,如图 1 所示。起诉被告 Just Toyz 有不同方式设计的有尾轴和鱼鳍的足球外形玩具图 2 侵犯其专利权,法院利用三步法判定被告的产品不侵犯原告外观设计专利。第一步是解释权利要求,确定保护范围。外观设计权利要求应排除对一般性特征的保护,"当一个设计同时包含功能性和非功能性特征时,权利要求的保护范围必须被解释为用于确定专利中非功能性的方面"。法院认定 OddzOn 拥有尾轴和鱼鳍结构的足球设计是由功能性决定的,尾轴和鱼鳍结构是依照飞镖和火箭的尾轴和鱼鳍设计的用来增加投掷时的稳定性;第二步,相似性比较时忽视功能性的外形。OddzOn 拥有尾轴和鱼鳍的一般性的足球外形设计,在做与争议设计相似性比较时不予考虑。第三步,受保护的装饰性特征比较。忽略掉由功能性决定的外观形状设计,法院对受保护的装饰性的元素进行相似性比较,在本案中意味着忽略足球的外形,OddzOn 足球部分使用的是相对平滑的表面(如图 3 所示)而被告使用的是成脊状的表面且前部末端有一个眼状结构(如图 4 所示)。原告的鱼鳍结构只是一般的曲线向上和向外的外形,以给球体末端创造更大的表面空间。而被告鱼鳍结构是波浪起伏或者成角度。忽略掉功能性的外观,受保护的装饰性部分被告被诉外观设计与原告的设计并不近似,不构成侵权。[25]

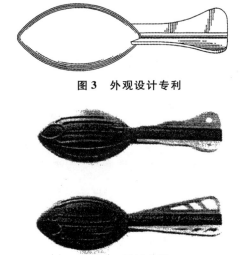

图 3 外观设计专利

图 4 受诉设计

---

[24] OddzOn Products, Inc. v. Just Toyz, Inc,122 F. 3d 1396(1997)。

[25] Charles E Bruzga and Debolina Kowshik, Design Patent Infringement Standards, http://aboutiplaw.com/noteworthy/patent-noteworthy/468/,2015 年 6 月 19 日最后访问。

2010年的Richardson v. Stanley Works㉖案中,法院更直接的回应了权利要求解释功能性的问题。原告声称被告Stanley木器工具侵犯其外观设计专利权,上诉法院审理后,维持了区法院的判决,认为Stanley的木器工具并不侵犯原告的专利权。正如地区法院陈述,手柄、锤头、虎口钳、撬杠这些元素都是由产品功能性决定,在解释权利要求范围时应该予以排除。受专利权保护的设计是一个包含多个功能性部件的多功能性工具,与发明专利不用,外观设计专利的保护范围应该局限于装饰性的设计,并不延伸至功能性的方面。但是,排除功能性元素并不意味着把外观设计相似性的比较转变为元素与元素的比较,应该是整体外观的比较,而非装饰性特征的单独比较。排除功能性的元素,两个设计是并不相同。两个多功能工具虽然均通过流线型的线条将锤头、虎口钳、手柄和撬杠这些元素连接在一起,通过整体外形的比较,被诉设计完全不同于专利设计。整体上,被诉设计比专利设计外形更圆滑,缺少许多棱角边缘式的设计。因此,法院判决被诉设计与专利设计并不相同,不会引起市场混淆。

图5　外观设计专利

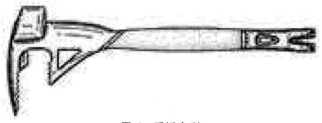

图6　受诉专利

权利要求解释中的"功能性"应遵循外观设计保护针对整体外观的权利要求,并且这种保护并不延伸至权利要求中功能性的属性、概念和特点。外观设计一般为工业产

---

㉖　Richardson v Stanley Works Inc,597 F.3d 1288(2010).

品的设计,并不能完全杜绝工业品"功能性"的特点。对既含有功能性和非功能性的外观设计权利要求,外观设计专利可以提供保护,但是,应排除非功能性的特征,保护整体外形的装饰性。

### 三、苹果公司诉三星公司智能手机案解读

(一)苹果手机商业外观"功能性"认定

苹果公司起诉三星公司的手机商业外观侵犯其未注册的商业外观、注册的商业外观与外观设计专利,法院分别对两个商业外观的功能性进行分析,判决苹果公司未注册的与注册的商业外观因具有功能性而不受商标法保护,但同样的设计却受外观设计的保护,三星公司侵犯苹果公司外观设计专利。

1. 未注册商业外观

苹果公司声称其iphone 3G和3GS产品中的构成主张的未注册商标的权利要求:一个有平滑圆角的矩形产品;一个平整清晰的平面覆盖在产品的前面;一个在清晰平面下面的显示屏;显示屏的上面和下面有大量黑色的边界线和更窄的边界线在显示屏的每一面。当设备处于打开状态时,一行小圆点出现在显示屏上,一个矩阵的彩色正方形平滑圆角图标在显示屏中,和不变的与显示屏上其他图标分开的彩色正方形平滑圆角图标的底端尾部。

上诉法院适用上述的Disc Golf中的四因素判断苹果手机未注册商业外观的功能性。

第一,实用性优势。

苹果公司辩称其未注册的外观设计不是为了实现设备的耐用性和提升性能,而上诉法院认为这些都不是考量因素,要证明不具有功能性的一方负有举证责任证明其产品特征除了指示来源外不具有任何其他作用。

三星公司引用大量的证据证明苹果公司所诉求的未注册商品外观的每项权利要求都具有功能性。如圆角的设计可提升可放进口袋性和耐久性和矩形外形可以使容纳的显示屏最大化;平整清晰的表面覆盖在手机的前面可以帮助手指在大面积显示屏上点触操作;遮光板可以在手机掉落时为玻璃提供保护;显示屏的边界在最小化产品整体尺寸的同时容纳其他成分……苹果公司对上述证据未以反驳。

第二,替代性设计。

这一因素要求替代性设计必须与所声称的商业外观提供同样的特征,苹果公司断言存在大量替代性设计,却没有证明任一替代性设计可以提供与所声称的商业外观相同的特征。

第三,实用性优势的广告宣传。

苹果公司广告宣传的实质是给观看者展示"如何使轻弹、滑动、轻击和其他多种触

屏方式简单易行"。其广告宣传清楚的传达出这样的信息,"触摸就相信",配以展示用户的手在苹果手机用户图形界面上操作的画面。苹果没有证明,实质上,这些对触感屏幕用户界面的示例包含苹果公司所宣称的未注册商业外观的元素和为什么不是在兜售未注册商业外观的实用性优势。

第四,制造方法。

苹果辩称"苹果手机的设计不是基于比较简单和便宜的制造方法",因为苹果现在所遭受的制造挑战是对苹果手机耐用性的考虑而不是对未注册的商业外观的设计。苹果公司的证人证明难题来自于选择"硬化钢""非常高等级的钢"作为材料,来使苹果手机可以在摔落时幸存。持久性的优势是制造挑战的结果,然而,却落在苹果所定义的未注册商业外观的范围之外。对于组成苹果公司未注册商业外观的设计元素,苹果公司没有记录在案的证据证明它们不是比较简单和便宜的制造方法。

综上所述,苹果公司在 Disc Golf 任一因素下都没有证据支持陪审团裁决未注册商业外观的非功能性。㉗

2. 注册商业外观

苹果公司"3470983"号联邦注册的商业外观㉘,联邦注册提供了商业外观非功能性的初步证据。然而,如果得出功能性的结论,联邦注册是不足以挽救产品设计商业外观的有效性。㉙

苹果公司声称的权利要求包括苹果手机由银色边缘形成的圆角-矩形状和黑色背景框架下的主屏幕上的 16 个图标中的每一个的设计细节:第一个图标绿描述了绿色背景下白色对话框中绿色字母"SMS";第七个图标描述了有黄色和橙色道路的地图,红色的大头针,和写着白色数字"280"的红色指针的蓝色路标;第十六个图标描述了申请人镶嵌在橙色背景下白色媒体播放器图案的独特配置……

苹果公司图标的设计是以"使用方便"为主旨,每个图标都是图形化的速记,"基于直观的图标使用产生瞬间的可识别性"。苹果手机设计图标的整体组合使用户可以迅速识别需要使用的特定应用,用户根据图标传递的信息,点触不同的图标,特定的功能就会在手机中显示。而"矩形的容器"是为图标提供"更多不动产"来容纳图标。

苹果手机的实用性优势来自于图标设计的组合表明商业外观需要整体考虑"而不是功能性部分的集合"。苹果公司却没有证明以触屏主导的圆角——矩形状下的 16 个图标的组合——每一部分都是以"使用方便"为设计主旨的整体组合却可以否每一元素的功能性。面对充分无争议的证据证明功能性时,在本案中,注册便失去了证据

---

㉗ 同注②。

㉘ Apple trademark registration https://trademarks.justia.com/773/03/sms-77303282.html,2015 年 6 月 4 日最后访问。

㉙ Talking Rain Beverage Co. V. S. Beach Beverage,349 F. 3d 601,602(2003)。

的重要性。因此,注册的商业外观不受保护。㉚

（二）外观设计专利中"功能性"认定

争议的外观设计专利包含在苹果手机中,苹果公司的 D′677 号㉛外观设计专利关注于苹果手机的正面;D′087 号㉜外观设计专利的权利要求延伸至苹果手机的边框;D′305 号㉝外观设计专利保护专利绘图中的"包含在屏幕显示器或者其中一部分的图形用户界面的装饰性的设计。"

三星辩称区法院错在提供给陪审团的侵权说明和权利要求的解释中没有排除功能性的特征。确切说,三星声称区法院应该排除"完全由功能性决定"的元素或者"包含产品的结构方面"。这些元素,应该完全地从外观设计权利保护范围中排除。例如,矩形的外形和圆角都是功能性的元素,在侵权分析时应该予以排除。

法院并不支持三星的辩护,在 Richardson 一案中,争议的外观设计专利描述了由"完全由功能性决定"的多个部分组成的多功能工具,但是 Richardson 案中的权利要求解释并没有将这些组件从整体上排除,并且权利要求解释包含了这些组件的装饰性的方面:"锤状前部的标准外形,撬杠上钻石形的耀斑,圆弧形的颈部,连接于工具顶部的撬杠的方向,平整未加装饰的手柄"区法院的权利要求解释被上诉法院支持。本案中,"完全由功能性决定"只是对事实进行的描述,并没有建立把整个元素从权利保护范围中排除的规则。

三星公司提出将任何"结构性"的方面从权利保护范围中排除的规则,它断章取义截取 Lee 案中的分析:"外观设计专利不能保护产品结构性或功能性的方面",但是这是对专利有效性的分析,并没有建立一个在侵权判定时将有效的专利权利要求中某些元素排除的规则。正如上述 Lee 案中所述,"非功能性,设计相关的方面才是决定侵权的考虑因素",区法院的权利要求解释正好反映出该规则,外观设计权利要求保护"装饰性的设计"。三星没有能证明区法院在 Lee 和 Richardson 规则下的权利要求解释是错误,上诉法院支持了区法院在外观设计方面的判决。

## 四、结论

外观设计专利和商业外观的保护客体不同,外观设计赋予新颖性、独创的具有装饰性的产品设计一定期限的专利权,而商标以预防消费者混淆为目的,赋予经过长期

---

㉚ 同注②。

㉛ 同注②。

㉜ Electronic device US D593087 S1, http://www.google.com/patents/USD593087, 2015 年 6 月 21 日最后访问。

㉝ Graphical user interface for a display screen or portion thereof US D604305 S1, https://www.google.com/patents/USD604305? dq = D + ′305&hl = en&sa = X&ei = 3veGVaWgEJa1yASa9pGYBg&ved = 0CCAQ6AEwAA, 2015 年 6 月 21 日最后访问。

商业使用能够起到"指示来源"作用的产品外观设计以商标法的保护,该保护是无期限的。因此,外观设计的"功能性"判断与商业外观的"功能性"判断不能适用同一判断标准。外观设计通常是工业产品的设计,如上述 Richardson 中的多功能工具,虽然各功能部分的组件不能受到外观设计的保护,但是各组件的外形作为整体外观的一部分可以受到外观专利法的保护。换而言之,外观设计专利是可以保护既含有功能性与又有非功能性元素的产品设计,而商标法对于产品的商业外观不包容任何功能性的设计。正如苹果公司同样的手机外观设计,不能授予商业外观的保护,却可以受到外观设计专利保护,由此也证明了外观设计和商业外观的"功能性"判定应适应不同的标准,此案把外观设计专利与商业外观"功能性"判断混为一谈的趋势扼杀于摇篮中。㉞

"功能性"判定是判断商品外观是否受保护的先决条件,判断标准太过宽泛,则将大量的商业外观排除在保护之列,过窄,则会对商业外观保护过度。美国最高院在 TrafFix 案中缩减了商业外观的保护后,依旧保持这种趋势。传统测试或美学测试,抑或同时适用的选择,不同类型的商业外观是否适用不同的判断标准,美国法院经过长期的"挣扎",基本上形成了相对统一的判断标准。四因素的考量没有任一因素是决定性的,整体衡量各因素。

由于产品设计不仅可以获得商标法的保护而且还可能获得外观设计专利和著作权法的保护,对于商标法上如何适用"功能性"判定来确定商标法的保护范围显得至关重要,以避免将未获得发明或实用新型授权的实用性产品设计纳入商标法的保护,造成垄断。商业外观功能性判断的关键在于该设计特征对产品用途是必要的,也即要么影响产品的成本或质量,要么其产生的美学价值不存在替代性设计;外观设计功能性判定应以是否"完全由产品功能决定"为标准,只要设计存在替代性设计便可证明是非功能性的设计,具有可专利性。而对于功能性与装饰性同时存在的设计,仅保护整体外观的装饰性。

---

㉞ Tony Dutra,Apple \$548M Patent Win Against Samsung Survives Appeal, But No Trade Dress Award,http://www.bna.com/apple-548m-patent-n17179926962/,2015 年 6 月 22 日最后访问。

# 专利默示许可:责任规则的新类型

陈 瑜[*]

> 卡拉布雷西和梅拉米德关于"财产规则、责任规则和不可转让性"文章中开创性的概念分类打开了我们的视野,使我们接触到更为新颖的问题,尤其是谁最有资格享有法定权利所赋予价值的问题。
>
> ——墨杰斯

【摘要】 责任规则通过弱化财产权的排他性,能够防止专利权人实施专利阻遏、拒绝专利许可等滥用权利的行为,从而实现专利法促进技术传播的价值诉求。专利默示许可贯彻了诚实信用原则和衡平法的价值理念,将价值判断加诸于基础事实,降低了交易成本,促进了技术流通,其立法司法二分类型与责任规则子范畴相符,应作为责任规则的一种类型加以运用。

【关键词】 责任规则;排他性;专利默示许可

多元的利益主体和价值目标能够共存于专利制度之中,既是相互协调的结果,也离不开创造性的制度设计。责任规则是财产权的实现方式之一,其突破了财产权的排他性,着眼于不同交易环境下资源的最优配置,从经济而非伦理的进路出发,既实现了对专利权的限制,又维护了权利人利益,达致了双赢的效果,在专利法中有着广泛的应用。在审视责任规则本质与功能基础上,本文梳理了责任规则子范畴类型及其在专利法上的表现,分析了专利默示许可的实质合理性与形式合理性,并从制度价值、功能效果、类型划分等方面对专利默示许可与责任规则进行了比较,主张应将专利默示许可作为专利法上责任规则的类型之一加以充分运用,为变革中的专利制度注入更多的生机与活力。

---

[*] 陈瑜,助理研究员,西南政法大学知识产权法博士研究生。

## 一、责任规则的本质与功能

### (一) 本质:财产权排他性的弱化

卡拉布雷西和梅拉米德将权利的保护方式分为三类:一类是权利人有权排除他人使用其所有物的财产规则;一类是权利人无法排除他人使用其所有物但有权获取一定数量补偿的责任规则;第三类是无论在何种情况下都不得允许第三人行使的不可转让规则。① 这一概念分类的提出是建立在对财产权排他性深刻洞见的基础上的。由于知识产权客体的公共物品属性和法律所制造的人为稀缺性,知识产权一直在保护权利人利益和公众利益之间进行着恒久的选择和取舍,维系着二者艰难而又必须的平衡。财产规则与责任规则的提出,为我们提供了一个崭新的视角和理论框架,成为我们分析相关法律规则、构建符合立法宗旨的知识产权制度的指导理论,在知识产权领域包括专利法领域有着广泛的运用空间。作为权利配置的不同规范类型,财产规则与责任规则的本质差异体现在权利的排他性上。财产规则坚持了权利的排他性,他人只有在权利人许可的前提下才能实现该权利的价值。与财产规则相反,责任规则弱化了财产权的排他性,他人利用财产权所依据的,是中立的第三方(如政府、法院等)规定的条件,而非权利人的意志。② 由于责任规则将对财产的排他控制权转化为补偿请求权,对于他人利用其所有物而言,权利人没有是或否的选择权,因此在一定程度上也弱化了其对所有物的控制力,削减了其在交易中的要价能力。这无疑向知识产权法包括专利法传递出一个重要的信号,控制权利人权利,在不贬损其经济利益的同时又能最大限度地发挥知识信息的社会价值,责任规则是进路之一和较优的选择。

### (二) 功能:防止财产权滥用

从社会福利的角度看,获取任何信息,应该都是免费的(除了信息的传播费用)。这确保了信息的最佳使用,但是,该做法当然无法为研究提供任何激励。③ 这就告诉我们:信息的有效生产和信息的有效利用是一个难以权衡的问题。墨杰斯从缔约阶段的利益保护和执行选择的多样性两个方面考察了通过财产权模式对专利发明进行保护相较于合同的优越性。④ 而一旦知识产权制度选择以财产权的形式对作品、发明等知识信息予以保护,作为理性经济人的权利人便会充分利用制度提供的空间,将专利权的排他性发挥至极致,以获取最大限度的个人利益。财产权的过度排他必然走向垄

---

① Gudio Calabresi and Douglas Melamed, Property Rules, Liability Rules, and Inalienability: One View of the Cathedral, 85 Harv. L. Rev. 1089, 1128 (1972).

② 熊琦:《著作权激励机制的法律构造》,中国人民大学出版社2011年版,页119—120。

③ Arrow. K. J., Economic Welfare and the Allocation of Resources for Invention, in The Rate and Direction of Inventive Activity, ed. by R. R. Nelson (New York: Princeton University Press, 1962).

④ Robert P. Merges, A Transactional View of Property Right. SSRN Electronic Journal http://www.researchgate.net/publication/228209628_A_Transactional_View_of_Property_Right, 2015年3月20日最后访问。

断,抬高交易成本,加之产权碎片化引发的反公地悲剧,使整个社会为一部分人攫取超额垄断利润付出巨大的代价。这一代价包括对市场及其准入构成障碍、对自由创造活动的威胁和抑制以及对人类基本权利的蔑视和践踏,最终将无助于经济福利、信息民主、人类健康等普世性和恒久性价值的实现,使人类重新回到为信息所奴役的信息封建主义之中。正如德拉霍斯所言,对产权化的过分追逐,最终会使权利丧失其本来的意义,最终变成限制自由的枷锁。⑤ 就专利法领域而言,目前在专利领域存在着一种不容忽视的趋势,即专利权的过度排他化和垄断性倾向,专利阻遏、专利圈地、专利丛林等不可欲现象则是这一趋势的具体表现。种种表象均指向了专利制度的正当性与合理性问题,让我们不禁联想起19世纪那一场关于专利制度的存废之争。危机之中的专利制度将如何自处?专利制度再一次来到了改革的十字路口。事实上,人自有一种与生俱来的能力,它能够使个人在自我之外构设自己,并意识到合作及联合努力的必要。⑥ 责任规则无疑为这一合作搭建了桥梁,权利人让渡出权利的排他性,保留获取收益的权利,使用人可以不经许可使用,但必须支付使用对价。这一折中方案兼顾了信息生产和信息传播的效率,防止了财产规则下权利的过度排他,维系着权利人与使用人及社会公众之间的利益平衡。

## 二、责任规则的子范畴及其在专利法中的表现

由于责任规则理论对于专利制度价值和功能的实现具有重大意义,近年来,其在专利法上得到了进一步的探索和应用。利用责任规则来解读和审视专利法上已有和将有的制度,成为一种新的视角。除了以经济学的方法来探究财产规则与责任规则各自的运行、交易成本外,学界还尝试以类型化的视角对责任规则进行归类,并分析其在专利制度中的具体表现,评价其优劣得失,为专利制度提供多元化的选择,克服其既有缺陷,实现制度的自我矫正和完善。以下简要介绍责任规则子范畴的几种划分类型。

(一)Daniel Krauspenhaar 建构的三分类型

德国马克斯·普朗克(Max Planck)创新与竞争研究所的 Daniel Krauspenhaar 在其著作《专利法中的责任规则——一个法律与经济分析》中,构建了责任规则子范畴的三分类型。这一分类以责任规则的启动主体为标准,按照是否由官方或私人启动,将责任规则分为强制型责任规则、私人责任规则和默认责任规则。此种分类得益于墨杰斯及其他学者先前思想的启发:责任规则的界定并不明确,一些责任规则制度建立在法律手段基础上,而一些则建立在法律与私人手段混合的基础之上,因此存在着专利权

---

⑤ Peter Drahos, A Philosophy of Intellectual Property (Dartmouth Publishing Company,1996).
⑥ 〔美〕E.博登海默:《法理学、法哲学与法律方法》,邓正来译,中国政法大学出版社2004年版,页7。

人可以通过合同形式产生的私人责任规则。⑦ 在 Daniel Krauspenhaar 的类型体系中，强制型责任规则即通过立法规定而非专利权人自身意愿来决定责任规则适用的条件。其在专利法中最典型地表现为强制许可制度。此外，还有其他的一些制度形式也可归入这一范畴：如自动强制许可，类似于版权法上的法定许可，立法规定其得以实施的条件，该条件的弹性解释空间和灵活性相对较小，通常由国家对条件是否满足进行认定。典型范例为瑞士《专利法》第40条b款所规定的将生物发明作为研究工具的自动强制许可。其二是对专利权效力的限制，该限制通常由政府启动，相关事由通常涉及公平竞争秩序的维护。其三是强制专利购入，即国家以相当于专利发明社会和个人价值的对价强制购买专利后置于公共领域中，专利权人不得拒绝政府的要约。其四是禁令救济限制，法院在侵犯专利权案件中，基于公平正义之考量，不授予权利人禁令救济，而仅仅给予其相当数额的赔偿。私人责任规则由权利人自行选择是否启动，典型的如英国、法国、德国等实行的当然许可制度（也称许可权），即专利权人获得专利后即向专利局承诺只要支付一定使用费，任何人可以直接使用该专利。此外私人责任规则还包括相关当事人通过合同约定建立的专利池、专利税集中交易所等责任规则模式。默示责任规则则完全由立法规定且与人的行为无涉。软知识产权进路可以形象地解释默示责任规则，其完全是基于弱化专利权之考量，由立法选择对所有领域专利权或某一技术产业内的专利权给予责任规则保护。欧洲专利局曾在《知识产权的未来愿景》中提出过这一设想。⑧

（二）事后责任规则类型

除了上述三分类型，RosaCastro 则从不同的角度出发，在《现代专利法的事后责任规则》中提出了事后责任规则类型。该分类以时间为基准，由司法机构在个案中进行认定，不考虑成文法或判例法是否对其进行了规定。eBay v. MercExchange 案则被奉为事后责任规则的典型。eBay 案中法院未授予原告禁令救济，因此在执行的效果上等同于责任规则。由于是在专利侵权案件中进行认定，故可以视为是司法主导型责任规则，与立法明确规定强制许可的适用条件不同，其是在被诉侵权使用之后才予以认定，因此不同于事前的强制许可。事实上，正是由于事前和事后责任规则是在立法和司法不同的权力主体主导下进行的，因此也可将其理解为立法型责任规则与司法型责任规则。⑨

对责任规则子类型的深究是建立在对责任规则本质的准确把握基础之上的，有助

---

⑦ Robert P. Merges, Contracting into Liability Rules-intellectual Property Rights and Collective Rights Organizations, Calif Law REV84:1293,1393(1996). p.1340.

⑧ Daniel Krauspenhaar, Liability Rules in Patent Law a Legal and Economic Analysis (Springer-Verlag Berlin Heidelberg, 2015).

⑨ Rosa Castro Bernieri, Ex-Post Liability Rules in Modern Patent Law, European Studies in Law and Economics( intersentia Publisher,2010).

于我们分析各种责任规则子类型的异同、梳理其脉络、比较其优劣、评判其价值,从而在急剧的技术和制度变迁中,在多元的价值冲突中,为专利制度提供尽可能多的选择方案。值得重视的是,国家不必就整个专利制度选择一种方案,而是应该灵活决定在何种情况下适用何种方案。⑩ 这种多元化的解决方案,打破了"万能钥匙"的调整方式,改变了一个模式适用于所有的技术和产业领域的状况,使专利制度更具灵活性与适应性,从而在不断的纠错和完善中证立专利制度本身的合理性。

### 三、专利默示许可的合理性与类型

在专利许可中,并非所有的许可都采用明示和做成文件记录的书面协议方式,许可也可能是默示的。默示的许可可以仅仅根据书面文件中的条款或者当时的情形而产生,也可以根据当时情形与明示条款相结合而产生。⑪ 专利默示许可是判例法的产物,是大量司法规则积累的结果,产生于 19 世纪中后期,成熟于 20 世纪,其间形成相应规模和体系,并在不断的技术变革和产业格局调整中表现出新的形态。专利默示许可建立在对事实的基本判断和对价值的倾向选择基础之上,以诚信、公平的法理念和法价值为指导,在专利侵权抗辩中得到了广泛的应用。专利默示许可所承载的价值取向是其实质合理性的根基,其与司法裁判中逻辑推理的契合则体现出形式合理性的面向。

(一) 专利默示许可制度的实质合理性
1. 符合诚实信用原则和衡平法的价值理念

虽然诚实信用原则和衡平法在法律体系上各有归属,一为大陆法系指导性原则,一为英美法系之特色制度,但二者的出处在本质上却没有多大不同,均由自然法之公平、正义理念演绎而来,且在规范目的、规范效果上也有异曲同工之妙。其核心要义在于将基本的道德要求引入法律,为人的行为划定底线,使其能基于诚实不欺的善意从事社会交往活动,从而维系社会生活交往之和谐秩序。其不仅是个人行为之准绳,也为司法裁决提供导向,在私法领域中有着广泛的应用空间。专利默示许可同样贯彻了诚实信用原则和衡平法之精神。专利权利人一方如果以某种行为(尽管没有明示)表示其将许可他人实施专利,并导致他人因为此种信赖,那么基于诚实信用原则和衡平法之禁反言原则,则不允许权利人出尔反尔,推定其授予了实施专利之默示许可,哪怕此种推定予事实有违。专利默示许可,是立法和司法在事实基础上作出的推断,将诚信、公平、正义的价值融入事实判断。申言之,专利默示许可的制度价值在于公允地处理专利权人与相对人之间的关系,在事实判断的基础上,以诚实信用原则为指导,合理确立当事人之间的权利义务,防止相对优势一方滥用权利,维护善意行事者之利益,维

---

⑩ Daniel Krauspenhaar,同注⑧. p. 32.
⑪ 〔美〕Jay Dratler, Jr:《知识产权许可》,王春燕等译,清华大学出版社 2003 年版,页 183。

护公平有序的专利交易秩序。

## 2. 促进专利法立法价值的实现

一切拥有权力的人都容易滥用权力,这句话同样也适用于权利所有者。就专利权而言尤为如此,其天生的垄断性为权利人的恣意滥用提供了可能。在专利发明无替代技术抑或专利与标准相结合的语境下,权利人更倾向于攫取高额垄断价格,使发明专利的个人价值远远超过其社会价值。这不仅违背了技术发明的公共物品本性也与专利法的立法初衷相去甚远。根据专利激励理论,专利法通过产权形式赋予发明人专利权,意在鼓励更多的发明创造问世,但如其不能得到充分的利用,导致公众的使用空间被压缩却绝非专利立法本愿。鼓励发明、鼓励传播使用均统一于促进社会发展、技术进步,实现人类福祉这一至高至善价值之下,因此,才会有专利权是手段而非目的的工具主义理论。正如《Trips协定》第7条所规定:知识产权的保护和执法应当有助于促进技术的革新以及技术的转让和传播,有助于使技术知识的创造者和使用者相互受益而且是增进社会和经济福利的方式,以及有助于权利和义务的平衡。只有发明专利得到最广泛的传播和使用,其社会价值才会发挥至极致,才会有更多的人共享技术成果,累积性创新才会成为可能。根据外在的事实表象,可以善意、合理地推知专利默示许可的存在,并不考虑权利人内心真意与外在事实的一致程度,从而消解了权利人滥用权利、攫取垄断高价实施专利阻遏的可能,使专利技术得以正常、合理、高效流转。

## 3. 降低专利市场的交易成本

在美国,由众多的专利交易主体、专利交易方式构成的专利交易市场充满生机。活跃的专利资产交易使专利发明的价值得以凸显。学者捕捉了这一趋势,预见了一个思想发明市场的产生,指出有形产品与知识产权的市场二分法终将消亡。[12] Anne Kelley借用资本市场分类标准,将专利市场区分为一级市场和二级市场。[13] 无论是OECD的报告还是学者们的洞见,都指出一个问题:一个成熟而完善的专利交易市场,对经济发展、技术创新的贡献不可低估。有市场就有交易、有交易就有交易成本,成本之节约意味着财富之创造。交易成本理论最早由科斯提出,经由威廉姆森等人的发展,成为新制度经济学中的核心分析概念,并形成一整套交易成本理论。然而,对于交易成本的概念,却是见仁见智,学者间并无统一的认识,因此讨论也未建立在共识的基础之上。张五常在最广义的范畴上界定交易成本,认为其包括人际间交往(保护经济和非经济活动)的所有交往成本。阿罗认为交易成本包括制度的创立、运行、维持和机会成本。科斯、威廉姆森和我国学者林毅夫则从具体交易的角度出发,将交易成本界

---

[12] kenneth Cukier, A Market for Ideas: A Survey of Patents and Technology, The Economist October 22nd 2005.

[13] Anne Kelley, Practicing in the Patent Markeplace, Chi. L. Rev. 115: 115, 137 (2011).

定为信息收集、协商谈判等缔约成本以及合同监督执行成本等。⑭ 专利默示许可有助于降低专利交易中的缔约成本:其一,采用明示合同文本将产生起草合同的成本,专利默示许可根据权利人的行为或交易背景,基于诚实信用而推定默示许可的存在,从而节约合同起草成本;其二,在专利市场为卖方市场或专利技术标准化的情况下,权利人掌控着缔约的绝对权力,倾向于设置较高的缔约门槛,使用者为达成协议不得不反复磋商,而专利默示许可依据缔约的外在事实背景,权利人的真实内心意愿受制于客观的事实考量,从而避免反复磋商的缔约成本。

(二) 专利默示许可制度的形式合理性

专利默示许可本质上是立法或司法根据案件背景作出的事实推定。这一推定的大前提是经由社会、历史检验,符合常识、常理、常情的经验法则,再结合已知的案件事实,根据逻辑法则,加诸价值判断,得出相关的推定事实。推定事实的准确性与经验法则的盖然率密切相关。同时,即便推定事实与当事人的内心真意有违,立法或司法也会从已知的基础事实出发,基于诚实信用、公平合理的价值选择,认定该推定事实的存在。法律中的真,不是科学上实验的"是",而是价值上应然的"是";不是艺术领域的美丽的真,而是制度领域的良知的真。⑮ 因此,专利默示许可作为一种推定事实,符合现代司法关于案件事实的界定和理解。由于案件事实的不可回溯性,司法认定的事实不可能是绝对的客观真实,只能是建立在证据基础上的事实以及由此推定得出的事实,只能是一种法律的真实;专利默示许可的推定过程,是司法裁判对逻辑法则的适用过程,这一推定过程的大前提是在社会中达成共识、具有高度盖然性的经验法则,因此保证了推理大前提的合理性,而建立在这一合理性基础上所加诸的价值判断,在逻辑三段论的演绎下,进一步保证了推定结论的合理性与合法性。从而使专利默示许可在推理过程上获得了形式合理性。

(三) 专利默示许可制度的类型划分

专利默示许可制度由众多的司法判例发展而来,因此,其在类型划分上体现出较强的经验色彩。根据专利默示许可产生的原因,德雷特勒将其区分为因非主要构件销售、专利方法中使用购买商品、授权改进、事后取得专利以及受雇发明人等产生的默示许可。⑯ 我国学者袁真富将其区分为基于技术标准、技术推广、产品销售、产品修理、先前使用、原有协议、违约行为、平行进口而产生的默示许可。⑰ 建立在经验基础上的划分方式优点在于直观、便于理解,但却因理性归纳的欠缺而稍显不足,其无法将因纷繁复杂的客观现实而产生的各种默示许可纳入到归类体系中,分类体系的建构总是滞后

---

⑭ 李建德:《经济制度演进大纲》,中国财政经济出版社 2000 年版,页 157—165。
⑮ 卢鹏:《拟制问题研究》,上海人民出版社 2009 年版,页 145。
⑯ 参见〔美〕Jay Dratler, Jr.《知识产权许可》,王春燕等译,清华大学出版社 2003 年版,页 192—232。
⑰ 参见袁真富:"基于侵权抗辩之专利默示许可研究",载《法学》2010 年第 12 期,页 108—119。

于生活事实,无法体现理论的预见性、包容性,其弊端不可不察。

近年来,专利默示许可案件在我国司法实践中逐渐凸显,自 2007 年以来,各地相继出现涉及专利默示许可的侵权案件。最高人民法院知识产权案件 2014 年年度报告指出:在专利民事案件中,专利与标准结合、默示许可的认定等新类型法律问题开始出现。[18] 但各地的审判标准并不统一,审判实践的需要推动了专利默示许可的成文化。2008 年最高人民法院在对辽宁高院的复函中明确,涉及标准的专利侵权纠纷可以适用专利默示许可。北京市高级人民法院在 2013 年颁布的《专利侵权判定指南》第 119 条第(3)和(4)项也对基于销售专利产品的专用零部件或用于实施专利方法的专用设备而产生专利默示许可的情形作出了规定。[19] 2015 年专利法修改草案征求意见稿就标准必要专利的默示许可作出了规定。尽管修改草案中仅仅涉及标准必要专利,但随着默示许可种类的多样化,不排除在条件成熟时,其他类型专利默示许可上升为立法规定的可能。立法者结合专利法的立法价值、立法政策等诸多因素之考量,对具有普遍意义的特定情形下的专利默示许可进行明文规定,而将灵活性强,需要个案判断的情形留待司法解决。因此,专利默示许可大致可以构建为立法司法的二分类型。

**四、专利默示许可与责任规则及其子类型的关系**

(一)在价值理念上,均融入了倾向性价值

如前所述,专利法上的责任规则包括强制许可、当然许可、拒绝授予禁令救济等,均蕴含着专利立法的价值考量。根据强制许可的事由,其价值涉及促进专利技术的传播和使用、反对垄断维护公平竞争秩序以及对于人类基本健康权的尊重等等。当然许可减少了使用前的磋商过程,降低了缔约成本,促进了交易的达成和技术的流转。在拒绝授予禁令救济的典型案例 eBay 案中,美国最高法院提出了适用永久禁令的四要素标准,其中之一包括公共利益不会因适用永久禁令而受损。与之类似,专利默示许可也承载了一定的价值考量。其将诚实信用原则、禁反言原则融入基本的事实判断中,给案件事实打上了价值判断的烙印。专利默示许可的制度理性不仅体现在对诚信原则和衡平精神的遵循上,其还通过降低交易成本,促进技术传播、流转和使用,使技术利益惠及更广大的社会公众,最大限度地实现技术的社会价值,这是专利立法最根本的价值追求,也与专利法上其他责任规则类型的价值目标相一致。

(二)功能效果上,均弱化了专利权的排他性,防止专利阻遏、拒绝许可

责任规则的本质在于弱化财产权的排他性,在是否允许使用所有物上排除了权利

---

[18] 最高人民法院知识产权案件年度报告(2014 年),http://www.chinacourt.org/article/detail/2015/04/id/1600446.shtml,2015 年 8 月 15 日最后访问。

[19] 李江、王津晶、熊延峰等:"中国专利默示许可实践探究",载《中国专利与商标》2014 年第 4 期,页 67—78。

人的主观意志,将其主宰使用的权利转化为主张获偿的权利。这就消解了专利权人的绝对控制地位,防止其通过排他的垄断优势,滥用权利、实施专利阻遏、通过拒绝许可专利而谋取法律限度之外的利益。而专利默示许可只考虑外在事实,不探求权利人内心真意,或者说不考虑外在事实与内心真意是否吻合,因此体现出较强的价值倾向,也同样起到了防止权利滥用的功效。当然,专利权利人所表现出的行为以及相关的背景事实也可能与其内心真意一致,即其确实授予了相对人使用专利的许可。在这种情况下,是否能够适用责任规则尚存疑虑。但是,我们不应忘记基本的事实:专利默示许可一般是在侵犯专利权的案件中作为侵权抗辩事由提出的,如果双方当事人对事实上的默示许可并无异议,则根本无需诉诸法院。正是因为对被控侵权人专利实施行为的合法性存在争议,双方才可能寻求司法途径解决纷争,而这也正是专利默示许可的制度价值所在。

(三)在类型划分上,与立法司法二分类型相互对应

无论是 Daniel Krauspenhaar 构建的责任规则的三分类型抑或 Rosa Castro 提出的事后责任规则类型,均包括由法律所规定的责任规则和由司法进行认定的责任规则,稍有不同的是前者将二者均纳入强制型责任规则的范畴,而后者所提出的事后责任规则实质上等同于由司法进行认定的责任规则。如前所述,专利默示许可也存在立法与司法的二元划分类型。尽管专利默示许可在大多数国家只是司法实践中形成的侵权抗辩事由,但作为成文化国家,我国不应仅仅使其停留在司法实务阶段,作于限制专利权滥用、平衡权利人与使用者利益的工具,专利默示许可有必要上升为法律之规定。作为尝试,我国专利法修改草案规定了未披露标准必要专利的默示许可,明确了默示许可的适用条件,且并不允许权利人反驳,这一规定无论在形式上还是功能效果上均与责任规则相同。在司法实践中,法官基于价值倾向而作出默示许可的事实认定具有对抗甚至消解权利人内心真意的作用,尤其是在推定事实与权利人真意不符的情形下,默示许可实际上发挥了责任规则的功效。

专利默示许可在价值取向、功能效果、类型划分等方面与责任规则相一致。尽管其是立法和司法对权利人许可意愿的一种推定,但是这种推定是融入了价值判断的,且推定的意愿很可能与真实意愿相违。因此,不能仅仅将专利默示许可作为与专利明示许可并列的专利许可方式之一,而更应将其视作为实现专利法上利益平衡的一种制度建构,而这也是专利默示许可作为制度性存在的真正价值。也正是在这个意义上,专利默示许可应视为责任规则的一种类型,在专利制度所面临的技术挑战与伦理危机中发挥积极作用。

# 技术调查官在知识产权审判中的职能定位与体系协调
## ——兼论"四位一体"技术事实调查认定体系的构建

黎淑兰[*]　陈惠珍[**]　凌宗亮[***]

**【摘要】** 技术调查官制度是知识产权法院健全技术事实查明机制的重要改革和探索。在法律地位上,技术调查官是法院内部的工作人员,属于司法辅助人员中法官的技术助理,受技术调查室统一管理。技术调查官主要协助法官进行日常的技术咨询、参与具体案件的技术事实调查、与外部专家沟通协调、参与现场勘验、诉讼保全、调解等事务。技术调查官制度具有高效性、便捷性以及中立性的制度优势,其出具的技术审查意见不属于民事诉讼中的证据,仅是法官自由心证的参考。出于提高诉讼效率的考虑,技术审查意见原则上不向当事人公开,法官根据全案情况综合判断是否采纳。技术调查官的设立并不是对技术咨询专家、专家陪审员、技术鉴定人等法院委托或者聘请专家的替代。四者对于技术事实的查明并不是制度重复,而是组成彼此独立、各司其职、相互配合的有机协调的"四位一体"技术事实调查认定体系,以达到知识产权案件技术事实查明的客观、准确和高效之目的。

**【关键词】** 技术调查官;事实查明;职能定位;四位一体

第十二届全国人民代表大会常务委员会在《关于在北京、上海、广州设立知识产权

---

[*] 黎淑兰,上海市第三中级人民法院、上海知识产权法院副院长、审判委员会委员。
[**] 陈惠珍,上海知识产权法院知识产权二庭庭长,审判委员会委员。
[***] 凌宗亮,华东政法大学知识产权法博士研究生,上海知识产权法院助理审判员。

法院的决定》审议说明中明确提出"要探索建立技术事实调查制度"。作为主要管辖专利、植物新品种、集成电路布图设计、技术秘密、计算机软件等技术性较强的民事和行政案件的专门法院,知识产权法院的设立为技术调查官制度的建立提供了良好契机。作为技术事实调查认定的新机制,技术调查官在知识产权审判中应扮演何种角色,其出具的技术审查意见是何种法律性质,与已有的技术鉴定、技术咨询、专家陪审等技术事实查明方式又如何协调,均是当前知识产权法院正式运行后亟须研究和解决的问题。希望本文的分析对于建立符合中国国情的技术调查官制度,切实发挥技术调查官制度的功能价值有所裨益。

## 一、技术调查官在知识产权审判中的职能定位

### (一) 技术调查官的法律地位

最高人民法院《关于知识产权法院技术调查官参与诉讼活动若干问题的暂行规定》(以下简称《技术调查官参与诉讼活动规定》)第 1 条规定:"知识产权法院配备技术调查官,技术调查官属于司法辅助人员。知识产权法院设置技术调查室,负责技术调查官的日常管理。"从上述规定看,技术调查官的法律地位可以从以下两个方面加以理解:

1. 技术调查官是审判辅助人员中的技术助理

根据中共中央组织部与最高人民法院联合印发的《人民法院工作人员分类管理制度改革意见》的规定,法院工作人员分为法官、审判辅助人员、司法行政人员,其中审判辅助人员包括法官助理和书记员。技术调查官应归类于审判辅助人员中的法官助理,具体而言应为技术助理。因此,就知识产权法院的人员分类管理改革而言,审判辅助人员中的法官助理应包括法律助理和技术助理两类人员,前者主要协助法官开展法律事实以及法律适用方面调查和资料收集等工作,后者则主要协助法官开展技术事实的调查和咨询等工作。因此,与德国的技术法官制度不同①,我国的技术调查官不享有审判权,不属于合议庭组成人员。

2. 技术调查官具有身份的中立性

根据已有的司法实践,当前参与知识产权诉讼的"专家"大体上可以分为四类:第一类是对专门性问题进行鉴别、分析、判断,并给出鉴定意见的鉴定人;第二类是受当事人聘请而出庭,并负责对案件中涉及的专门性问题进行说明的专家辅助人;第三类是向法官提供技术咨询的技术顾问;第四类是同时具有专业知识优势和一定法律知识

---

① 依德国《专利法》第 65 条、《联邦德国法官法》第 120 条的规定,德国联邦专利法院的法官包括法律法官和具有技术专长的技术法官。技术法官和法律法官享有同等的审判权利。专利法院根据案件专业技术含量的高低决定法律法官和技术法官在合议庭中的组成比例。具体而言,专业技术性强的案件由技术法官为主组成合议庭;反之,则以法律法官为审判主力。参见徐雁:"论我国知识产权专家参审制度之完善",载《东南司法评论(2012 年卷)》,页 316。

的专家陪审员。② 不论技术调查官的来源是基于法院的招录,还是购买社会化服务,他是法院的内部工作人员,与技术咨询专家、专家陪审员、鉴定人等一样,具有独立于当事人的身份中立性。此外,虽然技术调查官属于法官的技术助理,但在法律地位上,技术调查官与法官之间是相互独立的,并不存在上下级隶属关系。这可以确保技术调查官在辅助法官从事技术事实的咨询、调查过程中能够独立提供技术审查意见,确保技术事实调查的客观、中立和准确。

(二)技术调查官的工作职责

最高人民法院《技术调查官参与诉讼活动规定》第6条规定:"技术调查官根据法官的要求,就案件有关技术问题履行下列职责:(一)通过查阅诉讼文书和证据资料,明确技术事实的争议焦点;(二)对技术事实的调查范围、顺序、方法提出建议;(三)参与调查取证、勘验、保全,并对其方法、步骤等提出建议;(四)参与询问、听证、庭审活动;(五)提出技术审查意见,列席合议庭评议;(六)必要时,协助法官组织鉴定人、相关技术领域的专业人员提出鉴定意见、咨询意见;(七)完成法官指派的其他相关工作。"根据上述规定,结合知识产权审判实际,我们认为技术调查官的工作职责主要包括日常技术咨询、具体案件的技术事实调查、与外部专家沟通协调、协助开展诉讼保全、调解等。

1. 为案件审理提供技术知识储备和支持

对于知识产权案件中的技术问题,如果通过技术调查官已有的知识储备就可以解决,法官可以要求技术调查官出具相应的技术审查意见,包括开庭前提供案件技术背景的说明、分析和介绍,开庭后就案件的技术争议、技术问题、技术类证据的审查提供相应的意见。

2. 参与具体案件的技术事实调查

法官在案件审理过程中,如果认为案件所涉及的技术争议较为疑难复杂,通过咨询技术调查官的方式无法查明其中的技术问题,可以要求技术调查官全程参与案件的技术事实调查认定工作。技术调查官有权查阅相关的起诉状、答辩状及证据材料,如有需要,可以组织当事人围绕技术争议事实召开庭前会议,听取当事人的意见,技术调查官也可以结合案件的技术争议问题向当事人进行询问。通过上述工作,技术调查官应当对案件的技术争议焦点、庭审时技术调查的重点等形成初步的技术审查意见,并向合议庭进行说明。根据案件需要,技术调查官也可以在合议庭的指示下,参与案件庭审,在征得合议庭许可的情况下,可以就案件的技术争议事实向当事人发问。庭审后,技术调查官应当就整个案件涉及的技术问题制作最终的技术审查意见,并列席合议庭评议,发表技术事实相关的技术审查意见供合议庭参考。

---

② 俞风雷、杨再扬:"论知识产权审判中专家辅助制度的改革",载《湖北社会科学》2015年第2期,页145。

3. 与外部专家沟通协调

在存在技术咨询、技术鉴定、专家陪审时,技术调查官可以作为法官和外部专家沟通协调的桥梁。特别是需要委托技术鉴定的案件,鉴定事项的明确、鉴定材料的固定、鉴定机构的选择、鉴定意见的审查等都可以交由技术调查官完成。

4. 参与调查取证、现场勘验、诉讼保全等活动

知识产权案件经常涉及较为专业的调查取证、现场勘验、诉讼保全等活动,技术调查官的参与可以确保调查取证、现场勘验、诉讼保全的质量和成功率,为今后案件的顺利审理打下基础。技术调查官在接到相关通知后,应当事先阅看案卷材料,向法官提出具体的实施方案或者预案,并参与具体执行。

5. 参与调解等工作

在一些技术性较强案件的调解、和解等纠纷解决过程中,案件涉及的技术争议事实是否明晰往往也会对法官、当事人制定合理的纠纷解决方案产生重要的影响。技术调查官亦可以在上述活动中协助法官就技术事实与当事人做必要的说明和沟通,让当事人明晰案件的技术争议,消除相关的技术事实疑虑,进而促进纠纷解决。日本《民事诉讼法》第98条即规定,技术调查官可以在"尝试和解期间,就专门的知识见解,提供说明"。

## 二、技术调查官在知识产权审判中的制度优势

### (一)高效性

技术鉴定是指在诉讼活动中鉴定人运用科学技术或者专门知识对诉讼涉及的专门性问题进行鉴别和判断并提供鉴定意见的活动。[3] 基于技术鉴定中立性和规范性,技术鉴定一直是知识产权审判中解决技术问题的重要方式。但技术鉴定一般耗时较长,对审理效率的影响亦是困扰审判实践的难题。一方面,技术鉴定的启动、鉴定材料的固定、鉴定机构的选择、鉴定专家的回避、鉴定意见的出具以及质证等,均存在严格的程序性规范,一些案件中当事人由于缺乏相应的专业能力而无法对鉴定人的鉴定意见进行有针对性的质证,对鉴定意见、过程和方法没有能力进行专业层次的质疑和探讨,而只能将重点放在鉴定人资格、回避等程序性问题上,从而对鉴定材料固定、机构选择、专家回避等程序性问题提出各种各样的异议,导致鉴定程序迟迟无法顺利启动,整个鉴定过程少则数月,多则数年,致使案件久拖不决。另一方面,由于鉴定机构的鉴定能力和水平参差不齐,有些鉴定机构在鉴定过程中表现出的随意性,导致鉴定意见不规范;有些鉴定机构的鉴定依据和方法不明确,导致多重鉴定与矛盾鉴定时有发生,不仅损害技术鉴定本身的科学性和公信力,更严重影响了案件审理的效率,不利于司

---

[3] 孙海龙、姚建军:"司法鉴定与专家辅助人制度研究——以知识产权审判为视角",载《人民司法·应用》2008年第3期,页78。

法正义的及时实现。技术调查官制度的设立在很大程度上可以缓解知识产权审判对技术鉴定的过度依赖，对于一些相对较为简单的技术问题，法官可以直接通过技术调查官予以解决。而技术调查官系法院内部工作人员，通过深度、全程参与案件审理活动，可以有效提高技术事实调查的公信力和可信度，避免重复鉴定、矛盾鉴定产生的时间和诉讼成本耗费，从而极大地提高审判效率。

（二）便捷性

技术咨询、专家陪审亦是审判实践中较为常见的技术事实查明方法，很多法院都建立了自己的技术咨询库以及专家陪审员队伍。最高人民法院于2010年颁布的《关于人民陪审员参加审判活动若干问题的规定》第5条明确规定："特殊案件需要具有特定专业知识的人民陪审员参加审判的，人民法院可以在具有相应专业知识的人民陪审员范围内随机抽取。"最高人民法院、司法部于2015年印发的《人民陪审员制度改革试点工作实施办法》亦对上述规定进行了确认。④ 但由于咨询专家库以及专家陪审员队伍中的专家大多十分繁忙，在为法官提供技术咨询或者参加案件审理的时间保障方面有时需要调整。而且人民陪审员的选择是随机的，并不是根据案件审理的技术需要定向选择，也使得专家陪审在技术事实查明中所发挥的作用受到影响。此外，技术咨询虽然具有较强的灵活性，有利于提高诉讼效率，但也有学者认为"因为法官决定咨询专家时，当事人没有机会参与决定被咨询专家的人选，无法保证被咨询专家与案件无利害关系。法院在裁判文书中也不会提起咨询事项及过程。这种做法不仅剥夺了当事人庭审的权利，违背了诉讼程序的正当性要求，而且将裁判建立在无需承担任何责任的技术咨询意见上，也无法保障事实认定的准确性"⑤。因此，无论是专家的时间保障，还是相应的制度配套，都使得技术咨询、专家陪审制度在协助法官便捷地进行技术事实调查方面存在一定的瓶颈，这也是实践中的很多案件当事人仍倾向于进行技术鉴定的原因。技术调查官可以很好地解决技术咨询、专家陪审存在的时间保障问题。由于技术调查官是法院的内部工作人员，法官就技术问题可以随时随地与技术调查官进行沟通，技术调查官也可以随时查阅案卷、参与庭审。此外，最高人民法院《技术调查官参与诉讼活动规定》亦明确规定了技术调查官的回避制度，在制度上确保了技术调查官参与技术事实调查的程序正当性，也有利于技术事实查明的客观性和准确性。

（三）中立性

我国《民事诉讼法》第79条规定："当事人可以申请人民法院通知有专门知识的人

---

④ 该《办法》第9条第2款规定："人民法院可以根据人民陪审员专业背景情况，结合本院审理案件的主要类型，建立专业人民陪审员信息库。"第16条规定："参与合议庭审理案件的人民陪审员，应当在开庭前通过随机抽选的方式确定。"

⑤ 邵勋："论专家证人制度的构建——以专家证人制度与鉴定制度的交叉共存为视角"，载《法商研究》2011年第4期，页91。

出庭,就鉴定人作出的鉴定意见或者专业问题提出意见。"⑥专家辅助人制度的确立弥补了我国现行技术鉴定制度中当事人参与不足的缺陷,使当事人可以充分地对鉴定意见发表专业性意见,有助于法官对案件涉及的技术争议问题形成正确理解。专家辅助人原则上应当基于自身掌握的专业知识独立地发表意见,体现专家的中立性,但由于专家辅助人系当事人聘请,独立性中不可避免地夹杂了依附性和倾向性。事实上,即使在诚信建设较为完善的发达国家,当事人所聘请专家的中立性也很难得到有效保障。澳大利亚法官管理委员会曾经做过一个调查,澳大利亚27%的法官认为专家证人在作证时经常带有倾向性,67%的法官认为专家证人在作证时偶尔带有偏向性。⑦作为法院的工作人员,技术调查官则不存在中立性缺失的问题,其法律地位相较于专家辅助人更具有超然性和立场的客观公正性,不受制于法官,更不会受制于当事人,其提供的技术审查意见因而更具有参考价值。

### 三、技术审查意见在知识产权审判中的法律效力

（一）技术审查意见的法律性质

关于技术审查意见的法律性质,主要存在作为证据使用,还是类似于鉴定意见,抑或法院内部参考的不同观点。⑧我们认为,上文已述,技术调查官不同于技术鉴定专家,其所出具的技术审查意见自然有别于鉴定意见,而且"证据是当事人为证明其主张提交的或法院为了查清事实依职权调取的。如果要认定技术调查官的文件属于证据,只能归为法院依职权调取的证据。但法院依职权调取的证据一般是对已发生事实且当事人无法获得,同时也是法官根据案情需要调取的。而技术审查意见是按照法官的指示,根据现有当事人提供的证据及其自身专业知识作出的主观性意见"⑨,因此,技术审查意见与法院依职权调取的具有客观性的证据不同,不属于民事诉讼中现有的证据类型,只能作为辅助法官进行审理案件的参考。即使存在技术审查意见,法官仍应就技术事实组织当事人进行举证、质证,当事人也不能因为技术调查官的参与而免除其应当承担的举证责任。对此,最高人民法院《技术调查官参与诉讼活动规定》第9条明确规定："技术调查官提出的技术审查意见可以作为法官认定技术事实的参考。"我国台湾地区《智慧财产案件审理细则》第18条亦有类似规定："技术审查官之陈述,不

---

⑥ 对于"有专门知识的人"的称谓,有的称为专家证人,有的称为专家辅助人,为了与英美法系中的专家证人相区分,本文采用专家辅助人的称谓。

⑦ 徐继军、谢文哲:"英美法系专家证人制度弊端评析",载《北京科技大学学报(社会科学版)》2004年第3期,页38。

⑧ 魏忆龙:"台湾设立智慧财产法院的评析——以泰国、日本、韩国为主的法制比较研究",载《法律适用》2008年第Z1期,页86。

⑨ 强刚华:"试论中国知识产权法院技术调查官制度的建构",载《电子知识产权》2014年第10期,页87。

得直接采为认定待证事实之证据,且当事人就诉讼中待证之事实,仍应依各诉讼法所定之证据程序提出证据,以尽其举证责任,不得径行援引技术审查官之陈述而为举证。"

## (二)技术审查意见是否公开的类型化分析

关于技术审查意见是否公开,韩国最高法院《技术审查规则》第4条第3款规定,技术审查官提供的观点和书面意见,不向公众公开。根据我国台湾地区《智慧财产案件审理细则》第16条的规定,法院可以命令技术审查官就其执行职务的成果制作报告书,技术审查官制作的报告书,不予公开。但法院因技术审查官提供而获知的特殊专业知识,应给予当事人论辩的机会,方可以作为裁判的基础。

然而,实践中,对于技术审查意见是否公开仍然存在较大的争论。支持者认为,根据我国台湾地区《智慧财产案件审理法》第8条的规定,法院已知的特殊专业知识,应给予当事人有辩论的机会,方可以作为裁判的基础。审判长或者承办法官就案件的法律关系,应向当事人晓谕争点,并适时表明其法律见解及适度开示心证。"《智慧财产案件审理细则》有关技术审查官所制作的报告书一概不予公开的规定,是否适当,是否违背母法,不无疑问。法官知悉的特殊专业知识,或者源自法官本身的学历背景,或者源自于技术调查官的言词或书面报告,不论何种情形,为避免突袭性裁判的发生,均应视具体个案的需要,尤其是针对足以影响裁判结果的特定事项,以言词方式或者将技术调查官的书面报告适当开示给当事人,依法使当事人有辩论意见的机会。"[10]反对者认为,报告书并非做成后就不能变动,因为本质上报告书的定位是属于法官参考的意见,即便在辩论终结后,技术审查官还可能再补充意见,此时技术审查官的说明仍可能会对案件产生决定性影响,不见得当初做成的报告书就会影响法官的心证。因此,公开报告书没有实益和必要性。[11]

我们认为,技术审查意见是否公开的讨论应当考虑设立技术调查官的制度价值,兼顾审判效率和审判质量,让当事人能够在法庭上围绕技术争议焦点充分发表各自的意见,进而确保技术事实查明的客观准确。一方面,之所以设立技术调查官制度,是考虑到当前大多数知识产权法官均是法学专业出身,并不具有理工专业背景,对于案件审理中随时可能遇到的技术问题,法官可以通过技术调查官方便、及时地予以解决,提高案件审理的效率。如果技术调查官提供的技术审查意见或者技术调查报告都需要向当事人公开,听取当事人的意见,无疑会极大地影响案件审理的进程。技术调查官制度具有的高效性也不复存在。例如,有时法官可能仅需要对案件相关的技术背景、涉及的某个技术术语、技术手段等进行咨询,形成的咨询意见自然也没有向当事人公开的必要性。法官在庭审时仍然可以通过法庭调查的方式让当事人陈述相关意见。

---

[10] 沈冠伶:"智慧财产民事诉讼之技术审查官与听审请求权保障",载《月旦裁判时报》第3期,页59。
[11] 杨雄文:"台湾智慧财产法院运作两周年述评",载《广东外语外贸大学学报》2011年第3期,页12。

但另一方面,在技术审查意见涉及关键技术争议或者影响案件裁判结果时,如果仍不向当事人公开,可能会不利于技术事实的准确查明,影响案件审理的质量,也不利于技术调查官制度的有效运行。首先,即使技术调查官提供的意见均是客观、准确的,但不排除法官在形成自由心证过程中出现理解偏差。如果让当事人也能对技术审查意见进一步发表相关意见,反而可能取得"兼听则明"的效果,某种程度上也是对技术审查意见的检验和校准。其次,如果当事人不能对关键性的技术审查意见发表意见,仅知道案件有技术调查官参与,但对于技术调查官如何开展工作全然不知,其可能会对技术调查官参与案件产生疑虑,反而倾向于申请技术鉴定。毕竟当事人可以全程参与技术鉴定,对技术鉴定充分地发表意见,还可以向出庭的鉴定专家进行质询。再次,选择性公开技术审查意见,某种程度上也是人民法院不断扩展司法公开深度的体现,对于提高司法的透明度和裁判的公信力都具有积极的意义。

因此,出于提高审理效率的考虑,技术调查官提供的技术审查意见原则上可以不向当事人公开,但如果涉及关键性技术争议,影响案件审理结果时,出于程序公正和确保案件质量的考虑,可以向当事人公开,以充分听取当事人的意见。"技术审查官所提供之意见,不论是否有书面之提出,对于裁判结果如具有重要性时,均应于裁判前对于当事人两造公开,使其有所认证并有辩论之机会,此为庭审请求权保障之基本要求。"[12]具体而言,涉及以下技术争议的事实点或者知识点的技术审查意见可以向当事人公开:(1)权利是否有效的事实点。例如商业秘密是否具有秘密性、专利权利要求书是否得到说明书支持等。(2)侵权行为是否成立的事实点。例如侵权比对意见、侵权技术特征是否是以基本相同的手段,实现基本相同的功能,达到基本相同的效果,并且本领域的普通技术人员无需经过创造性劳动就能够联想到的特征等。(3)不侵权抗辩是否成立的事实点。例如商业秘密纠纷中的反向工程、专利侵权纠纷中的现有技术、先用权等。(4)其他影响案件结果的重大事实。

### 四、技术调查官在知识产权审判中的体系协调

相较于技术咨询专家、专家陪审员、技术鉴定人,技术调查官具有高效性、便捷性、中立性的制度优势,但这并不意味着技术调查官是对上述三者的替代。技术调查、技术咨询、专家陪审、技术鉴定完全可以相互独立、相互协作,组成有机协调的"四位一体"技术事实调查认定体系,以达到提高知识产权案件技术事实查明的客观、准确和高效之目的。[13]

---

[12] 沈冠伶:"智慧财产民事诉讼之技术审查官与听审请求权保障",载《月旦裁判时报》第3期,页58。
[13] 知识产权审判已有的技术事实查明机制中还包括专家辅助人,但其是由当事人聘请,本文提出的"四位一体"技术事实调查认定体系主要指由法院委托或者聘请的专家对技术事实的查明机制。

(一)四者彼此独立、不可替代

知识产权案件中涉及的技术事实复杂多样,有的事实必须借助专门的仪器或者设备进行检测、分析,例如,被控侵权产品的化学成分;有的事实仅通过专家自身的知识、经验、技能就可以进行解释和说明;有的事实可能较为疑难复杂,涉及行业前沿的尖端技术问题,要求专家具有较高的知识储备;有的事实只需要专家具备行业内普通技术知识就可以胜任。因此,技术调查、技术咨询、专家陪审、技术鉴定所要完成的技术事实调查任务是可以相互区分的,四者彼此独立地完成各自领域的调查事项。具体而言,技术调查官主要负责解决较为常见的普通技术问题;技术咨询、专家陪审主要侧重于凭借专家自身知识即可解决的较为复杂的技术问题;技术鉴定主要侧重于查明需要借助设备、仪器等检测、分析、比对才能解决的疑难技术问题。由此也可以得出在任职资格方面,技术调查官并不要求必须是行业内的资深专家,仅需达到行业普通技术人员的知识水平即可。"技术审查官提供法官的特殊专业知识有其高度之局限性,此亦系日本法院就智慧财产权案件设立调查官后,仍须强调并另设专门委员制度的原因所在。"[14]当然,强调技术调查、技术咨询、专家陪审、技术鉴定彼此独立,并不意味着案件中四者必然同时存在。法官应当根据案件技术事实调查的需要,首先借助技术调查官完成技术调查工作,如果技术调查官无法完成,则可以依次通过技术咨询、专家陪审以及技术鉴定的方式进行技术事实的查明。从提高案件审理效率的角度来看,四种技术调查方式在适用上存在递进式的先后顺序。只有穷尽其他调查方法仍然难以查明案件技术事实时,才需要委托技术鉴定。日本司法实践中虽然同时存在技术鉴定、专门委员制度以及技术调查官,但由于"法官多能妥善运用调查官及专门委员制度,解决多数智慧财产纠纷,故实务上有关专利争议送请鉴定的个案比例,已不多见"[15]。

(二)四者相互配合、有机协调

技术调查、技术咨询、专家陪审、技术鉴定虽然彼此独立,但相互之间并不是各行其是,而是彼此配合、有机协调。一方面,技术调查官可以成为法官与技术咨询专家、专家陪审员、技术鉴定人进行沟通协调的桥梁,将晦涩难懂的技术语言转化成法官可以理解的术语,同时经过技术调查官的过滤、检验,可以极大地提高技术事实调查的高效性。另一方面,对于技术调查官提出的审查意见,专家陪审员等亦可以进行校准和验证,防止技术调查官因自身经历、专业背景可能产生的技术偏差,提高技术审查意见的准确性。

---

[14] 许正顺:"如何提高智慧财产案件之审判功能——以技术审查官之实务运作为中心",载《专利师》2003年第11期,页10。

[15] 同上,页20。

**五、结语**

作为知识产权法院的重要改革举措,技术调查官制度具有丰富的内涵。相信随着知识产权审判对技术调查官制度的逐步探索和实践,该制度的功能和价值将得到充分发挥,其与技术咨询、专家陪审、技术鉴定组成的"四位一体"技术事实调查认定体系将不断地协调和融合,共同致力于提高知识产权案件技术事实查明的客观性和准确性,体现知识产权审判的公正和高效。

# 美、日、韩知识产权法院比较研究

金珉徹*

【摘要】 2014年中国设立了知识产权法院。依海外的综合经验而言,知识产权法院设立的目的在于确保法院在审理知识产权纠纷时的统一标准和可预测性,确保法院的专门性以及一次性解决纠纷、防止挑选法院,实现亲专利政策。就中国设立知识产权法院的目的而言,除了实现上述目标外,还希望解决中国与国外之间的贸易摩擦、地方保护主义问题。本文介绍美、日、韩设立知识产权法院的先例,具体分析美国的CAFC、日本的知识产权高等法院、韩国的专利法院的成立背景、管辖、专门性的确保方案以及其成果和问题,进而提炼出中国知识产权法院设立过程中需要考虑的因素。其中最核心的因素是,这些地区的知识产权法院都是唯一的二审法院,管辖全国或全地区所有的知识产权上诉案件;因为只有通过这样的体系,才能够实现设立知识产权法院的初衷。

【关键词】 知识产权法院;专利;专业性;管辖

## 一、绪论

2014年中国设立了知识产权法院,从短期来看其目的在于通过强化知识产权的保护措施,来应对与其他国家之间的贸易摩擦;就长远而言,则是为了构建一套有效解决国内知识产权纠纷的司法方案。此外,鉴于现代社会建立于知识经济的基础上,中国为实现经济社会发展,正逐步进行知识产权法院体制的改革。[①]

知识产权法院是专属于特殊领域的专门法院,它所作出的判决可以决定企业的兴

---

\* 金珉徹,北京大学法学院2014级博士研究生。
① "知识产权司法体制改革有两个基本的面向:一是国际化;二是专业化。"见易继明:"为什么要设立知识产权法院",《科技与法律》2014年,页573。

亡盛衰,也会对整个国家的产业利益产生极大的影响。因此,在中国特色社会主义法律制度下,研究知识产权法院合适的设立形态,是非常重要的课题。然而,由其他国家的经验可知,设立知识产权法院的过程,存在着许多利害关系。尤其,知识产权的相关政策与国家宏观产业政策有着密切的关系,故应根据各国的情况,来寻找独特的解决方案。由于中国的社会环境与法律制度跟国外有很大的差异,因此不能直接引进国外的法律制度。然而,也不能以此作为盲目排斥或不借鉴相关国外法律制度的理由。在确认解决知识产权纠纷是各国的共同目标的基础上,中国应积极参考国外成功先例,以免重蹈覆辙。

本文旨在通过对其他国家设立知识产权法院的经验进行分析,从中得出这些国家取得的成果和发生的问题,以期为设立符合中国特色社会主义法律体系的知识产权法院提供借鉴。

目前,已有许多对域外知识产权法院体系加以分析的文献,但都仅对其结构形态及发展趋势进行初步的介绍。本文首先分析域外知识产权法院与国家产业政策的相互作用以及其对经济的影响。其次,探讨各国知识产权法院设立前后对知识产权保护水平的变化,以及经济、社会方面的变化,并分析其成果和问题。最后,根据此分析结果,提取中国设立知识产权法院可以参酌的事项,研究适用的可能性,在中国特色法律制度下,考虑知识产权法院设立的最佳形态,从而建议再次论议的方向。

## 二、美国 CAFC

### (一) 成立背景

美国自 1980 年开始通过实施亲专利政策来克服当时国家的经济危机,其后经济有了长足的发展。这一事例向我们表明,知识产权政策的构建能够带动国家的经济发展。这是进入知识社会[2]以前,史无前例的一次历史性经验。

虽然美国自建国当时,就在宪法上阐明了授予发明者与著作权人一段时期内的垄断权,并且为了鼓励发明和创造活动,授予了国会制定法律[3]的权利,但实际上却存在着很多内部局限性。虽然教科书强调知识产权的保护能够促进产业发展,但是历史上,技术水平低的国家从未加强知识产权的保护,美国也不例外。尤其是关于版权的问题,美国有将近 100 年时间没有签订 1886 年的《伯尔尼公约》,在那段期间内对外国公民的著作品都未给予国民待遇。美国出版社无限制地复制外国出版物,这一行为造

---

[2] Peter Drucker, "Age of Discontinuity, Guidelines to Our Changing Society", Harper & Row, 1969。彼得·德鲁克定义了未来社会将会是"知识社会",他预测知识会成为未来社会的核心因素。

[3] Article 1, Section 8, Paragraph 8.

成了长期以来欧洲作家对美国的不满。④ 尤其是在20世纪初,反复出现的美国大萧条与第一、第二次世界大战,都进一步削弱了知识产权的保护。究其原因,首先是在战争中,国家需要生产军需物品,无暇兼顾保护发明者的权利。战争前后,比起知识产权也更为重视反垄断政策(Anti-trust policy),知识产权被认为是美国经济中阻碍公平竞争的一种因素。这种认识也在学界讨论中得到了支持。20世纪30年代,被称为耶鲁学派的一些经济学者主张专利制度是大萧条的主要原因之一,还特别强调专利的独占权会带来美国经济的损失。这种观点继马科卢普报告(Machlup Report)⑤之后,在很长时间内对美国专利政策造成影响;因此,美国更倾向制定反垄断法政策,而减少了缘起于垄断权的专利权保护。

在两次世界大战的过程中,美国向欧洲提供军用物资,不仅积累了巨大的财富,而且确实取得了世界经济的主导权,成就了其作为世界唯一的超级大国的地位。也因此,人们相信,短时间内不会发生美国跟其他国家竞争的情况。然而,这样的信心并未持续多久,接踵而来的石油危机、德国和日本耀眼的经济复苏、越南战争和社会福利项目的庞大预算支出,都致使美国竞争力持续恶化。美国开始认识到在全球经济体系的背景下需要进行无止境的竞争。美国产业界领导者们为了扭转美国产业竞争力不断被削弱的局势,需要采取新的手段,即专利。当时外国制造的产品正蚕食着美国市场,但是反过来,如果在这巨大的市场中,确认侵犯专利权的行为,那便能够获得巨额的损害赔偿金。基于美国在创新能力方面的优势,美国产业界开始认识到专利制度是战局逆转的强大手段,于是开始游说美国国会。⑥ 学界也意识到这一变化,进入20世纪80年代后,芝加哥学派(Chicago School)提倡市场经济的自由竞争,主张专利保护政策,提出"强劲的美国(Strong America)"口号,获得里根(Reagan)政府的支持,而耶鲁学派主张的反垄断政策的影响力则开始消弭。

如此全面性地认识到国家竞争力的恶化后,美国卡特(Cater)政府设置了由800名委员组成的"国内政策审议委员会(Domestic Policy Review Committee)"重新审议国家主要政策。为研究包括专利在内的创新技术,该委员会设置专利小委员会,审议有关专利改革事项。1979年,专利小委员会撰写了名为产业创新的国内政策审查的报告(以下称为"1979报告"),该报告亦成为美国20世纪80年代开始广为人知的亲专利

---

④ Peter Drahos, "Information Feudalism: Who Owns the Knowledge Economy?", Oxford University Press, 2003, pp. 32—33;刘银良:"美国域外知识产权扩张中的论坛选择政策研究——历史,策略与哲学",载张平主编:《北大知识产权评论》(2013年),北京大学出版社2013年版,页25—26再次引用。

⑤ Fritz Machlup, "An Economic Review of the Patent System", U.S. Government Printing Office, 1958: Machlup说,如果没有现在的专利制度,根据我们取得的经济结果的相关知识来看,实施新的专利制度将会很困难。但是因为此制度已经运营很长时间,以现有的知识来看,废除也将会很困难。

⑥ Kim Minhui:"美国的亲专利政策——过去20年间的推进过程及未来展望",载《知识产权》2000年11月刊,页7。

政策(Pro-Patent)的宣战书。为了增强知识产权保护系统,1979 报告提到了关于美国专利商标局(USPTO)地位的强化、联邦巡回上诉法院(CAFC)的成立、专利诉讼费用减少、单方复审程序(Ex Parte Reexamination)引进等的必要性。卡特政府在其任期尾声,实施了改革措施,其中最值得关注、最为重要且最有成效的改革措施就是 CAFC 的成立。通过 1979 报告的提案,里根政府之后提出了"Young Report"⑦,由此奠定了美国现在成为知识产权强国的基础。虽然卡特政府的成就,以与中国建交为首,侧重于外交和人权方面,在经济方面被评价为失败;但事实上,美国经济复兴的基础仰赖于卡特政府的贡献。从美国经济方面看,专利成为富国的源泉,美国政府的政策制定方向也朝亲专利政策转移。

相比于德国、日本和韩国由属于行政机构的专利管理局对专利无效进行判定,美国是由法院对专利无效直接进行审判,法院有权利决定专利权无效。由于美国这种模式需要由法院来进行审判,存在着高诉讼成本且诉讼效率比较低的问题;因此,也有过对该制度进行改革的主张。根据 1979 报告的提案,美国议会首先于 1980 年引进单方复审程序(Ex Parte Reexamination),即不通过诉讼来判决专利权无效,而是要求专利审查员重新审查,实质上建立起使专利权失效的制度。⑧虽然,该制度的实用率很低,不能成功地实现制度化;但是,基于这一经验,为以后相互单方复审(Inter Parte Reexamination)的引进和 2011 年 AIA 专利法改革时引进双方重审程序(Inter Parte Review)制度奠定了基础。

CAFC 设立前,专利无效诉讼和专利侵权诉讼是在三审制架构下,由联邦地方法院进行一审,联邦上诉法院进行二审,最后可以上诉至联邦最高法院。但有些联邦上诉法院的法官们受到反垄断与反专利情绪的影响,导致他们对专利权人作出了不利的判决,加上不同联邦法院的判决态度并不一致,诉讼当事人选择对自己有利的法院提出诉讼的"挑选法院(forum shopping)"现象一度流行。⑨ 另一方面,法官技术性知识的不足,一人一年仅能处理一、两件专利案件,导致对案件处理的专门性备受质疑。美国社会要求法院在审理知识产权纠纷时的统一标准和可预测性的呼声很高。

---

⑦ 从 1983 年到 1985 年,Reagan 总统在 Hewlett Packet 的 President Mr. John Young 的指导下,让约 30 名大企业干部组成"总统竞争力委员会",该委员会在 1985 年 1 月,提出所谓"Global Competition:The New Reality"报告书,又名 Young Report。该报告书提出了几项建议,如积极保护遗传工程学或有关计算机技术和美国知识产权的国际性保护等。Young Report 促成了 1988 年 Omnibus Trade Act 的"Special 301"条法案的通过,也是 1993 年 GATT round 的 TRIPS 形成的基础。

⑧ 要让已登记的专利权无效的第一审,与德国、日本和韩国在属于行政机关的知识产权局的评判员制度不同,美国的专利权无效诉讼在司法部进行判断,只能在法院申请诉讼后,才能使专利权失效。但是专利无效诉讼需要很长时间,费用也高昂,因而有了在这方面改革的诉求。

⑨ Randall R. Rader, Roles of the Courts in Intellectual Property Law:《The U. S. Model》1999 年第 1 集,页 217—226。

值得强调的是，美国司法部以判决来表现出其对推行亲专利政策的意志，为过去专利权作为垄断权受到指责的时期画上了句号，授予了专利权人强大的力量，获得了美国经济复苏的驱动力。这个计划虽然在产业结构和劳动工资结构上，大大削弱了美国的竞争力，但因为相信在创新技术和研究开发方面依然具有实力而得以推行。因为建立一个通过技术开发和创新可以创造财富的经济体系，是当时的当务之急，而通过知识产权法院对知识产权的高度保护可加以实现。

1978年，美国法务部的法务行政改善委员会最初提出成立CAFC，后向议会提交了法案。美国通商代表部也在卡特总统的领导下，支持成立CAFC，最后由里根政府完成设立。一方面，美国律师协会（America Bar Association）最初反对CAFC的成立，但是CAFC的拥护者们让他们认识到"CAFC是为了美国经济和商业复苏而成立的法院"，始改变他们对于成立CAFC的消极态度。另一方面，成立CAFC并不需要动用任何额外的实质性预算，而能够使用现有的大厦和工作人员；此外，上诉法院的法官也不愿意继续处理复杂的专利诉讼，如此大幅降低了成立CAFC的阻力。[10]

因此，以"最高品质的判决，最小费用，最短时间"为口号[11]，根据1982年10月1日联邦法院改进法（The Federal Courts Improvement Act：28 U.S.C.），成立了联邦巡回上诉法院（CAFC），就位于华盛顿白宫的后面。

（二）CAFC的管辖

CAFC的专属管辖范围相当宽广，涉及知识产权的审理范围包括对于专利局复审部的专利拒绝决定事件的审判不服、对于国际贸易法院（The Court of International Trade）判决的上诉审理、对于ITC（International Trade Commission）裁定的不服。联邦索赔法院（Court of Claims）的上诉部分管辖事件、对退伍军人 索赔上诉法院（The U.S. Court of Appeals for Veterans claims）判决的上诉案件等，也都在CAFC的管辖范围。在初期议论阶段，租税案件和环境法相关领域也被看做是需要对法律进行统一解释的部分，而试图纳入CAFC的管辖范围内，但是因为相关领域专业律师的反对而被排除在外。[12]

有关知识产权的案件，从1983年到1995年间年平均处理量约为416件，从2001年至2006年间年平均处理量约为559件，在整体案件中只占约35%；但是，就工作量方面而言，则占CAFC整体工作量的50%以上。[13]

那为什么CAFC在专利案件以外，还专门管辖着没有任何关系的各种案件，而被

---

[10] Kim Minhui：见前注⑧，页15。

[11] Marion T. Bennett, "The United States Court of Appeals for the Federal Circuit—Origins", The United States Court of Appeals for the Federal Circuit：A History, 1982—1990, 1991, p.15.

[12] 同上注，页7。

[13] Lee Suwan："美国专利制度及专利审判制度概要"，载《专利诉讼研究》第1期，页201—216。

认为是"混合管辖"？造成这个结果的原因很多。首先,根据美国联邦司法制度的基本原则,需要避免法院的审判过度专门化,所以对 CAFC 的管辖范围进行调整,使 CAFC 不至于成为只处理专利案件的"特殊法院"。⑭ 其次,如果只处理专利权等专业领域的案件的话,会出现"管形视觉(Tunnel vision)"现象或者技术偏向性问题,而应加以避免。⑮⑯

（三）专业性确保方案

CAFC 的法官之中也有没有理工科背景知识的法官,而且没有专利知识的法官也并未接受特殊培训。究其原因,在于传统上美国法官更偏好成为通才(Generalist),尤其担心专精于专利知识的法官会失去中立性。此外,需要与技术相关知识的部分,则可依赖法官助理(law clerk)制度,而得到充分的补充。⑰

现在 CAFC 有 17 名法官,其中现任法官(Active Judge)可以采用三名法官助理,他们大多数具有理工科背景,而且大部分以优秀的成绩毕业于美国一流的法学院。法官助理的工作年限一般为 2 年,和其知识学历以及能力相比,他们的年薪并不高;但是,因为在该职位任上可以积累丰富的实务经验,所以申请人数远远高于录取人数。⑱ 由于法官助理拥有专业背景,他们具有理解复杂的技术内容并能简单说明的能力。法官助理各自撰写报告,在审判之前向另外 2 名法官助理和法官进行报告。在这个过程中,形成自由讨论的氛围,并由法官进行充分的指示。在法官助理的帮助下,大部分的 CAFC 法官几乎感觉不到需要外部专家,由此可知法官助理具备的知识和专业的程度。可见,CAFC 的力量来源于完善的司法制度以及能够培养并合理配置人才的教育制度。⑲ 加上律师积极参与诉讼和法官的审判经验,技术界也能接受 CAFC 的判决。⑳

（四）CAFC 的成果

CAFC 成立所取得的最重要的成果是消弭了与相关上诉法院之间相互抵触的判决

---

⑭　Oh Seungjong:"专利法院(CAFC)的研究",载《审判资料》1996 年第 73 期,法院行政处。

⑮　Lee Gyuhong:"关于联邦巡回上诉法院(CAFC)现状的深思",载《知识产权 21》2006 年:所谓"管形视觉(Tunnel vision)"是主张随着专门化的推行,有关法官的视角会逐渐减小,"技术偏向性问题"是主张,只专门处理专利案件的话,CAFC 法官自己会养成偏见,长此以往,具有过度反专利或者偏专利的可能性。CAFC 的审判官任用一次后几乎工作 20 年以上,这些问题会进一步严重。实际上,CAFC 法官也不是处理专门和单调的专利案件,而是处理"人类"的问题,这更有利于维持法律上的平衡能力,现在还不能感到管辖体系上的大问题。

⑯　Roman L Hruska, "Structure and Internal Procedures: Recommendations for Change", the Commission on Revision of the Federal Court Appellate System Report, June 1975, 67, F.R.D.195. Tunnel vision 以外,各地区存在差别的观点很脆弱,并且指出当年任用法院法官时,受到特定利益团体的影响的可能性。

⑰　Lee Suwan:见前注⑮:非理工科专业的审判官也在尖端科学方面做出了划时代的判决等,在专利审判方面,确认了非理工科专业出身的审判官也能把专利审判处理得很完美。

⑱　Lee Gyuhong:见前注⑰,页 135。

⑲　Lee Gyuhong:见前注⑰,页 135。

⑳　Lee Gyuhong:见前注⑰,页 138。

(Intercircuit conflict),提高了美国专利法解释的统一性和可预测性。CAFC 成立之前,大部分美国法院的反专利(anti-patent)倾向很强,一旦提起无效诉讼,大部分的专利都会被判定为无效。但 CAFC 不允许法官任意解释专利,在专利诉讼方面保障了可预测性的判决。其结果是增强了专利的有效性和价值,这是为企业提供研发投资激励,进一步成为促进美国技术开发和创新技术的主要因素。[21]

此外,CAFC 加强了各种各样的专利原则(patent doctrine),提出了更多的法律原则(doctrine)。CAFC 对美国专利法解释的统一化作出贡献的例子数不胜数,并且得到了高度的信赖,其作出的判决马上就成为世界知识产权的标准。均等论是一个代表性的例子,CAFC 为了加强对专利权人的保护,于 1950 年再次提起通过刻刀槽(Graver Tank)案件确立的均等论,还再次确认 Hilton Davis Chemical Co. 案件(1995,CAFC)及 Warner-Jenkinson 案件(1997,最高法院)。后来,欧洲各国、日本、韩国纷纷接受该理论。其中,日本最高法院对 1998.2.24. 宣判平 6 才 1083 案件判决时,第一次明确指出均等论的成立因素。在韩国专利法院,1998.8.17 的判决第一次采用均等论,其后最高法院 2000.7.28 的判决,更成为首个积极采用均等论的最高法院判决。CAFC 为统一性作出的最重要的贡献是确立了专利创造性的判断不能以事后洞察(Hind sight)的"TSM test"为标准。[22] 这是在"KSR"案件中灵活修改后所应用过的。[23] CAFC 扩大了专利的适用对象,在关于生命工程技术和计算机软件的发明上作出了认定专利性的划时代决定。比如说,CAFC 使很多有关人工有机体的专利生效,以大力发展美国的生物科技产业,使得美国拥有世界上与生物科技相关的 70% 专利,掌握了世界生命工程市场。而尽管 CAFC 对于软件专利的定义不太明确、具体,但并未带来软件产业的巨大变化。此外,CAFC 成立之前,在专利权受侵害的时候,如有索赔的可能性,并不需要临时禁令;现在 CAFC 只需宣布有侵犯专利的事实后,就可以明确申请临时禁令。[24]

CAFC 成立之后,专利权人的胜诉率上升,损害赔偿金也相应增多,可以说损害赔偿金的提高是亲专利政策的重要体现。美国的亲专利政策,使得因制造业竞争力下滑而出走的美国产业,以创新技术和知识产权为武器,反击外国制造商;亦因知识产权受侵害的损害赔偿金获得了实质的经济利益。国际专利纠纷起源于 1986 年至 1987 年之间,美国 Texas Instruments Inc. (TX)向日本八家电器公司和韩国三星半导体提起专利侵权诉讼。TX 律师完整地分析了 TX 具有的专利和被告企业具有的专利,制定了全面的应对策略,致使从未有过专利诉讼经验的亚洲企业瞬间陷入混乱。当时,早就预感到风险的日本企业,较早地达成和解,然而三星半导体很晚才觉察到事情的严重性,

---

[21] Kim Minhui:见前注⑧,页 13。
[22] Randall R. Rader:见前注⑪,页 222。
[23] Teleflex, Inc. v. KSR Intern. Co, 550 U.S. 398 (2007)。
[24] Randall R. Rader:见前注⑪,页 222。

不得不支付了天文数字的赔偿金。TX 最终取得了 3 亿美元以上的专利使用费。当时痛彻入骨的经验,也成为三星公司开始大力准备武装的契机。

1990 年,宝丽来和柯达公司展开诉讼,柯达需支付宝丽来 9 亿美元的损害赔偿。此事件证明了专利权的强大力量,对企业专利策略起了重大的影响。据闻,宝丽来公司在诉讼期间向律师支付了 200 万美元的工资,这一重要事件预示着专利诉讼将成为美国律师业的巨大商机。[25] 在美国司法历史上,对微软和阿尔卡特朗讯的专利诉讼,法院作出了损害赔偿金额最高的判决,判决微软应支付阿尔卡特朗讯高达 15 亿美元的赔偿金。[26]

当然,知识产权法院的设立并不直接导致损害赔偿金的提升。深层原因是,由美国所处的经济状况得出了高额的损害赔偿金会有利于美国的经济的结论,而这种计算之下实行的强烈亲专利政策提高了损害赔偿金。

(五)问题和今后课题

虽然,CAFC 的成立被认为可以在二审阶段解决"慢性的"挑选法院问题;然而,一审阶段的挑选法院现象并没有获得有效的改善。[27]

另外一个问题是 CAFC 的高撤销一审判决率,而此问题的产生与权利要求书的解释有关。在美国专利权诉讼中,权利要求书(Claim construction)需要通过马克曼听证(Markman hearing)来解释并确定。所谓马克曼听证,系起源于 1996 年公判的马克曼案件[28],解释权利要求书并不是根据陪审员来裁定的"事实认定问题",而是须由法官来实行的"法律上的问题"。马克曼判决之后,美国专利诉讼针对权利要求书的解释问题时常成为争论点。由于联邦地方法院错误解读权利要求书,CAFC 每年发回重审的上诉案件达到 25% 甚至 50%。因此美国专利律师和联邦地方法院法官甚至主张"司法过剩活动(Judical hyperactivity)",即再怎么仔细注意适用马克曼判决,被 CAFC 撤销的几率仍然很高[29],这与联邦地方法院的现状有关。联邦地方法院法官采用具有理工科背景的法官助理并不容易,而且法官本人的科学技术背景知识也很薄弱,再者法官一人一年仅处理不到一件的专利案件,相比 CAFC 法官每人处理 30 件以上的案件,其专业性根本无法比较。[30] 此外,高撤诉率也显示出联邦地方法院法官故意避讳详细

---

[25] Kim Minhui:见前注⑧,页 15。

[26] Lucent Technologies Inc. v. Gateway Inc. 470 F. Supp. 2d 1180 (S. D. Cal. ,2007):2008 年 11 月两个公司以 5 亿美元达成最终协议。

[27] 德克萨斯东部地方法院具有给予专利权人有利判决的趋势,而引起集中侵权诉讼。

[28] Markman v. Westview Instruments Inc,. 517 U. S. 370. (1996) 38 U. S. P. Q. 2d 1461.

[29] Kimberly A. Moore,"Markman Eight Years:is Claim Construction More Predictable?" 9 Lewis & Clark L. Rev. 231, 2005.

[30] S. Jay Plager,"Challenges for Intellectual Property Law in the Twenty-First Century:Indeterminacy and Other Problems",University of Illinois Law Review, 2001, p. 77.

陈述判决理由的倾向，当事人也倾向于快速结束一审法院审理，而要求采用简易审判程序（Summary judgment）。㉛ 无论如何，CAFC 对权利要求书所作出的解释始具可信赖性的情形，不仅使得诉讼过程的时间和金钱都花费甚巨，也同时削弱了联邦地方法院判决的可信赖性。

为解决这样的问题，一审也需设置专业法院的主张也持续地被提出。㉜ 针对专利侵权诉讼的一审集中管辖问题，最为积极的立法案是建议在地方法院设立专利示范运营程序（Patent Pilot Program in District Courts）的法案（H. R. 5418）。其内容为指定约 5 所联邦地方法院，10 年间专门负责专利案件，给予希望参与的法官资金支援，采用法官助理。这样一来，便能增加联邦地方法院的判决维持率，进一步减少诉讼时间与诉讼费用。㉝ 但是这一法案最后在 109 次议会上陷入了僵持状况。至于专利侵权诉讼在一审阶段采用集中管辖的问题，因为基于美国司法文化导致的反对意见更多，不会在短时间内得到解决。㉞㉟

过于亲专利的倾向也受到了指责。CAFC 设立前第一审联邦地方法院的专利无效率高达 56%，CAFC 设立后降低到 28%，在二审的一审判决引用率，CAFC 设立前为 85%，CAFC 设立后下降到 57%。㊱ 地方法院法官强烈渴望自己的判决在第二审不被推翻，所以他们作出更少的无效判决希望获得低撤销率。㊲ 不过正如上文所分析的，美国设立 CAFC 的根本原因，正是为了展开专利政策，而这样的亲专利倾向也值得被认同。

另外，针对地区管辖，CAFC 管辖全美国的上诉审理，虽然能预想到诉讼当事人为参与诉讼而长途奔波的不便，然而实际上几乎没人认为这会是个问题。因为，CAFC 大部分通过一次口头辩论终结案件，不须经过事实审理，且以书面审理为主，再者，大部分的当事人会选任代理人，交通和 IT 技术的发达也消除了距离带来的问题。

---

㉛ Lee Gyuhong：见前注⑰，页 144。

㉜ John R. Thomas, "Formalism at the Federal Circuit", AU Law Review, 2003, p. 4：Posner 审判官提出赞成设置专门法院的意见。

㉝ JeongChaho："专利审判员先进化以及为专利案件集中管辖美国专利审判员及联邦巡回上诉法院研究"，《专利厅》，2007 年，页 91。

㉞ Richard Linn, "The Future Role of the 'CAFC' Now that it has Turned 21", AU Law Review, April 2004：S. Jay PLager：开展研究论文，页 81。

㉟ JeongJinkyung："美国联邦法院 Markman hearing 活用形态"，载《专利诉讼研究》第 3 期，页 346：通常美国审判官偏好 Generalist，Rader 审判官也答辩说，在无法经常接触专利案件的乡下地区的审判官也接受专利案件，会回避处理案件的现象是事实，但是他们也不容忍，将专利案件交给专门法院，排除自己参与的行为，说是这样的程度比起大陆法体系国家更为严重。

㊱ Matthew D. Henry & John L. Turner, "The Court of Appeals For the Federal Circuit's Impact on Patent Litigation", 35 L. Legal Stud. 85, 101, 2006。

㊲ JeongChaho：见前注㊱，页 51。

### (六) 小结

美国克服国家经济危机后,为转换成为以知识为基础的新经济模式,自 20 世纪 80 年代开始从反垄断政策转换到亲专利政策,而在具体的实践中,最重要并且得到很大成果的就是 CAFC 的设立和运行。CAFC 的设立缓解了在二审挑选法院的情况,实现了美国专利法解释的统一性和可预测性。并且通过保护专利权人的判决,美国创造了以知识为基础,再度跃入超强大国的机遇。但是在目前的实务运作中,一审的挑选法院及联邦地方法院判决的高撤销率,都是亟待解决的问题。虽然,为因应这些问题而提出了管辖集中的建议,但由于美国司法部的特殊文化和反对意见,尚无法实践,这一点是可以被中国深度参考的部分。此外,美国的法官助理制度有效地确保了专利法院的技术专门性,也值得中国考虑引进。

## 三、日本知识产权高等法院

### (一) 成立背景

二战败仗后陷入绝望的日本,借朝鲜战争作为其经济复苏的基础。㊳ 此后,日本以其独有的官僚主导式经济发展战略,辅以日本人独特的匠人精神和细致,以及大企业为中心的强小企业之间的有机性合作体系,将其所生产的工业品推向世界的舞台。经过 20 世纪 60 年代的超高速成长,到了 70 和 80 年代则以汽车和电子产品为主,占据了绝对的优势地位。临近 20 世纪 80 年代中期,日本的成长展望超越了美国。㊴ 因此美国,如前面所述,不仅推出了亲专利政策,政策上努力克服了国家经济危机,并且制定了削弱日本经济体系的特别策略,于 1985 年 9 月 22 日在纽约广场饭店(PLAZA HOTEL),以法国、德国、日本、美国及英国构成的 G5 的财政部长决定改善美元的强势问题㊵,达成所谓广场协定(Plaza agreement)的决议。广场协定公布后,短短 1 个星期内,马克和日币的价值纷纷走高,涨幅分别约为 7% 和 8.3%,美元则在两年期间价值暴跌 30%。借此,美国制造业靠提高价格竞争力引导经济回升的趋势,日本却忧虑因日币升值导致不景气,开始呈现低息的基调,而低息促进了房地产和股票的投机,使经济泡沫更大;此外,由于日币升值,收购美国房地产和海外旅行也成为热潮。此后,日本的经济泡沫破灭,直到现在,日本也饱受后遗症的煎熬。在 IMD 国家竞争指数中,日本到 1993 年一直排行第一,于 2002 年滑落到韩国后面成为第 30 位㊶,贸易收支于 1985 年到达顶点后不再增加,甚至最近还扩大了赤字幅度。

---

㊳ SaburoOkita,"Japan's Economy and the Korean War", Far Eastern Survey, Vol. 20, No. 14, Jul. 25, 1951, pp. 141—144.

㊴ Kenichi Ohno,"The Economic Development of Japan", GRIPS Development Forum,2006, p. 184.

㊵ 实质要求日币升值。

㊶ IMD International, The World Competitiveness Yearbook.

小泉内阁于 2001 年上台，在摸索突破经济萧条的过程中，注意到日本高科技技术在国内外都得不到相应的保护。因此，其试图通过对知识产权价值的重新探索克服日本面临的经济危机。为此，小泉内阁一方面提供优渥的奖励措施，以鼓励企业和个人积极地创造和活用知识产权；另一方面，则为了保证知识产权能得到确实的保护，修改知识产权制度。小泉总理以美国知识产权政策为模板，在 2002 年 2 月 25 日国会施政方针演讲中，宣布了战略性活用知识产权，以强化日本产业的国家竞争力为目标的"知识产权立国"。之后迅速举行"知识产权策略会议"，发表了关于知识产权的创造、保护及活用的基本方向与具体规划的"知识产权策略大纲"，并于 2002 年 11 月通过了"知识产权基本法"。根据此法案，"知识产权策略总部"于 2003 年 3 月诞生，在 2003 年 7 月确立了"关于知识产权的创造，保护及活用推进计划"。作为 2003 年度推进计划的成果之一，设立了"知识产权高等法院（以下简称知财高裁）"以迅速且正确的处理知识产权纠纷。上述的推进计划强调，即使用高研究开发费创造财产，如果在侵权时无法立刻采取赔偿损失与禁止侵权等措施，则知识产权的价值难以实现，所以有必要进行知识产权的诉讼制度改革。[42] 因此，日本社会需要对知识产权强化保护，即要求法院构建出当发生侵权纠纷时能够进行迅速和高水平裁判的系统及运营方案。[43]

然而，从成立背景来看，日本的知财高裁与美国的 CAFC 有重要几个差异：

首先，在 CAFC 设立的时期，当时的美国已经具备了高水平的技术与发明以及极富弹性的法律服务市场，而其巨大的国内市场则面临外国工业产品渗透的情况，美国通过保护专利权逆转战局。反观日本的内需市场，则主要是由本国产品掌控的市场，即日本是以出口为主。申言之，削弱日本经济的主要原因在于国外，而不是外国企业渗透日本国内市场。因此，通过专利权保护国内技术，并无法解决经济问题。由于日本企业在其本国的市场占有率高，提高本国的知识产权保护力度也有可能导致国外企业专利战略的强烈攻势，对日本本国企业造成不利的影响。日本所需要的是意识到知识产权的重要性，建立"知识产权立国"的思考方式，这包括了防止中国在海外模仿日本的技术[44]；在强保护知识产权的美国，积极保护日本的技术；支援日本企业在知识产权的战争中对抗外国企业。换言之，日本的"知识产权立国"概念，如果极端来说，不太关心日本国内知识产权的保护，而着重于使日本的技术在海外受到相应的保护。这虽然为一种"二律背反"的思考方式，但鉴于知识产权遵循"属地主义原则"的事实，以及从任何国家的知识产权制度都曾为本国的利益服务的历史经验来看，只要不出现严重

---

[42] 本人认为，知识产权制度得不到相应的运行，并不一定会导致科学技术发展与创新的中断。从以往的经验来看，知识产权保护水平不一定与科学技术与产业发展水平相一致。

[43] 定塚诚："知识产权诉讼的现状与展望"，载《NBL》765 号，2003 年 7 月 15 日，页 20 以下。

[44] 进入 2002 年，日本 DVD 制造商提出在中国保有的知识产权自中国 DVD 制造商获得了 30 亿元的特许权使用费。

的矛盾,都是无可厚非的。在这样的背景下,设立的"知财高裁"并不注重日本国内知识产权的保护,别说损害赔偿金的增加,反而出现了专利权的无效率增高的反专利现象。随着知财高裁主导日本国内的反专利政策,"专利无用论"等主张纷纷涌现㊺,出现了连"知识产权立国"的原本价值也被损害的现象。

其次,美国CAFC需要解决挑选法院和上诉法院之间的判决冲突的问题;但日本从1950年开始,在东京高等法院设立集中处理授权确权诉讼与知识产权上诉案件的第五特别部,之后设立的4个民事部亦在东京高等法院作为处理知识产权案件的专业部门存在。而且依2004年4月1日实施的民事诉讼法,确立了关于知识产权诉讼的上诉,东京高等法院有专属管辖。因此,在二审阶段,不同部门之间解释上不统一与可预测性下降的问题并未受到注目。该次民事诉讼法修订更加重视的是一审的集中管辖,一审裁判由东京地方法院与大阪地方法院为集中管辖,通过迅速的判决和对判例的统一,建立了比美国还进步的司法体系,引人注目。㊻

最后,另一项差异则存在于专利无效判断与专利无效诉讼之间的关系。㊼ 除德国、中国、日本、韩国外,在英美法系国家,专利侵权诉讼亦可以对专利的效力进行判断。这样的观念源于1623年英国议会通过的垄断法㊽,根据该法,由国王詹姆斯一世赋予垄断权,权利受到侵害的一方既可以向对方提出诉讼,也能主张"这是侵害国王授予的垄断权",对方则能主张"你拥有的垄断权是无效的"。从那时开始,在英美法的专利诉讼概念下,对专利权的侵权诉讼,亦能提出专利无效的抗辩。㊾ 1877年俾斯麦成立联邦德国,议会通过了德国联邦专利法,此法与英美法系统相反,法院没有判断专利权无效的权限,只有专利局可以拥有判断专利权无效的权限。㊿ 德国的这一体系为中国、日本与韩国所接受。问题是在侵权诉讼中,在专利权十分明确地被判断无效的情况下,也需要认定专利权有效或者等待无效审判诉讼的结果。(51) 至于被判断为丧失新颖性的专利权,则适用于公知事实排外说法,而被判断为不属于侵权;但对没有创造性的专利,该如何论断,长期以来都未有定论。但是,在日本2000年作出所谓的基尔比(Kilby)判决后(52),将行使没有创造性的专利权的行为看做权利的滥用,而不被容许。

---

㊺ Henry 幸田,"Why Isn't the Japanese Intellectual Property Business Profitable?",LexisNexis Japan,2013.

㊻ 定塚誠:见前注㊻,页21。

㊼ 2002年10月小泉内阁设置知识产权诉讼检讨会,包括东京大学的中山信弘教授,11名知识产权专家聚在一起讨论这个问题。

㊽ Martin J. Adelman,"Historical Background of CAFC",专利法院,《专利诉讼研究》1999年第1集,页227—232.

㊾ 以后,根据美国专利法修改,引入"Post grant review"。

㊿ 无效诉讼在慕尼黑的联邦专利法院提起诉讼,在侵权诉讼中不能提起无效的意见与反诉建议。

(51) 明治37年(1904)大審院第2662号判决:处理专利浅海诉讼的法院是当年关于专利无效宣告请求的理由不能审理判断。

(52) 日本最高法院平成10年(才)364, H2.04.11。

这虽是能让专利侵权诉讼迅速进行审理的划时代的判决,但是在另一方面,对专利权是否有效的结论,有出现与侵权诉讼及专利无效诉讼相反结果的可能性,进一步造成了司法部不被信任的副作用。须注意到,在某一个侵权诉讼中,即使专利权被判断为无效,也不具备绝对的效力,也就是说,该专利权在其他的侵权诉讼中仍可能会被判断为有效。然而,经过深层次的讨论,日本仍决定接受原基尔比的判决态度,使法官在侵权诉讼中能够判断专利的无效与否,维持双轨制(double track)。此外,日本还修改了专利法[53],在专利很有可能被判断为无效的情况下,使专利持有者无法行使其权利;并且为了强化专利侵权诉讼的专业性,专利代理人和律师可以共同进行诉讼代理。[54]

(二)知财高裁的管辖

日本的知识产权诉讼的管辖有自己的特征:关于专利权、实用新型权、布图设计利用权、软件著作权的案件,在一审阶段,由东京地方法院和大阪地方法院专门管辖;在二审阶段,则是由东京高等法院专门管辖。但是对于其他著作权、商标权、外观设计权,以及不公平竞争案件等,由于诉讼标的的价值不高,且纠纷事实通常与地域有密切的关联性[55],因此当事人可向其所在地区的地方法院,或选择向东京、大阪地方法院的知识产权专门部门提出诉讼[56]。

(三)专业性确保方案

日本司法部为审议专利权等需要专业性的案件,在最高法院、东京高等法院、东京及大阪地方法院设置由技术专家担任的专职法院调查官。高等法院的技术调查官任命了专利局内在机械、电器、化学专业具有20多年经验的审查员,他们在专利局退休之后被任命为法院的调查官,并在3年之后再重返专利局。对于调查官基于其技术专业所为的判断,不应作为法官的裁判依据;但是,不可避免的,这项制度实际上演变为由调查官所主导的密室审判或调查官审判,因此而遭到批评。在上诉审理阶段,为实现案例的统一机能,设置由五名裁判官组成的知财高裁大合议制,以作出和最高法院的审判同样受到信任的判决。[57]

(四)成果

成立知财高裁之后,授权确权诉讼审理的时间急速缩短,成立之前平均需要12.6

---

[53] 日本《专利法》第104条3。

[54] 2002年4月1日《专利代理人法》修订,目前专利代理人是关于专利,实用新型、外观设计或商标,国际申请或国际专利申请,集成电路布图设计或特定不公正竞争有关事项,在法院跟当事人或诉讼代理人在一起出席,可以做陈述和审问,其陈述及审问可看作当事人或诉讼代理人亲自做的(日本旧《专利代理人法》第5条)。

[55] 饭村敏明:"为充实知识财产侵权诉讼·迅速的新对应",《NBL》769号,东京知识产权部以实务为中心,2003年9月15日,页18。

[56] 日本也在自豪这是在美国等其他发达国家见不到的划时代的制度:定塚诚:见前注44,页21。

[57] 饭村敏明:"Role of IP Court",Group Session1:Korea-Taiwan-Japan,2007年11月23日。

个月的时间,成立之后则缩短为 9.4 个月。[58] 并且,最高法院通过对侵权诉讼和无效诉讼来确认专利权有效性的案件作统一的判断,很大程度上消除了双轨制所造成的判断不一致。

然而,成立知财高裁之后,并不能看出亲专利的趋向,反而使得创造性要求更为严苛,提高专利被认定无效的几率,造成企业不愿积极行使专利权,使"知识产权立国"的口号黯然失色。[59] 然而,司法实务界仍发出了亲专利的声音,例如:知财高裁三部的法官饭村敏明于 2008 年 11 月 19 日在第二东京律师会的知识产权法研究会上即发表了"关于专利诉讼上的创造性判断"的演讲,承认需要美国的"TSM"。之后在饭村法官负责的案件上要求引进与 TSM 相同的现有技术上暗示动机的存在。[60] 此后,日本认定专利权无效的几率便不断下降。[61] 此外,饭村法官亦强调均等论的必要性,持续作出有利专利权人保护的判决[62];并且扩大专利适格性的范围[63],消除了日本不保护本国专利的刻板形象。2014 年 6 月饭村法官自知财高裁退休,知财高裁未来是否改变亲专利的倾向,受到瞩目。

(五)问题和今后课题

如上文所述,相比于国内知识产权的保护,小泉内阁的"知识产权立国"更多地把焦点放在日本的知识产权在外国所受到的保护上;因此,即使在知财高裁成立之后,日本的侵权诉讼现状也没有显著的变化。观察知识产权相关的民事诉讼时,在知财高裁成立前的 2004 年,高等法院平均每年受理案件数是 178 件,成立之后也只是停留在年平均 140 件。[64] 此外,积极保护专利权人的损害赔偿判决也没有受到多大关注。

2004 年日本东京地方法院作出由日亚化学工业支付中村修二 200 亿日元的判决,这一对职务发明巨额赔款的判决震惊了日本社会。二审将赔偿金额下修到 8 亿 5000 万日元,最终双方达成和解,终结此案件。在日本经济新闻社的采访中,中村修二表示"这次绿色 LED 诉讼以和解终结,是因为日本的司法制度","也因为高等法院的裁判决定金额的上限是 6 亿日元",所以只能和解。"我爱日本,但没有技术者的未来,所以

---

[58] 参考日本知识产权高级裁判所网页统计。

[59] NHK 广播:"危险专利制度",2009 年 4 月 8 日。

[60] 田村善之:"知识产权高级法院三部的挑战,按照进步性判断,防止事后考察",第 141 届:最初的案例是知财高裁,平成 20 年 12 月 25 日;知财高裁,平成 21 年 1 月 28 日。

[61] 根据日本专利局网页统计,2006 年上升到 68.8% 的无效率,2011 年下降到 39.4%。

[62] 饭村敏明:"発明の要旨の認定と技術の範囲の解釈,さらに均等論の活用",Patent, Vol. 64 No. 14,2011 年。

[63] 平成 20 年 8 月 26 日宣判,平成 20 年第 10001 号,审决取消要求案件:无论是以如何解决问题为目标的技术思想的创作,还是人的精神活动,决策或行动样态有关,而且有益人的精神活动,帮助精神活动,提供取代精神活动的手段,作为通例,由发明成立条件使用自然法则,提出是在技术思想的创作解决问题的阶段上,被显示为主要手段。

[64] 参见日本知识产权高级裁判所网页统计。

不得不离开日本。”这也表示出其不满的意见。(65) 日亚化学工业所需支付的赔偿额并不高,丢失的人才却是最大损失。但以这次事件为契机,日本对于职务发明的态度开始出现改变,拟定了职务发明补偿制度,展现出提高赔偿额的趋势。

日本对于国内的知识产权保护态度消极,同时强调本国企业的知识产权在外国受到保护。但是经历了知识产权无法在国内得到保护的发明家和企业家们,很难期待知识产权在国外能够得到保护。知财高裁的无效率和对损害赔偿额的态度,显示了其对知识产权保护的意志薄弱,致使知识产权的价值没能得到体现(66)。因此,国外的知识产权保护势必无法成功盘活日本经济。

(六)小结

根据小泉内阁“知识产权立国”的政策成立的知财高裁,加速了相关案件的审理、统一专利权,以及实现了二审阶段的侵权诉讼与无效诉讼的管辖集中。虽然没出现挑选法院的问题,但以东京地方法院与大阪地方法院作为侵权诉讼集中管辖的第一审法院,上诉案件则由知财高裁集中管辖,这些是值得关注的部分。

然而,日本国内主动施行亲专利政策的理由不充分,致使成立知财高裁之后,反而出现反专利的趋势。由此可知,成立知识产权法院不一定可以提高侵权诉讼的损失赔偿金或加强保护国内知识产权;甚至,也不一定提高国民重视知识产权的意识。本文以为,无论是否设立具有高档基础设施的知识产权法院,相关政策的运用方式会对产业经济产生不同的影响。

从国家综合竞争力的角度来思考知识产权保护的问题,我们能看到美国与日本根据本国企业在国内制造市场占有率的不同,采取了相反的知识产权政策。概括言之,美国作为制造商品的主要输入国提高了知识产权保护水平,与之相比,作为商品出口国的日本对知识产权的保护力度就没有那么大。因此,中国也需要根据自身的情况慎重考虑要采取什么样的知识产权政策,以及如何设定其保护知识产权的程度。

## 四、韩国专利法院

### (一)成立背景

在韩国设立专利法院的缘由是为了改善审查管辖的不合理,而不是为了因应克服经济危机的国家政策。设立专利法院之前,对于驳回申请的决定、专利权无效、订正等,先在专利局进行审判(67)与上诉审判后,如有不服,要向最高法院提出申诉。但在这样的制度下,作为司法机关的法院没有处理实际问题的机会,宪法所保障的国民受法

(65) 中村修二:“ごめん!青色 LED 开発者最后の独白”,Diamond 社,2005 年 7 月。

(66) Henry 幸田:见前注㊽。

(67) 对应与中国的复审。

官裁判的权利被剥夺,宪法法院也决定这是与宪法不一致的。[68] 并且,专利局与专利审判员的判断,也需要受到司法部的合理性及效率性的牵制。作为司法制度改革的一环,1998年3月1日设立了专利法院,专门处理专利审判院判决的上诉案件,专利法院作为高级法院,目前拥有由一位部长法官、两位陪审法官组成的4个裁判部以及17名技术审理官。

（二）专利法院的管辖

对专利审判院[69]的判决不服者,专利法院有一审管辖权,如果对专利法院判决不服者,则可以向大法院上诉,组成强化事实审理的二审制。但是,侵权诉讼不属于专利法院管辖,地方法院与高等法院分别有一审及二审管辖权,大法院则为三审的管辖法院。对此,产业界、科技界、学术界和法律界很早以前就提出,现在的专利法院只是半个专利专门法院。[70] 此外,2012年韩国大法院作出了和日本基尔比判决内容相同的判决[71],与日本知财高裁之前的情况相类似,双轨制下的侵权诉讼和无效诉讼有可能会招致混乱的局面。

（三）专业性确保方案

专利法院采用技术审理官制度来确保其审判的专业性。技术审理官是由具备科技相关知识及专利局经验者,或相关科技专业的人来担任。这可说是德国技术法官制度[72]与日本调查官的折衷,但技术审理官只能参与审理与协议,没有决定权。技术审理官在专利、实用新型、外观设计、商标裁判的过程中,随时接受裁判部对技术项目的咨询,如裁判部认为有需要时,征得裁判长的许可后,技术审理官可以参与准备程序及辩论限期的审理,向诉讼关系人进行技术方面的提问。技术审理官也可以在裁判部的协议过程中,陈述关于技术项目的意见。然而,在实际事务上技术审理官的作用极其重要。在准备程序及辩论日时,技术审理官几乎都要参加,向代理人提出相关问题。根据职权探知主义,双方当事人即使不提出技术方面的主张,技术审理官的意见也通常出现在判决理由中。

（四）成果

设立专利法院之前,关于知识产权的司法解释只限于最高法院的判例,积累的判例亦不多,对于司法的可预测性微乎其微。然而,设立专利法院之后,从量上也从质上充分积累了关于知识产权的判例,对韩国的知识产权解释的统一性与可预测性作出巨

---

[68] 1995. 9. 28. 92 11, 93 宪法 8·9·10 宪法。
[69] 对应于中国的复审委员会。
[70] 2002、2003、2004、2009年提议知识产权侵权诉讼是专利法院的独家管辖修订案,但全都撤销。在其他专利局,大韩商工会议所、科学技术团体总联合会、韩国工学翰林院等的机构持续提出问题。
[71] 最高法院 2012.1.19. 审稿 201095390。
[72] Technische Richter, 1961年7月1日成立德国联邦专利法院,专利局的审判权转到法院,自然地吸收技术审判官才开始进行制度。具有与法官一致的职位,只在专利法院执行法官职位。

大贡献。

虽然不管辖侵权诉讼,但管辖权利范围确认审判的上诉事件,法院对于知识产权侵害相关事件的解释经验也能够得到积累。除此之外,为了加快审判速度,专利法院采取了集中审理制度,结果是,在专利法院开庭之前的 3 年时间里,专利局上诉审判局平均处理案件时间从 14 个月缩短为现在的 7—8 个月,加快了纠纷的处理速度。但是审判员判决的撤销率高于 20%[73],向最高法院的上诉率也达到 55%,专利法院的判决很难被认为具有高度的信赖性。

(五)问题和今后课题

韩国专利侵权诉讼的案件,根据 2010 年的统计数字,为 184 件,仅达到美国案件量的 5.6%;专利权人胜诉率为 26%,不到美国的一半;平均赔偿额也仅是美国的 0.76%。韩国对于专利的保护水平,也远不及创造出专利的水平。[74] 从韩国技术水平与经济状况来看,不能要求实现与美国相同的保护程度;从韩国的 GDP 规模来看,合适的损害赔偿额要达到约 26 倍。力道过轻的保护政策,导致创造知识产权的意愿低落。

此外,由于不承认他人专利权的倾向,相比购买专利权或者取得许可证,公众更愿意通过无效判决或权利范围确定审判来回避权利,这样就妨碍了技术的转让;同时,助长了得到专利权也没有多大意义或者侵权以后也能以专利权无效来规避处罚等想法,导致知识产权无用论或制度不被信任的忧虑。[75]

韩国现行制度保护力道薄弱,一方面归因于国家的消极政策;另一方面,则是专利法院只处理授权确权诉讼而不管辖侵权诉讼。在此体制下,一方面由民事高级法院判断权利是否受到侵害,另一方面则由专利法院管辖专利权有效与否,导致当事人需要花费双重的时间与费用。这样的双轨制不仅是迅速解决纠纷的障碍[76],对于判断专利权无效与否,也可能产生矛盾。因此,对于减少最高法院的上诉率,并无助益。

专利法院之所以迟迟无法管辖侵权诉讼案件,律师团体的反对是不可忽视的因素。律师团体反对的主要理由之一是,大部分有法律服务需要的人多居住在首尔,难以利用位于大田的专利法院。[77] 他们亦主张,目前首尔中央地方法院和首尔高级法院已经有丰富的经验,完全能够胜任侵权诉讼案件的审理。但上述这些观点似乎未深刻考虑国内双轨制的问题,以及目前各国为应对全球性的挑选法院而强烈推进强化专利法院专门作用的现实。以日本的知财高裁为例,无效诉讼是由专利局的审判院审理,

---

[73] 在 CAFC 的情况,对 BPAI 审决的撤诉率达到 9%。
[74] "知财权诉讼作定损害赔偿的恰当性确保方案研究劳务最终报告",首尔大学产学合作团,2012 年。
[75] Jo Yongsik:"知识产权诉讼何为问题",载《法律新闻》2009 年 7 月 2 日。
[76] 代表案例的雙龍製紙与 kimberlyClark Corporation 之间尿布侵权诉讼用了 11 年 8 个月。
[77] 但与日本和韩国相比,拥有 50 倍广大国土的美国也只设置一个专业法院,位于从首尔出发 50 分钟的大田有距离上的问题,还不足以说服力。

侵权诉讼则由东京或大阪地方法院审判,采行二元化的模式;但不论是对无效诉讼或侵权诉讼的不服,皆由知财高裁专属管辖,亦即,至少在高级法院的审判阶段,能够一次性定纷止争。在美国,如果对 IPReview 与 PGReview 的决定不服,是由 PTAB(Patent Trial and Appeal Board)审理,若对 PTAB 的决定不服,则由 CAFC 专属管辖。由此可知,至少在高级法院阶段,无效诉讼与侵权诉讼的专属管辖集中于单一法院是世界趋势。根据 2014 年 4 月 1 日在最高法院司法咨询委员会进行的"关于专利侵权诉讼管辖权集中方案"的决议,对专利、商标等产业财产权及著作权、营业秘密、不公平竞争的一揽子侵权问题,第一审由全国 5 个地方法院专属管辖,同时接受首尔中央分院双重管辖,二审则由专利法院专属管辖,其实现的可能性备受瞩目。[78]

对于专利代理人不能担任侵权诉讼代理人,而只能由律师为之的现行法规定,也饱受批评。[79] 一般而言,诉讼的结果受到诉讼代理人能力与素质左右,为发挥专利法院的真正职能,作为前提条件,诉讼代理人应具有专业化能力;因此,从要求科技知识与法律知识的专利诉讼的特点来看,具有两方面知识的人员作为诉讼代理最合适。更进一步来说,愿意进行专利诉讼的律师必须接受自然科学与工程学有关的基础教育,担当专利法院案件的诉讼代理的专利代理人也要接受包括民事诉讼法等基础法学的教育。如果律师或专利代理人不具备前述条件,则可共同代理案件,以提高诉讼代理人的专业性。[80]

此外,韩国法官就任大法官之前,必须在其他法院积累经验,因此一般在专利法院 3 年的任期内难以积累专业性。[81] 而且专家指出,在三人合议审判制度下进行诉讼分析,很容易侧重一个人的作用,何况实际上难以对首席法官表示反对意见。[82] 反观美国的情况,CAFC 的三位法官在出席口头审理之前几乎不互相交换意见,口头审理结束之后,通过会议全场一致或 2 对 1 的多数决来决定判决内容。这样的紧张感有利于作出妥适的判决,值得中国借鉴。

(六)小结

韩国专利法院是在亚洲较早成立的专利专门法院,为确保知识产权法解释的统一性和可预测性,忠实地执行其任务。而且技术审理官制度的运作成功,使裁决部确保了技术案件的专业性。然而,专利法院虽具有高级法院的地位,但只管辖授权确权诉讼,不管辖侵权案件;因此,无法一次性解决专利纠纷,而将导致诉讼不经济、判决矛盾或相互抵触等许多问题。这些都是值得中国关注的重点。

---

[78] 律师会对专利法院具有诉讼代理权的专利代理人代理相当部分的侵权诉讼而表示忧虑。
[79] 按 2009 年大韩商工会议所调查的结果,93% 的企业愿意专利代理人为其侵权诉讼代理。
[80] Jung Sangjo:"专利法院的经营方案",载《知识产权论文集》1998 年,页 153—182。
[81] Han Dongsu:"韩国专利法院的作用及任务",载《Law & Technology》,第 3 版 6 号,首尔大学技术中心,2007 年 11 月。
[82] JeongChaho:见前注[36],页 76。

**五、结语**

本文介绍了美、日、韩设立知识产权法院的先例,具体分析美国的 CAFC、日本的知识产权高等法院、韩国的专利法院的成立背景、管辖、专门性确保方案以及其成果和问题,进而提炼出中国知识产权法院设立过程中需要考虑的因素。其中最核心的因素是,这些地区的知识产权法院都是唯一的二审法院,管辖全国或全地区所有的知识产权上诉案件;因为只有通过这样的体系,才能够实现设立知识产权法院的原始目的。

域外国家提请设立知识产权法院的最大目标,都是为了确立解释知识产权法的统一性与可预测性。根据美国、日本、韩国的先例来看,能够确定的是,设立高级人民法院等级的知识产权法院才可能确立法律解释与适用的统一性与可预测性。目前中国在北京、上海及广州等三个城市设立知识产权法院。反观美国,全国 94 个联邦地方法院都能审理知识产权诉讼的一审案件,这使得案件的信赖性有所降低;至于日本,则由东京地方法院与大阪地方法院管辖知识产权诉讼的一审案件。本文以为,中国把知识产权诉讼的一审案件集中到三个城市管辖的做法,值得肯定。然而,一旦案件上诉,如果由各法院地区的高级人民法院管辖新设知识产权法院的上诉案件,即二审由各地区的高级人民法院管辖,则无法解决地方保护主义与挑选法院的现象,假如对同一案件,广州与上海的判决结果不一致,会有难以确保知识产权解释统一性和可预测性的忧虑。与美国 CAFC、日本知财高裁、韩国专利法院不同,中国还没作出管辖全地区的、与高级人民法院同级的知识产权法院的制度设计。因此,需要对中国知识产权法再进行解释,解决统一性及可预测性的问题,为控制挑选法院与地方保护主义而不断努力。从美国的先例来看,过去多个联邦上诉法院具有对知识产权纠纷的管辖权时,导致了挑选法院的现象,引起司法部的可信赖性下降。而 CAFC 的设立,能够撤销联邦地区法院的判决,从而对联邦地区法院法官产生威慑力,继而能解决大部分当事人挑选法院的问题。

另一目标是对侵权诉讼和无效诉讼的集中管辖。如此一来,可以避免无效案件和侵权案件分离的二元化司法体系所具有的问题,包括判决相互矛盾或相互抵触的可能性、诉讼不经济、诉讼长期化。根据中国知识产权法院体系的设置,欲主张专利无效应向复审委员会提起,对此判定不服者,再由北京知识产权法院与北京市高级人民法院对案件专属管辖。然而,这样的制度将产生向上海与广州提出的侵权诉讼的上诉案件大部分被中断或得出相反判决的忧虑。此外,此种设计也使得诉讼不经济,并降低了上海与广州知识产权法院的权威性。若从海外经验来看,韩国专利法院只专门管辖撤销复审决定诉讼,可以说仅仅是成功了一半。在日本如要提出专利无效的主张,须向专利局的专利审判院为之;对专利局的决定不服者,则由知财高裁对案件专属管辖。日本的专利侵权诉讼与无效诉讼能在知财高裁合并审理,此亦值得中国加以关注。

综上所述,美、日、韩知识产权法院的设立目标与成就,在于保障了知识产权解释的统一性与可预测性、诉讼经济、法院的专业化、防止挑选法院,以及促进亲专利政策的实施。中国设立知识产权法院应将这些目标纳入考量,此外,亦应解决与外国的贸易摩擦及破除地方保护主义。

根据现有中国知识产权法院的设立方案,在北京、上海及广州这三个市设立与中级人民法院同级的知识产权法院,但通过外国的先例,能预测此种体制设计仍然不足以解决上述的问题。即,如果在二审终审的制度下设立多个上诉法院,将难以实现知识产权法解释的统一性和可预测性,严重阻碍中国知识产权标准的确立,并且,地方保护主义和挑选法院的问题也难以解决。这种局面首先会降低中国知识产权法院系统的可信赖性,无法实质解决中国与国外之间的贸易摩擦问题;其次,会导致判决的可信赖性被削弱,对中国未来在世界上取得知识产权霸权构成障碍;最后,建立一个推行亲专利政策的最佳司法体系的进程亦会被推迟,进而使得知识产权法院对中国经济发展的影响力受到限制。

欲有效解决前述问题,本文建议应设立统一全国的知识产权高级法院,专属管辖侵权诉讼和无效诉讼的上诉案件。按照上述提议所设立的北京知识产权高级法院,不但能解决全国人大常委会方案所导致的问题,也能实现无效诉讼和侵权诉讼的一元化。虽然设立全国唯一的知识产权高级法院可能给当事人带来交通和时间上的一些负担,但这应该是为了更大的国家利益而可以容忍的牺牲。我们应该借鉴授权确权诉讼受北京市第一中级法院与北京市高级人民法院专属管辖的制度得到成功运用的历史经验。

# 贵州少数民族医药的知识产权保护研究

王 琳[*]

【摘要】 民族医药体系是少数民族创造积累而形成的一套医药理论知识和技术体系,具有经验丰富、疗效高、副作用小等优点。随着民族医药进入公众视野,"生物海盗"等现象频频发生,致使民族医药知识持有者难以分享其应得惠益,甚至使一些民族医药面临消亡。由于现行知识产权制度与民族医药之间难以很好契合,保护效果仍不理想,为促进现行民族医药知识产权保护制度的完善,本文特选择少数民族聚居、民族医药丰富、知识产权战略率先发展的贵州为代表,通过实践调查了解当地民族医药发展与保护情况;结合国内外立法经验,按照公开程度划分民族医药以实行特别保护,分析民族医药产业链中收集、研发、市场阶段所面临的制度问题,提出法律建议为主的综合建议,以推动民族医药知识产权有效保护。

【关键词】 民族医药;知识产权保护;贵州;问题与建议

## 一、引言

2001 年 7 月,媒体揭露了云南纳西族地区的一个惨剧:滇西原始林区的野生红豆杉在近十年遭到毁灭性破坏,300 多万棵野生红豆杉被剥皮,然后慢慢死去。当地人不明原因,只知道有医药公司正大规模收购红豆杉树皮;直到 92.5% 的红豆杉在山林中

---

[*] 王琳,北京大学法学院 2014 级法律硕士。

变黄、变黑时,政府才发现其背后的"生物海盗"问题。①

发达国家医药技术迅猛发展的百年里,发展中国家默默承担着供应原材料和医药经验的角色。民族医药常因技术属性简单,权利主体多元,客体范围复杂等因素,被排除在知识产权保护范围外,取而代之的是一种渐成的消耗困境:在无偿或低价贡献民族医药知识,过度输送本地遗传资源后,当地生态和经济遭到破坏,医药宝藏被借以技术包装和专利形式日渐真空。显然,这对于技术落后、地域偏僻,依赖生物资源而生存发展的民族社区是不公平的;进一步说,这对于长期供应原材料和一手医药知识,却反受国外高昂医药专利限制的发展中国家也是不公平的。

对于民族医药知识产权保护制度,学界的意见不一,反对者认为若授予专利,则到期专利和文献资料将招致更多跨国药商大肆攫取,而且知识产权和民族医药之间本身存在诸多契合性问题,难行"量体裁衣"之效。本文认为,这种观点是狭隘的,没有哪个制度能包罗万象地为其客体提供全套保护,倘若民族医药因传承困难而无法利用,或是缓慢地、免费地、不知情地被他人利用,对于持有者和国家而言将是更大的遗憾和损失。就民族医药知识产权保护的正当性、必要性,后文不再赘言。

目前虽有不少学者在专业领域进行过相关研究,但仍缺乏对典型民族地区的针对性实践调查和结合国内外法律、政策、经济等多因素的综合研究。本文除引言外将划分为三个部分:第一部分对民族医药知识产权的背景和研究现状进行归纳梳理;第二部分以贵州为研究对象②,调查当地民族医药的发展现状和知识产权保护情况;第三部分立足于调查结果,通过医药研发产业链模型,整理分析现存知识产权保护存在的问题,结合国内、外立法与司法实践,提出以法律建议为主的综合建议。③

---

① 曾民、张林:"100公斤紫杉醇与死去的红豆杉被毁真相",http://news.sohu.com/79/38/news204743879.shtml,2015年5月12日最后访问。
1992年,美国BMS公司发现野生红豆杉树皮中含有特效治疗癌症物质紫杉醇,紫杉醇很快成为国际热门药物,最高可卖到1g/2000美元。但红豆杉中紫杉醇含量仅为0.01%,于是原始林区发生了大规模的违法盗用野生植物资源事件,牟利者云南汉德公司(80%股份为美国投资者持有)曾与美国签订了价值6亿多元的供货合同,先后生产了111公斤纯度在98%以上的紫杉醇。这种低价掠夺发展中国家原材料,破坏民族地区的生物多样性,凭借专利等知识产权形式,将价格高昂的成药返销而攫取大量财富的行为被称为"生物海盗"或生物剽窃(bio-piracy)。

② 贵州位于我国西南云贵高原,少数民族人口占全省人口37.8%,世居民族包括苗、侗、布依、土家、水等17个。由于特殊自然环境,生态气候,地理条件等因素,贵州非常适宜草药生长和中药材种植,是中国四大道地药材产出地。与此同时,贵州形成了丰富的民族医药体系,其民族医药工业在近几年发展迅猛,也出现了许多有关民族医药知识产权保护的问题,故本文选择贵州作为研究地点,希望通过典型地区分析,促进民族医药知识产权保护。

③ 本次调查历时6天(2014年1月22日—1月27日),共涉及三个地点,包括贵阳(贵阳医学院、贵州省地理标志中心)、黔东南苗族侗族自治州凯里市和雷山县(红梅街民族药市场、黔东南知识产权局、飞云岭制药公司)。调查过程中,获得中央民族大学负责"民族传统知识数据库"构建的薛达元教授许多宝贵建议,以及黔东南州中医医院副院长,《中国侗族医药》作者龙运光和贵州省地理标志研究中心负责人李发耀等专家的无私帮助。

## 二、民族医药知识产权背景

### （一）民族医药概念

民族医药（Traditional Medicine），在本文中指中国少数民族基于智力劳动，为适应不同地理环境和自然因素，通过创造和积累形成的一套医药理论知识和技术体系，如：苗药、藏药、蒙药、彝药等民族药。④

民族医药主要有以下特点：

（1）特殊地域性。民族医药针对特殊地域环境而建立，如苗族居山区多蛇虫，故有许多解毒药方；蒙古族居牧区善骑箭，故对脑震荡和骨伤有丰富疗法；藏族居高原，故对呼吸道疾病、风湿性疾病有较多研究。⑤ 此外，"一方水土一方药"，各地药物资源千差万别，即使是同一种药也可能功效不一，即特殊地域性。

（2）民族群体性。首先，民族医药与当地信仰、文化和习俗密不可分，其传承语言、文字和疗法都很大程度体现了民族特色，故有民族性；其次，民族医药在漫长发展过程中历经多主体更新优化，很难辨析某个民族药的原始发明者，绝大部分民族医药为群体共有，故有群体性；加上有的民族医药被整个部族，甚至临近的多个部族共同使用，故其又有公开性。

（3）传承方式简单。不同于中医或现代医学，民族医药大多仍采取"口传心授"的方式，并遵循"传内不传外"的规定。除藏、蒙、维等少数民族医药有丰富文献记载、专著说明外，大多数民族医药虽有大量诊疗技术与药用经验，文献化程度却很低。⑥ 因此，往往需要民族医师承担起保存、改良和传承民族医药的重担。

（4）重医药轻医技。西医学强调机体分解下，药品对细胞、组织和器官的靶向作用，因此技术体现在具体药物分子的生物活性和运作机理。而民族医药基于传统医药，源于少数民族在生活实践中对天然药物的整体认识和临床试验，是一种极依赖天然药物资源，以混合物形态存在，强调系统效果和配比用量的医药技术。⑦

### （二）民族医药与知识产权保护

#### 1. 民族医药知识产权保护的提出

现代医药具有开发难、周期长、成本高的特点。以美国为例，新药开发到投产需要经临床前试验、临床研究等7个复杂阶段，研制周期高达10年，成本高达8亿美元，但

---

④ 张雪梅："试论民族医药的知识产权保护"，载《时珍国医国药》2007年第5期，页1214。
⑤ 李志勇："中国少数民族传统医药发展简史"，载《医学与哲学》（人文社会医学版）2011年第7期，页78—81。
⑥ 郭旭辉："浅谈民族医药传承与发展中的困境及对策分析"，载《时珍国医国药》2012年第4期，页988—989。
⑦ 王琦："论中医学与东西方文化差异与认同"，载《中国医药学报》2002年第1期，页4。

命中率却低至1/10000。⑧ 因此，医药开发商把目光投向了具有丰富临床经验、价格低廉的传统医药。1998年，印度学者发现国内许多民间古方、验方、甚至市场流通的传统药品，被一些发达国家医药开发商取得，稍作修改后就申请专利，进而抢占了印度医药市场。⑨ 这种"生物海盗"行为不胜枚举，如中国贵州的"观音草"案⑩和"牛黄清心口服液"案⑪、秘鲁的"Quinine案"⑫、南非的"Hoodia仙人掌案"⑬、"死藤水案"⑭等。在印度"楝树（Neem tree）"案中⑮，在印度诉美国格雷斯公司专利的维权成功后，传统医药知识产权保护在国际范围内被正式提出。

2. 民族医药知识产权保护研究现状

民族医药知识产权保护，广义上指一切与少数民族传统医药相关的发明创造或智力成果的法律保护，也指与少数民族医药智力成果财产权、使用权、信誉权以及医药资源相关的传承权、知情同意权、惠益分享权等权利相关的保护。狭义上指民间医药领域的权利人对其智力劳动成功所享有的财产权⑯，包括知识形态成果（如：秘方、疗法、

---

⑧ 郭涛：《药物研究与开发》，人民卫生出版社2007年版，页12—14。

⑨ Peter Drahos, Indigenous knowledge, intellectual property and biopiracy: is a global biocollecting society the answer? European Intellectual Property Review, 22, 245—250 (2000).

⑩ 李发耀：《多维视野下的传统知识保护机制实证研究》，知识产权出版社2008年版，页106—107。"观音草"本是贵州苗族祖传的治疗感冒良药。但被国外公司反向解析出有效分子式组成并注册专利，开发出系列医药产品，从中获取巨额经济利益。

⑪ 顾玲玲："论中医药知识产权的国际保护"，苏州大学2013年硕士论文，页7。韩国在我国牛黄清心解毒丸基础上生产其改进剂型产品，并申请专利，其年产值超过7.7亿，限制我国牛黄清新解毒丸的发展。日本和韩国的专利产品占了市场的绝大多数份额，而这两个国家70%～80%的中草药的原料来是自我国。我国中医药产品在国际市场份额仅占3%。

⑫ 同前注。Quinine是秘鲁金鸡纳树树皮上提取的物质，人们常用它来治疗发烧，1982年被美国一家医药公司将其开发成可以治疗疟疾的药物，但是该医药公司并没有给秘鲁当地的人以任何的补偿。

⑬ 宋晓亭："国际传统医药知识保护的兴起及发展趋势"，载《上海中医药大学学报》2007年第4期，第21卷，页69。南非的布西曼族在长途游猎中为抑制饥饿感，常咀嚼一种名为Hoodia的仙人掌类多汁食物来消除饥饿和口渴。1995年，CSIR从Hoodia中分离出活性物质并申请了Hoodia抑制食欲的成分P57的专利。1997年他们将P57许可给英国生物技术公司Phytopharm。1998年，美国辉瑞制药公司以高达3200万美元的使用费得到了开发和销售P57的权利，打算将其开发成减肥药和治疗肥胖症的药品，其预计的市场价值超过60亿英镑，但整个过程中当地居民没有分享到任何利益。

⑭ "达藤"是亚马逊流域部落中的巫医们世代用以制作祭祀饮料"死藤水"的一种树皮，死藤水的效用是属于他们共同拥有的传统知识，本是亚马逊各部落古白以来的秘密，并不能用于商业，1986年，美国人LorenMiller通过对死藤水成分的研究，将本属于南美遗传资源的"达藤"申请了美国植物专利。

⑮ Moyer-Henry K, Patentingneem and hoodia: conflictingdecisions issued by the opposition board of the European Patent Office. Biotechnology Law Report, 27, 1—10. (2008)

印度楝树，即Neem，属楝科植物，有"绿色黄金"之称，其种仁所含印楝素可提炼能杀灭200种害虫的生物，是印度公知的传统医药中技术。美国的格雷斯公司从楝树的树种中提取了Azadirachtin，用于防治植物的真菌，申请专利。

⑯ 褚菊萍："我国传统民族医药知识产权保护机制研究"，华东政法大学2010年硕士论文，页16。

用药经验等),也包括物质形态成果(如新培药材、医疗器械等)。⑰

民族医药知识,是传统知识中重要的组成部分。2000年开始,传统知识的知识产权保护受到关注,"中国知网"数据显示:截至2015年1月,国内有关"传统医药"知识产权的文章不过200多篇,直接深入到民族医药的文章只有20多篇,主要涉及以下方面:

(1) 传统医药知识产权保护的合理性论证

刘银良从法理视角出发,通过划分传统知识类别进而厘清传统知识中可知识产权的主题,解决了传统医药中生物资源不适合知识产权保护的问题⑱;严永和⑲、胡宏⑳等从人权视角出发,认为传统医药知识产权保护有利于维护生存权、健康权、发展权等基本人权;陈洋㉑从文化多样性视角出发,认为传统医药知识产权保护有利于文化多样性的保护;郑颖捷㉒等从政策角度出发,指出知识产权保护是传统医药保护的政策性选择和必然趋势。李发耀㉓、胡超㉔等从经济角度出发,认为传统医药的知识产权保护是实现社区、民族经济利益的重要手段之一。

(2) 传统医药知识产权的局限性及建议

研究大多集中在知识产权制度和传统知识的法律相容性分析,如陈凌㉕提到传统医药知识产权保护在制度和实践方面的利益冲突和法律冲突,黄旭东㉖按照知识产权保护分类,讨论了各个制度模块可能的问题,褚菊萍㉗、韩小兵㉘等人在立法基础上讨论了现行法律框架下的问题,李杨㉙等从传统知识自身特点出发,分析了传统知识与知

---

⑰ 刘明霞:"我国中药知识产权保护研究",对外经贸大学2006年硕士论文,页10。
⑱ 刘银良:"传统知识保护的法律问题研究",载《知识产权文丛》2006年第13卷,页228—230。
⑲ 严永和:"论传统知识知识产权保护的正当性——以人权为视角",载《知识产权》2005年第2期,页18—22。
⑳ 胡宏:"论传统知识的知识产权保护正当性及其困境",载《河北科技师范学院学报》2010年第3期,页125—128。
㉑ 陈洋:"论传统知识的知识产权保护的正当性—以文化多样性为视角",载《河北经贸大学学报》2007年第1期第7卷,页30—31。
㉒ 郑颖捷:"论少数民族传统知识的知识产权法保护",载《中南民族大学学报》2010年第3期,页49—53。
㉓ 李发耀:"论民族地区传统知识的积极性保护机制",载《贵州民族研究》2011年第5期,页45—49。
㉔ 胡超:"传统知识国际知识产权保护路径探析",载《知识产权》2013年第8期,页91—95。
㉕ 陈凌:"传统医药的知识产权保护研究",厦门大学2006年硕士论文,页12—13。
㉖ 黄旭东:"贵州民族民间医药知识产权保护研究",载《贵州社会科学》2006年第2期,页63—69。
㉗ 褚菊萍:"我国传统民族医药知识产权保护机制研究",华东政法大学2010年硕士论文,页38—56。
㉘ 韩小兵:"中国少数民族传统医药保护的立法模式思考",载《中央民族大学学报》2007年第3期,页57—66。
㉙ 李杨:"论传统知识与知识产权制度的内在契合及发展",载《南京政治学院学报》2009年第1期,页57—61。

识产权制度的内在契合问题。其他学者,如李轩[30]在经济学范畴辨析了知识产权保护制度的不合问题,任小巧[31]结合国内近几年相关政策为知识产权保护实施提供了有力依据。

(3) 传统医药的国际原则分析

顾玲玲[32]认为中国可以从《欧盟指令》、印度《专利法》中的成功经验,完善遗传资源的披露制度和知情同意制度,杜瑞芳[33]将国际立法分为单独立法模式(泰国)和综合立法模式(巴西、巴拿马、葡萄牙等),并认为我国当下适合采用综合立法模式。张会幯[34]从国际视角下解释了民族医药专利保护的应用原则和防御原则,严永和[35]借国际案例解析了民族医药在先技术化的操作方法。

3. 民族医药知识产权的国内外保护

(1) 国内方面,针对民族医药的知识产权保护形式,主要包括专利权、商业秘密、商标权和著作权。

① 专利保护。专利法的立法目的在于确认发明人对发明创造的技术方案的垄断权并鼓励人们积极创造,专利权具有很强的排他性,也最为有效,因此作为民族医药知识产权保护的核心。依据《专利法》第22条,医药新用途、医药配方、改良现代剂型、药材栽培或养殖技术等民族药品、方法或用途,只要具备创造性、新颖性、实用性,即可以申请获得发明专利或实用新型,并获得20年保护期[36],与其对应的包装设计和医药器材等也可申请外观设计专利和实用专利,并获得10年保护期。

② 商业秘密保护。我国《反不正当竞争法》第10条第3款规定商业秘密是:"指不为公众所知悉、能为权利人带来经济利益、具有实用性并经权利人采取保密措施的技术信息和经营信息。"[37]商业秘密因保护期没有限制,而弥补了专利保护中必须"以公开换垄断"的不便,为需要保守秘方、秘技的民族医药提供了更好的保护方式,如:具备秘密性和经济价值的医药单方、祖传秘方、炮制技术等[38],或是出于商业利益和特殊

---

[30] 李轩:"传统医药知识产权保护:制度经济学视角",载《制度经济学研究》2007年第1期,页169—185。

[31] 任小巧:"我国民族医药相关政策现状及发展战略思考",载《中国民族医药杂志》2012年第6期,页65—67。

[32] 前注⑪,页26。

[33] 杜瑞芳:"我国传统医药知识保护的立法模式探讨",载《科技与法律》2006年第2期,页110—112。

[34] 张会幯:"我国民族医药专利保护的现状与对策",载《学术论坛》2008年第7期,页

[35] 严永和:"现行专利法对我国少数民族传统知识的保护——论我国少数民族传统知识的在先技术化",载《贵州民族研究》2006年第6期,页6—11。

[36] 《中华人民共和国专利法》第22条。

[37] 《中华人民共和国反不正当竞争法》第10条。

[38] 由于民族医药具民族性,基于民族信仰或是家族规定等因素,一些民族医药持有者承担了保密责任,因而不能以专利形式进行保护,上述亚马逊"死藤水案件"就是一例。

信仰等原因,需要保密的民族医药。

③ 商标保护。商标蕴藏着巨大的品牌效应和无形利益,在经济市场中有着重要意义。我国《商标法》第 8 条规定:"任何能将自然人、法人或者其他组织的商品与他人的商品区别开来的可视性标志,包括文字、图形、字母、数字、三维标志和颜色组合,以及上述要素的组合,均可以作为商标申请注册。"此外,由于民族医药的群体性,地理标志也成为重要的保护形式。我国《商标法》第 3 条、《集体商标、证明商标注册和管理办法》第 8 条详细规定,作为集体商标、证明商标申请注册的地理标志,可以是该地理标志标示地区的名称,也可以是能够标示某商品来源于该地区的其他可视性标志。民族地区富含优良药用资源,借助地理标志可以突出道地药材的优越性。宁夏枸杞、藏红花等地理标志都取得了很好的"品牌"效应。

④ 著作权保护。根据《中华人民共和国著作权法实施条例》第 2 条,民族医药著作权,可以解释为权利人对自己所有的,就民族医药相关的文学、艺术和科学创作作品,依法享有的人身权和财产权。民族医药相关的典籍、画著、音乐或影视作品(如《苗药传奇》)都可以获得著作权保护,这对于许多散落民间,缺乏文献记载,难以继续传承的民族医药有着重要意义。[39]

(2) 国际方面,主要有世界知识产权组织(WIPO)、世界卫生组织(WHO)、世界贸易组织(WTO)与联合国规划署(UNEP)四个联合国组织涉及传统医药知识产权保护。

WIPO 致力于推行保护知识产权,促进发达国家与发展中国家间的技术交流和资源对换,1998 年,曾派遣实况调查队,针对 28 个国家的传统知识保护进行调查[40],2000年,成立"知识产权与遗传资源、传统知识和民间文艺政府间委员会(IGC)"。在 IGC 主持下,已举办了 12 次有关传统知识、遗传资源的讨论会议,提出了传统知识保护的政策目标,指导原则和实体条款。[41] 2013 年,IGC 公布《保护传统知识:条款草案第二次修订稿》,进一步细化了传统知识的保护范围,知情同意程序、救济程序、惠益分享等内容,为下一步构建国际性传统知识保护法律框架打下了良好的基础。[42]

2002 年,WHO 出台了传统医药的首个全球发展战略:《WHO2002—2005 年传统医药战略》,明确了传统医学的定义,公开认可传统医药对世界发展的重要性,并主张将

---

[39] 胡书平:"民族医药发展现状及存在问题分析",载《中央民族大学学报》2011 年第 1 期第 20 卷,页 78—79。

[40] 薛达元:"中国民族地区遗传资源及传统知识的保护与惠益分享",载《资源科学》2009 年第 6 期,页 919—925。

[41] 2011 年 12 月 13 日"世界知识产权组织传统知识、传统文化表达和遗传资源地区间研讨会"首次在中国(河南)举办。同年,中国政府首次将专利指标纳入为政绩考核指标。

[42] 《保护传统知识:条款草案第二次修订稿》第 3 条至第 5 条分别就传统知识范围、知情同意、制裁、救济、行使权利等进行规定。

其纳入各国医疗保健体系。㊸ 2008 年,中国首届"WHO 传统医药大会"在北京召开,会议宣布了《北京宣言》,强调传统医药在卫生服务中起到的作用,为中国传统医药发展指明了方向。此外,WHO 还与我国中医药管理局签署了《关于加强传统医药领域交流与合作的协议》以促进传统医药发展。㊹ 2014 年,《WHO2014—2023 年传统医药战略》进一步规划了未来十年在传统医药领域的战略目标和行动。㊺

WTO 在 TRIPs 协议中,提出了争端解决机制以及相应的救济措施。㊻ TRIPs 协议的强制力和对贸易的影响力无疑使得知识产权保护提升到新的水平,但是就传统知识、遗传资源是否纳入 TRIPs 保护主题,专利的披露制度是否有强制力等问题㊼,发达国家和发展中国家形成明显对立。

1992 年,UNEP 在内罗毕议定《生物多样性公约》(CBD),在第 8 条(j)款、第 15 条提出了惠益分享机制和事先知情同意协议,第 16 条、17 条强调了发达国家与发展中国家技术、信息交换的方式。可见,CBD 为发展中国家传统医药保护提供了重要依据。目前,发展中国家和发达国家已经就 TRIPs 与 CBD 关系提交了 20 个文件㊽,虽然发展中国家曾多次力举 CBD 条款支撑 TRIPs 环境下的传统医药知识产权保护,却遭到美国强烈反对,终究未能在 TRIPs 框架下建立有约束力的国际规则。㊾

既然自上而下的做法太过难行,何不采取自下而上的方法? 先研究国内民族医药知识产权保护存在的个体困境,再通过发展中国家之间立法经验和司法实践交流,在国际上形成更强、更统一的法律构架,借助规模性的法律效应扭转当下民族医药的消耗困境。

### 三、贵州民族医药与知识产权保护研究概况

(一)贵州民族医药现状

1. 贵州民族医药类型和数量

贵阳中医学院最新调查数据显示,贵州现有中草药资源 4802 种,其中药用植物 4419 种、药用动物 301 种、药用矿物 82 种,珍稀濒危药用植物 97 种、特有药用植物 80

---

㊸ WHO Traditiona lMedicine Strategy 2002—2005,www. who. int/zh/,2014 年 2 月 20 日最后访问。

㊹ 《北京宣言》(中文版),www. who. int/zh/,2014 年 2 月 20 日最后访问。

㊺ WHO Traditional Medicine Strategy 2014—2023,www. who. int/medicines,2014 年 2 月 20 日最后访问.

㊻ 争端解决机制(dispute-resolvingmechanism)是指在对方违反协议,造成损失且无法达成一致解决方案的条件下,申诉方可以要求被诉方撤除与协议不相吻合的措施(类似于停止侵害),补偿(损害赔偿),如果上述救济仍然无法实现,申诉方可以经过裁决中止或减让自己的其他义务(交叉报复)。

㊼ 《TRIPs 协议》第 3 条、第 6 条。

㊽ 中华人民共和国国家知识产权局:"遗传资源和传统知识保护",http://www. sipo. gov. cn,2014 年 2 月 18 日,2014 年 2 月 20 日最后访问。

㊾ "Taking forward the Review of Article27. 3(b)of the TRIPS Agreement",http://www. wto. org/. 2003. 2006-02-14。

种,其药用资源总量目前已从全国第四位跃居第二位,其中民族医药约占医药资源总量的 85%。[50] 形成医药体系包括:苗族医药、侗族医药、布依族医药、水族医药、瑶族医药等 9 种[51],其中苗药、侗药已具备产业规模。

2. 贵州民族医药产业的经济发展

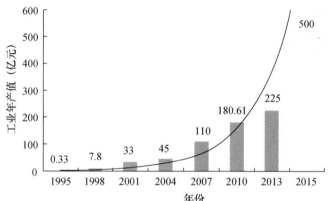

图 1　贵州省民族医药工业年产值数据图(1995—2013)

数据显示,1995—2001 年,贵州民族医药工业年产值由 0.33 亿元增至 33 亿元,实现百倍增长。2001 年中国加入 WTO,TRIPs 协议生效后的几年间,民族医药的年产值增幅较小[52],2006 年,《贵州知识产权战略纲》《"十一五"医药发展规划》颁布,贵州主攻药品生产和创新研究,获得了大批新药专利[53],民族医药工业年产值得以保持相对较高的增长速度继续发展。"十二五"期间,贵州鼓励制药企业优势重组,扶持医药工业园区建设[54],到 2013 年,民族医药工业年产值已高达 225 亿元,贵州省省长赵克志曾在会上提出:"贵州在 2015 年要实现民族医药工业年产值 500 亿元的发展目标"。可见,民族医药对贵州经济发展起到了重要的作用。

(二) 贵州民族传统医药的知识产权保护情况

1. 专利情况

专利申请数量反映一个企业对发明创新的重视度,也间接反映该企业的自主科研水平。数据显示:贵州目前有 151 家药品生产企业,共申请专利 880 件。但除 4 家带头

---

[50] 黄岚:"贵州中草药资源种类居全国第二",载《中国中医药报》2010 年 2 月 11 日,第 1 版。
[51] 杨昌文:"贵州民族调查与民族医药研究",载《贵州民族研究》2002 第 3 期,页 155—159。
[52] 本文猜想可能是由于全球贸易加剧,使得民族医药产业受到西医的市场冲击。
[53] 《贵州省中药民族药产业科技发展"十一五"医药产业发展规划》eeee(2006—2010),www.gzsipo.gov.cn/,2014 年 2 月 20 日最后访问。
[54] 《贵州省中药民族药产业科技发展"十二五"医药产业发展规划》(2011—2015),www.gzsipo.gov.cn/,2014 年 2 月 20 日最后访问。

医药企业(55),具有较多专利(超过50件),大部分医药生产公司(126家)的专利量不足10件,这126家企业中,有接近50%的企业没有任何专利。可见,虽然贵州省近年来大兴专利保护,但医药专利结果呈现明显两极分化。(56) 另外,2013年贵州省查办假冒专利案件高达355件,黔南州(106件)占比最多。(57) 说明民族医药的专利保护情况仍不理想,中小型医药企业缺乏专利保护意识不强,许多医药企业仍缺乏面对假冒专利侵害的保护、还击能力。

2. 商标情况

商标是消费者识别信赖企业的一个重要凭证,民族医药知识产权保护的重要途径。较专利、著作而言,商标情况更能反映民族医药的流通情况。(58) 其中,著名商标以使用年限、知名度等因素进一步限定了其申请条件(59),能一定程度反映当地民族医药在医药领域的发展情况。结合文献和贵州省工商行政管理局数据,本文调查2006年至2014年贵州著名商标情况如下表:

**表1 贵州省著名商标统计数据表(2006—2014)(60)**

| 年度 | 著名商标总量/件 | 医药企业著名商标总量/件 |
|---|---|---|
| 2006 | 150 | 10 |
| 2007 | 130 | 11 |
| 2008 | 103 | 11 |
| 2009 | 171 | 14 |
| 2010 | 164 | 11 |
| 2011 | 187 | 11 |
| 2012 | 192 | 13 |
| 2013 | 285 | 18 |
| 2014 | 293 | 20 |

数据显示:虽然贵州著名商标总量呈日益增长趋势,但制药业著名商标总量在2006年至2011年约占贵州著名商标总量的0.65%,基本呈现稳定趋势,没有较大提升。2011年至2014年,获得著名商标认证的制药企业数量有所提升,但就所占总量情

(55) 贵州当下形成四家龙头制药企业,包括益佰制药、百灵制药、同济制药、神奇制药。

(56) 潘艳娟等:"贵州省生物医药企业专利现状分析",载《中南药学》2011年第10期,页790—794。

(57) "2013年贵州省查办专利案件情况统计表",www. gzsipo. gov. cn/,2014年2月22日最后访问。

(58) 《Trips协议》第19条。

(59) 《贵州省著名商标认定和保护办法》(2012年),www. gzaic. org. cn/。2014年2月22日最后访问。

(60) 贵州省著名商标认定公告,http://www. gzaic. org. cn/、www. gzcredit. gov. cn/、www. gzcredit. gov. cn/,2014年2月22日最后访问。

况来看,仍有很大的发展空间。而且著名商标也大都集中在零星几个企业,正如刘维蓉指出[61],贵州省商标申请情况,也呈现出两极分化现象,大部分医药制造企业商标保护意识淡薄。

3. 地理标志情况

贵州目前有 67 个产品获得地理标志,其中 22 个为道地药材,包括赫章半夏、大方天麻、威宁党参等知名药材[62],此外一批药材,如遵义杜仲、道真玄参等申请正处于地理标志受理阶段。调查发现当下 67 个地理标志产品中,有 23 个(>1/3)是在 2014 年获批的,此外,贵州还发生过不少类似于红岩葡萄被恶意注册的事件[63],可见直到近几年,贵州才着重地理标志保护,而从贵州丰富的药材资源来看,地理标志保护还有很大的提升空间。

4. 著作情况

"十五"期间,贵州政府牵头收集,整理出版大批民族医药专著,大都以书籍形式完成文献化。[64] 目前出版的专著包括:苗药相关的《苗学通论》《苗族药物集》《苗族医药学》《中国苗医药》《中华本草·苗药卷》《中国苗族药物彩色图集》《贵州苗族医药研究与开发》《苗族医药开发与临床应用》等[65];侗药相关的《侗族医学》《中国侗族医药》《侗族医药探秘》《中国侗族医药研究》等;水药相关的《水族医药》《三都水族自治县中草药验房选编》《中国水族医药宝典》等。[66] 另外,其他出版文献如《中国民族医药志》《贵州中药资源》等也收载不少民族医药。

**四、贵州民族医药知识产权保护现存问题与建议**

(一) 问题的研究思路

为了能厘清制度所在问题,本文摒弃以知识产权分类为主的旧思维模式,转而以传承和研发利用为最终目的,通过公开程度将民族医药进行划分,将不同公开程度的民族医药投入到适合的知识产权保护模式中,如:以商标、专利等动态形式将适合积极利用的民族医药,投入到民族制药产业链中去;以著作权、数据库等静态形式将适合消

---

[61] 数据部分参见刘维蓉:"浅议贵州省苗药产业化中的苗药商标保护",载《中国民族医药杂志》2012年第8期,页26—29。

[62] 《地理标志目录》(贵州),www.chinapgi.org/,2014年2月25日最后访问。

[63] 贵州省地理标志中心负责人李发耀曾提供红岩葡萄遭抢注案例:红岩葡萄沟位于贵州省息烽县小寨坝镇红岩村,发展始于19世纪70年代,由于红岩独特的土壤和气候条件,葡萄清甜可口,肉厚皮薄,有独特的蜂蜜香味,曾获"北有新疆吐鲁番,南有红岩葡萄沟"之评,但贵州没有就其申请地理标志保护,贵州息烽县红岩葡萄遭湖南省恶意注册,最后不得不以数万元买回"红岩葡"的名称使用权。

[64] 《贵州省中药民族药产业科技发展"十五"医药产业发展规划》(2001—2005),www.gzsipo.gov.cn/,2014年2月25日最后访问。

[65] 汤健容:"苗族医药档案文献概述",载《中华医学图书情报杂志》2012年第6期,页69。

[66] 见前注[58],页2。

极防御的民族医药以稳定形式固定下来。

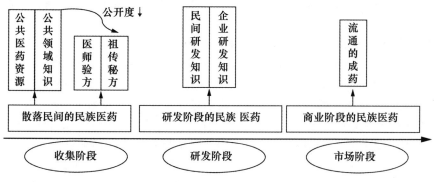

图2 民族医药知识在开发产业链的不同位置

（二）具体问题与建议

1. 收集阶段

在收集阶段，民族医药情况最为复杂，也最容易受到不法侵害。按照公开程度，可将散落民间的民族医药分为以下类型：

（1）公开程度高的民族医药

① 有形医药资源，指具有实际或潜在价值的、未经加工的天然药物资源。贵州素有"黔山无闲草，遍地皆是药"的美称，但随着医药资源大规模开发，昔日常见的药材，如野生白芨、重楼、头花蓼等已渐临稀缺。在凯里，原用于制造心脑血管丸药品的"大果木姜子"，就因使用过度，而造成生态破坏和制约后期药品生产的后果。[67]

因为有形药物资源本身未经"知识加工"，立法者很难将其纳入民族医药知识产权的保护客体中，并主张独占性权利。[68] 但民族医药资源破坏，相当程度上因药物开发而起，又因专利保护而正当化、加剧化。故本文认为，从成因上找寻改善方法是可取的：

第一，建立与专利强制披露义务配套的事先知情同意和惠益分享机制，细化不当专利授权后的行政异议程序、司法救济程序。

本文所称不当专利，是指由于审查失误或专利权人有意隐瞒，未履行遗传资源披露义务而或授权的医药专利。在这里讨论这个问题，是因为有关遗传资源的医药研究已经成为各国竞相争逐的热点领域，基因治疗等技术依赖的野生动、植物、微生物资源，也因此成为国家间具有战略意义的发展物资。但发达国家与发展中国家技术和资

---

[67] 柳龙龙："过度采集致药材资源濒临枯竭危及贵州药业发展"，载《贵阳日报》2013年10月28日第2版。"据2011年省药监局统计数据显示，由于心脑血管疾病药品市场开发量大，全省大果木姜子资源只有不到500吨。贵州益佰、景峰等几家药企，都面临原材料稀缺的烦恼。"

[68] 刘银良："传统知识保护的法律问题研究"，载郑成思主编《知识产权文丛》第13卷，中国方正出版社2006年版，页227—228。

源、优势的两极化,使得伴随"生物海盗"而起的生物多样性破坏日益加剧。其中民族地区因医药资源丰富而成为高危地区,新疆甘草、西藏羌活等民族医药遗传资源破坏的案例比比皆是[69],环保部也因此在"中国生物多样性保护战略与行动计划(2011—2030年)"中明确提出"以边远地区和少数民族地区"为重点。[70]

为缓解民族医药遗传资源承受的压力,谋求合理惠益分享,发展中国家采用一个手段是通过专利法从技术成果链上控制遗传资源相关的专利申请,进而反向限制医药遗传资源的过度输出。诚然,这个方法可能治标不治本,但是在当下"生物海盗"的高压下,引入遗传资源强制披露义务已成为通行之举,因为其一方面能限制授予极可能造成生态破坏的专利,并为知情同意和分享惠益机制提供了实施前提;另一方面为发展中国家否定或限制已经错误授予的不当专利提供了法律依据,并借之规定相应的行政异议或司法救济措施,以减小不当专利的影响,补偿因之受害的民族医药社区。虽然国际范围内并未就强制性披露义务达成共识[71],以美国为首的反对者更是怨声载道[72]。但本文认为来源披露义务是必要且强制的:首先,从常理来看,跨国公司投资平均十亿来开发新药,很难想象其研发前并不知道投资药物的遗传来源;从公平正义和环境保护来看,研发项目多建立在民族医药知识基础上,并利用当地有形医药资源,作为知识和资源供应者,理应在某项关乎自身利害的专利投产前就享有知情权,并能借此跟踪遗传资源的商业利用和数量情况,以扭转信息不对称中的弱势地位,而不是像红豆杉悲剧一样,等到生态侵害发生时,才求助《野生动物保护法》进行索赔;从国际法角度来看,《生物多样性公约》第15条规定,主权国家有权对是否取得遗传资源进行立法,并规定遗传资源的取得条件和惠益分享机制[73];从专利法角度来看,强制披露并不违背专利法的立法目的,虽然鼓励个人创新是专利法的设立初衷,但"公开换垄断"的基本构架说明其上位目的是推进科学进步,而强制来源披露恰恰可以帮助建立惠益分享机制,实现技术方和资源方之间有效的技术交流。[74] 其次,充分的来源披露,有助于

---

[69] 朱梦静:"我国中医药法律保护研究",上海师范大学2014年硕士论文,页18—19。

[70] 李慧:"我国民族地区遗传资源获取与惠益分享法律问题研究",中央民族大学2011年硕士论文,页45。

[71] 《TRIPs协议不应当在专利申请中强制性规定特殊披露要求》,www.ccoic.cn/,2014年2月22日最后访问。

[72] 〔美〕辛西亚·霍:"生物剽窃及其他:对全球专利政策之社会文化冲突的思考",载《密西根大学法律改革杂志》2006年第39期,第433、490页。美国生物行业联盟称:"遗传资源披露义务只会让不择手段的竞争者,利用专利法在诉讼中提出未满足披露要求这样无理的诉求来侵犯发明人。"辛西亚·霍认为:"不管是法律用语还是科学理论都不能明确划定遗传资源和最终专利之间的必然联系范围,因而遗传资源披露义务很难完成。"

[73] 《生物多样性公约》第15条。

[74] 这里还有很重要的一点是考虑到前文提到的民族医药地域性,披露遗传资源还能够帮助后来开发者节省下,就某技术所用的最佳材料的搜寻时间和成本,因而有助于技术更好地传播和利用。

专利局审查披露来源地是否已有该专利基础的在先技术,批准后是否会对当地稀有药用资源和公共利益产生极大破坏,进而确保授予专利符合新颖性原则和道德原则。⑦

许多国家已采取国内立法模式来设定来源披露义务:如荷兰,规定某项发明有关的生物资源虚假信息虽不会导致专利无效或驳回,但是会触犯《荷兰刑事法典》第163条,并承担刑事责任;巴西规定申请人必须披露任何来自巴西的遗传资源,并提交由巴西政府出具的同意书,如果专利发明被用于商业使用,其使用还须按照《适用基因遗传和惠益分享合同》的约定;安第斯共同体《获取遗传资源的共同制度》《第 391 号决定》和《第 486 号决定》规定⑦,申请人未按照要求披露来源和达成获取合同的,不承认其知识产权,对于错误授予的专利,国家还可以对获取遗传资源及其副产品设置部分限制或全部限制;印度则专门建立国家生物多样性管理局(NBA),并通过《生物多样性法案》规定申请人在遗传资源依赖的发明上须获得 NBA 的同意证书,并与资源贡献人达成惠益分享协议,支付许可使用金,对于资源贡献者不确定的,则将惠益分享金存入生物多样性基金,用于满足生物多样性管理和其他土著居民提出的要求。⑦

就国际立法经验来看,本文认为,虽然《专利法》第 5 条第 2 款和第 26 条第 5 款规定了强制性披露义务,但并未规定知情同意和惠益分享相关内容以及错误专利的效力和规制手段。这使得遗传资源披露义务如同无牙老虎,只能"吓走"不良专利或促使不良专利申请人大胆提供虚假信息。建议除驳回专利申请后果外,借鉴国际经验,增加刑事或行政制裁,缩小错授专利的权利要求范围等其他事后途径以增强专利披露的强制性。另外,建议将《专利法》中来源披露义务的启动时间延伸到专利申请后的各个时期⑦,使得民族社区可以在事后针对已经授予的专利提起行政异议,主张分享某项专利技术的惠益,否定某项民族社区实际既存的技术专利。考虑到民族社区缺乏权利主张人的问题,应当设立民族资源管理委员会和生物多样性管理基金,由委员会代表民族社区行使知情权、异议权和事后救济权,并将所得经费用于当地生物多样性管理和建设。此外,也应当为不满行政审议结果的专利权人提供司法救济以保证公平。

第二,通过《民族医药资源生物资源保护法》或《生物多样性保护法》等相关的法律法规,并结合《专利法》第 5 条来保护我国的生物资源。

除上述方法,还可以在专利法中增加空白条款,把后果规制置于其他法律中。依

---

⑦ 《专利法》第 5 条、第 22 条。

⑦ 安第斯共同体(AndeanCommunity),成员国为安第斯山麓国家玻利维亚、哥伦比亚、厄瓜多尔、秘鲁和委内瑞拉 1996 年成立,其宗旨是充分利用本地区的资源,促进成员国之间的协调发展,取消各国之间的关税壁垒,组成共同市场,加速经济一体化。

⑦ BryanBachner:Intellectual Property Rights and China:the Modernization of Traditional Knowledge,法律出版社 2010 年版,页 160—162。

⑦ 当下《中华人民共和国专利法》中仅规定驳回未履行披露义务的专利申请,并未规定已授予不当专利的法律后果。

据《专利法》第 5 条有关违法专利的规定,可以立法并通过《民族医药资源生物资源保护法》或《生物多样性保护法》等相关的法律法规,一方面借合作将专利局的部分审查负担转移给中国生物多样性保护国家委员会[79],另一方面规制可能对国内生物多样性造成恶劣影响的不当发明。长期落实的话,有望建立"生物多样性专利地图",针对可能发生的物种破坏问题或灭绝问题的地域,提前进行防范保护。此外,通过《生物多样性保护法》等相关法律来规定刑事制裁,也有利于维持《专利法》本身稳定。

第三,在《植物新品种保护条例》增加有关传统医药的规定。

对国家、民族社区所有的遗传资源,最常用的保护方式是划定自然保护区[80],或将保护对象列入《濒危野生动植物国际贸易公约》附录等的生态学办法[81],但这些方法有碍药用资源的开发。因此,借助植物新品种保护,鼓励具有重要医药价值的植物人工养殖、种植和培育,并给予研发人足够奖励,以刺激保护性作用的传统知识得以开发和运用非常有意义,是民族医药可持续发展的必然选择。虽然《专利法》排除了动植物品种的授权,但依据《TRIPs 协议》第 27 条第 3 款(b),各国大多立法设定了相关保护方法,我国则采用《植物新品种保护条例》,这对民族医药保护有重要意义。

植物新品种和专利类似,目的都是促进创新,并规定了新颖性标准、独占、转让、许可和期限等相似内容。但是,植物新品种保护相对于专利保护有一定优势:一是植物新品种不要求保护客体严格具有实用性和创造性,更加适应我国富源地广,生物技术发展水平及产业化水平尚不发达的现实国情;二是,植物品种权获得,虽然也要求权利人提交种子样本,但他人并不能通过申请得到交存的种子样本,因此加强了对品种本身的保护[82];三是,民族成员在长期生活实践中,与自然医药接触频繁,已经积累下许多驯化、培育栽培植物、家养动物品种资源和其他生物资源的传统知识,如新疆维吾尔族对果树、花木的选育技术、藏族对雪莲的利用知识等[83],所以,民族医药更能凭借环境、

---

[79] 2011 年 6 月,国务院决定把"2010 国际生物多样性年中国国家委员会"更名为"中国生物多样性保护国家委员会",指导《中国生物多样性保护战略与行动计划(2011~2030 年)》,www.zhb.gov.cn/ztbd/rdzl/sdwyh/,2014 年 4 月 23 日最后访问。

[80] 吸取黔西南花江生态破坏经验,至 2014 年 4 月为止,黔东南州已建立县级以上自然保护区 23 个,其中国家级自然保护区 1 个,自然保护面积占全州国土面积 3030200 公顷的 7.43%,www.qdnly.gov.cn/,2014 年 4 月 23 日最后访问。

[81] 谭亚平:"遗传资源与传统知识的知识产权保护研究",吉林大学 2012 年硕士论文,页 24—25。

[82] 周长玲:"专利法生态化下植物新品种保护方式的再思考",载《中国政法大学学报》2013 年第 3 期,页 96。

"专利法规定的公开性要求较高,专利申请人要充分公开其发明创造,要提交种子样本,其他人可以在专利批准后申请得到种子样本;而品种权的公开要求低,虽然也提交种子样本,但他人不能申请得到交存的种子样本。"

[83] 李技文:"近十年来我国少数民族传统知识研究述评",载《贵州师范大学学报》2010 年第 1 期,页 47—55。

技术优势,争取到植物新品种的保护,如 2005 年贵州民族地区就发现了两个珍稀药用植物新品种,并致力于后期培育和开发。[84]

但是,现行《植物新品种保护条例》对医药保护的激励性不够,本文建议在第 1 条立法目的中,除原有林、农业外,将医药业纳入其中,并按照《条例》第 4 条[85],在《植物新品种保护条例实施细则》中细化对关乎公共利益、具有医用价值的药物新品种培育者的奖励措施。此外,还应辅以抽象行政措施,鼓励扶持民族药用植物园、企业药材工业园的建立,帮助民族地区发现,开发优良民族药用植物新品种和利用民族医药有关的植物培育知识。

② 公开程度较高的无形医药知识,是指被民族内多个成员,或国内其他民族成员,甚至国外民族成员所共用的医药知识或技术方法。这部分民族医药大多丧失新颖性,而达不到专利申请标准,极易遭到他人不法利用。调查发现民族成员虽对当地野生药用资源遭到严重破坏感到深恶痛绝,但大多坦言并不了解民族医药知识产权,也从未想过将已知医药知识用作专利申请等相关保护,不过在当地医药知识文献整理工作上都表示支持。可是,对于是否采用文献化方式来保护公开民族医药,如何把握文献化程度?如何界定权利主体?学界存在争议。

本文认为"Neem 案"中,通过证明某专利技术早已在民族社区被广泛使用,而否定"海盗专利"的做法,至少可以防止公共权利被非法私有化,并为缺乏可靠固定形式,面临传承困难的民族医药知识提供了延续发展的途径。[86] 因此,本文主张以文献化方式保护这部分公共民族医药。但就现在许多地方采取的文献化方式,本文提出异议:贵州目前采取"广撒网"方式[87],由县级以上人民政府作为民族医药的管理主体,通过走访民间征集各种民族药方,直接用于书籍出版。这种方式有三个问题:一是急于出版,疏于审查可能会导致一些本具有可专利性的民族医药曝露于众;二是忽略了民族群体对民间医药知识应享有的权利,不利于刺激提供者的积极性;三是比较耗费时力,效果不佳。

建议采用数据库形式进行文献化,具体可参见中央民族大学的"民族医药信息数据库"计划。[88] 相较出版物方式,数据库可以为不同公开程度的客体提供分级保护,防

---

[84] 贵州省务川仡佬族苗族自治县内原始森林区中,发现悬钩子的新品种,金盏苣苔的新品种,但是数量很少,只有 60 株左右。详见"贵州发现两个珍稀药用植物新品种",载《中国中医药报》第 2445 期。

[85] 《植物新品种保护条例》第 1 条、第 4 条。

[86] 胡书平:"民族医药发展现状及存在问题分析",载《中央民族大学学报》2011 年第 1 期第 20 卷,页 78—79。

[87] 《黔东南苗族侗族自治州苗医药侗医药发展条例》第 12 条。

[88] 民族医药信息数据库,当前的总数据量高达 1500GB,已载入 7000 多条民族传统药材,5 万多种不同来源的传统方剂,近 3000 种验方,5000 多项国内医疗和研究单位的相关研究成果,7000 多个国内相关医药企事业单位信息,6000 多条国内与传统医药相关的专利。

止具有可专利性或其他商业价值的民族医药被盲目出版。具体可分为两级,初级数据库应当针对收集公知程度极高的民族医药,如贵州多民族社区共用的药方或技术,其主要目的是利用在先技术库防止海盗专利(消极防御)和巩固保存民族医药知识;高级数据库应在已有资源作为参考的基础上,进一步收集对应现有内容分筛出轻度公知化,除著作价值外还具有商业价值的民族医药,如少数家庭或是单个民族村寨知晓的民族医药(见贵州从江瑶浴[89]),其目是保证部分民族医药不会因文献化而失去商业价值。

具体而言,初级数据库可以采用收费公开形式,著作权归属上,数据库因收集者的汇编整理而具有独创性和固定载体,应作为特殊形式的汇编作品,由汇编者享有著作权。[90]至于汇编工作由谁进行,一些学者认为应当在各地建立独立于政府的自筹民族医药遗传资源委员会,如菲律宾、厄瓜多尔等国那样,通过引入社区权,使民族成员作为所有权人,自主行使相关权力。[91]但是,本文认为这种做法在前期并不容易,尤其面对消极利益主导的公知民族医药知识,相比之下由当地政府介入,利用本身既存的行政资源,将省去新设委员会的开支;利用行政活动,如人口普查措施,将较方便地、大范围地收集散落民间的公知民族医药知识。至于惠益分享问题,本文认为公知的民族医药知识虽无谓私属,但是民族社区作为原始创造者应当享受到其中惠益,因此数据库收益应当用于生物多样性基金,以改善民族医药地区的生态环境,此外,初级数据库还可以作为基层发明的登记体系,通过记名数据提供者,为原始发明社区提供一种精神权利,也为有意进行民族医药开发的企业提供搜索途径。高级数据库可以采用不完全登记的索引数据库形式,不完全登记可以为家庭持有或单个民族持有的民族医药提供秘密保护,以保证后期开发价值;数据库形式,可以为小范围公知,但未能使广大市场主体受益的民族医药提供一个对外平台,方便民族成员与投资者磋商合作,保证他们能分享到实在惠益。

(2)对于私人领域的民族医药而言

这类民族医药主要由民族成员私人持有或民族医师持有,多采用非对外、非记载形式传承至今,时常具有奇效,十分珍贵,故满足专利法意义上的新颖性、创造性要求。

---

[89] 《从江县志》记载"板瑶好清洁,家必备一浴桶,工作回家必药浴一次。因处深菁,又好清洁,故长寿者多。"瑶族药浴在医治外伤、接骨、风湿方面具有祛风除湿,接骨生肌的疗效,在治疗妇女不孕症方面也有很好的效果。千年瑶浴的奇妙药方虽为整个民族使用,但是人们并不透露其配方,该药方曾获得"黔东南州民族民间文化"保护项目,"黔东南名创"以及"国家非遗文化保护"项目的殊荣,也成为贵州省第一项实施地理标志保护的传统医药知识。"如果这样的优良民族医药,事先没有进行甄别就被文献化出版,'从江瑶浴粉'的不可能有今日的市场,故本文建议针对公开民族医药设立分级数据库,以防止不当公开"(这句话不通)。http://www.hnjfh.com.cn/,2014年4月25日。

[90] 《中华人民共和国著作权法实施条例》第2条。

[91] 蓝寿荣:"比较视野下传统知识的法律保护方式",www.pkulaw.cn/,2014年4月26日。

但调查发现,私人领域医药知识持有者,对是否申请专利有很多顾虑。例如,受访的龙医师表示[92],他曾申请5个"侗药"相关专利,未成功,尔后发现专利批示的结果中有的药方和他自己的药方极其相似,仅一、两味辅药不同,因为担心专利申请过程中,可能存在人为或意外因素导致药方被盗用抢注,且难以举证侵权的问题,故不再尝试申请专利。受访的周医师认为[93],专利保护性价比很低:首先,对于个体医师来说,药方申请专利后,难有生产商来开发,若是一举拿下生产许可证等进行商业生产,则需要耗费几十万元,对于小成本运营的医馆来说并不值得;另外,虽然常有律师事务所,专门到中药街招揽医药专利代理服务,但光专利代理费用就需要 1500—2500 元,再加上初审、实审、印刷等官方收费和专利年费,专利成本就十分昂贵,有时还需要到贵阳或外地办理,来回十分不便;即使决定申请,极可能遇到审批困难,时间成本高昂等问题,荔波县苗医尹庆金就是一个例子。[94]

① 就药方可能被盗用抢注,和侵权确认困难的问题而言,其"本质难点"在于如何判定申请阶段两个类似专利的差异,以及获批专利间是否存在侵权。第一部分已经提到,西医技术将疗效精确归至特定化合物,即使在专利公开后也需要很长时间和技术才能成功仿制,而民族医药以配比和用量为核心技术,其内含的几十种甚至几百种化合物可能在制备过程中,发生很多连制药者都不清楚的复杂化合反应,因而很难确定具有生物活性的原始药方究竟含有哪些必要组分,这使得专利权人很难在权利要求书界明自己要求的权利,或处理药方容易被仿制问题。

本文认为,在这个问题上无须主张中药西化以便于区分民族医药,而是顺应民族医药自身特点,按照中药有关"君、臣、佐、使"的理论和《专利法》中有关新颖性和创造性的规定[95],建立新的侵权认定规则和原则。本文借鉴一些有关中药侵权的司法裁判和当下学者思想总结认定原则主要包括一般原则,包括相同原则和等同原则,可用于侵权认定的初步判断[96];特殊原则,包括配伍原则、药效原则。

以案例说明,假设甲厂研发了具有止血功能的医药技术,其中的技术单元包含 A、B、C、D;乙厂的包括 a、b、c、d;丙厂的包括 A、B、C、D、E 和 A、B、C。如何认定乙、丙厂的

---

[92] 龙云光,民族医药的研究专家,曾任黔东南州中医医院副院长,当地有名侗医。
[93] 周医师,中药街最老医师,当地知名苗医,开有周氏医堂。
[94] 尹庆金,在四十余年的中草药研究、临床诊疗中,通过反复实践研制出一种特效治疗烧烫药粉,采用田边地角自然生长易采草药,经不同加工炮制的新型制剂,命名为尹氏火毒粉。该药疗效独特显著、治疗时间短、愈合不留疤痕、方便使用,涂抹后5—10分钟即可止痛,被苗家人普遍称为王药。出于保护和利用的考虑,他几经波折,在申请和审批时间长达3年后,终于拿到了梦寐以求的专利(200510105232.4)。但是苦于自身经济能力有限,这剂良药仍然在等待投资开发商,难以打开"救人、得利"的局面,还得面临20年保护期过后药方被公布而被其他商家无偿利用的风险。
[95] 袁红梅:《中药知识产权法律制度的反思与构建》,北京师范大学出版社2001年版,页129—130。
[96] 实践中还包括用于抗辩的无过错责任原则和禁止反悔原则,不作为重点讲述。

行为是否侵权?

可以看出甲、乙、丙厂的技术都不完全相同(实践中极少数出现字面侵权),因此,应当针对性地适用等同原则或特殊原则。针对乙厂,按照司法解释可以适用等同原则,即判断乙厂被控侵权产品或方法的具体技术特征落入涉案专利的权利要求中所记载的上位概念技术特征之中,则构成专利侵权,没有则不构成专利侵权。[97] 具体是通过分解乙厂的技术特征,并证明乙厂仅仅针对甲厂的技术做了不同的字面解释,或者说做了实质上等同的改编,进而证明乙厂行为侵权,具体可以参见"藏药独一味软胶囊制剂及其制备方法"的侵权案例[98],以及吕春霞针对案例的解析[99]。该案中法官通过拆解被告万高制药有限公司的专利技术,认定其技术特征中的改进,如采用的剂型、组分、干燥、研磨、溶剂等,落在了优他公司权利要求中的上位概念技术特征之中,进而证明了被告的侵权行为;针对丙厂,这种增减药味的专利十分常见,台湾地区专利管理办法规定,只要药味加减超过原复方的20%,具有突出的实质性特点和显著进步。[100] 本文不主张以药味增减多少进行差异判定,建议采用特殊原则和传统医药中君、臣、佐、使的理论,如果对于该领域所属的普通技术人员来说,能够轻易预见丙厂技术组分不过是增减了一些选择性组分(臣药、佐药),而未在"君药"的组分或用量产生实质改变,也没有在疗效上产生显著进步的话,则可以判定丙厂侵权。但是如果丙厂能够通过增减技术单元更新原有复方制剂中的工艺、技术,在治疗效果、制药流程、给药途径、服用剂量、时间间隔或是用药对象等任一方面有不等同创新的话,则不应当认定丙厂侵权,具体可参见"天士力诉万成制药专利侵权案"。[101]

回到龙医师的案例,可以利用上述原则,利用行政复议或诉讼途径证明同期授权的类似专利在功效上无实质差异,且自己专利申请在先,根据《专利法》第9条、第22条[102],即可排除他人类似的专利申请。但一个新的问题是:如果龙医师药方确实在先但未能获批,而他人的专利申请在与自己的专利申请无实质差异的情况下而获批,他是

---

[97] 《最高人民法院关于审理侵犯专利权纠纷案件应用法律若干问题的解释》第7条第2款。
游云:"中药复方专利保护及其侵权分析",中国中医科学院2006年硕士论文,页30—40。
[98] 四川省高级人民法院(2010)川民终字第63号民事判决书。被控侵权专利以玉米油代替植物油,以蜂蜡代替助悬剂,这些技术特征都是所属技术领域的普通技术人员所熟知的、无需经过创造性劳动就能够联想到的特征,因此,二者"剂型和组分"这两项技术特征实际等同。换言之,在后专利可以是完整技术方案之间的彼此替代,但不能是具体技术特征之间的彼此替代。
[99] 吕春霞:"侵害中药复方专利问题研究",西南政法大学2012年硕士论文,页7、17。
[100] 杨芳:"传统中药复方专利保护制度研究",北京外国语大学2014年硕士论文,页23—24。
[101] 2007年1月,北京市高级人民法院判决天津天士力制药股份有限公司诉东莞万成制药有限公司"养血清脑颗粒"专利权侵权案,天士力胜诉,判决广东东莞万成制药有限公司立即停止生产销售侵权产品。判决书中就利用了效果差异原则。此案例也成为我国中药产业领域知识产权侵权案判决原告胜诉的首例,www.case.148365.com/31html,2014年4月23日最后访问。
[102] 《专利法》第9条、第22条。

否可以主张自己因失去原本可以获得的专利权而获得赔偿？现行《专利法》和《实施细则》并没有规定针对恶意模仿专利，而导致受害权利人的专利无法获批的救济程序和赔偿措施，该问题尚有待研究。

② 就专利费用问题而言，依据《专利法实施细则》第74条、第77条[103]，贵州通过《贵州省专利申请资助管理办法》，对申请发明的专利人辅以资助，并每年举办民间优秀专利评选活动，来表彰优秀专利和鼓励后期开发。[104] 此外，本文还主张将民族医药按所有权主体划分为国家处方、私人处方和普通处方，像泰国那样对国家处方和私人处方减免维持费，以降低处方保护成本。[105]

③ 就专利申请地点不便的问题而言，贵州目前仅有17家专利机构，难以满足近年来暴涨的专利申请量。2004年，国家电子专利申请系统开通，但考虑到私人民族医药持有者相关法律技能的缺乏，本文建议通过信托关系，将申请业务信托给专业申请机构或是由前文提到的公益基金会代理完成。[106] 此外，贵州政府通过《关于促进专利代理行业发展的意见》对新设立的专利代理机构，给予10万元奖励，来调动内需。

④ 就缺乏开发商的问题而言，对于企业来说，风险大和搜索不便、成本高阻碍了他们开发民族医药知识的积极性。因此，除了上述生物多样性基金外，民族医药资源管理委员会的建立也十分必要，这将帮助建立一个企业和民族群体对话的公共交易平台，减小权利人和开发商的搜索成本。

2. 研发阶段

进入研发阶段的民族医药知识，能帮助制药企业加大新药开发命中率，按理来说知识提供者和企业应当各享其利，但实则存在一些问题：例如，凯里罗姓医师曾试图以8万元转让其2年前获批的治疗跌打专利，刚开始门庭若市，许多企业前来磋商，后来却门可罗雀，难以继续。采访得知原因有二：一是企业和医师间谈判筹码难以对等，企业认为民族药方只是研发成药的"引子"，其在不确定专利药方最终开发疗效的情况下，投资大量资金和人力，并承担结果不理想的风险，故希望能对药方进行先验。可医师们认为自己本身缺乏谈判和评估能力，若提前交出药方，将面临"筹码缺失"的不利境遇，故开发项目因此搁浅；二是双方认为专利保护期过短，企业与专利持有者漫长磋商成功后，已经承担相当一部分时间沉没成本，再加上成药研发时间和获得药品行政许可的审批时间，使得医药产品的盈利期通常后置于专利期，企业可获得的"垄断利益"大大减少，因而打击了中小型医药企业的研发积极性。此外，除了上述直接由企业

---

[103] 《专利法实施细则》第74条、第77条。

[104] 《贵州省专利申请资助管理办法》规定："职务发明2400元/件，非职务发明1800元/件，实用新型和外观设计专利600元/件"，www.gzsipo.gov.cn，2014年4月23日最后访问。

[105] 张华敏："从泰国传统医药立法探讨我国的中医药知识产权保护方法"，载《国际中医中药杂志》2009年3期，页215。

[106] 见前注[17]，页228—229。

开发现有民族医药专利的情况外,实践中还存在多种类型,如企业与民族医师通过商业秘密许可或转让方式进行研发;企业与持有家传秘方、秘技的自然人或家庭协议研发;企业与从事科研的学校(如贵阳中医学院)、机构(如黔东南州民族医药研究所)、单位(如民族医院)协议研发,等等。需要注意的是无论参与主体如何变化,研发阶段参与人员的复杂性,很可能使未采取必要保护措施的研究成果,面临泄密的巨大风险以及市场化的难题。

(1)就企业和医师间谈判筹码难以对等的问题而言,本文认为,可以通过专利许可方式与合作开发机制,借助合同让民族医师参与到专利开发中,分享专利成果的后期利益,并承担药物开发效果不佳的风险。这将避免专利买断的高昂费用,使得民族医师参与自己原初智力成果的后期开发,带动民族社区医药知识的持续更新;另外可以成立公益信托组织,通过信托关系,由经验和信息更丰富的信托组织代为申请专利和对外许可和收取使用费,以减少零散谈判和知识缺乏导致的时间成本。但是,参与人员的增多可能会使得研发过程中出现泄密的问题。

(2)就专利保护时间过短的问题而言,1985年《专利法》规定发明专利保护期为15年,1992年增至20年。在时间长度上我国与美国等国家一致,并长于芬兰、挪威等发明专利期为17年的国家。但部分学者还是认为,应当效仿美国,建立类似于Hatch-Waxman法案中新药专利延长期的类似制度,以保证药品上市后开发企业能获得足够的"有效专利期",补偿开发期损失的沉没成本。[107]

本文认为,延长专利保护期有悖专利法技术推广的初衷;而且对于技术欠缺,药价高昂,仿制药业主导的发展中国家来说,盲目延长保护期可能得不偿失,并直接影响到《专利法》的稳定。回顾工业革命时期,法国、俄国、荷兰等国都是通过大量复制和模仿先进国家技术,在较短的时间内完成技术革新。[108] 适逢2012年至2016年"专利悬崖"[109],根据中国当下国情和需要,本文主张充分利用这次仿制药业发展的大好机会,控制国内药价,获取国外先进技术,同时鼓励国内制药企业进行民族医药的开发,在将来从根本上解决药价过高和研发空缺问题。就保护期短问题,实践中有许多其他方法,如:评估专利申请时机、综合善用"选择发明""外围发明""优先权延长"等方案。[110] 本文将在下一部分细述。

(3)就研发成果的保护问题而言,研发成果作为未来极可能为权利人带来经济利

---

[107] 董丽:"美国药品专利期延长与市场独占期研究",载《中国医药导刊》2006年第5期,页391—393。

[108] 刘莹:"论药品可及性与药品专利保护",载《中国药房》2007年13期,页968。

[109] 2012年1月1日起至2016年12月31日的5年间,全球将有600多个专利药到期,这一现象在制药业内被称为"专利悬崖"。为应对悬崖损失,外资公司纷纷在中国寻找仿制伙伴,国内仿制药将面临315亿美元缺口带来新市场,专利悬崖将有大力促进中国仿制业的发展,http://www.bioon.com/trends/news/603550.shtml,2014年4月23日最后访问。

[110] 顾润丰:"延长专利药品保护期的策略简析",载《中国发明与专利》2011年第10期,页12—13。

益的技术信息,具有价值性和商业性,为了防止成果尚未市场化就遭到窃取,管理者应当必要的保护措施。除积极的专利保护方式外,研发过程中还应对一些尚未达到专利标准的实验数据和技术信息采取保密措施,如与参与人员达成保密及竞业限制协议等,以防止参与者无意或有意地泄露研发资料。权利人的针对信息的积极作为,可以使之在受到侵权后依据《反不正当竞争法》第10条获得司法救济。[11] 但是,实践中存在商业秘密侵权举证困难的现象,本文在下一部分进行讨论。

在市场化之前容易被忽略的一点是,民族医药本身喜鲜药、地域性的特点,很可能导致研发成果对医药材料的选用有很强的依赖性和针对性,所以研发人员还应特别注重对研发材料进行生物保藏(biological materials),尤其是针对那些市场上不能轻易买到、受地域或所有权限制的医药资源,以保证本领域技术人员能够利用它方便地实现涉及该材料的发明[12],这对后期成果专利的实质审查以及实用性标准的考量有着重要意义。如果研发者对医药材料有所创新和改良,除材料本身的专利权或植物新品种外,其还可能获得技术产权,并与后期研发者达成材料转移协议(Material Transfer Agreement),获取经济利益和限制材料的使用范围。[13]

3. 市场阶段

本文第二部分调查结果显示贵州专利、商标分布情况均出现两极分化,采访发现中小型制药企业面临以下问题:

(1)专利和技术秘密的选择困境,受访人员表示,如果选择专利,企业将有权禁止竞争者反向工程破解后的非法使用,这对于"药方三千,单方八百"的苗药等民族医药十分有益,但专利保护也将带来高昂的费用和强制公开问题;如果选择商业秘密,则可能因反向工程而失去秘密性,或因泄密而遭到非法仿制,即使被侵权也难以证明对方的侵权事实,此外,有学者指出我国商业秘密认定的标准过高,导致不从事医疗经营服务的个人或家庭,难以借助商业秘密保护和享受相应的许可利益,即使是从事经营的民族医师也面临商业秘密中实用性标准的举证困难。[14]

① 就商业秘密易被破解的问题,本文认为这本身无关法律制度,而是技术革新和保护策略的问题。民族医药在确定保护形式时,应当结合药品技术含量,易破解程度,竞争者情况等因素,进行不同选择,实现利益最优化。比如:对于单方和小复方说,应当选择专利形式进行排他性保护,以防止他人反向工程而失去竞争优势;对于技艺复杂,生命周期较长的民族医药,考虑到其本身较难破解,应当选择商业秘密形式进行持久性的保护;对于民族医药中包含复合技术,符合专利法要求,并可以进行分解的技术

---

[11] 《反不正当竞争法》第10条。
[12] 刘银良:《生物技术的知识产权保护》,知识产权出版社2009年版,页145—150。
[13] 刘银良:"转基因论争中的知识产权问题",载《法学》2012年第3期,页103—104。
[14] 杜瑞芳:《传统医药的知识产权保护》,人民法院出版社2004年版,页164—165。

内容,应当拆分其专利内容,前后申请两个专利保护,或是综合商业秘密和专利,使得一部分仍然保持较强的秘密性,增加对手的仿制难度;此外,还可以综合其他保护形式,如商标和专利,使得企业在前期凭借专利获得垄断利益,后期凭借商标获得信赖利益,进而延续保护民族医药[115];如商标和商业秘密,使得企业借助在已存的商标效应和商业秘密保护,获得更长久的保护利益。云南白药一方面注册了产品相关商标包括"云南白药""云白药""云白"以防止其他竞争者搭便车,另一方面将其处方及工艺报审国家级绝密资料以保证核心竞争力。该药历经百年,秘而不宣,商业秘密和商标保护了云南白药一个世纪的辉煌。[116]

此外,依据《专利法》第22条,改良现代剂型民族药品、方法或用途,只要具备三性,也可以申请获得发明专利或实用新型[117],而企业时常忽略掉此种方案。本文认为民族医药喜用鲜药的特点,使之在这个方面有很大提升空间:将不便使用的冲剂、汤剂改良为易携易用的片剂、膏剂,或许是民族医药获取专利保护的一个简易突破口。因为权利最可能利用已有自身专利技术,完成进一步技术化,维持产品新一轮垄断寿命。2005年奇正药业,就成功改良藏药中止痛汤剂为贴剂,并获得专利保护,剂型改良不仅帮助奇正打开了国内局面,而且成功走向世界,每年获得2亿的回报。[118]

② 就商业秘密泄密和侵权难以认定的问题,本文认为这也并非针对民族医药,除了学者们倡导的竞业禁止合同、不完全登记秘密信息等方案常用方案外,本文结合有机化学,提供针对一个民族医药的侵权证明办法:利用民族医药指纹图谱,如高效液相色谱分析、X射线衍射法等技术,分析测定中药样品中复杂化学成分的个数和在图谱中的相对位置[119],建立民族医药指纹图谱数据库,通过数据库比对,帮助解决商业秘密、专利侵权认定的难题。

③ 就商业秘密认证的问题,回溯《巴黎公约》第10条,商业秘密最初解释为"未披露的商业信息"[120],即需满足秘密性和商业性两个标准[121]。《TRIPs协议》第39条将商业秘密纳入知识产权保护范围,并界定了三个判断标准:即秘密性、商业价值性、持有人已采取保护措施。[122] 我国《反不正当竞争法》第10条第3款规定商业秘密是:"指不为公众所知悉、能为权利人带来经济利益、具有实用性并经权利人采取保密措施的技术

---

[115] 袁真富:"企业知识产权的发展模式——从保护到经营之知识产权观念的改造",载《知识产权》2006年第4期,页34—38。
[116] 王魏云:"中医药知识产权保护及品牌战略研究",武汉理工大学2008年硕士论文,页40。
[117] 《中华人民共和国专利法》第22条。
[118] 尚远宏:"藏药的研究现状及展望",载《西南民族大学学报》(自然科学版)2006年第1期,页8。
[119] 孙国祥:"中药指纹图谱学体系在中药创制中的作用",载《色谱》2008年第2期,页172—179。
[120] 《巴黎公约》第10条,第2款。
[121] 《巴黎公约》第10条。
[122] 《TRIPs协议》第39条。

信息和经营信息。"[123]因此,有的学者认为我国还增加了"实用性"标准。按照2007年最高人民法院《关于审理不正当竞争民事案件应用法律问题的解释》第10条[124],实用性是指"能为权利人带来经济利益的"。本文认为,实用性作为价值性的转换表达,应当是针对工业领域而非商业领域的,具体可理解为"能为权利人带来竞争优势的"。[125]因此不存在标准拔高之说,故在审核阶段只需证明民族医药的商业价值性即可。另外,《反不正当竞争法》第2条第2款和第3条,规定商业秘密权利主体为经营者[126]的确使得想要对技术内容保密,但又不直接从事生产经营的民族医药持有者难以获得商业秘密保护和其可能带来的潜在利益,也不利于此部分民族医药被开发利用。对此,本文建议采用"不完全登记数据库"(见前文)以及保密合同的方式,来满足民族医药持有者一方面需要进行秘密保护,另一方面又需要追求许可利益的要求。

(2) 就商标而言,调查发现,贵州在商标保护方面觉醒得比较晚,仍存在以下问题:

① 商标保护意识不足,尤其是跨类保护意识。举例来说,同济堂是贵州一家拥有"中华老字号"和"著名商标"的卓越民族医药企业,但是由于缺乏商标跨类保护意识,"同济堂"中文域名(同济堂.com)曾被湖南籍姚某抢注并索要30万元[127],虽然法院最后判定同济堂胜诉,但是商标侵权关乎企业形象和消费者权益,这个事件仍然给同济堂造成相当损失。目前我国《商标法》中与医药有关的包括医药类、医疗器械类、化学原料等十几类[128],但贵州大部分医药企业的商标保护种类仍然集中少数几类。[129]

本文认为,网络时代下,民族医药公司需要注册的商标种类,不仅需包括药品名称和设计等种类,还需要包括医药企业的"网站服务"等潜在领域。所以企业应当在推出产品之前,仔细分析自身企业的属性、功能和预期发展范围,考虑是否申请联合商标,以防止他人跨类恶意抢注。[130]为防止相同情况发生在公共民族医药中(如地理标志认证的民族医药),有必要设立民族医药登记制度,并借鉴《中医药传统知识保护条例》草稿(专家稿)中第28条,直接立法规定任何单位和个人不能将公共民族医药有关的标记、符号、词语等用做商标注册和域名注册[131],以减小维权成本。

② 商标设计缺乏民族特点和自身优势。商标设计是对产品或企业的一种精要展

---

[123] 《中华人民共和国反不正当竞争法》第10条第3款。
[124] 《关于审理不正当竞争民事案件应用法律问题的解释》第10条。
[125] 刘银良:《知识产权法》,高等教育出版社2010年版,页387。
[126] 《反不正当竞争法》第2条第2款和第3条。
[127] 徐子敬:"抢注同济堂域名,开价30万",载《贵州都市报》2007年8月23日第1版。
[128] 《商品和服务分类表》,www.saic.gov.cn/,2014年4月23日最后访问。
[129] 见前注⑱。
[130] 邓佳丽:"企业商标保护的法律思考",贵州大学2008年硕士论文,页9。
[131] 《中医药传统知识保护条例》草稿(专家稿)。

现,民族医药具备多种特征,按理很容易从市场选购中脱颖而出。但调查发现许多民族医药企业仍缺乏商标运用能力,他们提交认证的商标有的直接采用少数民族语言,难以体现药品功效,有的设计过于随意、缺乏特色、标识度不高。

本文认为,民族医药企业应当充分利用民族医药特征,进行高辨识度的商标设计。例如,贵州百灵药业研发的百灵止咳糖浆就是佳例,该药品基于苗药基础完成,其广告和商标设计别出心裁:一是借助药品主要成分百灵草,本身和企业商号相一致,很容易令消费者将产品和企业相联系,深刻记忆;二是该产品的广告和包装设计成功融合苗族文化元素:还原了老苗医身着苗服,带着孙女上山采药的情形,给人以淳朴、真实和信赖之感,进而使消费者将好感投入到产品中去。相反的,有的企业虽然辛苦研发,但是并没有掌握必要的商标运用能力:例如,某苗药企业曾提交52项商标申请中有44项被驳回,结果发现其申请中包含了很多如"tese""回奶汤"等不易辨别,又不能体现药品特色或功效的商标[132],也不符合《商标法》第9条有关区别特征的规定。[133] 综上,企业或私营医师在选择和设计商标时,应当融合民族医药背景和特色,如民族性、地域性、经验性等,而不是行拿来主义,致使自药品优势无法突出,消费者难以识别;此外,还应当积极申请著名商标等具有肯定意义的商标形式,获得更大的增量利益。

③ 地理标志保护相关的监管问题。民族地区相对城镇而言,原生态环境较好,富含优良药用资源,地理标志这种永久性、低成本、对产品地源和品质具有认证效果的集体商标,可以很好地借助民族医药地域性,突出道地药材或医疗服务的优越品质。[134] 但由于缺乏地理标志认定和地理标志审查系统的不完善,贵州近来出现不少地理标志侵权的问题(如红岩葡萄),导致政府最后不得不花钱向恶意注册方买回名称使用权。

本文认为,应当依照《TRIPs协议》第22条,立法规定相应的处罚规定和救济程序,对虚报数量而申请地理标志的产品,假冒地理标志药材的产品进行查处,为了方便审查和排除不适格的地理标志,还应当建立登记制度,集中统一地登记民族医药相关的道地药材和医疗服务,并进行报批,具体可以利用信托组织或民族资源管理委员会完成,最终建立完善出一个可供参考的地理标志数据库,用于防止地理标志侵权,增加当地优势药材和医疗服务的辨识度。国际方面,应当积极促进世贸组织将《TRIPs协议》中地理标志的附加保护范围从葡萄酒、白酒延伸到药材、医疗服务等内容,让出口的民族药材获得国际范围的保护。

总之,本文认为知识产权制度的多种保护方式,能帮助民族医药实现文化传承,为其创新发展注入新的活力。

---

[132] 刘维蓉:"贵州苗药商标保护现状及对策建议",载《现代商贸工业》2011年第23期,页26—29。
[133] 《商标法》第9条。
[134] 《Trips协议》第22条。

# 东方人文精神与知识产权的社会功能

邵 科[*]

**【摘要】** 知识产权扩张主义给社会带来负面影响。知识产权应当具有明确的社会功能,克服现行资本主义模式的价值取向。以社会规划为核心的知识产权社会功能的理论和实践虽然超越了知识产权自然权理论,但并未满足人文精神的完整诉求。以儒家为代表的东方人文精神,有望为知识产权社会功能的应有之义提供某种有建设性的诠释视角。

**【关键词】** 社会功能;社会规划;儒家;人文精神

剑桥大学发展研究中心主任彼得·诺兰(Peter Nolan)教授,在其《十字路口:疯狂资本主义的终结和人类的未来》一书中警告道,资本主义的力量激发了人类的创造力,但是,由美国主导的资本主义的全球化,却对人类的生存造成了严重威胁。并且他总结说,如果无法找到"中庸之道",那么人类的前景十分堪忧。[①]在讨论资本主义全球化的负面影响时,金融危机、新自由主义、过度消费、贫富不均、生态破坏、全球变暖、核威胁或是局部政治与军事冲突,是最常见的话题。只是我们不应忘记,这些现象的背后,很多都有知识产权扩张主义(IP expansionism)的影子。比如,贫富不均或生态破坏,即与发达国家在技术转让、强制许可等方面对发展中国家的限制有关,而过度消费之所以能够普及,也离不开全球协同化的知识产权规则的保驾护航。通过 WTO-TRIPS 体制的法规协同化、政治施压、贸易制裁威胁、游说、赞助以及多边、双边贸易协议等法律、政治及国际关系的多层架构,发达国家将强大的资本与物化的知识产权牢固结合,冀以占据全球产业链的高价值部分,从而维持它们在全球化格局中的权力、财富和

---

[*] 邵科(Ken Shao),澳大利亚西澳大学(UWA)法学院教授。
[①] 〔英〕彼得·诺兰:《十字路口:疯狂资本主义的终结和人类的未来》,丁莹译,中信出版社 2011 年版,页 259、261。

优势。

可见,与资本主义全球化的其他负面效应一样,知识产权扩张主义也应当受到更高原则的约束。全球知识产权研究领军人物彼得·达沃豪斯(Peter Drahos)教授在其名著《知识产权法哲学》中提出,应当采取工具主义而非自然财产权的视角来界定知识产权,并将知识产权置于更广泛的道德理论及价值框架之内。②换言之,知识产权应当具有明确的"社会功能",这些社会功能最好能够超越现行资本主义模式的价值取向。③那么,知识产权的社会功能究竟应当秉持何种价值?在诺兰教授英文原著的书名中,"humanity"一词不仅是指人类,亦包含人性之意。不论是"人性"还是"中庸之道",似乎都寄寓了某种人文精神的情怀。正是这种情怀,能够洞察美国资本主义模式与人心本源之间难以调和的冲突。既然如此,人文精神或许可以成为知识产权社会功能所秉持的价值。而如果考察全球范围内知识产权与更广泛议题之间的激烈争论,我们会发现,以儒家为代表的东方人文精神,有望为知识产权社会功能的应有之义提供某种有建设性的诠释视角。

## 一、何种人文精神?

人文精神或曰人文主义,是一个极为复杂、多元的概念。若论其共性,则各种人文主义均以人类在现世(this-worldly)中的角色及需要作为关注的核心。依之,则个人自由、平等、民主等价值观,其义理固然可以是人文主义的,但其实践却被西方现代性标签化了。比如,民主的价值目标之一,是为了实现平等、富足、安全、自由的幸福生活。就此而言,它似乎的确受到了某种人文精神的约束。但是,这些价值观在现实中又是为西方现代性及其资本主义经济模式服务的,是此类经济模式的上层建筑。从结果上来看,这种全球化了的西方资本主义,的确助长了贫富不均、生态破坏、物欲膨胀、人性迷失等许多弊病,乃致彼得·诺兰这样的有识之士,就资本主义对人性的摧坏发出了严重的警告。正在追求西方式现代化的、充满内外压力的国家(特别是中国),是资本主义全球化矛盾的转嫁之地,上述问题表现得更为集中。因此,西方模式里的现代性及其资本主义模式,固然不是没有人文主义的气息,但从实施结果来看,似乎并不能满足人心本源及人类生活的根本需要。

现代新儒家学派代表人物、哈佛大学教授杜维明先生指出,西方"启蒙心态"中人类的自我膨胀、工具理性的冷酷、利己主义的霸道等,是一种"凡俗的人文主义"。④新

---

② Peter Drahos, A Philosophy of Intellectual Property (Aldershot: Dartmouth, 1996), pp. 214—223.

③ 关于知识产权应当具有社会功能的观点,参见 Christophe Geiger, 'The Social Function of Intellectual Property Rights', in Graeme B. Dinwoodie (ed.), Methods and Perspectives in Intellectual Property (Cheltenham: Edward Elgar, 2013), pp. 153—176. 但该文对知识产权社会功能的理解,尚欠充分。

④ 杜维明:《二十一世纪的儒学》导言,中华书局 2014 年版,页 15。

的研究表明,启蒙运动是一个极为复杂的文化、历史及地理概念,也许很难用一元化的模型概括之。[5]但是,产生了平等、个人自由、民主等西方现代性核心价值观及制度施设的启蒙运动,正如杜维明的视角所示,其某些负面的后果,是确定无疑的。[6]特别是在全球金融危机以后,此类西方现代性的症结已经激起了人们对西方政治、法律制度的深刻内省。就知识产权领域来说,过去 20 年间国际上对 TRIPS 体制汗牛充栋的批判研究,无一例外是针对西方以利己主义为本质的知识产权全球扩张主义。此实亦属于西方现代性反思之范畴。这绝非是说民主、法治、人权或知识产权的思路是错误的,亦非是说西方资本主义制度全无值得学习之处,而是说这些启蒙遗产被西方资本主义的"现有模式"固化,从而束缚了世人探索更优模式及其更丰富之内涵的灵感与必要性。

和西方现代性相比,以孔孟思想为核心的儒家人文主义具有一系列不同的价值观。儒家思想,以人为本,却又不赞成自我膨胀、工具理性或是利己主义,因为人类独自并不构成宇宙的中心。就人伦日用的原理来讲,儒家人文主义实是为了解决人类安身立命的问题,此可用《礼记·大学》修齐治平的八德目来概括。在儒家看来,这是人心本源及人类生活的根本需要。在此,物质世界的治理是必要的,这是齐家、治国、平治天下的外王学问所特别关心的内容。儒家的人文精神不可能只限定在修身的范围之内。用余英时的话来说,儒家绝不可能只是内圣,而必须包括治国、平天下的外王。[7]但内圣又是基础和目标。因此,内圣、外王是一个有序、和谐而非分裂的有机过程,这就是为何朱子强,须在修身的基础上,再"推之"于齐家、治国,平治天下,"方是正当学问"。[8]

就本文的议题而言,《大学》八德目的框架言简意赅,阐明了儒家人文主义的两大特点:一是重视物质与精神(内外)的融洽,二是讲求个人与社群(人我)的和谐。就内外融洽而言,在此不必论及养气、存理的工夫,但至少应当包括不役于物、泰而不骄、依仁游艺等基本内容。就人我和谐而言,则一己之我的成就,并非是终极目标,而是实现人我的共同成就的前提,亦即《论语》所说"己欲立而立人、己欲达而达人"之意。据此,则物欲膨胀、过度消费等物质与精神的分割,或是利己主义、贫富不均等个人与社群的对立,在儒家人文主义看来,都无法取得正当性。

## 二、社会规划观

美国著名法学家安守廉教授,在其名著《窃书为雅罪:中华文化中的知识产权法》

---

[5] 有关史学研究,可参见 Jonathan I. Israel, Radical Enlightenment: Philosophy and the Making of Modernity 1650—1750 (New York: Oxford University Press, 2001)。

[6] 关于启蒙运动与现代性特征的关系的总结,参见 Jonathan I. Israel, Enlightenment Contested (New York: Oxford University Press, 2006), p. 52。

[7] 余英时:《朱熹的历史世界:宋代士大夫政治文化的研究》下册,三联书店 2004 年版,页 457。

[8] 朱熹:《晦庵先生朱文公文集》卷七十四·玉山讲义,上海涵芬楼藏明刊本。

一书中自豪地写道:17、18世纪的欧洲见证了中华帝国没有出现过的知识产权发展道路。一言以蔽之,在英国和欧洲大陆发展出了一种观念,即认为作者、发明人应当在他们的智力成果中享有可以不受政府权力干扰的财产权。[9] 且不论安守廉的"浪漫主义"知识产权历史观是否符合史实,单就他所引以为豪的17、18世纪的欧洲而言,这正是启蒙运动兴盛的时代,而他所提到的智力成果上的"不受政府权力干扰的财产权",则是从启蒙运动主要人物、英国大哲学家洛克(1632—1704)那里演化出来的知识产权的自然权利论。[10] 个人权利不应受到政治势力迫害的观点,的确是启蒙思想的宝贵内涵,它也是儒家人文主义政治传统(道统)的核心组成部分,只是其表述方式、原理及具体施设,极为不同而已。[11] 但是,正如前述,由此种"启蒙心态"发展出来的人文精神,实是局限的,其结果往往是全球资本主义所表现出来的利己主义。今天,洛克式的知识产权自然权利论广遭谴责,并被认为是助长了西方知识产权的全球扩张,也就不足为怪了。一言以蔽之,洛克式的自然权利论,事实上没有为更广泛的群体的利益提供充分的理论支撑,而是单方面强化了智力成果上的财产权。[12] 三百年来,洛克知识产权哲学在欧美各国流布极广,并在立法上、司法上不断被"狂热地固化",最终形成了现有的全球知识产权强权模式。[13] 在建立强势的TRIPS知识产权体制之时,洛克哲学在说服各国方面就起到了"主要"作用。[14]

在知识产权批判思潮的大背景下,一些西方学者在过去十多年间开始突出以社会规划(social planning)为核心的理论视角,来审视知识产权的社会功能。这一视角超越了启蒙心态里的知识产权自然权利论,而是强调对更广泛群体多元利益的尊重。这些多元利益表现为文化自由、公共健康、永续创新、知识共有、分配正义、人的发展等许多

---

[9]　William P. Alford, To Steal a Book is an Elegant Offense: Intellectual Property Law in Chinese Civilization (California: Stanford University Press, 1995), p. 18.

[10]　在浪漫主义知识产权观的否定方面有许多著述。可参见 Mark Rose, Authors and Owners: The Invention of Copyright (London: Harvard University Press, 1993)。对于安守廉历史叙事的批驳,参见邵科:《安守廉与曲解的中国知识产权史——反思国际知识产权不平等秩序之突破点》,载《政法论丛》2012年第4期,页115—128。

[11]　关于儒家以民为本的政治传统,当代大陆新儒家对此研究日厚。代表作为秋风:《国史纲目》,海南出版社2013年版。干春松:《重回王道——儒家与世界秩序》,华东师范大学出版社2012年版。方朝晖:《为'三纲'正名》,华东师范大学出版社2014年版。任锋:《道统与治体》,中央编译出版社2014年版。

[12]　对洛克自然权利论的批判,可参见 Ken Shao, From Lockean Theory to Intellectual Property: Marriage by Mistake and its Incompatibility with Knowledge Creativity and Dissemination, Hong Kong Law Journal, 39(2), 2009, pp. 401—420。

[13]　关于此一欧洲历史渊源研究的经典之作,参见〔英〕莱昂内尔·本特利等:《现代知识产权法的演进:英国的历程(1760—1911)》,金海军译,北京大学出版社2006年版。

[14]　A. Samuel Oddi, "TRIPS-Natural Rights and a 'Polite Form of Economic Imperialism'", 29 Vand. J. Transnat'l L. (1996), p. 432.

方面。⑮不妨将以上各类视角统称为社会规划观。它显然也是人权的需要,并已经开始和将知识产权定义为人权的局限立场抗衡。⑯可见,社会规划观的视角,深含着某种保障广泛人权(人道)的人文精神,正符合儒家人文主义视角下人我关系和谐的诉求。比如,对 TRIPS 体制妨碍公共健康的批评,就是一种正视西方资本主义现代性下人我紧张关系之儒家式的人文精神。美国知识产权权威学者劳伦斯·莱斯格教授(Lawrence Lessig),曾将这种人我紧张关系,描绘得入木三分:

> (美国的)药品公司不是为了理想而推行其专利政策,赚取利益的最大化才是既定的政策……他们惧怕那些爱出风头的政客。这些政客可能在参众两院的听证会上质问药品公司的总裁:"你怎么能开价 1 美元将这个艾滋病的药卖到非洲去,而同样的药要收美国人 1500 美元?"⑰

莱斯格继续写道,因为不存在干脆的答案,药品公司便只好在源头上回避这个问题,亦即通过论证知识产权的"神圣性",得出药品不可能实行不同定价的结论。⑱此类利己主义的想法俯拾皆是。比如,美国知识产权国际执法的使命,只是为了"增加美国商业及私营经济的增长与投入,并为美国产品与服务开拓市场"。⑲又比如,美国众议院 2011 年的一个调查报告认为,"中国的自主创新政策威胁到了(美国)创新者决定他们在什么时候、用什么方式来进行技术转让的自由"⑳。在这些观念里,经商的自由是唯一确定不移的价值,没有知识产权的社会功能,更没有人我关系的和谐。这一切只为了实现资本主义全球化的"凡俗目的"——更多的财富、更多的市场增长,以及通过自由市场中的竞争优势来维持的更多的特权。这绝非是说知识产权不需要得到尊重和保护,而是说在知识产权之外,无法亦不应回避人我关系中其他方权益存在。可见,由社会规划观的批判视角证之,现行知识产权法律的社会功能并不强大,亦距儒家人文主义要求的和谐人我关系尚远,否则就根本不应当出现诸如印度仿药产业和西方之

---

⑮ 有关知识产权对广泛群体影响的实证研究,可参见 Tzen Wong & Graham Dutfield (ed.), Intellectual Property and Human Development: Current Trends and Future Scenarios (New York: Cambridge University Press, 2011)。

⑯ 人权的视角可参见 Laurence R. Helfer, Toward a Human Rights Framework for Intellectual Property, 40 U.C. Davis L. Rev. 971 (2006—2007)。

⑰ Lawrence Lessig, Free culture: How Big Media Uses Technology and the Law to Lock Down Culture and Control Creativity (New York: Penguin Press, 2004), pp. 260—261.

⑱ 同上。

⑲ 参见美国国际知识产权执法办公室的官方声明:http://www.state.gov/e/eb/tpp/ipe/。

⑳ The US Government, Hearing before the House of Representatives, China's Indigenous Innovation Trade and Investment Policies: How Great a Threat?, Serial No. 112—5, March 9, 2011, p.1.

间持续、激烈的冲突。[21]

不应认为西方知识产权法的立法与司法传统中没有人文精神。18世纪以来的欧美历史实则存在一种传统,即是对包括知识产权在内的一切垄断保持公众视角的警惕。最常被引用的例子,是美国《宪法》第1条第8款:为促进科学和实用技艺之进步,对作家和发明家的著作和发明,在一定期限内给予独占权的保障。根据爱德华·幄特斯德(Edward C. Walterscheid)的理解,美国《宪法》第1条第8款的历史渊源,是开国时期广泛存在的对知识产权垄断的反感,因此美国的开国者们,要求对知识产权进行限制,即要求知识产权能够促进科学和实用技艺的进步,并为之设定保护年限。[22]但是,如果我们采取杜维明的视角,从结果上去考量,则上述具有某种人文精神的法律条款,在人我关系上的处理能力是有限的。美国宪法虽将授予知识产权的前提,限定为通过激发新知来推动公众福祉,但人们似乎认为,如果某人创造了新知并达到现行法律的要求,那么授予他有年限的财产权就是天经地义的,因为他已经满足了知识产权提供新知的社会功能。[23]在此,知识产权与更广泛的利益群体之间的复杂关系,被局限在了提供新知和设置年限两个狭小的范围内。当然,现行知识产权模式还提供了其他处理人我关系的机制,比如合理使用、强制许可、在先权利、专利公开,等等。但是,这些模式同样不能充分应对知识产权目前遇到的冲突。[24]因此,从总体上而言,现行以财产权为根本核心的西方知识产权模式的社会功能,就谋求人我关系的和谐而言,只能称为一种"消极机制"。正如有西方学者感叹的,公众利益不过是处在"防御式"的立场罢了。[25]

## 三、身心安顿

就知识产权的社会功能而言,即便充分实现了上述社会规划观的期待,亦或尚不能说满足了人文精神的完整诉求。在关注人我和谐之余,儒家的人文精神亦讲求内外的融洽。在社会规划观中,公共健康、永续创新、知识公有、分配正义等,更多关心的是人我的和谐,即是广泛群体利益的兼顾。当然,这些要素,特别是涉及文化自由、文化

---

[21] 有关印度仿药争端的回顾,参见 V. K. Unni, 'India's Tryst with Pharma Patent Settlements: Whether a Turbulent Decade of Litigations Would Give Way to Meaningful Compromises?', 6 WIPO Journal (2015), pp. 165—177。

[22] Edward C. Walterscheid, The Nature of the Intellectual Property Clause: A Study in Historical Perspective (New York: William S. Hein & Co., Inc., 2002).

[23] Ruth Gana Okediji, 'Perspectives on Globalization from Developing States: Copyright and Public Welfare in Global Perspective', 7 Ind. J. Global Leg. Stud. 117 (1999), p.155.

[24] 比如,关于专利的技术公开原则是一种狭窄视角的观点,参见〔澳〕彼得·达沃豪斯(Peter Drahos):《知识的全球化管理》,邵科、张南译,知识产权出版社2014年版,页26。

[25] Jessica Litman, The Public Domain, 39 Emory L. J. 965, (1990), p.995.

产品及教育等方面时,也可能包含着某种精神层面的诉求,比如通过文化传播来促进更愉悦的心灵。同理,西方知识产权的法律传统,亦并非对精神与道德层面全无关注。在西方知识产权实践中,普遍遵守着知识产品不得违反道德的规定。[26]但是,对于什么是社会道德标准,其定义却是宽泛或含混不清的。一些违反人类基本道德观念或是具有反社会性质的发明,比如克隆人技术或是具有冒犯性质的出版物,显然不能获得知识产权之保护。但是,这些道德性限制,在事实上而言,却是十分薄弱的。在今日已经极度物化的全球资本主义范围内,很难找到违背现行社会道德标准的知识产权。因此,现行知识产权的道德条款并不充分具备融洽身心的社会功能,故亦不可能应对彼得·诺兰揭示的资本主义对人性的摧坏。

因此,如要为减少资本主义之负面效应出力,则需要在知识产权的社会功能中,重视儒家讲求的内外融洽的关系,亦即是内圣学上身心安顿的理想。前面提到,美国知识产权国际执法的使命,是为了"增加美国商业及私营经济的增长与投入,并为美国产品与服务开拓市场"。这些观念将知识产权视为资本主义全球化追求利益的工具,而不是为了通过知识促进人们身心的安顿。美国学者罗伯特·默吉斯(Robert Merges)教授在表达对洛克自然权利论的坚定支持时说,美国的低收入群体是电视节目最大的粉丝群,因此,为这些低收入群体输送了电视节目的美国娱乐圈,应当基于洛克的财产权哲学而获得高回报。[27]默吉斯的这一论证是局促而荒诞的。且不论娱乐圈的高回报本身在经济学上或法理上是否正当,单就物化的西方电视节目对人极大的负面影响来看,美国低收入群体有权利获得更多能够安顿身心、提高人生志趣的电视产品。在儒家传统中,知识之普及,具有化民成俗的意义。显然,大量的低层次娱乐节目不过是为了悦俗目、逐货利,根本不可能参悟到身心安顿的境界,亦自然不可能达成内外融洽的社会功能。

今天,高科技促进了信息的无限发达,但信息绝不等于知识,更不等于智慧。信息无远弗届的瞬间可及性,制造了日益扩充的受众群体。而数以千万计的受众群体,则当然是商家梦寐以求的巨大消费目标市场。这种消费潜力,将进一步和资本主义全球化带来的流通优势结合,从而促进人类生活模式向更物化、迷茫、浮躁的方向前进。已经有大量科学研究表明,对智能手机的依赖,会增加紧张感、人际疏离感,并影响大脑的发育与健康,且这种负面影响对儿童而言,更为严重。[28]此类科技的负面作用,也许不惟是智能手机的虚拟交往方式有以致之,亦复是因为数不胜数的、令人心神散乱的应用程序对人心的冲击。综观中国古代科技产品的制器之道,都包含着"以器载道、道在

---

[26] 如可参见《英国专利法》(1977年)第1条3款或《欧洲专利公约》第53条a款之规定。

[27] Robert P. Merges, Justifying Intellectual Property (Cambridge: Harvard University Press, 2011), p. 118.

[28] 如可参见 Yu-Kang Lee et al., The dark side of smartphone usage: Psychological traits, compulsive behavior and technostress, 31 Computers in Human Behavior (2014), pp. 373—383。

器中"的深刻原理。通达自然阴阳之理的工匠,能够在陶瓷、乐器、织物等各种精巧绝伦的科技产品中注入人文主义的内涵,从而激发它们陶冶性灵的功能。㉙可见,在东方传统中,科技与文学、艺术之间经常存在一个内在的深度联结点——科技不仅仅是物理、化学的应用,也应当蕴含人文主义的情怀,以促进身心的安顿。相反地,物化的社会必然变现出浮躁的心灵,而浮躁的心灵则又变现出物化的知识产品。由之,身心之不能安顿便在物化与浮躁中交相感应、不能已已。

现行的知识产权制度,在很大程度上似乎正是为此物化而浮躁的社会服务的。40年前,美国最高法院大法官斯蒂芬·布雷耶(Stephen Breyer)曾有远见地批评道,版权制度最大的受益者,是商业化、通俗化的出版物,而对于严肃的、重要的作品而言,版权的高成本反而增加了流通这些作品的难度。㉚可见,知识产权的本质,的确具有倾向于消费、通俗的特点。这固非是说通俗的即不能安顿身心,而是说西方模式里的知识产权,的确更容易服务于物化的社会。当然,诸如此类的问题,远不能仰仗知识产权一域解决,亦绝非是由知识产权引起。但是,从国家创新体系及知识产权战略的高度来看,是否应当建立一种激励导向,以促进更有利于身心安顿的知识产品的产生?这并非是不值得深入探讨的话题。比如,对游戏产业的鼓励和知识产权的保护,固然能创造出更多的财富、就业和消费空间,但这种导向也许应当认真对待儒家人文主义对内外关系的精辟洞察。总之,就知识产权的社会功能而言,由知识创造带来的巨大社会变化,不但应当促进人我的和谐,亦应当促进内外的融洽。这是儒家人文精神对人心本源需求的表述,却不是资本主义,特别是新自由主义驱使下的资本主义全球化所带来的物化社会、过度消费、环境污染、人心迷失以及知识产权全球扩张,所能达致或明白的。

## 四、结语

在反思资本主义全球化对人类社会的负面影响之时,应当更多地关注知识产权在其中扮演的不当角色。这绝非否定知识产权应有的价值,亦非是对西方社会的伟大传统、经验及优点视而不见。对于许多国家(比如中国)而言,健康有序的知识产权制度,是促进精神与物质繁荣及社会进步的重要工具。然而,不可否认的是,现行西方知识产权模式的社会功能并不强大,既不足以促进人我关系的和谐,更遑论促进物质与精神的内外融洽,或曰身心的安顿。现行西方模式中的知识产权制度,可以说是以物化为其奉持与维护的目标。通过精密的全球知识产权布局,这一制度充满着追逐金钱、权势及垄断的动力。中国在这方面"受教"已多。正如张平教授深刻指出的,通过在某

---

㉙ 对于中国传统科技艺术造物美学的研究,可参见李砚祖:《造物之美:产品设计的艺术与文化》,中国人民大学出版社2000年版。

㉚ Stephen Breyer, The Uneasy Case for Copyright: A Study of Copyright in Books, Photocopies, and Computer Programs, 84 Harv. L. Rev. 281 (1970) pp. 286—287.

一产业、行业精心的知识产权布局和不公平的合资合作协议,跨国公司可以在中国独占相关领域的竞争优势。[31]儒家的人文精神在反省西方现代性的弊病时很有深度,这同样适用于由西方现代性变现出来的现代知识产权制度。

中国的知识产权战略正日益凸显出"统筹兼顾"的要求。[32]这是对西方知识产权弊病反省的结果,目的是努力寻求各类人我关系在接触知识方面的和谐。除此之外,在制度创新中也值得探索如何处理内外身心的安顿。信息技术的创新和推广,是中国互联网经济的一大优势,但它是否正在走向安顿中国人身心的反面,是知识产权和其他法律、政策及社会规范需要共同协作的课题。和西方网络媒体相比,中国的网络媒体显得更物化、更浮躁,已然是不能忽视的现象。此外,中国也存在着知识产权的数量竞赛、炒作以及囤积逐利、制造泡沫的行为。这些行为和浮躁的大环境密切相关,与两千年儒家人文主义传统的要求相去甚远,对中国自主创新和知识经济的建设,亦鲜有饶益。

和现代性积重难返的西方社会相比,充满各种挑战的中国,可视为一座较易规划的新城。我们应当有文化自信和道路自信,努力构设出能够回应人心本源的、充满人文精神的制度。中国应当选择更好的道路,而不是西方现代性的老路。中国曾拥有两千年的东方文明传统,也可以拥有 21 世纪不可限量的未来。全球人我关系的和谐、天下苍生的身心安顿,不是刻下的现实,却是中国未来应当参与尽责之处。也许,某种新型知识产权制度的社会功能,将在其中发挥重要的作用。

---

[31] 关于跨国公司对中国企业的博弈,可参见张平:《知识产权制度捍卫利益,但不一定保护创新》,载《第一财经日报》2013 年 12 月 27 日。

[32] 吴汉东:《知识产权战略实施的国际环境与中国场景——纪念中国加入世界贸易组织及知识产权协议 10 周年》,载《法学》2012 年 02 期,页 3—4。

# 编后语

陈泽宇

历时一年多之久,在北京开始飘雪的时候,《北大知识产权评论》(2014/2015年卷)终于可以交付出版社了,我不由地觉得肩上的担子似乎轻了点,还有了一点收获成果的喜悦。当然,在这个过程中,我也非常荣幸能够成为许多优秀稿件的首位读者。

本卷评论文章的主题很丰富,涉及专利、商标、著作权等各类知识产权领域,从研究内容看既有理论探讨,也有实例研究,且研究内容和知识产权领域的热点问题紧密结合,有很强的现实意义,如手机视频聚合平台服务提供者的责任探讨、商业方法专利的研究等。虽然本期评论不像2013年卷评论一样大牌云集,而是有不少学生投稿,也许他们的笔触不够老到,观点也有值得商榷之处,但却让人感受到了知识产权学术领域的蓬勃朝气,看到了学术的未来。此外,本卷评论还有不少法官的文章,作为在知识产权实践领域第一线的人员,他们的思考和总结非常珍贵。

虽然钱锺书曾经写到:"假使你吃了个鸡蛋,觉得不错,何必要认识那个下蛋的母鸡呢?"但在这卷评论文章的邀稿、审稿、编辑过程中,在和作者的书面交流中,却让我时时产生结交之意,想进一步向他们学习、请教。很多作者在收到修改意见后第一时间给我回复,认真修改文章或者主动对文章进行调整,以更好地适应出版要求;有作者发现有几个错别字后不停打电话给我要求换稿子。这些作者严谨细致的治学态度让我非常佩服,也促使我更认真细致的对待这项工作,尽量保证作品没有瑕疵。此外,还要特别感谢孙战营编辑对本书的大力支持,她的耐心细致是本书能成刊的重要保障。

古人有云"不积跬步,无以至千里;不积小流,无以成江海。"这卷评论对于知识产权领域浩如烟海的文献而言,也许仅仅是跬步,是小流,但它同样凝聚着作者们活跃的思维和严密的逻辑,是作者辛勤劳动的结晶,也是知识产权领域理论和实践发展的一块小小基石。也愿这本书能给读者带来更多的思考和启示,为知识产权的传播和发展作出贡献。

# 《北京大学知识产权和科技法博士生论坛(2016)》暨《北大知识产权评论》

## 征稿启事

北京大学知识产权和科技法博士生论坛(2016)将由北京大学法学院、知识产权学院和北京大学科技法研究中心共同举办。本论坛旨在凝聚全国知识产权法和科技法领域的高水平研究力量,推动知识产权法和科技法领域的理论探索和研究生教育,鼓励学术创新,促进人们对知识产权、科技、法律与社会问题的研究。本次论坛现在面向国内和国际在读博士研究生征稿,具体要求如下:

(1)投稿人资格:国内外各高等院校(包括科研院所等高等研究机构,下同)在读博士研究生(包括2012—2015级博士研究生,含2016年应届博士毕业生);不限博士研究生的专业(如包括但不限于知识产权法学、科技法学、法学理论、国际法学、经济学、管理学以及相关的自然科学和社会科学),仅要求投稿论文所论述的问题是否属于知识产权、科技与法律及社会的关系等研究领域。

(2)征文征集时间为2016年4月1日—2016年5月30日。

(3)投稿人应保证所投稿件为投稿人原创,且为未发表论文,投稿人应对所投稿件的著作权等相关法律责任负责。鼓励投稿人作为唯一作者的研究论文。每位投稿人限投稿1篇论文。

(4)投稿论文字数(含注释)一般控制在2万字以内,包括300字以内的内容摘要、作者姓名、所在学校、通讯地址、邮编等联系信息。

(5)来稿一律采取Word文本(可同时附pdf文本),以附件形式通过电子邮件发送至stlaw@pku.edu.cn;电子邮件主题应为"2016北京大学知识产权和科技法博士生论坛征文-姓名-论文题目(或题目主干)"。

(6)来稿请按照《北大知识产权评论》的注释和体例规范撰写。

(7)通过初选的论文将由论坛学术委员会进行终审和评价。本次论坛将设立一等奖1名(奖金5000元)、二等奖3名(每人奖金2000元)、三等奖6名(每人奖金1000元)。获奖论文作者将受邀参加2016年北京大学知识产权和科技法博士生论坛(具体会议信息待通知)。获奖论文也将有机会发表在《北大知识产权评论》(2016年卷)。

除论坛征稿外,《北大知识产权评论》仍继续欢迎各界知识产权法学研究者(包括知识产权法实务工作者)惠赐专稿,投稿请发至stlaw@pku.edu.cn。